2026

1급

사회복지사 1000제

김광현

지은이 약력 | 김광현

- Queensland University of Technology(Australia) 석사 졸업
- 숭실대학교 사회복지학과 졸업
- 前 국제기아대책기구 비전트립
- 前 Jabiru Youth Service(Australia) 사회복지업무
- 한양직업전문학교 사회복지학과 외래교수

2026

사회복지사 1급 1000제

인쇄일 2025년 2월 1일 3판 1쇄 인쇄
발행일 2025년 2월 5일 3판 1쇄 발행
등 록 제17-269호
판 권 시스컴2025

ISBN 979-11-6941-627-6 13330
정 가 22,000원

발행처 시스컴 출판사
발행인 송인식
지은이 김광현

주소 서울시 금천구 가산디지털1로 225, 514호(가산포휴) | **홈페이지** www.nadoogong.com
E-mail siscombooks@naver.com | **전화** 02)866-9311 | **Fax** 02)866-9312

머리말

최근 들어 사회복지사 역할의 중요성이 대두되기 시작함에 따라, 그 영역이 아동, 노인, 장애인, 여성 등 다양한 분야로의 양적인 영역 확대가 이루어지고 있으며, 아울러 미래 전문직종으로서의 사회적 인지도, 보수, 작업여건 등 질적 성장도 급속도로 개선되고 있는 실정이다. 또한 각 지방자치단체별로 사회복지 관련 공무원 채용시험과 더불어 사회복지분야가 중요해짐에 따라 사회복지사의 전문성은 더욱 각광받고 있으며, 특히 지방화 시대의 정착과 더불어 폭발적으로 증가하는 복지욕구와 그의 충족을 위해 전문적인 자격을 갖춘 사회복지사의 필요성은 더욱 높아지고 있다. 이러한 시점에서 사회복지사 1급 자격시험은 사회복지사가 되고자 하는 수험생이 거쳐야 할 필수 코스와 같은 것이다.

사회복지사 1급 자격시험은 총 8과목으로 나눌 수 있으나 그 범위는 사회복지학개론을 심층적으로 나누어 놓은 것에 불과하므로 수험생의 입장에서는 다소 부담이 덜할 수 있을 것이다. 하지만 횟수를 더할수록 범위나 내용면에서 심층적이고 응용된 문제가 출제되고 있으므로 철저한 준비가 필요하다.

이에 필자는 기존에 나와 있는 과목별 수험서가 가지는 불필요한 내용 반복을 없애고, 또한 종합본이 갖는 내용 부족의 한계점을 극복하기 위하여 사회복지사 1급 핵심요약 + 적중문제, 사회복지사 1급 1000제 총 2권을 준비하게 되었다. 이 2권을 충분히 숙지한다면 사회복지사 1급 자격시험에 무난히 합격할 수 있으리라 자부한다.

이 2권의 책이 사회복지사 시험을 준비하는 수험생 여러분에게 조금이나마 힘이 된다면 필자로서 더 이상 바람이 없을 것이다.

수험생 여러분의 건투를 빌며 좋은 결실을 빌어 마지 않는다.

지은이 씀

사회복지사 안내

개 요

1. 사회복지사란?

특성

사회복지사는 청소년, 노인, 여성, 가족, 장애인 등 다양한 사회적 · 개인적 욕구를 가진 사람들의 문제에 대한 사정과 평가를 통해 문제 해결을 돕고 지원한다. 사회적 · 개인적 문제로 어려움에 처한 의뢰인을 만나 그들이 처한 상황과 문제를 파악하고, 문제를 처리 · 해결하는 데 필요한 방안을 찾기 위해 관련 자료를 수집, 분석하여 대안을 제시한다. 재정적 보조나 법률적 조언 등 의뢰인이 필요로 하는 각종 사회복지 프로그램을 기획 · 시행 · 평가하며, 공공복지 서비스의 전달을 위한 대상자 선정 작업, 복지조치, 급여, 생활지도 등을 한다. 또한 사회복지정책 형성과정에 참여하여 정책분석과 평가를 하며 정책대안을 제시하기도 한다.

적성 및 흥미

사회복지사는 다른 사람의 욕구와 행동에 적절히 대응할 수 있는 문제해결능력과 협상 · 설득할 수 있는 능력이 필요하다. 인간존중 및 사회정의에 대한 사명의식, 봉사정신이 필요하며 상대방에 대한 배려와 협동심, 원만한 대인관계를 유지시킬 수 있는 의사소통능력이 요구된다. 사회형과 탐구형의 흥미를 가진 사람에게 적합하며, 남에 대한 배려, 사회성, 정직성 등의 성격을 가진 사람들에게 유리하다.

정규 교육과정

사회복지사가 되기 위해서는 사회복지사 자격증이 필요하다. 일반적으로 전문대학 및 대학교, 대학원에서 사회복지와 관련된 분야를 전공하면 사회복지사 2급 자격을 취득하게 된다. 사회복지사 1급은 졸업 후 국가시험에 합격해야 취득할 수 있다. 특히 병원이나 학교 또는 연구기관 등에서 근무하고자 한다면 석사 이상의 학위를 취득하는 것이 유리하다.

관련 학과

가족복지과, 노인복지학과, 사회복지과, 사회복지학과, 사회학과, 상담심리과, 심리학과, 아동복지과, 아동복지학과, 유아교육과, 유아교육학과, 청소년지도학과, 특수교육학과

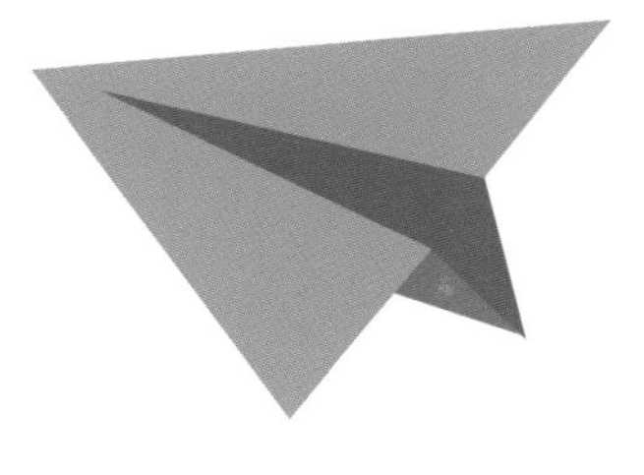
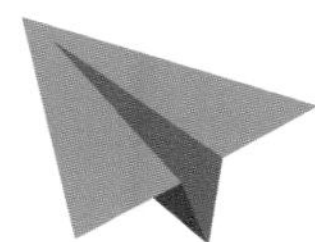

관련 자격 및 면허

사회복지사 2급, 사회복지사 1급, 정신보건사회복지사 2급, 정신보건사회복지사 1급

관련 법규

사회복지사업법 및 동법 시행령

2. 사회복지사의 도입

사회복지에 관한 소정의 전문지식과 기술을 가진 자에게 사회복지사 자격을 부여하고 이들에게 복지업무를 담당하도록 함으로써 아동 · 청소년 · 노인 · 장애인 등 보호가 필요한 사람들에게 전문적이고 체계적인 복지 서비스를 제공하기 위하여 도입되었다. (사회복지사업법 제12조 및 동법시행령 제3조 제2항)

3. 사회복지서비스란?

국가 · 지방자치단체 및 민간 부문의 도움을 필요로 하는 모든 국민에게 상담, 재활, 직업 소개 및 지도, 사회복지시설의 이용 등을 제공하여 정상적인 사회생활이 가능하도록 제도적으로 지원하는 것을 말한다.

4. 사회복지사의 수행 직무

① 사회복지 프로그램의 개발 및 운영

② 시설 거주자의 생활지도 업무

③ 사회복지를 필요로 하는 자에 대한 상담 업무

활동분야

1. 일반영역

공적사회복지영역

사회복지사업에 관한 업무를 담당하게 하기 위하여 시도, 시군구 및 읍면동 또는 복지사무전담기구에 사회복지사 자격증을 가진 사회복지전담공무원을 두도록 규정

사회복지기관 및 시설 영역

지역복지사업, 아동복지, 노인복지, 장애인복지, 모자복지 등의 민간 사회복지지관 영역

보건의료영역

① 의료사회복지사(Medical Social Worker) : 병원이나 진료소에서 임상치료팀의 일원으로 질병의 직 · 간접적인 원인이 되고 치료에 장애가 되는 환자의 심리 · 사회적인 문제들을 해결하도록 도와주며, 환자가 퇴원한 후에도 정상적인 사회기능을 발휘할 수 있도록 환자와 그의 가족에게 전문적인 사회복지서비스를 제공하는 사회복지사

② 정신보건사회복지사(Mental Health Social Worker) : 사회복지사 1급 자격증 소지자 중에서 정신보건분야의 전문적인 지식과 기술을 가지고 정신질환자의 개인력 및 사회조사, 정신질환자에 대한 사회사업지도 및 방문지도, 사회복귀 촉진을 위한 생활훈련 및 직업훈련, 정신질환자와 그 가족에 대한 교육 · 지도 및 상담업무, 정신질환 예방활동 및 정신보건에 관한 조사연구를 하는 사회복지사

2. 확장영역

학교사회복지사(School Social Worker)

학생 개개인의 지적, 사회적, 정서적 욕구와 문제해결에 관심을 갖도록 도와주며, 이를 통하여 모든 학생들이 학교에서 공평한 교육기회와 성취감을 제공받을 수 있도록 사회복지의 다양한 실천방법을 활용하는 사회복지사

자원봉사활동관리 전문가(Voluntary Activities Coordinator)

자원봉사자들을 모집, 배치, 상담, 훈련하고 자원봉사자 활용 프로그램의 개발과 시행, 평가하는 사회복지사

교정사회복지사(Correctional Social Worker)

현행 법무부산하의 교정시설에서 범죄인의 재활과 범죄 예방에 개입하고 있는 사회복지전문직은 교정사회복지사로 통칭

군사회복지사(Military Social Worker)

군대 내의 의무직에 속하여 환자의 상담과 복귀를 위한 복지업무를 담당하는 사회복지사

산업사회복지사(Industrial Social Worker)

기업체에서 노동자들의 비복지적 문제의 개선을 위해 사회복지학의 전문지식을 활용하여 문제해결을 수행하는 사회복지사

사회복지사 1급 취득 방법

1. 합격(예정)자 결정기준

① 필기시험에서 매 과목 4할 이상, 전 과목 총점의 6할 이상을 득점한 자를 합격예정자로 결정한다.

② 합격예정자에 대해서는 한국사회복지사협회에서 응시자격 서류심사를 실시한다. 심사 결과 부적격자이거나, 응시자격 서류를 정해진 기한 내에 제출하지 않은 경우에는 합격예정을 취소한다.

③ 최종합격자 발표 후라도 제출된 서류 등의 기재사항이 사실과 다르거나 응시자격 부적격 사유가 발견될 때에는 합격을 취소한다.

※시험세부일정 및 시험관련 정보는 국가자격시험(www.Q-net.or.kr) 사회복지사 1급 홈페이지에 별도 게시함

2. 응시자격

| 다음 각 호의 어느 하나에 해당하는 자

① 고등교육법에 따른 대학원에서 사회복지학 또는 사회사업학을 전공하고 석사학위 또는 박사학위를 취득한 자. 다만, 대학에서 사회복지학 또는 사회사업학을 전공하지 아니하고 동 석사학위를 취득한 자는 보건복지부령이 정하는 사회복지학 전공교과목과 사회복지 관련 교과목 중 사회복지현장 실습을 포함한(2004. 07. 31 이후 입학생부터 해당) 필수과목 6과목 이상(대학에서 이수한 교과목을 포함하되, 대학원에서 4과목 이상을 이수하여야 한다), 선택과목 2과목 이상을 각각 이수하여야 한다.

② 고등교육법에 따른 대학에서 보건복지부령이 정하는 사회복지학 전공교과목과 사회복지 관련 교과목을 이수하고 학사학위를 취득한 자

※ 시험 시행년도 2월 28일까지 동등학력 취득자 포함

③ 법령에서 고등교육법에 따른 대학을 졸업한 자와 동등 이상의 학력이 있다고 인정하는 자로서 보건복지부령으로 정하는 사회복지학 전공교과목과 사회복지 관련 교과목을 이수한 자

④ 외국의 대학 또는 대학원(단, 보건복지부장관이 인정한 대학 또는 대학원)에서 사회복지학 또는 사회사업학을 전공하고 학사학위 이상을 취득한 자로서 앞서 언급한 ① 및 ②의 자격과 동등하다고 보건복지부장관이 인정하는 자

⑤ 다음에 해당하는 자로서 시험 시행년도 2월 28일 기준으로 1년(2,080시간) 이상 사회복지사업의 실무경험이 있는 자
- 고등교육법에 의한 전문대학에서 보건복지부령이 정하는 사회복지학 전공교과목과 사회복지관련 교과목을 이수하고 졸업한 자
- 법령에서 고등교육법에 따른 전문대학을 졸업한 자와 동등 이상의 학력이 있다고 인정하는 자로서 보건복지부령이 정하는 사회복지학 전공교과목과 사회복지 관련 교과목을 이수한 자
- 고등교육법에 따른 대학을 졸업하거나 이와 동등 이상의 학력이 있는 자로서 보건복지부장관이 지정하는 교육훈련기관에서 12주 이상의 사회복지사업에 관한 교육훈련을 이수한 자
- 사회복지사 3급 자격증 소지자로서 3년 이상 사회복지사업의 실무경험이 있는 자

3. 결격사유

다음 각 호의 어느 하나에 해당하는 자는 사회복지사 1급이 될 수 없다.

① 금치산자 또는 한정치산자

② 금고 이상의 형을 선고받고 그 집행이 끝나지 아니하였거나 그 집행을 받지 아니하기로 확정되지 아니한 사람

③ 법원의 판결에 따라 자격이 상실되거나 정지된 사람

④ 마약 · 대마 또는 향정신성의약품의 중독자

4. 응시자격에 따른 제출서류

응시자격	제출서류
전문대학원 및 대학교에서 사회복지학 전공교과목과 사회복지 관련 교과목을 이수하고 졸업한 자(학위취득자에 한함)	• 졸업증명서 • 성적증명서 • 기본증명서 원본 • 응시자격 서류심사 신청서
학사학위 취득 후 전문대학에 (편)입학하여 사회복지학 전공교과목과 사회복지 관련 교과목을 이수하고 전문대학을 졸업한 자	• 대학교 졸업증명서 • 전문대학 졸업증명서 • 전문대학 성적증명서 • 기본증명서 원본 • 응시자격 서류심사 신청서
전문대학에서 사회복지학 전공교과목과 사회복지 관련 교과목을 이수하고 졸업한 자로서 학사학위를 취득한 자	• 대학교 졸업증명서 • 전문대학 졸업증명서 • 전문대학 성적증명서 • 기본증명서 원본 • 응시자격 서류심사 신청서

전문대학 또는 대학교에서 사회복지학 전공교과목과 사회복지 관련 교과목 중 일부 교과목을 이수한 후 대학교에 (편)입학하여 사회복지 관련 과목을 이수하고 편입한 대학교를 졸업한 자	• 전적대학 성적증명서 • 편입한 대학교 졸업, 성적증명서 • 기본증명서 원본 • 응시자격 서류심사 신청서
학사학위를 소지하고 학점은행제(시간제등록)를 통해 사회복지학 전공교과목과 사회복지관련 교과목을 이수한 자	• 학사학위증명서(대학교 졸업증명서) • 평생교육진흥원 성적증명서 • 기본증명서 원본 • 응시자격 서류심사 신청서
전문대학에서 사회복지 관련 교과목을 이수하고 졸업하였거나 전문대학 졸업 후 사회복지관련 교과목을 이수한 자로서, 사회복지사업 실무경험 1년 이상인 자	• 졸업증명서 • 성적증명서 • 사회복지시설(법인)신고증 사본 • 사회복지사업 실무경력증명서 • 건강보험납입증명서 • 기본증명서 원본 • 응시자격 서류심사 신청서
사회복지사 양성교육과정 수료자	• 사회복지시설(법인)신고증 사본 • 사회복지사업 실무경력증명서 • 건강보험납입증명서 • 최종학교 졸업증명서 • 양성교육과정 수료증 사본 • 기본증명서 원본 • 응시자격 서류심사 신청서
외국대학(원) 사회복지전공 졸업자	• 졸업증명서(학위증) 사본 • 성적증명서 사본 • 출입국사실증명서 • 유학비자 사본 • 기본증명서 원본 • 응시자격 서류심사 신청서

5. 시험방법 및 시험과목

시험방법

시험과목수	문제수	배점	총점	문제 형식
3과목(8영역)	200문제	문제당 1점	200점	객관식 5지선택형

시험과목 및 영역

1과목 사회복지기초 (50문항)	2과목 사회복지실천 (75문항)	3과목 사회복지정책과 제도 (75문항)
인간행동과 사회환경(25문항) 사회복지조사론(25문항)	사회복지실천론(25문항) 사회복지실천기술론(25문항) 지역사회복지론(25문항)	사회복지정책론(25문항) 사회복지행정론(25문항) 사회복지법제론(25문항)

※시험관련 법령 등을 적용하여 정답을 구하여야 하는 문제는 시험시행일 현재 시행중인 법령을 기준으로 출제함

6. 수험자 유형별 시험기간

일반 수험자

구분	시험과목		입실시간	시험시간
1교시	사회복지기초 (50문항)	• 인간행동과 사회환경 • 사회복지조사론	09:00	09:30 ~ 10:20 (50분)
휴식 10:20 ~ 10:40 (20분)				
2교시	사회복지실천 (75문항)	• 사회복지실천론 • 사회복지실천기술론 • 지역사회복지론	10:40	10:50 ~ 12:05 (75분)
점심시간 12:05 ~ 12:50 (45분)				
3교시	사회복지정책과 제도 (75문항)	• 사회복지정책론 • 사회복지행정론 • 사회복지법제론	12:50	13:00 ~ 14:15 (75분)

장애인수험자(응시편의 제공 대상자 1.5배 시간추가)

구분	시험과목		입실시간	시험시간
1교시	사회복지기초 (50문항)	• 인간행동과 사회환경 • 사회복지조사론	09:00	09:30 ~ 10:45 (75분)
휴식 10:45 ~ 11:05(20분)				
2교시	사회복지실천 (75문항)	• 사회복지실천론 • 사회복지실천기술론 • 지역사회복지론	11:05	11:15 ~ 13:10 (115분)
점심시간 13:10 ~ 14:00(50분)				
3교시	사회복지정책과 제도 (75문항)	• 사회복지정책론 • 사회복지행정론 • 사회복지법제론	14:00	14:10 ~ 16:05 (115분)

※해당 수험자는 매 과목 시험시간표와 입실시간을 반드시 확인하여야 하며, 점심시간이 촉박하니 개별 도시락 준비 등 시험응시에 차질이 없도록 해야 함

Q 인터넷 접수를 하려고 하는데 뭘 준비해야 하나요?

A 먼저 접수하기 위해서는 본인 사진파일이 필요하겠죠? 그리고 접수 시 결제절차가 있으므로 이를 위해서는 신용카드나 은행결제계좌 등 결제할 수 있는 수단이 필요합니다. 타인 명의도 결제가 가능하고요. 또 본인 인적사항도 미리 숙지하셔야 합니다.

Q 접수자 회원정보의 수정 또는 변경은 어떻게 해요?

A 회원정보의 성명과 주민등록번호는 임의변경이 안 됩니다. 회원정보와 수검정보가 연동되기 때문입니다.
회원정보 중 사진은 변경이 가능합니다. 원서접수 합격자 발표일을 기준으로 원서접수내역이 없는 경우에는 마이페이지 → 개인정보관리 → 개인정보수정으로 가시면 변경이 가능합니다. 원서접수 합격자 발표일을 기준으로 원서접수내역이 있는 경우에는 마이페이지 → 사진변경신청에서 변경을 신청하시면 됩니다.
상기한 정보 이외의 기타 정보는 스스로 변경하실 수 있습니다.

Q 인터넷 접수를 했는데 시험장소 또는 종목 변경을 하고 싶어요. 어떻게 해야 하나요?

A 종목, 장소, 일자, 응시계열 등, 이미 접수된 내용의 변경 및 수정은 불가합니다. 반드시 접수를 취소하신 후 다시 접수하셔야 합니다. 접수취소는 마이페이지 → 원서접수관리 → 원서접수내역으로 가셔서 하시면 됩니다. 단, 접수기간 중에만 가능하다는 걸 기억하세요.

Q 응시자격 사전안내제도가 무엇인가요?

A 필기시험 실시 후 합격예정자만을 대상으로 서류심사를 실시하므로 수험자의 원서접수 및 응시자격 서류제출에 도움을 주고자 응시자격 사전안내제도를 운영하고 있습니다.

- 안내기관 : 한국사회복지사협회(www.welfare.net)
- 안내대상 : 사회복지사 1급 응시자격 해당여부 확인 희망자
  ※응시자격 사전안내는 응시자격 사전 확인 희망자에 대한 단순안내로서 사전안내 시에 응시자격이 있는 것으로 통지받았다고 하더라도, 합격예정자 발표 이후에 반드시 적격한 응시자격 관련 서류를 제출하여야 하며 미제출 시에는 합격예정이 취소됩니다.
- 사전안내기간 : 시험공고일부터 시험일 이전까지
  ※세부사항은 한국사회복지사협회 홈페이지를 통해 별도 안내

차 례

[문제편]

1회 | 실전모의고사

2회 | 실전모의고사

3회 | 실전모의고사

4회 | 실전모의고사

5회 | 실전모의고사

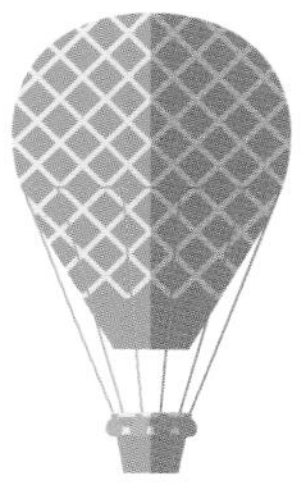
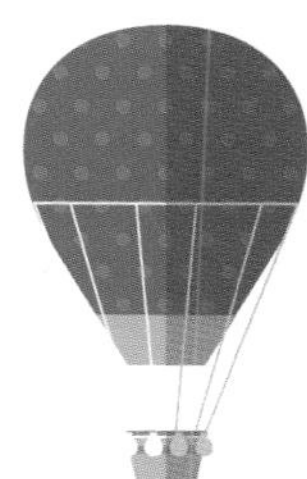

[해설편]

1회 | 실전모의고사

2회 | 실전모의고사

3회 | 실전모의고사

4회 | 실전모의고사

5회 | 실전모의고사

구성과 특징

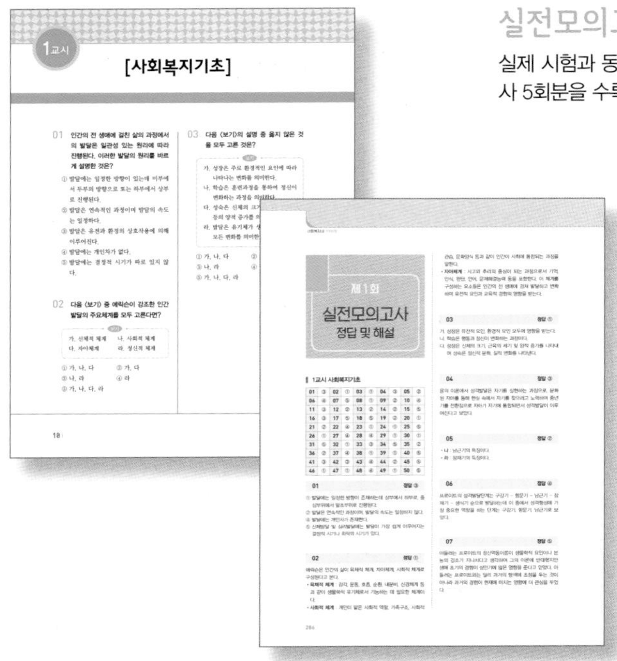

실전모의고사

실제 시험과 동일한 문항수와 난이도의 동형 모의고사 형태로 실전모의고사 5회분을 수록하였습니다.

정답 및 해설

정답 및 해설을 시험을 마친 후 확인할 수 있도록 별도 해당 페이지에 첨부하였습니다.

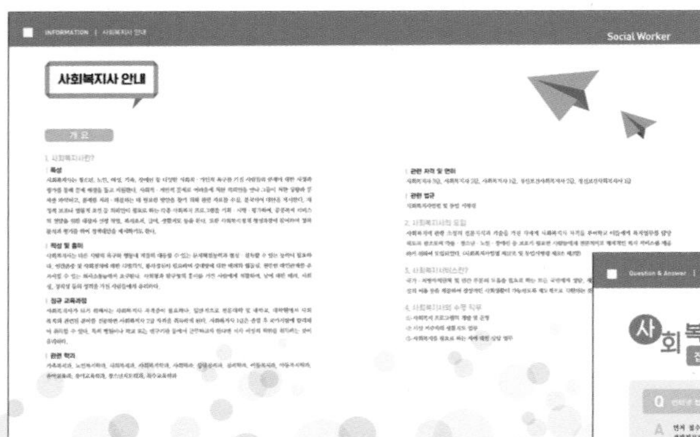

사회복지사 1급 자격시험 안내

사회복지사 1급 자격시험을 치르는 수험생들을 위해 응시자격 및 관련 서류 등에 대한 내용을 상세하게 수록하였다.

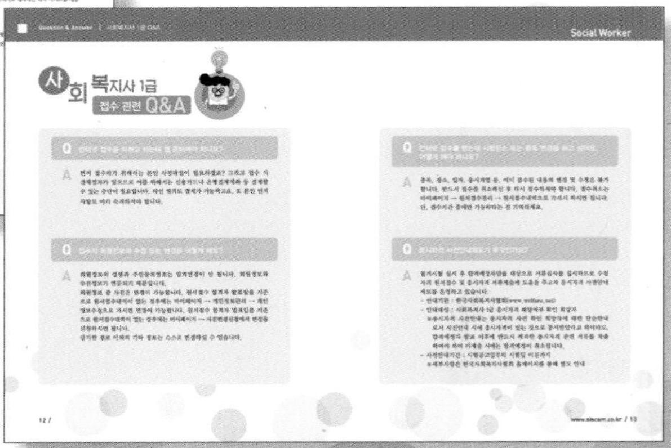

접수관련 Q&A

접수와 관련하여 수험생들이 궁금해 하는 내용을 Q&A 형식으로 수록하여 한눈에 알아볼 수 있도록 하였다.

1회

실전모의고사

1교시 • 사회복지기초
2교시 • 사회복지실천
3교시 • 사회복지정책과 제도

1교시

[사회복지기초]

정답 및 해설 286p

01 **인간의 전 생애에 걸친 삶의 과정에서의 발달은 일관성 있는 원리에 따라 진행된다. 이러한 발달의 원리를 바르게 설명한 것은?**

① 발달에는 일정한 방향이 있는데 미부에서 두부의 방향으로 또는 하부에서 상부로 진행된다.
② 발달은 연속적인 과정이며 발달의 속도는 일정하다.
③ 발달은 유전과 환경의 상호작용에 의해 이루어진다.
④ 발달에는 개인차가 없다.
⑤ 발달에는 결정적 시기가 따로 있지 않다.

02 **다음 〈보기〉 중 에릭슨이 강조한 인간 발달의 주요체계를 모두 고른다면?**

보기

가. 신체적 체계	나. 사회적 체계
다. 자아체계	라. 정신적 체계

① 가, 나, 다　② 가, 다
③ 나, 라　④ 라
⑤ 가, 나, 다, 라

03 **다음 〈보기〉의 설명 중 옳지 않은 것을 모두 고른 것은?**

가. 성장은 주로 환경적인 요인에 따라 나타나는 변화를 의미한다.
나. 학습은 훈련과정을 통하여 정신이 변화하는 과정을 의미한다.
다. 성숙은 신체의 크기, 근육의 세기 등의 양적 증가를 의미한다.
라. 발달은 유기체가 생활하는 동안의 모든 변화를 의미한다.

① 가, 나, 다　② 가, 다
③ 나, 라　④ 라
⑤ 가, 나, 다, 라

04 **다음 중 융의 분석심리이론의 특징으로 옳지 않은 것은?**

① 모든 인간에게는 집단무의식이 정신의 심층에 존재한다고 믿었다.
② 인간은 태어날 때부터 본질적으로 양성을 가지고 태어났다는 양성론적 입장을 취하였다.
③ 성격발달은 청년기를 전환점으로 자아가 자기에 통합되면서 성격발달이 이루어진다고 보았다.
④ 프로이트의 성적에너지인 리비도의 개념을 확장시켜 창의적인 생활력으로 보았다.
⑤ 성격의 여러 측면을 통합하여 자기실현을 할 수 있는 인생의 후반기를 강조하였다.

05 **다음 〈보기〉 중 프로이트 성격발달단계에서 구강기에 해당하는 내용을 모두 고른다면?**

가. 리비도가 추구하는 방향은 타인이 아닌 자기 자신에게만 국한된다.
나. 남아는 오이디푸스 콤플렉스를 경험한다.
다. 생존을 위해 타인에게 전적으로 의존하며 만족을 얻는 수단도 의존이다.
라. 성적 관심은 수면상태로 들어가 활동하지 않는다.

① 가, 나, 다 ② 가, 다
③ 나, 라 ④ 라
⑤ 가, 나, 다, 라

06 **프로이트의 심리성욕 발달단계의 순서를 바르게 나열한 것은?**

① 구강기 – 항문기 – 잠재기 – 생식기 – 남근기
② 구강기 – 항문기 – 생식기 – 잠재기 – 남근기
③ 구강기 – 항문기 – 잠재기 – 남근기 – 생식기
④ 구강기 – 항문기 – 남근기 – 잠재기 – 생식기
⑤ 구강기 – 항문기 – 남근기 – 생식기 – 남근기

07 **아들러의 개인심리이론에 대한 설명으로 적당하지 않은 것은?**

① 인간은 성적 만족보다 우월감을 추구하는 데 관심을 두고 있다고 본다.
② 인간이 우월감을 추구하는 것에 관심을 두는 것은 타인에 대한 열등감에서 기인한다고 본다.
③ 부모와 자녀와의 관계, 가족의 크기, 형제와의 관계, 가족 내에서의 아동의 출생순위 등 다양한 요소들이 성격 발달에 영향을 준다고 주장하였다.
④ 출생순위에 따른 상황을 지각하는 것이 중요하다.
⑤ 과거의 탐색에 초점을 둔다는 점에서 프로이트의 이론과 같다.

08 **다음 〈보기〉 중 스키너의 행동이론의 기본가정(ABC 패러다임)을 모두 고른다면?**

보기

가. 선행요인	나. 행동
다. 결과	라. 과정

① 가, 나, 다 ② 가, 다
③ 나, 라 ④ 라
⑤ 가, 나, 다, 라

09 **1차적 강화와 2차적 강화에 대한 설명으로 옳지 않은 것은?**

① 본래부터 강화속성을 가진 사건이나 대상이 1차적 강화물이다.
② 관심, 인정, 호의 같은 1차적 강화는 인간행동에 큰 영향을 미친다.
③ 1차적 강화물이 주는 보상의 값어치는 학습과 무관하다.
④ 2차적 강화는 1차적 강화물과 계속 짝지어진 중립적인 자극 그 자체이다.
⑤ 1차적 강화는 배고픔, 갈증같이 유기체의 생리적 동기와 관련되어 있다.

10 **고정비율(fixed-ratio) 강화스케줄의 사례로 옳은 것은?**

① 공부하는 자녀에게 1시간 간격으로 간식을 제공한다.
② 공부하는 자녀에게 처음에는 2과목 문제풀이를 끝낸 후, 두 번째는 5과목을 끝낸 후에 간식을 제공한다.
③ 공부하는 자녀에게 매주 정기적으로 용돈을 준다.
④ 공부하는 자녀에게 한 과목 문제풀이를 끝낼 때마다 한 번의 간식을 제공한다.
⑤ 공부하는 자녀에게 하루 중 세 번의 간식을 주기로 하고 아무 때나 간식을 제공한다.

11 **피아제가 말한 'Schema'에 대한 설명으로 옳은 것은?**

① 인지발달에 필요한 물리적 · 사회적 요인들을 통합하고 조종하는 능력을 말한다.
② 심리적 현상에 영향을 미치는 에너지의 원천이다.
③ 사고가 지능에 의해 연마되고 수정되는 행위를 말한다.
④ 사람들이 의식하지 못하지만 밖으로 표출하고자 하는 힘으로 행동, 생각, 정서를 지배한다.
⑤ 음식물에 대한 욕구, 성적인 욕구, 생물학적 욕구는 기초적 욕구이다.

12 **다음 〈보기〉 중 구체적 조작기의 특징을 모두 고른다면?**

가. 다양한 변수를 고려하여 상황과 사건을 파악하고 조사한다.
나. 사물에 대해 상징적 표상을 사용하기 시작한다.
다. 분류와 연속성, 보존개념을 완전하게 획득한다.
라. 추상적 사고가 최고로 발달한다.

① 가, 나, 다 ② 가, 다
③ 나, 라 ④ 라
⑤ 가, 나, 다, 라

13 **피아제의 인지발달단계 중 전조작기의 특징으로 타인의 생각, 관점, 지각 등이 자신과 동일한 것으로 가정하는 것을 무엇이라고 하는가?**

① 보존 ② 자아중심성
③ 비가역적 사고 ④ 집중성
⑤ 중심성

14 **욕구 발달단계의 특징에 대한 설명으로 옳지 않은 것은?**

① 가장 기본적인 욕구가 충족되면 다음 단계의 욕구를 갈망한다.
② 5가지 욕구는 동시에 일어나기도 한다.
③ 인간의 기본적인 욕구가 충족되지 않으면 생리적 · 심리적인 역기능이 일어나고 그것은 직접적으로 혼란상태를 야기한다.
④ 욕구충족이 회복되면 역기능이나 혼란상태는 회복된다.
⑤ 기본적인 욕구충족이 장기간 계속되면 그 욕구에 대한 욕구는 감퇴하게 된다.

15 신생아기의 주요 반사운동이 바르게 연결된 것은?

① 모로반사 – 입에 닿는 것은 무엇이든 빠는 반사운동
② 파악반사 – 음식물을 삼키는 반사운동
③ 빨기반사 – 껴안는 반사운동
④ 연하반사 – 손에 잡힌 것은 쥐고 놓지 않으려는 반사운동
⑤ 바빈스키 반사 – 발가락은 펴고 오므리는 반사운동

16 다음 〈보기〉에서 학령 전기(3 ~ 6세) 아동이 놀이를 통해 얻을 수 있는 것을 고르면?

가. 애착관계 형성
나. 운동기술
다. 대상영속성 형성
라. 타인의 역할 수용

① 가, 나, 다 ② 가, 다
③ 나, 라 ④ 라
⑤ 가, 나, 다, 라

17 청소년기에 대한 설명으로 옳지 않은 것은?

① 자신의 사고를 비판적으로 검토할 수 있다.
② 두 범주 이상의 변수를 실제로 조작하지 않고서도 정신적으로 다룰 수 있다.
③ 사건들이 일어날 가능성에 관한 가설을 세울 수 있다.
④ 자신의 행동결과를 예측할 수 있다.
⑤ 자신 중심의 자아중심성 사고를 강화시킨다.

18 다음 〈보기〉 중 중년기의 신체적 변화로 옳은 것을 모두 고른다면?

가. 신체 기능의 저하
나. 에너지의 변화
다. 감각기관의 변화
라. 육체적 힘과 반응시간의 변화

① 가, 나, 다 ② 가, 다
③ 나, 라 ④ 라
⑤ 가, 나, 다, 라

19 **다음 〈보기〉에서 설명하는 노년기에 관련된 이론은?**

가. 노년기의 특징인 사회적 상호작용의 감소는 노인으로부터 사회가 후퇴하기 때문에 일어나며, 이것은 사회적 활동에 계속 참여하고 싶어하는 노인의 소망에 상반되게 진행되는 것으로 간주한다. 그러므로 최적의 상태로 노화하는 노인은 계속해서 활동적으로 남아 있으며 그의 사회적 세계는 축소되지 않는다.

나. 노인을 생물학적 측면과 건강상의 불가피한 변화를 제외하고는 중년의 사람들과 똑같은 심리적 · 사회적 욕구를 가진 사람으로 본다.

① 분리이론　② 활동이론
③ 생태체계 이론　④ 생활양식이론
⑤ 성격이론

20 **뉴가튼의 노년기 조부모 역할유형 중 손자녀 양육은 자녀에게 맡기고 조부모 역할에 충실하는 유형은?**

① 공식형　② 재미추구형
③ 대리부모형　④ 원거리형
⑤ 가족지혜 저장형

21 **사회체계이론의 사회사업실천상의 적용에 유용한 점이 아닌 것은?**

① 인간행동에 관한 이해를 돕는다.
② 단선적 인과관계 관점을 명확하게 해 준다.
③ 개인과 환경 상호간의 본질을 조명해 준다.
④ 다원론적인 관점을 적용한다.
⑤ 사회적 환경에 대한 지식을 제공한다.

22 **다음 중 폐쇄형 가족체계의 설명으로 옳은 것은?**

① 외부체계의 간섭을 허용한다.
② 경계가 자유롭고 유동적이다.
③ 지역사회와의 교류가 확대된다.
④ 외부와의 상호작용을 제한한다.
⑤ 대중매체에 대한 최소한의 검열 및 정보교환이 자유롭다.

23 **알코올, 마약, 도박 등의 중독문제를 해결할 수 있도록 구성원 상호 간의 원조와 정보제공을 하는 집단을 무엇이라 하는가?**

① 자조집단　② 성장집단
③ 과업집단　④ 교육집단
⑤ 사회화집단

24 동질성이 강하므로 전통성을 지닌 농촌을 위한 지역사회조직모델로 알맞은 것은?

① 지역사회개발모델
② 사회개혁모델
③ 지역사회사업모델
④ 사회계획모델
⑤ 사회행동모델

25 문화체계의 특성 중 옳은 것은?

① 문화는 각 부분에서 독립적이다.
② 과학적 분석이 불가능하다.
③ 미시체계에 영향을 미치지 않는다.
④ 인간이 만들어가는 것이니 적응할 필요가 없다.
⑤ 생활 속에서 만들어지며 일상생활 행동의 지침이 된다.

26 과학적 방법에 관한 설명으로 옳지 않은 것은?

① 잠정적이지 않은 지식을 추구한다.
② 경험적 증거에 기반하여 지식을 탐구한다.
③ 체계적이고 포괄적인 방법에 의존한다.
④ 객관성의 추구를 강조한다.
⑤ 재현과 반복의 가능성이 높다.

27 설명적 조사의 결과를 기초로 해서 사실과 사실 간의 인과관계를 규명함으로써 결과에 대한 원인을 파악해 내는 것을 목적으로 하는 조사는?

① 설명적 조사 ② 예측조사
③ 진단적 조사 ④ 통계조사
⑤ 기술적 조사

28 연구방법론의 특성에 대한 내용으로 적당하지 않는 것은?

① 종합과학적 접근방법 사용
② 객관적인 접근방법 사용
③ 인간의 합리적인 사고작용을 기초로 함
④ 경험주의보다는 이론적인 방법 사용
⑤ 인간행동과 사회현상에 대한 법칙을 찾으려고 함

29 다음 〈보기〉 중 개념에 대한 내용을 모두 고른다면?

가. 단순히 정신적 이미지 또는 인식이다.
나. 어떤 현상이나 사물의 의미를 추상적으로 구성한 것이다.
다. 기존의 이론이나 지식에 연관시키므로 연구를 체계적으로 수행할 수 있도록 한다.
라. 연구대상의 속성에 계량적인 수치를 부여하여 경험적으로 측정 가능하게 하는 개념이다.

① 가, 나, 다 ② 가, 다
③ 나, 라 ④ 라
⑤ 가, 나, 다, 라

30 노인의 우울증에 대한 조사연구를 할 때 개념 정의는 연구조사나 조사설계의 어느 단계에 해당하는가?

① 문제형성단계
② 가설형성단계
③ 조사설계단계
④ 자료수집단계
⑤ 보고서 작성단계

31 탐색적 조사에 대한 설명으로 옳지 않은 것은?

① 예비조사라고도 한다.
② 조사설계의 확정 이전에 문제 규명을 위해 예비적으로 실시한다.
③ 보다 정확한 연구문제와 가설을 정립한다.
④ 문헌조사, 경험자 조사, 전문가 조사, 특례조사 등이 있다.
⑤ 어떠한 인과관계가 있으며, 어떻게 미래를 예측하는가를 설명해 준다.

32 **신뢰도 평가방법으로 외생변수, 반복 검사로 인한 주시험 효과가 큰 방법은?**

① 검사 – 재검사법
② 반분법
③ 질문지법
④ 크론바흐의 알파계수
⑤ 대안법

33 **측정의 신뢰도와 타당도에 관한 설명으로 옳은 것은?**

① 동일인이 한 체중계로 여러 번 몸무게를 측정하는 것은 체중계의 타당도와 관련되어 있다.
② 편향은 측정의 무작위 오류와 관련되어 있다.
③ 측정도구의 높은 신뢰성이 측정의 타당성을 보증하지 않는다.
④ 측정도구의 타당도를 검사하기 위해 반분법을 활용한다.
⑤ 기준관련 타당도 검사를 위해 해당 개념과 관련된 이론적 모형이 필요하다.

34 **다음 〈보기〉 중 요인척도의 장점을 모두 고른다면?**

보기

가. 연속적인 척도 점수 확보
나. 항목에 가중치 부여
다. 단일 차원성 확보
라. 계산이 용이함

① 가, 나, 다　② 가, 다
③ 나, 라　④ 라
⑤ 가, 나, 다, 라

35 **(　) 안에 알맞은 것은?**

우울 척도 A의 측정치가 우울 척도 B보다는 자아존중감 척도 C의 측정치와 더 일치할 때 척도 A의 (　)는 문제가 된다.

① 내용타당도(content validity)
② 판별타당도(discriminant validity)
③ 액면타당도(face validity)
④ 예측타당도(predictive validity)
⑤ 기준관련타당도(criterion-related validity)

36 비체계적 오류를 줄이는 방법으로 옳지 않은 것은?

① 측정도구의 내용을 명확히 한다.
② 측정항목수를 가능한 한 줄인다.
③ 측정자들의 측정방식이나 태도에 일관성이 있어야 한다.
④ 신뢰할 수 있는 측정도구를 사용한다.
⑤ 측정자에게 측정도구에 대한 교육과 훈련을 통해 사전준비를 철저히 한다.

37 실험의 특징에 대한 설명으로 옳지 않은 것은?

① 실험은 효율적이고 효과적으로 변수를 조작하고 통제하려는 것이다.
② 여러 변수 간의 인과관계를 파악하고자 한다.
③ 독립변수가 종속변수에 미치는 영향을 관찰하는 데 목적이 있다.
④ 실험은 변수의 조작과 통제가 이루어진다는 점에서 현지연구와 동일하다.
⑤ 실험은 미래지향적이고 문헌조사, 경험조사, 사례조사 등과 같은 사후연구와 구별된다.

38 다음 〈보기〉 중 실험설계를 위한 기본 조건을 모두 고른다면?

가. 독립변수의 조작
나. 외생변수의 통제
다. 실험대상의 무작위화
라. 종속변수의 주관적 분석평가

① 가, 나, 다　② 가, 다
③ 나, 라　④ 라
⑤ 가, 나, 다, 라

39 다음 〈보기〉 중 일원적 설계를 사용하는 경우에 해당하는 것을 모두 고른다면?

가. 특정사건이나 현상의 발생
나. 인구집단의 특성
다. 개인적 · 집단적 경험 등을 기술
라. 여러 번의 관찰값 파악시 이용

① 가, 나, 다　② 가, 다
③ 나, 라　④ 라
⑤ 가, 나, 다, 라

40 단일사례연구의 구조로 가장 중요한 2 가지는?

① 집단통제와 기초선
② 집단통제와 개입국면
③ 실험통제와 기초선
④ 실험통제와 개입국면
⑤ 기초선과 개입국면

41 단일사례 연구설계의 특성으로 맞지 않는 것은?

① 연구조사와 실천을 통합시켰다.
② 실천지향의 연구조사를 지향한다.
③ 변수 간의 관계규명을 한다.
④ 주로 개인, 가족 및 소집단을 대상으로 한다.
⑤ 시계열 설계의 논리를 개별적인 사례에 미치는 영향 평가에 사용한다.

42 다음 〈보기〉의 설명은 무엇에 대한 것인가?

보기

응답자가 자신이 관찰되고 있는 사실을 아는 상태에서 조사하는 방법으로 응답자에게 미리 알려주고 관찰하므로 관찰자 효과가 나타날 수 있다.

① 직접관찰
② 간접관찰
③ 공개적 관찰
④ 비공개적 관찰
⑤ 조직적 관찰

43 지역아동센터에서 인지능력개발프로그램을 종료한 후, 이를 재진행할지 완전히 종결할지 등을 결정할 때 사용할 수 있는 평가는?

① 형성평가
② 과정평가
③ 메타평가
④ 총괄평가
⑤ 사전평가

44 **다음 〈보기〉에서 설명하는 표집방법은?**

모집단을 구성하고 있는 구성 요소들이 자연적인 순서 또는 일정한 질서에 따라 배열된 목록에서 매 K번째의 구성요소를 추출하여 형성한 표본이다.

① 할당표집방법
② 계통적 표집방법
③ 층화적 표집방법
④ 집락적 표집방법
⑤ 단순무작위 표집방법

45 **다음 〈보기〉 중 단순무작위 표본추출 방법의 내용으로 옳은 것을 모두 고른다면?**

가. 무작위 표본에서 전 대상 내의 각 사람은 표본으로 선택될 동일한 확률을 가지고 있다.
나. 단순무작위 표본은 모든 가능한 집단들이 선택될 가능성이 동일한 표본이다.
다. 가장 보편적으로 사용하는 방법이 난수표 이용이다.
라. 확률표집방법의 하나이다.

① 가, 나, 다　② 가, 다
③ 나, 라　④ 라
⑤ 가, 나, 다, 라

46 **다음 중 표본설계를 순서대로 바르게 연결한 것은?**

가. 모집단 확정
나. 표집틀 설정
다. 표집방법 결정
라. 표본크기의 결정
마. 표본추출

① 가 – 나 – 다 – 라 – 마
② 가 – 다 – 나 – 라 – 마
③ 나 – 가 – 다 – 라 – 마
④ 나 – 다 – 가 – 라 – 마
⑤ 다 – 가 – 나 – 라 – 마

47 **표집방법 중 모집단에 대해 전혀 알지 못하는 경우 또는 모집단이 극히 동질적인 경우에 사용하는 표집방법은?**

① 임의표집방법
② 판단표집방법
③ 층화표집방법
④ 계통표집방법
⑤ 단순무작위 표집방법

48 다음은 욕구사정을 위해 필요한 자료를 산출하는 다양한 기법들이다. 이 중에서 수집될 정보의 내용이 사전에 결정되어 있지 않기 때문에 지역사회의 자유로운 의견이나 분위기 등을 파악하는 데 가장 유리한 기법은?

① 우편설문조사
② 서비스 제공자에 대한 구조화된 인터뷰
③ 공공기관의 통계자료
④ 지역사회 포럼
⑤ 서비스 이용자료

49 내용분석법에서의 분석내용의 범주의 특성으로 옳은 것을 모두 고른다면?

가. 연구목적의 적합성
나. 포괄성
다. 상호배타적
라. 상호의존적

① 가, 나, 다　　② 가, 다
③ 나, 라　　④ 라
⑤ 가, 나, 다, 라

50 다음 〈보기〉에서 조사연구계획서의 의의를 모두 고른다면?

가. 조사설문의 내용과 조사의 중요성을 제시
나. 조사담당자의 기관 및 수행활동의 소개
다. 필요한 자료의 수집, 처리, 분석, 해석방법 제시
라. 조사를 통해 얻을 수 있는 이익에 대한 설명

① 가, 나, 다　　② 가, 다
③ 나, 라　　④ 라
⑤ 가, 나, 다, 라

[사회복지실천]

정답 및 해설 291p

01 다음 중 사회복지실천활동으로 옳은 것은?

가. 클라이언트의 문제해결을 위한 옹호
나. 클라이언트의 욕구파악을 위한 조사
다. 클라이언트의 임파워먼트를 위한 집단사회복지서비스
라. 클라이언트의 치료를 위한 개별치료서비스

① 가, 나, 다
② 가, 다
③ 나, 라
④ 라
⑤ 가, 나, 다, 라

02 케이스워크의 궁극적 목적은?

① 클라이언트의 갈등 완화
② 클라이언트의 인격 발달
③ 클라이언트의 환경 조정
④ 클라이언트의 행동 수정
⑤ 클라이언트의 문제 수용

03 개별사회복지실천의 개념에 대한 학자들의 견해로서 옳지 않은 것은?

① J. Rengensburg는 문제해결을 위한 워커의 능력을 중시한다.
② M. Richmond는 인격발달의 측면을 강조한다.
③ H. Perlman은 클라이언트의 문제해결에 대한 주체성을 강조한다.
④ S. Bowers는 인간관계의 지식과 기술성을 강조한다.
⑤ R. E. Smalley는 클라이언트를 참여하게 하는 기술측면을 강조한다.

04 사회복지사의 기능과 역할에 대해 바르게 연결되지 않은 것은?

① 직접적 서비스 제공기능 – 정보교육자
② 체계와 연결하는 역할 – 중개자
③ 체계유지 및 강화역할 – 자문가
④ 연구자, 조사활동자 역할 – 촉진자
⑤ 체계개발역할 – 프로그램 개발자

05 진단주의와 기능주의 모형의 비교설명으로 틀린 것은?

① 진단주의는 클라이언트 과거의 생활력을 중시하고, 기능주의는 현재의 상황을 중요시한다.
② 진단주의는 인간을 소극적인 입장에서 보고, 기능주의는 인간을 적극적인 측면에서 본다.
③ 진단주의는 클라이언트 변화의 주체자는 워커이고, 기능주의는 클라이언트 자신이다.
④ 진단주의는 클라이언트의 자아강화에 초점을 두고, 기능주의는 원조과정을 중요시 한다.
⑤ 진단주의는 클라이언트 자신의 성장개념에 초점을 두고, 기능주의는 클라이언트의 주체성을 강조한다.

06 기능주의 학파와 진단주의 학파에 관한 설명으로 옳은 것은?

① 진단주의 학파는 미국의 대공황 이후 등장하였다.
② 기능주의 학파는 인간의 성장 가능성을 중시하였다.
③ 기능주의 학파는 클라이언트의 생활력(life history)을 강조하였다.
④ 진단주의 학파는 현재의 경험과 개인의 동기에 대한 이해를 중시하였다.
⑤ 두 학파 간의 논쟁은 1970년대에 와서 비로소 종식되었다.

07 다음 〈보기〉 중 기능주의에 대한 설명으로 옳은 것을 모두 고른다면?

가. 개인의 의지 강조
나. 질병이론이 아닌 성장이론에 기초
다. 치료적 관계가 서비스를 제공하는 기관의 기능과 밀접하게 관련
라. 프로이트의 정신분석이론으로부터 영향 받음

① 가, 나, 다 ② 가, 다
③ 나, 라 ④ 라
⑤ 가, 나, 다, 라

08 다음 〈보기〉에 해당하는 사회복지사의 역할은?

영세민 임대아파트에 살고 있는 수급자들의 공공전기요금에 대해 지방정부차원에서 혜택을 주도록 지방의회의 조례제정을 위해 사회복지사 K씨가 지방의원들을 찾아다녔다.

① 조력자 역할 ② 중재자 역할
③ 대변자 역할 ④ 관리자 역할
⑤ 안내자 역할

09 케이스워크에 대한 설명으로 옳지 않은 것은?

① 개인을 1 : 1 방식으로 도움으로써 개인문제와 사회문제를 해결하는 것을 목표로 한다.
② 케이스워크는 개인이 환경에 적응하도록 돕고 그들에게 불리한 사회 · 경제적 압박을 변화시키도록 돕는다.
③ 자살 충동이 있는 사람의 상담도 케이스워크의 한 예이다.
④ 클라이언트를 대신하여 다양한 기관과 직원으로부터 서비스를 계획하고 탐색하며, 모니터하는 과정을 말한다.
⑤ 학대아동과 그 가족에게 보호서비스를 제공하는 것도 케이스워크의 한 예이다.

10 다음 〈보기〉 중 폐쇄형 가족체계의 특징을 모두 고른다면?

가. 잠긴 문
나. 여행에 대한 감시와 통제
다. 낯선 사람에 대한 세밀한 조사
라. 높은 담장

① 가, 나, 다 ② 가, 다
③ 나, 라 ④ 라
⑤ 가, 나, 다, 라

11 다음 〈보기〉 중 지역사회개발의 내용으로 맞는 것을 모두 고른다면?

가. 지역사회서비스 프로그램
나. 폭력예방과 같은 자조활동
다. 다른 사람들과의 사회적 연계망을 증진시키는 활동
라. 권력과 자원의 재분배 촉구

① 가, 나, 다 ② 가, 다
③ 나, 라 ④ 라
⑤ 가, 나, 다, 라

12 핀커스와 미나한의 4체계 모델 중에서 표적체계인 것은?

① 변화를 가져오게 하는 사회복지사업기관이다.
② 사회복지사와 클라이언트와의 계약관계가 성립됨을 말한다.
③ 목표를 달성하기 위해 영향을 주거나 변화시킬 수 있다고 보여지는 사람들을 말한다.
④ 지역사회자원을 발견하고 타 자원들과 연계하는 영역이다.
⑤ 답이 없다.

13 다음 〈보기〉 중 문제해결모델의 특성을 모두 고른다면?

보기

가. 클라이언트 자신이 문제해결자일 것
나. 역량강화 강조
다. 클라이언트의 자아가 중요
라. 저매인과 기터만이 주장

① 가, 나, 다 ② 가, 다
③ 나, 라 ④ 라
⑤ 가, 나, 다, 라

14 면접 과정에서 바람직한 질문은?

① 그 친구를 따돌리고 싶은 생각이 애초부터 마음속에서 서서히 일어나고 있었던 거죠?
② 아들이 집 밖으로 나가지 않겠다고 약속했는데도 불구하고, 아들을 방에 가둔 이유가 뭐죠?
③ 지난 세월 동안 남편의 폭력에 어떻게 대처해 오셨죠?
④ 다른 약속이 없었음에도 불구하고, 직업훈련에 빠진 것은 그냥 귀찮았기 때문인가요?
⑤ 의사는 뭐라고 그러던가요? 아들을 왜 때렸으며 그 때 누가 같이 있었죠?

15 기록의 중요성에 대한 설명으로 가장 거리가 먼 것은?

① 전문가 간의 의사소통의 도구로 활용될 수 있다.
② 클라이언트의 욕구를 파악할 수 있다.
③ 사회복지사의 개입활동에 대한 평가를 할 수 있게 한다.
④ 클라이언트의 비밀보장을 철저하게 해준다.
⑤ 다른 사회복지사에게 사례가 넘어가는 경우 사례의 지속성을 유지할 수 있게 한다.

16 면담의 유형 중 가정폭력 피해여성의 자존감 향상을 목적으로 심리적 지지를 제공하는 것은?

① 관찰 면담 ② 치료 면담
③ 진단 면담 ④ 사정 면담
⑤ 정보수집 면담

17 **클라이언트와의 관계시 기법과 내용이 바르게 연결된 것은?**

① 의사소통 – 비언어적 표현까지도 신경을 쓴다.
② 개별화 – 있는 그대로 받아들인다.
③ 자기결정 – 심판하지 않는다.
④ 수용 – 클라이언트는 존중받아야 한다.
⑤ 비심판적 태도 – 심판해야 한다.

18 **다음 〈보기〉 중 클라이언트의 정보를 공개해야 하는 경우를 모두 고른 것은?**

가. 동료 사회복지사에게 조언을 구할 경우
나. 실습생 교육을 위해
다. 다른 기관에의 의뢰를 위해
라. 가족이 정보 요청을 의뢰한 경우

① 가, 다　　② 나, 라
③ 가, 나, 다　　④ 라
⑤ 가, 나, 다, 라

19 **폭력으로 상담하게 된 클라이언트에게 사회복지사가 역전이를 느낀다면 어떻게 해야 하나?**

① 예전의 경험을 떠올린다.
② 전이에 대해 반응한다.
③ 자신의 부정적 감정을 표현한다.
④ 자신의 역전이를 극복하기 위해 종결까지 개입을 진행한다.
⑤ 개입에 어려움이 있는 경우 다른 사회복지사에게 의뢰한다.

20 **사회복지실천의 유용성과 거리가 먼 것은?**

① 과거의 실천모델보다도 넓은 관점과 포괄적 문제를 총체적으로 이해한다.
② 사정의 도구로서 직접적인 유용성을 갖는다.
③ 문제를 전체체계의 총체성 속에서 이해하여 전체 관련체계에 개입하여 체계적 변화를 준다.
④ 각 수준의 체계에 관한 기존의 연구업적으로부터 축적된 지식을 활용할 수 있다.
⑤ 환경과의 제반요소들과 끊임없이 상호교류하는 인간의 적응적이고 진화적인 견해를 제공하지 못한다.

21 사회복지사와 클라이언트가 생태도를 분석하는 차원에서 적절치 않은 것은?

① 클라이언트와 상황의 초점이 되는 가족 도표가 원 안에 표시된다.
② 환경 속의 클라이언트에 초점을 두므로 클라이언트를 생태학적 관점에서 이해하는 데 도움을 준다.
③ 사회복지사가 생태도를 그리고 난 후에 분석하고 평가해 준다.
④ 사정과 개입을 위한 중요한 정보를 산출한다.
⑤ 사회적 맥락 속에서 클라이언트의 상황과의 관계를 나타낸다.

22 가계도를 통해 알 수 있는 것은?

① 가족의 자원과 지지체계를 알 수 있다.
② 주변 사회들과의 상호작용을 알 수 있다.
③ 가족 구성원이 특정시기에 경험한 내용을 알 수 있다.
④ 클라이언트의 현재 문제를 잘 파악할 수 있다.
⑤ 3세대에 걸친 정서적 분화를 확인할 수 있다.

23 다음 〈보기〉는 개인체계에서의 개입기법 중 무엇에 대한 설명인가?

보기

타인의 입장에서 타인의 상황을 이해하고 거기에 적합한 관심을 가지고 반응하는 능력을 의미한다.

① 공감　② 존경
③ 직면　④ 구체성
⑤ 진실성

24 다음 〈보기〉에 적용된 사례관리의 원칙은?

보기

재가복지를 담당하는 사회복지사 K는 클라이언트의 욕구를 시정하고 계획하는 데 있어서 다양한 서비스 영역을 검토하여 필요한 도움이 누락되지 않도록 하였다.

① 적절성　② 포괄성
③ 지속성　④ 연계성
⑤ 접근성

25 **사례관리 과정 중 점검(monitoring)단계에 있는 사례관리자의 과업이 아닌 것은?**

① 개입의 진행정도를 파악한다.
② 개입계획의 수정 여부를 검토한다.
③ 필요 시 문제해결전략을 수정한다.
④ 클라이언트의 의뢰이유를 알아본다.
⑤ 클라이언트의 욕구변화를 사정한다.

26 **다음 설명 중 옳은 것은?**

① 케이스워크에서 상담은 표준화된 상담만을 의미한다.
② 그룹워크는 워커가 치료적인 기술을 중심으로 사용한다.
③ 사회개량운동은 그룹워크의 발달을 가져왔다.
④ 워커가 클라이언트의 의견보다 자기의 견을 우위 입장에서 이행한다.
⑤ 사회사업은 치료보다 예방중심으로 이루어지고 있다.

27 **다음 〈보기〉는 무엇에 대한 설명인가?**

가. 사회계획과 지역사회 조직과정을 포함한다.
나. 사회복지사는 사회문제를 다루기 위해 개인, 집단, 조직으로 구성된 지역사회 행동 체계를 원조하는 전문적인 변화매개자로서 역할을 한다.

① 미시적 수준　② 중범위 수준
③ 거시적 수준　④ 집단적 차원
⑤ 개인적 차원

28 **도박 경험이 있는 청소년에 대해 개입하면서 어릴 적 부모의 이혼이 그 원인임을 밝혔다. 이때 사회복지사가 적용한 이론은?**

① 심리사회이론
② 행동주의 이론
③ 문제해결이론
④ 인지행동이론
⑤ 정신분석이론

29 **다음 〈보기〉 중 심리사회모델에서 간접적 개입방법으로만 묶여진 것은?**

가. 지지하기
나. 지시하기(직접 영향주기)
다. 탐색 – 기술 – 환기
라. 사회환경적 변화 추구

① 가, 나, 다 ② 가, 다
③ 나, 라 ④ 라
⑤ 가, 나, 다, 라

30 **클라이언트 중심모델의 인간관에 대한 설명으로 옳지 않은 것은?**

① 상담은 워커의 노력에 의해 존재능력이 길러진다고 보았다.
② 상담 진행의 책임을 클라이언트에게 맡긴다.
③ 클라이언트 중심모델은 클라이언트에게 해석을 내리는 권위주의적 관계구조에 반대하며 클라이언트와 사회복지사와의 인간적인 관계를 중시한다.
④ 클라이언트 중심모델은 클라이언트의 자기성장을 향한 잠재력이 발현될 수 있는 분위기를 조성하는 데 목적을 두고 있다.
⑤ 개입방향에 대한 1차적 책임이 클라이언트에게 있으며 클라이언트의 문제에 대해 과거사보다는 현재 진행을 강조한다.

31 **인지재구조화에 대한 설명으로 옳은 것은?**

① 증상으로 나타난 문제행동에 초점을 둔다.
② 잘못된 신념체계를 찾아 재수정하는 것이다.
③ 행동, 습관 등을 통해 인지구조를 형성하는 것이다.
④ 개입 초기에 사회복지사와의 긍정적인 관계를 형성하기 위한 기술이다.
⑤ 문제를 도전이나 전환점 혹은 성장을 위한 기회로 재구성하는 것이다.

32 **인지적 왜곡유형 중 다음 〈보기〉에서 설명하는 내용은?**

상황에 대한 맥락을 무시하고 상세한 부분에 초점을 두는 것을 말한다.

① 임의적 추론
② 선택적 축약
③ 과도한 일반화
④ 극대화와 극소화
⑤ 이분법적 사고

33 **강박적 사고로 인해 불안감을 호소하는 클라이언트에게 할 수 있는 인지행동기법은?**

보기

가. 역설적 의도　　나. 경험적 학습
다. 이완훈련　　라. 자유연상

① 가, 나, 다　　② 가, 다
③ 나, 라　　④ 라
⑤ 가, 나, 다, 라

34 **환경적 개입을 강조한 모델끼리 연결된 것은?**

① 인지치료모델 – 생태체계모델 – 정신역동모델
② 인지치료모델 – 과제중심모델 – 행동체계모델
③ 생태체계모델 – 인지치료모델 – 과제중심모델
④ 생태체계모델 – 행동주의모델 – 과제중심모델
⑤ 생태체계모델 – 정신역동모델 – 행동체계모델

35 **역량강화모델의 세 단계(대화 – 발견 – 발전) 중 대화단계에서 사회복지사가 중점적으로 수행해야 할 과제를 모두 고른 것은?**

보기

가. 강점 확인
나. 목표 설정
다. 자원능력 사정
라. 협력관계 형성

① 가, 나, 다　　② 가, 다
③ 나, 라　　④ 라
⑤ 가, 나, 다, 라

36 **다음 중 위기개입 접근의 설명으로 틀린 것은?**

① 조기에 발견하고 초기단계의 원조를 중요시한다.
② 현재의 위기상황은 중요하지만 클라이언트의 감정은 부수적이다.
③ 위기상황에 처해 있는 개인이나 가족에 대한 원조활동이다.
④ 위기상황에 초점을 둔다.
⑤ 위기개입은 그 대상이 개인이든 가족이든 간에 무의식적 · 정신내면적 갈등의 해결에 역점을 두지 않는다.

37 길리랜드의 위기개입모델 과정에서 경청하기와 관련된 것을 모두 고른다면?

가. 문제 정의하기
나. 클라이언트의 안전 확보하기
다. 지지하기
라. 참여 유도하기

① 가, 나, 다
② 가, 다
③ 나, 라
④ 라
⑤ 가, 나, 다, 라

38 다음 설명에 해당되는 집단 사정도구는?

집단성원 간 관심 정도를 측정하기 위한 방법으로 각 성원에 대한 호감도를 1점(가장 싫어함)에서 5점(가장 좋아함)으로 평가한다.

① 소시오메트리
② 상호작용차트
③ 목표달성척도
④ 소시오그램
⑤ 사회관계망표

39 다음 〈보기〉 중 Garland, Jones, Kolony 등이 아동중심으로 개발한 집단발달단계를 순서대로 나열한 것은?

가. 친밀 전 단계
나. 권력과 통제단계
다. 친밀단계
라. 특수화(분화) 단계
마. 이별단계

① 가 – 나 – 다 – 라 – 마
② 가 – 다 – 나 – 라 – 마
③ 가 – 라 – 나 – 다 – 마
④ 나 – 가 – 다 – 라 – 마
⑤ 나 – 다 – 가 – 라 – 마

40 자조집단에 대한 설명으로 옳지 않은 것은?

① 공통적인 문제나 장애를 가진 사람들의 공동욕구 해결을 위한 상호원조를 제공한다.
② 집단성원들은 물질적 원조뿐만 아니라 정보나 정서적 지지를 제공받는다.
③ 초기 익명의 단주동맹에서 시작되어 최근에는 치매가족협회 등으로 확산되었다.
④ 자신의 상황을 스스로 통제할 수 있어 동기가 더 강해진다.
⑤ 집단성원들이 서로 정보와 지지를 제공하여 문제를 극복하기 때문에 전문가의 개입은 필요 없다.

41 집단을 정의하는 공통적인 요소로 옳지 않은 것은?

① 2인 또는 3인 이상의 일정한 구성원
② 성원들의 소속감 및 공통의 목적, 관심사
③ 이해적인 결속
④ 성원의 기능과 역할을 규제하는 규범을 갖고 있는 집합체
⑤ 상호의존적, 상호작용

42 다음 사례에 해당하는 집단의 유형은?

보기

장애인복지관에서 발달장애아동의 비장애 형제를 대상으로 주1회 8회기 집단을 운영하였다. 집단의 목적은 비장애 형제의 장애 형제와 관련한 부적응적 사고와 신념의 변화였다. 이를 위해 자기 모니터링, 인지재구성, 의사소통훈련, 문제해결훈련을 활용하였다.

① 성장집단 ② 치료집단
③ 지지집단 ④ 과업집단
⑤ 참만남 집단

43 집단의 크기가 클 때의 장점이 아닌 것은?

① 더욱 복잡한 과업을 다룰 수 있다.
② 한두 명 정도 빠져도 큰 문제가 생기지 않는다.
③ 말을 하거나 행동하는 데 압력을 덜 받는다.
④ 아이디어, 기술, 자원 등을 상대적으로 더 많이 확보할 수 있다.
⑤ 응집력 형성과 의견일치가 쉽다.

44 집단발달단계 중 오리엔테이션의 목적과 관련이 깊은 것을 모두 고른다면?

보기

가. 집단의 목적 설명
나. 집단 절차에 대해 익히기
다. 적절한 성원에 대한 선별
라. 상호 간에 기대나 책임, 의무에 대한 구체적인 합의

① 가, 나, 다 ② 가, 다
③ 나, 라 ④ 라
⑤ 가, 나, 다, 라

45 **아들을 사이에 두고 사사건건 며느리와 갈등을 빚고 있는 시어머니의 사례에 대하여 사회구성주의로 접근하는 경우 우선시해야 할 것은?**

① 원가족과의 관계를 파악한다.
② 가족구조와 상호작용 파악에 초점을 둔다.
③ 남편과 시어머니의 자아분화정도를 사정한다.
④ 가족의 의사소통 유형을 파악하고 가족성원의 자존감을 파악한다.
⑤ 시어머니가 가족의 문제를 어떻게 인식하는지 확인한다.

46 **현대가족의 변화에 관한 설명으로 옳지 않은 것은?**

① 조기퇴직이 늘면서 빈둥지 시기가 빨리 온다.
② 평균수명의 연장으로 가족의 생애주기가 길어진다.
③ 청년실업이 늘면서 자녀가 독립하는 시기가 늦어진다.
④ 초혼연령이 높아지면서 가족을 형성하는 시점이 늦어진다.
⑤ 단독가구 및 무자녀가구가 증가하면서 비전통적인 가족 유형이 늘고 있다.

47 **다음 〈보기〉는 무엇에 대한 설명인가?**

가. 중요한 사건이나 시기를 중심으로 해서 연대기적으로 작성한 것으로 표를 이용한다.
나. 현재 역기능적인 문제 등을 특정시기의 어려움이나 경험 등과 연관시켜 이해할 수 있다.

① 생태도
② 가계도
③ 생활력도
④ 라이프 사이클
⑤ 조직도

48 **가족개입을 위한 합류(joining)에 해당하지 않는 것은?**

① 가족원과 라포 형성하기
② 가족의 말투나 행동 따라하기
③ 가족간 상호작용 맥락 이해하기
④ 가족의 역기능적 패턴 재구성하기
⑤ 가벼운 대화로 편안한 분위기 조성하기

49 **다음 사례에서 사회복지사가 활용한 개입기법은?**

보기

가족사정단계에서 아내는 자신에게서 멀어지는 남편을 대신하여 아들(15세)에게 지나치게 관여해 왔고, 아들은 부모의 관계회복을 위해 문제행동을 나타내는 것으로 파악되었다. 어머니는 아들의 문제행동 해결을 위해 몇 차례 자녀훈육기술 교육을 받았으나 별 효과가 없었다고 한다. 따라서 사회복지사는 아들의 문제행동을 주요 개입대상으로 삼는 대신 아내가 남편과의 갈등을 직접 해결하도록 돕는 노력을 하기로 했다.

① 탈삼각화
② 균형 깨뜨리기
③ 재구성
④ 문제의 외현화
⑤ 경계만들기

50 **다음 〈보기〉 중 진단기록의 특징을 모두 고른다면?**

가. 서비스 전달을 지도 · 감독
나. 클라이언트의 상황에 대한 실천가의 진단을 개발
다. 실무이론의 발달을 위한 정보수집
라. 실천가의 진단기술을 강화

① 가, 나, 다 ② 가, 다
③ 나, 라 ④ 라
⑤ 가, 나, 다, 라

51 **지역사회(Community)에 관한 설명으로 옳지 않은 것은?**

① 로스(M. G. Ross) : 지역사회를 지리적인 지역사회와 기능적인 지역사회로 구분
② 메키버(R. M. Maciver) : 인간의 공동생활이 영위되는 일정한 지역을 공동생활권으로 설명
③ 워렌(R. L. Warren) : 지역적 접합성을 가지는 주요한 사회적 기능수행의 단위와 체계의 결합
④ 길버트와 스펙트(N. Gilbert & H. Specht) : 지리적 영역, 사회 · 문화적 상호작용, 공동의 유대 등 3가지로 구성
⑤ 던햄(A. Dunham) : 지역사회의 유형을 인구의 크기, 경제적 기반 등의 기준으로 구분

52 다음 〈보기〉는 워렌의 지역사회기능의 비교척도 중 무엇을 설명하는 것인가?

지역사회 내에 있는 상이한 단위조직들이 구조적으로나 기능적으로 얼마나 강한 관련을 갖고 있는가에 관한 것을 말한다.

① 지역적 자치성
② 서비스 영역의 일치성
③ 지역에 대한 주민들의 심리적 동일시
④ 수평적 유형
⑤ 수직적 유형

53 퇴니스가 제시한 공동사회의 특징을 모두 고른다면?

가. 유기적 연대관계 유지
나. 이기주의
다. 혈연, 지연에 의해 지속
라. 객관적 계약에 의해 이루어짐

① 가, 나, 다　② 가, 다
③ 나, 라　④ 라
⑤ 가, 나, 다, 라

54 사회복지기능의 설명으로 부적합한 것은?

① 시장 외적 기제에 의한 작용
② 사회통합의 달성
③ 상부상조의 기능
④ 개인적 선택의 기회를 극대화
⑤ 사회통제적 기능

55 다음 〈보기〉를 보고 우리나라 지역사회복지 발달 순서를 바르게 나열한 것은?

가. 1기 시 · 군 · 구 지역사회복지계획 수립
나. 재가복지봉사센터 설립
다. 국민기초생활보장제도 시행
라. 사회복지시설 평가 법제화

① 가 → 나 → 다 → 라
② 가 → 나 → 라 → 다
③ 나 → 라 → 다 → 가
④ 다 → 가 → 라 → 나
⑤ 라 → 나 → 다 → 가

56 **영국의 엘리자베스 구빈법을 근대적 사회복지의 출발점으로 보는 이유는?**

① 국가가 걸인의 이동을 규제하였기 때문이다.
② 빈민을 분류화했기 때문이다.
③ 구빈의 책임을 교구에 부여했기 때문이다.
④ 구빈행정의 기본단위가 지방행정단위로 정했기 때문이다.
⑤ 구빈의 책임을 국가에서 부담했기 때문이다.

57 **우리나라 사회복지의 발달사와 일치하는 내용은?**

① 사창은 고려시대 비황제도로 물가조절 기관의 역할을 수행하였다.
② 조선시대의 자휼전칙은 독거노인의 보호에 관한 법령이었다.
③ 해방 후 미군정은 일제 강점기의 사회복지정책을 획기적으로 개선하였다.
④ 조선구호령은 해방후 생활보호법이 제정되기까지 우리나라 공공부조정책의 지침이 되었다.
⑤ 사회보험, 공공부조 및 각종 사회복지서비스의 틀을 구축한 사회복지의 제도적 형성기는 1980년대였다.

58 **다음 중 지역사회 조직활동의 내용이 아닌 하나는?**

① 과정보다는 과업을 중요시한다.
② 사회계획에 있어 워커는 전문가의 역할을 한다.
③ 사회적 욕구를 충족시키기 위하여 계획을 수립한다.
④ 지역사회의 자원을 효율적으로 조정·동원한다.
⑤ 지역주민의 적극적인 참여를 유도한다.

59 **다음 〈보기〉에서 사회계획모형에 관한 설명을 모두 고른 것은?**

가. 인보관운동에서 시작하여 현재까지 지속되고 있다
나. 객관적 자료분석 결과를 고려한 합리성에 기반을 둔다.
다. 정치적 참여와 연대를 강화한다.
라. '아래로부터의 접근'보다는 '위로부터의 접근'의 속성을 갖는다.

① 가, 나, 다　　② 가, 다
③ 다, 라　　④ 라
⑤ 가, 나, 다, 라

60 **로스만의 지역사회모델 중 변화를 위한 전술과 기법에서 지역사회개발의 내용만으로 묶여진 것은?**

보기

가. 합의
나. 문제확인
다. 의견교환과 토의 강조
라. 사실 발견과 분석

① 가, 나, 다　② 가, 다
③ 나, 라　④ 라
⑤ 가, 나, 다, 라

61 **다음에서 설명하는 지역사회복지실천 모델은?**

보기

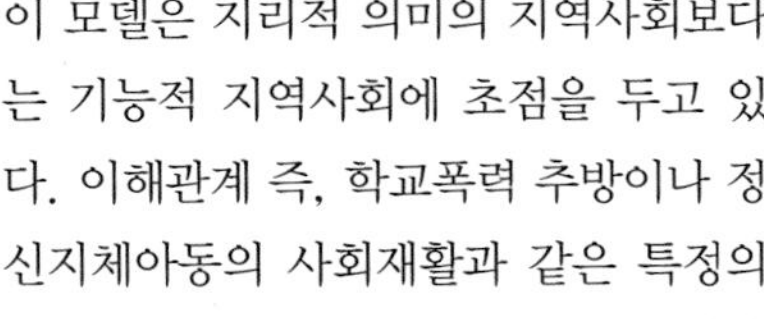

이 모델은 지리적 의미의 지역사회보다는 기능적 지역사회에 초점을 두고 있다. 이해관계 즉, 학교폭력 추방이나 정신지체아동의 사회재활과 같은 특정의 공통 관심사나 이슈를 기반으로 조직화되는 특성이 있다.

① 연합모델
② 지역사회의 사회 · 경제개발모델
③ 사회행동모델
④ 정치 · 사회행동모델
⑤ 기능적 지역사회조직모델

62 **다음 중 아동의 지지적 서비스에 해당하지 않는 것은?**

① 부모가 자녀를 양육하는 데 어려움이 있을 경우이다.
② 아동이 가정에서 제 기능을 발휘하지 못할 때 국가에서 대리적으로 해 준다.
③ 부모가 자신의 역할에 대해 아무런 만족을 느끼지 못할 경우이다.
④ 형제 간의 갈등으로 가정이 불화목할 경우이다.
⑤ 불만족스러운 부부관계로 인해 자녀들에게 문제가 발생할 때에도 해당된다.

63 **재가복지봉사센터의 기본원칙으로 다음 〈보기〉의 설명에 해당하는 것은?**

보기

요보호대상자에 대한 서비스는 본인의 신체적 · 정신적 · 사회적 자립과 자활을 조성하는 데 주안점을 두어야 한다.

① 적극성의 원칙
② 능률성의 원칙
③ 연계성의 원칙
④ 자립성의 원칙
⑤ 효과성의 원칙

64 **노인의 지지적 관계망 형성을 위한 이론적 배경으로 가장 알맞은 것은?**

① 상호성 이론
② 역할이론
③ 정신분석이론
④ 빈곤이론
⑤ 기대이론

65 **재가복지의 특징으로 보기 어려운 것은?**

① 최선의 시설이라도 사정이 최고라는 것에서부터 출발한다.
② 클라이언트의 주체성 상실여부와 관련이 깊다.
③ 가족의 관여를 배제시킨다.
④ 비공식적 지지망이 중요하게 작용된다.
⑤ 사회적 관계망의 중요성이 강조된다.

66 **지역사회복지실천활동에서 전문가의 역할을 바르게 설명한 것은?**

① 지역사회 진단
② 불만을 집약하는 일
③ 조직화를 격려하는 일
④ 긍정적인 대인관계를 육성하는 일
⑤ 공동목표를 강조하는 일

67 **자기옹호(self-advocacy)에 관한 설명으로 옳은 것은?**

① 희생자 집단을 위한 옹호자의 활동
② 특정 법안의 통과를 저지하는 활동
③ 성평등을 이루기 위한 여성운동
④ 자조집단이 스스로 돕는 것
⑤ 근본적인 제도상의 변화를 추구

68 **지방자치제가 지역사회복지에 미치는 영향으로 옳지 않은 것은?**

① 중앙정부 중심의 복지행정으로부터 지방정부 중심의 복지행정으로 전환이 이루어졌다.

② 지방정부와 권력 강화로 복지예산이 확대되어 이로 인해 민간의 참여가 약화된다.

③ 지방정부와 지역사회 주민들이 지역의 복지에 대한 책임의식을 갖고 주체적으로 참여한다.

④ 지역의 특성에 맞고 그 지역주민의 복지수요에 부응하도록 독자적인 계획을 수립하고, 차별화된 정책 수립이 가능하다.

⑤ 재정자립도의 격차는 지방자치제와 지역사회복지사업의 문제점을 발생시켜 지역 간 복지불평등을 초래할 수 있다.

69 **사회복지실천에서 주된 사회자원에 관한 설명으로 적절하지 않은 것은?**

① 사회복지에 관한 주된 사회자원이란 시설, 설비, 제도, 서비스, 서비스를 담당하는 인재, 활동에 필요한 자금 등이다.

② 사회복지의 원조를 원활히 행하기 위해서는 사회복지의 욕구를 충족하기에 필요한 사회자원의 양과 질을 정비, 확보하는 것이 중요한 요건이 된다.

③ 사회복지사는 기존의 공식적인 사회자원(사회복지제도, 서비스 자금 등)의 범위 내에서 원조활동을 행하는 역할로 되어 있다.

④ 사회복지조사에 있어서는 욕구의 발견에 맞추고, 사회복지자원의 상황을 파악하고, 발견하는 것은 중요한 역할로 되어 있다.

⑤ 오늘날의 복지욕구의 고도화, 다양화는 복지원조에 있어서 몇 가지 사회자원을 네트워크화 하는 것에 의해 그 기능을 높이는 것이 필요하게 되었다.

70 지역사회의 사회복지실천에서 사용하는 거시적 기술을 모두 고른다면?

보기
가. 협상　　나. 조정
다. 계획　　라. 상담

① 가, 나, 다　② 가, 다
③ 나, 라　④ 라
⑤ 가, 나, 다, 라

71 지방자치제도의 실시에 따른 지역사회복지여건의 변화로 잘못된 것은?

① 지방사회복지조직의 강화 필요성 증대
② 지역사회를 중심으로 하는 자립기반을 강화하려는 사회적 욕구의 증대
③ 사회복지기능의 지방으로의 이양 증대
④ 지역이기주의의 약화
⑤ 전달체계의 개선의 노력

72 다음 자원봉사자의 인정 · 승인에 대한 내용으로 적합하지 않은 것은?

① 인정과 보상은 공식적으로 전달해야 한다.
② 인정과 보상은 자원봉사자가 자신의 활동에 만족감을 느끼면서 계속 활동을 할 수 있도록 격려하고 자극하는 중요한 매개체이다.
③ 대부분의 자원봉사자는 자아개발 등 사회심리적인 보상을 선호하는 경향이 있다.
④ 인정은 자원봉사활동에 대한 감사를 표시하는 화폐와 같은 역할을 한다.
⑤ 인정과 보상은 정신적 · 물질적 · 추상적 · 구체적인 요소를 모두 포함할 수 있다.

73 자원봉사활동의 활성화 방안이 아닌 것은?

① 학습의 기회를 제공하여 기초적인 지식을 갖고 활동에 임하게 한다.
② 관련된 제반 정보들을 수집, 정비하여 제공한다.
③ 상담 · 조언 및 배경 조정활동을 통해 그 동기와 대상, 성격 및 특기 등을 파악하고 관련 지식을 제공한다.
④ 상호보완성을 유지하도록 기능에 대한 조정활동도 한다.
⑤ 인간관계에 대한 조정은 스스로 해결하게 하며, 팀의 내 · 외적인 갈등이나 문제 등에 간섭하지 않는다.

74 지역사회복지협의회의 성격으로 옳은 것을 모두 고르면?

가. 주민욕구 기본의 원칙
나. 민간성의 원칙
다. 전문성의 원칙
라. 지역성의 원칙

① 가, 나, 다 ② 가, 다
③ 나, 라 ④ 라
⑤ 가, 나, 다, 라

75 다음 〈보기〉에서 사회복지사업평가의 목적을 모두 고른다면?

가. 프로그램의 타당성 규명
나. 프로그램의 향상
다. 사업담당자의 책임성 제고
라. 사회복지사의 업적 증진

① 가, 나, 다 ② 가, 다
③ 나, 라 ④ 라
⑤ 가, 나, 다, 라

[사회복지정책과 제도]

정답 및 해설 298p

01 사회복지의 제도적 관점으로 옳지 않은 것은?

① 거시적
② 원조와 치료
③ 모욕을 줄임
④ 예방
⑤ 공적 제도

02 사회복지정책의 일반적 기능에 해당하는 것을 모두 고른다면?

가. 사회통합기능
나. 정치적 안정기능
다. 사회질서의 형성
라. 사회교정의 기능

① 가, 나, 다
② 가, 다
③ 나, 라
④ 라
⑤ 가, 나, 다, 라

03 다음 중 도덕적 해이에 대한 설명으로 바른 것은?

① 빈곤에서 벗어나지 않고 국가의 급여에 의존하려고 한다.
② 위험발생 확률이 높은 사람만 사회보험에 가입한다.
③ 비용을 지불하지 않고 비배타적 재화의 효용을 누리려고 한다.
④ 사회보험에 가입한 후 보험에 가입하기 전보다 위험발생에 대한 예방과 주의를 덜 한다.
⑤ 사회복지에 도덕적 의무감이 줄어든다. 도덕적 해이란 보험에 가입한 이후 위험회피를 덜 하는 것을 말한다.

04 개정 구빈법의 3대 원칙으로만 바르게 묶여진 것은?

① 작업장의 원칙, 전국균일의 원칙, 열등처우의 원칙
② 전국균일의 원칙, 열등처우의 원칙, 형평성의 원칙
③ 사회보험의 원칙, 열등처우의 원칙, 능력비례의 원칙
④ 보편주의 원칙, 작업장의 원칙, 능력비례의 원칙
⑤ 선별주의 원칙, 작업장의 원칙, 공평성의 원칙

05 독일 비스마르크의 사회입법에 관한 설명으로 옳은 것은?

① 1883년 제정된 질병(건강)보험은 세계 최초의 사회보험이다.
② 1884년 산재보험의 재원은 노사가 반씩 부담하였다.
③ 1889년 노령폐질연금이 전 국민을 대상으로 시행되었다.
④ 사회민주당이 사회보험입법을 주도하였다.
⑤ 질병(건강)보험은 전국적으로 일원화된 통합적 조직에 의하여 운영되었다.

06 경기변동이 사회복지재정에 미치는 영향으로 옳은 것은?

① 인플레이션시 사회보장급여의 실질가치가 감소하여 사회복지재정도 증가한다.
② 경기 후퇴시 실질소득이 낮아져서 사회복지지출이 감소한다.
③ 경기 후퇴시 실업자 수가 증가하여 사회복지지출이 증가한다.
④ 인플레이션시 실질소득이 감소하여 사회복지의 지출도 감소한다.
⑤ 인플레이션시 소득의 실질가치가 증가하여 사회복지재정도 증가한다.

07 다음 〈보기〉에서 설명하는 사회복지제도의 이론은?

서로 다른 정치이념과 문화를 가진 국가들도 일단 산업화가 비슷한 수준에 도달하면 유사한 사회복지체계를 가지게 된다고 보는 이론이다.

① 사회양심론
② 합리이론
③ 수렴이론
④ 테크놀로지이론
⑤ 시민권론

08 다음 〈보기〉에서 설명하는 티트머스의 사회복지모델은?

개인의 욕구를 1차적으로 가족이나 시장을 통해 충족하고 사회복지는 잠정적 · 일시적으로 기능을 대신하는 구호적 성격이며 선별주의에 입각한다.

① 잔여적 사회복지모델
② 제도적 사회복지모델
③ 산업성취모델
④ 음모이론
⑤ 합리이론

09 신자유주의자들이 복지에 대하여 국가개입을 반대하는 이유가 아닌 것은?

① 사회적 분열
② 자원의 낭비
③ 비효율
④ 전제와 독재의 초래
⑤ 지방분권화 가속

10 복지국가에 관한 설명으로 옳지 않은 것은?

① 근대 복지국가의 발전은 시민적 권리의식의 확대에 의해 영향을 받았다.
② 인구고령화는 21세기 복지국가가 직면한 현실 중 하나이다.
③ 국가가 복지의 주체가 되어야 한다는 주장의 근거를 시장의 실패에서 찾을 수 있다.
④ 퍼니스와 틸튼은 복지국가를 적극적 국가와 자유방임국가, 사회보장국가로 구분한다.
⑤ 1970년대 중반부터 시작된 세계경제의 급속한 침체는 복지국가의 위기를 초래하였다.

11 사회복지가 공공부문에서 이루어져야 하는 이유로 틀린 것은?

① 시장실패에 기인한다.
② 사회복지의 재화나 서비스가 공공재적 성격을 많이 가지고 있다.
③ 사회복지를 통한 긍정적 외부효과가 크다.
④ 사회복지서비스는 공공부문에서 제공의 지불능력을 기준으로 하기 때문에 평등의 가치를 구현할 수 있다.
⑤ 사회복지서비스가 공공부문에서 제공되면 개인적 이기주의보다는 이타주의의 가치를 중시하므로 사회통합이라는 사회목표를 이룰 수 있다.

12 **정책대안 형성기법으로 브레인스토밍에 대한 설명으로 맞는 것은?**

① 한정된 수의 대안만 탐색하는 방법
② 기존 정책에 약간의 수정만 가하는 형식
③ 다양한 아이디어를 자유분방한 상태에서 제안하는 방법
④ 전문가들의 의견을 모으고 교환하고, 발전시키는 방법
⑤ 유사한 구조를 통해 미래의 상황이나 문제를 추정하는 방법

13 **다음 〈보기〉에서 설명하는 정책결정모형은?**

보기

합리성이나 협상, 타협 등을 통하여 정책결정이 이루어지는 것이 아니라 조직화된 무정부 상태 속에서 나타나는 몇 가지 흐름들이 우연히 결합하여 이루어진다.

① 최적모형　② 만족모형
③ 혼합모형　④ 점증모형
⑤ 쓰레기통모형

14 **재원조달방식 중 역진적인 경우를 모두 고른다면?**

보기

가. 사회보장성 조세
나. 조세비용
다. 사용자부담금
라. 일반예산

① 가, 나, 다　② 가, 다
③ 나, 라　④ 라
⑤ 가, 나, 다, 라

15 **사회보험의 능력주의적 특성에 관한 설명으로 맞는 것은?**

① 국가부조를 받고 있는 대상자에게만 급여를 행한다.
② 균일갹출, 균일급여의 원칙이 적용된다.
③ 소득재분배 기능을 엄격히 적용한다.
④ 소득에 비례하여 급여를 행한다.
⑤ 최저생활수준의 급여를 행한다.

16 사회보험과 공공부조를 비교하여 설명한 것으로 틀린 것은?

① 사회보험은 기여금 또는 각출금에서 재원이 마련되지만, 공공부조는 정부의 일반조세에 의해서 조달된다.

② 사회보험은 욕구조사가 필요하지만, 공공부조는 자산조사가 필수이다.

③ 사회보험은 급여의 양을 예상하기 어려우나, 공공부조는 정부의 조세에 의해 집행되므로 급여의 양을 예상하기 쉽다.

④ 사회보험은 근로자를 위한 제도가 핵심이지만, 공공부조는 경제적 저소득을 위한 제도이다.

⑤ 양 제도는 자본주의 모순에 따른 소득의 불평등과 밀접하다.

17 사회복지재원에 있어서 사용자 부담이 필요한 이유를 모두 고른다면?

보기

가. 필요 이상의 서비스 이용을 억제하기 위해
나. 과도한 국가 부담의 감소를 위해
다. 서비스의 질적 향상을 위해
라. 서비스 수급에 대한 치욕을 제거하기 위해

① 가, 나, 다　　② 가, 다
③ 나, 라　　④ 라
⑤ 가, 나, 다, 라

18 다음 중 우리나라 사회보험제도의 보험료 부담방식이 잘못 연결된 것은?

① 국민연금의 사업장 가입자 – 2자 부담방식

② 사립학교교원연금 – 3자 부담방식

③ 산업재해보상보험 – 2자 부담방식

④ 국민건강보험의 직장가입자 – 2자 부담방식

⑤ 고용보험 – 2자 부담방식

19 다음 〈보기〉에서 설명하는 국민건강보험의 운영방식은?

지역별, 직업별, 직장별로 여러 개의 조합이 자유롭게 구성되며, 소규모 동질 집단 내 위험분산을 강조, 효율성에 초점을 두는 제도이다.

① 통합주의 ② 조합주의
③ 지역주의 ④ 계층주의
⑤ 포괄주의

20 다음 〈보기〉에서 국민건강보험의 의의에 대해 맞는 것을 모두 고른다면?

가. 강제성을 갖는 규제정책
나. 통합적인 정책
다. 포괄적인 정책
라. 선별적인 정책

① 가, 나, 다 ② 가, 다
③ 나, 라 ④ 라
⑤ 가, 나, 다, 라

21 현행 산업재해보상보험제도에 관한 설명으로 옳지 않은 것은?

① 산업재해보상보험법상 근로자란 근로기준법에 의한 근로자를 말한다.
② 특수형태근로종사자도 적용 대상이 될 수 있다.
③ 상병보상연금이 있다.
④ 직업재활급여와 사회재활급여가 있다.
⑤ 부분휴업급여가 있다.

22 사회보장관련제도 중 기업의 도산으로 임금과 퇴직금을 받지 못한 근로자들의 임금과 퇴직금을 보존해 주기 위한 제도는?

① 국민기초생활보장제도
② 임금채권보장제도
③ 의료급여제도
④ 법률구조제도
⑤ 재해구조제도

23 다음 〈보기〉 중 사회의 불평등 정도를 측정할 때 사용하는 것을 모두 고른다면?

보기

가. 지니계수 나. 래퍼곡선
다. 로렌츠곡선 라. 엥겔지수

① 가, 나, 다 ② 가, 다
③ 나, 라 ④ 라
⑤ 가, 나, 다, 라

24 선별주의 원칙을 강조하는 입장의 내용과 가장 거리가 먼 것은?

① 자산조사 강조
② 현물급여
③ 최저한의 급여수준
④ 욕구를 가진 자에 대한 지원
⑤ 귀속적 욕구의 적극 인정

25 다음 〈보기〉 중 국민기초생활보장법에서 수급권자의 기준에 해당되는 것은?

보기

가. 소득인정액
나. 근로능력
다. 부양의무자의 유무
라. 재산

① 가, 나, 다 ② 가, 다
③ 나, 라 ④ 라
⑤ 가, 나, 다, 라

26 다음 〈보기〉는 사회복지행정의 이념이 상충되어 고민하고 있는 사례이다. 어떤 이념 간에 문제가 나타나고 있는 것인가?

예산이 충분치 않은 농촌지역에 복지관을 설치하려고 한다. 모든 주민이 손쉽게 이용하려면 1개소로는 곤란하고 여러 곳에 설치하기에는 인력과 재원이 부족하다.

① 전문성과 효과성
② 접근성과 효율성
③ 접근성과 전문성
④ 통합성과 효율성
⑤ 통합성과 전문성

27 **우리나라 사회복지사 윤리강령의 윤리기준에 포함된 내용이 아닌 것은?**

① 사회복지사는 전문가로서의 품위와 자질을 유지하고 자신이 맡고 있는 업무에 대해 책임을 진다.
② 사회복지사는 한국사회복지사협회 등이 실시하는 제반교육에 적극 참여하여야 한다.
③ 사회복지사는 클라이언트의 지불능력에 상관없이 서비스를 제공하여야 하며 이를 이유로 차별대우를 해서는 안 된다.
④ 사회복지사는 클라이언트의 법적 권리를 손상하거나 축소시키는 어떤 행위에도 관련되어서는 안 된다.
⑤ 사회복지윤리위원회는 윤리강령을 위해하거나 침해하는 행위를 접수받아 공식적인 절차를 통해 대처해야 한다.

28 **사회복지에서 행정지식이 중요하게 된 이유가 아닌 것은?**

① 사회문제 해결을 위한 일차집단(primary association)의 역할이 커졌다.
② 사회복지실천에서 조직적 과정의 중요성이 커졌다.
③ 사회복지조직이 세분화되면서 조직 간 통합과 조정의 필요성이 커졌다.
④ 사회복지조직에 대한 외부의 책임성 이행요구가 증가하였다.
⑤ 한정된 사회복지자원에 대한 효과적 관리의 필요성이 커졌다.

29 **사회복지행정의 이념 중 보편주의와 관계가 깊은 것을 모두 고르면?**

보기

가. 공평성	나. 효과성
다. 접근성	라. 효율성

① 가, 나, 다　　② 가, 다
③ 나, 라　　④ 라
⑤ 가, 나, 다, 라

30 **어느 사회복지관의 관장은 직원들의 사회심리적 욕구를 중시하고 비공식적 집단을 권장하여 중요한 사항에 대하여 직원들과 함께 의논하는 등 민주적이고 참여적인 리더십을 발휘하였다. 이때 관장이 활용한 관리운영방법을 가장 잘 나타내는 조직이론은?**

① 과학적 관리론
② 인간관계론
③ 의사결정론
④ 체계이론
⑤ 애드호크라시 이론

31 **총체적 품질관리(TQM)에 관한 설명으로 옳지 않은 것은?**

① 사실자료에 기초를 두나 과학적인 품질관리기법과는 거리가 멀다.
② 지속적으로 이루어지는 개혁이다.
③ 고객이 품질을 주도하도록 한다.
④ 조직의 분권화를 강조하며, 계획과 문제해결에 있어 집단적인 노력도 중시한다.
⑤ 최종의사결정은 고객에 있다.

32 **허즈버그는 직무와 관련된 욕구를 크게 두 가지로 나누었다. 다음 중 허즈버그의 2요인 이론에 관한 설명이 아닌 것은?**

① 인간의 동기부여에 있어서 불쾌한 것을 회피하는 욕구와 정신적으로 성장해서 자아실현을 구하는 욕구와는 전혀 이질적인 것이며, 양자는 전혀 다른 요소에 의해 충족된다는 가설에서 출발한다.
② 위생요인과 동기부여요인은 별개의 차원이 아니다.
③ 동기부여요인에는 성취감, 책임감, 승진, 안정감 등이 포함되는 것이 일반적이다.
④ 회사의 정책, 감독, 급여, 작업조건 등은 위생요인으로 인식되지만, 상황에 따라 다를 수 있다.
⑤ 동기요인과 위생요인의 내용은 상황에 따라 달라질 수 있다.

33 **다음 〈보기〉에서 체계이론에서의 하위체계 중 관리하위체계의 방법을 모두 고른다면?**

가. 갈등해소
나. 조정
다. 외적 조정
라. 조직의 변화방향 제시

① 가, 나, 다 ② 가, 다
③ 나, 라 ④ 라
⑤ 가, 나, 다, 라

34 **중앙정부가 사용내역을 구체적으로 지정하지 않고 교부하는 보조금은?**

① 포괄보조금
② 기초보조금
③ 특별보조금
④ 경상보조금
⑤ 항목별 보조금

35 다음 〈보기〉의 4대 보험 중 보건복지가족부장관이 관할하는 보험을 모두 고르면?

가. 국민연금보험
나. 고용보험
다. 국민건강보험
라. 산업재해보상보험

① 가, 나, 다　② 가, 다
③ 나, 라　④ 라
⑤ 가, 나, 다, 라

36 하젠필드는 사회복지조직이 다른 공식조직과 구별되는 특성이 있다고 하였다. 그 특성으로 옳지 않은 것은?

① 사회복지조직은 클라이언트와 직접 접촉하여 활동하고 있다.
② 사회복지조직은 클라이언트 보호를 사회로부터 위임받았고, 이를 통해 그 존재가 정당화 된다.
③ 사회복지조직에는 활동의 효과를 타당하게 측정할 수 있는 표준척도가 많이 존재한다.
④ 사회복지조직원 원료는 문화적 가치를 부여받고, 사회적 · 도덕적 정체성을 지닌 인간이다.
⑤ 사회복지조직은 복잡한 인간을 대상으로 하기 때문에 사용되어지는 기술이 불확실하다.

37 스미스가 분류한 조직유형 중 투과성 조직에 해당하는 것은?

① 대기업　② 교도소
③ 정신병원　④ 정부기관
⑤ 자원봉사동아리

38 다음 〈보기〉 중 수평조직의 단점을 모두 고른다면?

가. 책임의 불분명
나. 경직성
다. 의사소통의 문제
라. 비능률성

① 가, 나, 다　② 가, 다
③ 나, 라　④ 라
⑤ 가, 나, 다, 라

39 다음 〈보기〉는 무엇에 대한 설명인가?

직무담당자의 책임성과 자율성을 제고하고 직무수행에 관한 환류가 이루어지도록 권한을 하위조직 및 하위구성원에게 분산 · 위임하는 식으로 직무의 내용을 개편하는 것

① 직무순환　② 직무축소화
③ 직무개별화　④ 직무확충
⑤ 직무변경

40 다음 〈보기〉에서 설명하는 조직이론은?

조직이란 주어진 특정한 공식적 목표를 달성하기 위한 하나의 집합체이다.

① 합리적 체계이론
② 자연체계이론
③ 개발체계이론
④ 만족이론
⑤ 점증이론

41 사회복지조직의 엔트로피 현상을 설명한 내용으로 가장 적절한 것은?

① 조직과 환경 간의 유기적 관련성을 일컫는 말이다.
② 조직의 환경을 가리키는 말이다.
③ 조직이 환경을 관리해 나가는 것을 말한다.
④ 조직이 환경을 극복해 나가는 현상이다.
⑤ 조직이 환경의 영향을 받아 해체 · 소멸되는 현상이다.

42 다음 중 조직을 개방체계 관점에서 이해하고 접근하는 조직이론은?

① 과학적 관리론
② 관료제 이론
③ 인간관계론
④ 정치경제이론
⑤ 공공행정이론

43 리더십연구의 전개과정을 순서대로 바르게 나열한 것은?

① 특성이론 〉 상황이론 〉 행동이론
② 행동이론 〉 특성이론 〉 상황이론
③ 특성이론 〉 행동이론 〉 상황이론
④ 특성이론 〉 상황이론 〉 유효성 이론
⑤ 상황이론 〉 행동이론 〉 특성이론

44 하급자가 자기가 구하는 목표를 얻는 것이 가능하다는 기대를 높이게 됨으로써 동기 부여가 되고 작업의욕도 높아진다는 상황을 만들어주는 것이 리더의 행위라고 주장하는 이론은?

① 리더십 특성이론
② 리더십 경로 – 목표이론
③ PM이론
④ 상황이론
⑤ 지도자 – 참여이론

45 사회복지프로그램 기획기법의 하나인 PERT에 관한 설명으로 옳지 않은 것은?

① 행사는 원으로 표시된다.
② 임계경로는 시작에서 종료에 이르기까지 가장 짧은 시간을 요구하는 통로이다.
③ 복잡한 활동들로 연결된 사업을 기획하고 관리하는 데 유용하다.
④ 최종 행사로부터 시작하여 역방향으로 올라가면서 망을 설계한다.
⑤ 조직구성원들이 자신들의 활동이나 업무가 전체활동에서 차지하는 위치를 파악할 수 있게 한다.

46 **정책결정 이론모형과 설명의 연결이 옳은 것을 모두 고른 것은?**

ㄱ. 합리모형 – 주어진 상황 속에서 주어진 목표를 해결하기 위해 최선의 정책대안을 찾을 수 있다고 가정한다.
ㄴ. 만족모형 – 합리모형보다 혁신적이고 진보적인 정책결정이 이루어진다.
ㄷ. 최적모형 – 체계론적 시각에서 정책성과를 최적화하려는 정책결정 모형이다.
ㄹ. 점증모형 – 경제적 합리성과 초합리성을 바탕으로 하는 질적 모형이다.

① ㄱ, ㄴ, ㄷ
② ㄱ, ㄷ
③ ㄴ, ㄹ
④ ㄹ
⑤ ㄱ, ㄴ, ㄷ, ㄹ

47 **직무설계 수행에서 선임자가 피훈련자에게 업무수행의 지식 · 기술을 학습하게 하는 것은?**

① 분임토의
② 사례발표
③ 시뮬레이션
④ OJT
⑤ 패널

48 **다음 〈보기〉에서 영기준 예산제도에 관한 내용을 모두 고른다면?**

가. 사업의 효과성 제고
나. 중앙집권화의 촉진
다. 점증적 예산의 편성
라. 조세부담의 완화
마. 사업의 전면적 평가
바. 감축관리

① 가, 나, 다, 라
② 가, 나, 라, 마
③ 가, 라, 마, 바
④ 나, 라, 마, 바
⑤ 가, 나, 마, 바

49 **고객만족을 위한 마케팅 전략으로 다른 기관과의 차별화를 두는 것은?**

① 집중마케팅
② 표적마케팅
③ 마케팅 평가
④ 시장포지셔닝
⑤ 비차별적 마케팅전략

50 다음 〈보기〉에서 설명하는 마케팅 기법은?

보기

고객정보, 경쟁시장정보, 산업정보 등 시장에 관한 각종 정보를 직접 수집 · 분석하고 이를 데이터베이스화하여 마케팅전략을 수립하는 기법

① 다이렉트 마케팅
② 고객관계관리 마케팅
③ 기업연계 마케팅
④ 데이터베이스 마케팅
⑤ 인터넷 마케팅

51 다음 〈보기〉에서 설명하는 정의는?

보기

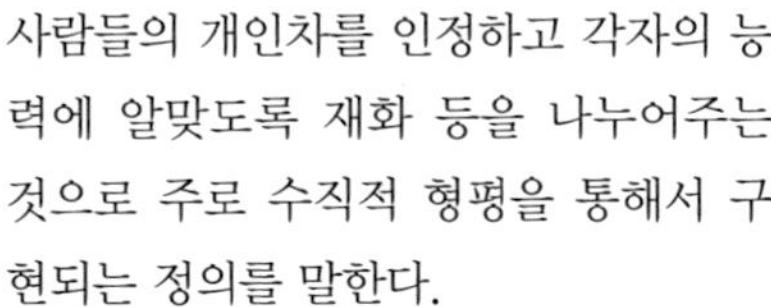
사람들의 개인차를 인정하고 각자의 능력에 알맞도록 재화 등을 나누어주는 것으로 주로 수직적 형평을 통해서 구현되는 정의를 말한다.

① 일반적 정의
② 평균적 정의
③ 절차적 정의
④ 민주적 정의
⑤ 배분적 정의

52 사회복지법의 법원(法源)에 관한 설명으로 옳은 것은?

① 사회복지법의 근거가 되는 헌법규정은 선언적일 뿐 규범적 효력은 없다.
② 사회복지법령은 임의법규이다.
③ 우리나라의 경우 단일의 사회복지법전은 존재하지 않고 여러 개별 법률로 구성되어 있다.
④ 위헌 · 위법인 사회복지법령은 무효 또는 취소가 된다.
⑤ 사회복지행정기관의 내부 문서정리를 위한 지침은 법규명령에 해당한다.

53 영국의 스핀햄랜드법의 제정목적으로 옳은 것은?

① 구빈비용을 줄이기 위해서
② 농촌 노동력의 도시유입을 막기 위해서
③ 작업장을 활성화시키기 위해서
④ 인구감소를 위해서
⑤ 저임금 노동자의 임금을 국가에서 보충하기 위해서

54 **우리나라 사회복지의 발달사에 대한 설명으로 옳은 것은?**

① 사창은 고려시대 비황제도로서 물가조절기관의 역할을 수행하였다.
② 조선시대의 자휼전칙은 독거노인의 보호에 관한 법령이었다.
③ 해방 후 미군정은 일제 강점기의 사회복지정책을 획기적으로 개선하였다.
④ 조선구호령은 해방 후 생활보호법이 제정되기 전까지 우리나라 공공부조정책의 지침이 되었다.
⑤ 사회보험, 공공부조 및 각종 사회복지서비스의 틀을 구축한 사회복지의 제도적 형성기는 1980년대였다.

55 **다음 〈보기〉에서 사회복지법의 주된 법원리로 채택할 수 있는 기본원리를 모두 고른다면?**

가. 기본권 존중주의
나. 복지국가주의
다. 사회적 시장경제주의
라. 사회주의

① 가, 나, 다　② 가, 다
③ 나, 라　④ 라
⑤ 가, 나, 다, 라

56 **다음 중 기본권이 최초로 보장되었던 헌법은?**

① 바이마르헌법
② 프랑스 헌법
③ 스핀햄랜드법
④ 정주법
⑤ 미국의 헌법

57 **사회보호를 정부뿐만 아니라 여러 영역이 함께 담당하는 것으로, 사회보호 책임을 비정부 영역에 일부 이양하는 것과 관련된 개념은?**

① 복지 자유방임주의
② 복지다원주의
③ 복지획일주의
④ 복지 정부중심주의
⑤ 페이비언 사회주의

58 일반적으로 사회복지사업은 비영리사단법인이 수행하고 있다. 비영리사단법인의 설립요건으로만 묶여진 것은?

가. 목적의 비영리성
나. 설립행위
다. 주무관청의 허가
라. 자본금 출현

① 가, 나, 다 ② 가, 다
③ 나, 라 ④ 라
⑤ 가, 나, 다, 라

59 사회복지전담공무원의 권한을 제한할 수 있는 법적 근거는?

가. 국가안전보장 나. 질서유지
다. 공공복리 라. 복지권

① 가, 나, 다 ② 가, 다
③ 나, 라 ④ 라
⑤ 가, 나, 다, 라

60 다음 〈보기〉에서 설명하는 기구는?

- 1927년 질병보험을 확대 · 강화하기 위해 창설하였다.
- 활동영역을 노령, 장애, 유족연금 영역까지 확대하였다.

① 국제연합
② 국제노동기구
③ 세계보건기구
④ 국제사회보장협회
⑤ 국제사회복지협의회

61 다음 〈보기〉에서 사회서비스의 내용을 모두 고른다면?

가. 돌봄 및 정보의 제공
나. 국민의 최저생활보장 및 자립지원
다. 상담, 재활
라. 보건, 주거, 교육, 고용 등의 분야에서 인간다운 생활보장 지원

① 가, 나, 다 ② 가, 다, 라
③ 나, 라 ④ 라
⑤ 가, 나, 다, 라

62 사회복지법령상 권리구제 내지 권익보호에 관한 설명으로 옳지 않은 것은?

① 사회보장기본법은 권리구제에 관한 명문의 규정을 두고 있다.
② 국민기초생활보장 급여변경 처분에 이의가 있는 경우, 시장 · 군수 · 구청장에게 이의신청을 할 수 있다.
③ 긴급복지지원법상 긴급복지 지원비용 반환명령에 이의가 있는 사람은 이의신청을 할 수 있다.
④ 노인복지법에 의한 복지조치에 대하여 이의가 있을 경우 노인 또는 그 부양의무자는 해당 복지실시기관에 심사를 청구할 수 있다.
⑤ 한부모가족지원법에 따른 복지급여 등에 대하여 이의가 있을 경우 보호대상자 또는 그 친족이나 그 밖의 이해관계인은 해당 복지실시기관에 심사를 청구할 수 있다.

63 다음 중 특별자치도 또는 시, 군, 구에 설치되는 사회복지 관련기구는?

① 사회복지위원회
② 복지위원
③ 지역사회복지협의체
④ 지역사회복지협의회
⑤ 사회복지위원회 협의체

64 다음 〈보기〉에서 사회복지법인이나 시설에서 사회복지사를 반드시 채용하여야 하는 업무를 모두 고른다면?

가. 시설거주자의 생활지도업무
나. 사회복지프로그램의 개발업무
다. 사회복지프로그램의 운영업무
라. 사회복지를 필요로 하는 사람에 대한 상담업무

① 가, 나, 다
② 가, 다
③ 나, 라
④ 라
⑤ 가, 나, 다, 라

65 사회복지 자원봉사활동의 지원 · 육성에 관해 규정되어 있는 법은?

① 사회보장기본법
② 사회복지법
③ 사회복지서비스법
④ 사회복지사업법
⑤ 사회보험법

66 **국민연금법상 분할연금을 받으려는 자가 모두 갖추어야 할 요건으로 옳지 않은 것은?**

① 배우자의 국민연금 가입기간 중의 혼인 기간이 5년 이상일 것
② 배우자와 이혼하였을 것
③ 배우자였던 사람이 노령연금 수급권자일 것
④ 60세가 되었을 것
⑤ 요건을 모두 갖추게 된 때부터 1년 이내에 청구할 것

67 **국민건강보험제도에 대한 설명으로 적합하지 않는 것은?**

① 건강보험의 보험자는 국민건강보험공단이다.
② 입원의 경우 요양급여비용에 대한 본인 일부부담금의 비율은 20/100이다.
③ 적용대상자는 직장가입자와 지역가입자로 대별된다.
④ 보험료율의 범위는 3 ~ 8%이다.
⑤ 직장가입자와 지역가입자의 재정통합은 2003년 7월 1일부터이다.

68 **산업재해보상보험법령상 보험급여의 종류에 해당하지 않는 것은?**

① 요양급여 ② 간병급여
③ 주거급여 ④ 직업재활급여
⑤ 장의비

69 **산업재해보상보험법령에 관한 설명으로 옳지 않은 것은?**

① 고용노동부장관의 위탁을 받아 근로복지공단이 보험 사업을 수행한다.
② 업무상 재해에는 업무상 사고와 업무상 질병이 포함된다.
③ 가구내 고용활동에는 산업재해보상보험법이 적용되지 아니한다.
④ 간병급여는 실제로 간병을 한 자에게 지급한다.
⑤ 진폐에 따른 보험급여의 특례가 규정되어 있다.

70 **국민기초생활보장법의 내용으로 맞는 것은?**

① 소득인정액이 최저생계비 이하인 사람은 수급권 대상자로서 급여를 받을 수 있다.
② 임차료 보조, 수선유지비는 생계급여에 해당된다.
③ 근로능력이 있는 자는 급여를 받을 수 없다.
④ 중앙생활보장위원회는 최저생계비를 결정하고 심의 · 자문역할을 한다.
⑤ 소득인정액은 개별가구 소득의 평가액으로 한다.

71 **다음 〈보기〉는 국민기초생활보장법이 제정될 당시 생계급여에 관한 설명이다. 이 내용에 해당되는 원칙은?**

국민기초생활보장법이 제정될 당시 생계급여 산정방식은 최저생계비에서 가구소득과 타 지원액을 뺀 나머지로 산정되는 방식이었다.

① 보충급여의 원칙
② 소득제외의 원칙
③ 열등처우의 원칙
④ 확정지급의 원칙
⑤ 일괄보조의 원칙

72 **다음 중 자활후견기관의 운영원칙이 아닌 것은?**

① 독립성의 원칙
② 주민자발성의 원칙
③ 지역사회자원활용의 원칙
④ 전문가에 의한 사업수행의 원칙
⑤ 중립성의 원칙

73 **다음 중 영유아보육법상 대상의 나이는?**

① 6세 미만의 취학 전 아동이다.
② 8세 미만의 아동이다.
③ 20세 미만의 아동이다.
④ 14세 미만의 아동이다.
⑤ 15세 미만의 아동이다.

74 **장애인복지법령의 내용으로 옳은 것은?**

① 보건복지부장관은 장애실태조사를 5년마다 실시하여야 한다.

② 모든 재외동포 및 외국인은 장애인 등록을 할 수 없다.

③ 보건복지부장관은 3년마다 장애인정책종합계획을 수립 · 시행하여야 한다.

④ 장애인은 장애인 관련 정책결정과정에 우선적으로 참여할 권리가 있다.

⑤ 장애인의 장애 인정과 등급 사정에 관한 업무를 담당하게 하기 위하여 국민건강보험공단에 장애판정위원회를 둔다.

75 **노인복지정책에서 재가복지서비스 프로그램의 목표로 적합한 것은?**

① 신체적 · 정신적으로 건전한 노인들이 가족이나 지역사회 내에 머물도록 한다.

② 노인보호에 대한 국가책임을 가족에게 위임한다.

③ 신체적 · 정신적으로 항상 보호가 필요한 사람들을 가족의 보호 아래 둔다.

④ 노인들에 대한 보호비용을 가족이 담당하게 한다.

⑤ 노인들이 이웃에게 해를 끼치지 않도록 거택에서 수용 · 감시한다.

2회

실전모의고사

1교시 • 사회복지기초

2교시 • 사회복지실천

3교시 • 사회복지정책과 제도

1교시

[사회복지기초]

정답 및 해설 306p

01 인간발달의 관점에 관한 설명으로 옳지 않은 것은?

① 개인의 유전형질도 인간발달에 영향을 미친다.
② 인간발달은 퇴행적 변화보다는 상승적 변화를 의미한다.
③ '환경 속의 인간'은 인간발달 이해를 위한 기본 관점이다.
④ 인간발달은 인간의 내적변화 뿐만 아니라 외적변화도 포함한다.
⑤ 생물학적, 심리적, 사회적 체계를 포괄적으로 고려해야 한다.

02 크레이그의 발달영역 중 심리사회발달과 거리가 먼 것은?

① 자아개념 ② 정서
③ 감정 ④ 창의성
⑤ 사회적 행동

03 다음 〈보기〉 중 정신분석이론의 기본 가정을 모두 고르면?

가. 무의식을 가정
나. 심리결정론에 기초
다. 어린시절의 경험 중시
라. 인간 내부에서도 내적 갈등 발생

① 가, 나, 다 ② 가, 다
③ 나, 라 ④ 라
⑤ 가, 나, 다, 라

04 다음 중 원초아에 대한 설명으로 옳지 않은 것은?

① 무의식 안에 감추어진 일차적 정신의 힘이다.
② 성격의 기초가 되는 기본욕구와 충동을 대표한다.
③ 원초아를 지배하는 원리는 현실의 원칙이다.
④ 인간이 생존하는데 필요한 모든 본능이다.
⑤ 원시적, 비논리적, 비합리적, 환상지향적이다.

05 정신분석이론이 사회복지실천에 미친 영향으로 옳지 않은 것은?

① 진단주의 학파에 영향
② 직선적인 원인론을 채택
③ 클라이언트의 문제 사정에 기여
④ 사회복지실천이론의 기초
⑤ 부모와 자식 간의 갈등은 청소년기의 보편적인 일로 이해

06 정신분석이론에서 원초아가 갖고 있는 생물학적인 본능에너지는 무엇인가?

① 리비도 ② 원초아
③ 자아 ④ 초자아
⑤ 무의식

07 에릭슨의 자아발달이론에 관한 설명으로 옳지 않은 것은?

① 프로이트의 이론을 기초로 발달하였으므로 심리성적 이론에 해당한다.
② 자아의 발달을 전 생애에 걸쳐서 8단계로 구분하였다.
③ 1단계에 형성되는 성격은 신뢰감과 불신감이라고 하였다.
④ 각 단계는 일정한 최적의 시기가 있다.
⑤ 각 발달단계의 위기 해결책은 문화에 따라 다르다고 가정하였다.

08 다음에 해당되는 개념은?

청소년기에는 자신의 삶에 대하여 고민하며 다양한 정보를 수집하고 탐색하는 활동을 지속하지만, 여전히 불확실한 상태로 선택과 결정을 하지 못한 채 구체적인 과업에 몰입하지 못하는 상태이다.

① 정체감 유실(identity foreclosure)
② 정체감 수행(identity commitment)
③ 정체감 혼란(identity diffusion)
④ 정체감 성취(identity achievement)
⑤ 정체감 유예(identity moratorium)

09 다음 〈보기〉 중 개인심리이론의 핵심 개념으로 옳은 것을 모두 고르면?

가. 열등감과 보상
나. 생활양식
다. 창조적 자아
라. 가상적 목표

① 가, 나, 다 ② 가, 다
③ 나, 라 ④ 라
⑤ 가, 나, 다, 라

10 한 반응에 뒤따르는 자극으로 그 반응이 다시 발생할 수 있는 가능성을 증가시키는 것은?

① 조작적 행동
② 조작적 조건화
③ 변별자극
④ 반응행동
⑤ 강화물

11 다음 〈보기〉 중 반두라의 사회학습이론에서 자기규제(자기조정)를 구성하는 요소를 모두 고른다면?

가. 수행과정
나. 판단과정
다. 자기반응과정
라. 동기화 과정

① 가, 나, 다 ② 가, 다
③ 나, 라 ④ 라
⑤ 가, 나, 다, 라

12 피아제의 인지발달이론의 내용으로 옳은 것을 모두 고르면?

가. 발달과정은 계속적인 과정이다.
나. 인간의 감정이나 행동은 인지 혹은 생각에 의해 통제될 수 없다.
다. 발달은 일반화와 분화의 과정이다.
라. 인간 본성에 대해 결정론적인 시각을 가진다.

① 가, 나, 다 ② 가, 다
③ 나, 라 ④ 라
⑤ 가, 나, 다, 라

13 **다음 중 구체적 조작기에 대한 설명으로 옳지 않은 것은?**

① 다양한 변수를 고려하여 상황과 사건을 파악한다.
② 다른 사람의 관점에서 사물을 이해하고 공감한다.
③ 관점의 초점은 생각이 아니라 사물이다.
④ 사물이 존재하는 방식과 기능하는 방식에 대해 추상적 사고를 한다.
⑤ 동일성, 역조작, 보상성 등의 개념을 파악한다.

14 **인간접근이론의 기본가정은?**

① 인간의 인지적 성장과 변화는 전 생애주기에 걸쳐서 일어난다.
② 자기정체감의 혼란은 발달위기와 사회제도로부터의 소외감의 부정적 해결로부터 기인한다.
③ 감정적 갈등들을 표현하는 것은 개인이 외상적 기억으로부터 자유롭게 되는 것을 도와준다.
④ 사람들을 믿을 수 있고 능력이 있으며 자기이해와 자아실현의 가능성을 지니고 있다.
⑤ 모든 정신적 삶은 의미가 있다.

15 **유아기(3~6세)의 발달에 관한 설명으로 옳지 않은 것은?**

① 정서의 분화가 두드러지게 나타난다.
② 영아기(0~2세)에 비해 성장속도가 완만해진다.
③ 주로 감각운동을 통하여 지능발달을 도모한다.
④ 사회성을 발달시키는 데 놀이가 중요한 역할을 한다.
⑤ 사고발달에 있어 직관적 사고, 물활론 등의 특징이 나타난다.

16 **다음 〈보기〉에서 학령 전기 아동의 특징을 모두 고른다면?**

가. 피아제의 구체적 조작기
나. 프로이트의 남근기
다. 에릭슨의 자율성 대 수치심 획득시기
라. 오이디푸스 콤플렉스 경험

① 가, 나, 다 ② 가, 다
③ 나, 라 ④ 라
⑤ 가, 나, 다, 라

17 **후기 아동기(학령기)의 발달과업에 대한 설명으로 옳지 않은 것은?**

① 프로이트의 잠재기와 생식기 초기에 해당된다.
② 에릭슨의 근면성 대 열등감의 시기이다.
③ 피아제의 전조작기에 해당한다.
④ 보존개념을 획득한다.
⑤ 친구와의 관계에서 자기 주체성을 확립한다.

18 **다음 〈보기〉에서 설명하는 것은?**

독립과 자율성에 대한 갈망, 분리에 대한 불안감과 의존감을 동시에 갖는 것

① 개별화 감정 ② 소속감정
③ 양가감정 ④ 친밀감정
⑤ 애착감정

19 **다음 중 중년기의 특성이 아닌 것은?**

① 신체적 변화로 어려움에 처한다.
② 성적 변화로 기능이 감퇴한다.
③ 인지적 변화, 즉 정신적 기능은 중년기에 최고조에 달한다.
④ 부부관계의 유지와 가정운영에 별다른 문제가 없다.
⑤ 직장 적응에 있어 지금까지의 방식에 수정 등 재정립을 해야 한다.

20 **펙의 노년기에 심리적으로 적응해야 할 과업을 모두 고른다면?**

가. 직업역할 몰두에서 자기분화로 전환
나. 신체 몰두에서 신체 초월로 나아가기
다. 자기 몰두에서 자기 초월로 나아가기
라. 직업을 전환하기

① 가, 나, 다 ② 가, 다
③ 나, 라 ④ 라
⑤ 가, 나, 다, 라

21 **큐블러-로스(Kübler-Ross)의 죽음의 적응단계로 옳지 않은 것은?**

① 1단계 - 충격과 심한 불신감을 나타내며 강하게 부정한다.
② 2단계 - 주변 사람들한테 화를 내며 분노를 터뜨린다.
③ 3단계 - 타협으로 죽음을 연기하고 싶어한다.
④ 4단계 - 조건을 받아들이고 이겨내기 위해 노력한다.
⑤ 5단계 - 담담하게 생각하고 수용하게 된다.

22 **작업으로 전환시킬 수 없는 에너지의 양, 즉 불필요한 에너지를 뜻하는 개념은?**

① 엔트로피(Entropy)
② 시너지(Synergy)
③ 넥엔트로피(Negentropy)
④ 신트로피(Syntropy)
⑤ 에너지(Energy)

23 **집단 중 마약이나 비만과 같은 핵심적인 공동 관심사가 있는 집단으로 대인간의 지지, 개개인이 다시 한번 그들의 삶을 책임질 수 있는 환경조성을 강조하는 집단은?**

① 치료집단 ② 성장집단
③ 과업집단 ④ 자조집단
⑤ 지지집단

24 **다음 〈보기〉 중 자조집단에 관련된 내용을 모두 고른다면?**

가. 자신의 권리를 옹호하는 집단
나. 사회의 변화를 지향하는 집단
다. 생활의 새로운 유형을 창조하려는 집단
라. 사회적 옹호에 1차적 초점을 두고 있는 집단

① 가, 나, 다 ② 가, 다
③ 나, 라 ④ 라
⑤ 가, 나, 다, 라

25 **문화의 기능에 관한 설명으로 옳은 것을 모두 고른 것은?**

가. 개인의 생리적 · 심리적 욕구 충족에 기여한다.
나. 인간의 행동과 사고에 직 · 간접적으로 영향을 미치며 세대 간 전승된다.
다. 다양한 생활양식을 내면화시켜 개인이 사회에 적응하며 살아갈 수 있게 한다.
라. 사회의 안정과 질서에 악영향을 미치는 문제들을 제거 · 조절하는 기능을 수행한다.

① 가, 나, 다 ② 가, 다
③ 나, 라 ④ 라
⑤ 가, 나, 다, 라

26 **사회복지사에게 과학적 조사방법론이 필요한 이유를 모두 고른 것은?**

ㄱ. 실천현장에서 수행하는 업무에 조사 관련 지식이 필요하다.
ㄴ. 서비스의 질을 높일 수 있는 실천기술 개발을 위해 필요하다.
ㄷ. 지역주민의 욕구조사를 위해 필요하다.
ㄹ. 사회복지사가 제공하는 서비스에 대한 평가를 위해 필요하다.

① ㄱ, ㄴ, ㄷ ② ㄱ, ㄷ
③ ㄴ, ㄹ ④ ㄹ
⑤ ㄱ, ㄴ, ㄷ, ㄹ

27 **다음 〈보기〉 중 과학의 목적을 모두 고른다면?**

가. 지식의 제공
나. 규칙성의 일반화
다. 인과관계의 규명
라. 현상의 예측

① 가, 나, 다 ② 가, 다
③ 나, 라 ④ 라
⑤ 가, 나, 다, 라

28 **다음 중 귀무가설에 대립되는 가설은?**

① 통계적 가설 ② 연구가설
③ 대립가설 ④ 식별가설
⑤ 설명적 가설

29 **다음 〈보기〉 중 이산변수에 대한 설명으로 맞는 것을 모두 고른다면?**

가. 명목척도에 의해 측정된 변수
나. 등간척도에 의해 측정된 변수
다. 서열척도에 의해 측정된 변수
라. 비율척도에 의해 측정된 변수

① 가, 나, 다 ② 가, 다
③ 나, 라 ④ 라
⑤ 가, 나, 다, 라

30 **종단적 조사에 대한 설명으로 적절하지 않은 것은?**

① 일정한 시간적 간격을 두고 측정하므로 동태적이다.
② 주로 표본조사를 행한다.
③ 장기간 반복적으로 측정이 이루어지므로 비용이 많이 든다.
④ 표본의 크기가 클수록 좋다.
⑤ 패널조사, 경향조사, 동년배 조사 등이 있다.

31 **다음 〈보기〉에서 순수조사와 관련 있는 것을 모두 고르면?**

가. 사회적 현상에 대한 지식 자체만을 순수하게 획득하려는 조사
나. 조사자의 지적 호기심의 충족
다. 현장 응용도가 낮은 조사
라. 조사결과의 활용

① 가, 나, 다 ② 가, 다
③ 나, 라 ④ 라
⑤ 가, 나, 다, 라

32 남북한 국민 간의 동포애의 인식조사 실행 중에 남북한의 정상회담이 개최되었다. 이러한 상황의 전개로 조사의 내적 타당성이 저하될 수 있는 요인으로 가장 적합한 것은?

① 성장요인 ② 역사요인
③ 피험자의 상실 ④ 검사요인
⑤ 피험자 선택의 편견

33 평정척도(rating scale)에 관한 설명 중 맞는 것은?

보기

가. 응답범주가 서로 상호배타적이어야 한다.
나. 찬반의 응답범주 수가 균형을 이루어야 한다.
다. 응답범주들이 논리적 연관성을 가져야 한다.
라. 응답범주의 수가 가능한 많아야 한다.

① 가, 나, 다 ② 가, 다
③ 나, 라 ④ 라
⑤ 가, 나, 다, 라

34 다음 〈보기〉에서 서열척도의 사례만을 모두 고른다면?

보기

가. 지체장애등급
나. 사회계층
다. 직장 만족도
라. 온도 및 지능지수

① 가, 나, 다 ② 가, 다
③ 나, 라 ④ 라
⑤ 가, 나, 다, 라

35 명목척도에 대한 설명으로 옳지 않은 것은?

① 측정대상의 특성을 분류할 목적으로 대상에 숫자를 부여하는 것이다.
② 가장 높은 수준의 측정이다.
③ 부여된 숫자는 질적이며 수치적 의미는 없다.
④ 상호배타적인 특성을 가진다.
⑤ 동일한 집단에 속해 있는 대상은 동일한 척도값을 가져야 한다.

36 단일차원적이고 누적적인 척도를 구성하는 대표적인 척도는?

① 리커트 척도
② 거트만 척도
③ 서스톤 척도
④ 보가더스 척도
⑤ 소시오메트리

37 다음 〈보기〉 중 실험설계의 기본요소를 모두 고른다면?

가. 통제집단
나. 무작위 할당
다. 독립변수의 조작
라. 사전 – 사후검사

① 가, 나, 다　② 가, 다
③ 나, 라　④ 라
⑤ 가, 나, 다, 라

38 다음 〈보기〉는 어떤 실험설계에 해당하는가?

자폐아 치료 프로그램의 효과를 측정하기 위해 20명의 자폐아동을 난선화에 의해 각각 10명씩 A집단과 B집단으로 나눈 후, 사전검사 없이 A집단에는 6개월 간 자폐아 치료 프로그램을 실시하고 B집단에는 프로그램을 실시하지 않았다. 치료 프로그램을 실시한 후에 두 집단의 치료 정도를 비교한다.

① 통제집단 사전–사후검사설계
② 정태적 집단비교설계
③ 비동일 통제집단 비교설계
④ 시계열분석
⑤ 통제집단 사후검사설계

39 **단일사례설계 중 ABCD설계에 관한 설명으로 옳은 것을 모두 고른 것은?**

보기

가. 기초선 형성 후 서로 다른 복수의 개입방법을 연속적으로 도입한다.
나. 우연한 사건은 개입효과에 영향을 미치지 않는다.
다. 서로 다른 개입방법의 효과성을 비교한다.
라. 다중 기초선 설계는 순서효과(order effect)를 통제할 수 있게 한다.

① 가, 나, 다 ② 가, 다
③ 나, 라 ④ 라
⑤ 가, 나, 다, 라

40 **다음 중 단일사례연구의 특성이 아닌 것은?**

① 연구대상은 개인, 가족, 소집단이다.
② 가설의 검증이 중요하다.
③ 표적행동에 대한 개입의 효과 규명을 한다.
④ 단일사례를 가지고 반복적인 관찰을 한다.
⑤ 즉각적인 환류가 가능하다.

41 **면접 설문조사와 비교할 때 자기기입식 설문조사가 갖는 장점은?**

① 복잡한 쟁점을 다룰 때 효과적이다.
② 설문의 응답률을 높인다.
③ 혼동을 일으키는 질문에 대한 추가설명이 가능하다.
④ 개인의 민감한 문제를 다루는 데 유리하다.
⑤ 일반적으로 시간이 덜 걸리지만, 비용면에서는 별 차이가 없다.

42 **다음 〈보기〉 중 면접조사의 성격이 바르게 된 것을 모두 고른다면?**

가. 상호작용과 응답자의 열성
나. 융통성 있는 면접의 운영
다. 피면접자의 동화
라. 익명성의 보장

① 가, 나, 다 ② 가, 다
③ 나, 라 ④ 라
⑤ 가, 나, 다, 라

43 다음과 같은 유형의 질문은?

귀하는 대통령선거에서 투표한 적이 있습니까?

□ 예 (1~3번 질문에 답해 주십시오)
□ 아니오 (1~3번 질문을 건너뛰고 4번 질문으로 바로 가십시오)

① 복수응답 유발형 질문
② 행렬식 질문
③ 동일유형 질문
④ 수반형 질문
⑤ 개방형 질문

44 다음 중 표집간격의 공식은?

① 모집단의 크기 ÷ 표본의 크기
② 표본의 크기 ÷ 모집단의 크기
③ 표본의 크기 × 모집단의 크기
④ 표본의 수 − 모집단의 수
⑤ 모집단의 수 − 표본의 수

45 다음 〈보기〉 중 확률표집방법의 특징을 모두 고른다면?

가. 무작위적 표집
나. 편의가 있음
다. 모집단의 규모와 성격을 명확히 규정
라. 인위적 표집

① 가, 나, 다 ② 가, 다
③ 나, 라 ④ 라
⑤ 가, 나, 다, 라

46 다음 〈보기〉에서 설명하는 표집방법은?

충분한 사전지식에 기초하여 연구자의 주관적 판단에 따라 의도적으로 추출하는 표집방법으로 유의표집방법이라고도 한다.

① 층화표집방법
② 계통표집방법
③ 판단표집방법
④ 임의표집방법
⑤ 우발적 표집방법

47 **다음 〈보기〉에서 주요정보제공자 조사의 장점을 모두 고른다면?**

가. 비용과 인력이 적게 들어 경제적이다.
나. 대표자나 지도자를 선정하는 기준이 명확하다.
다. 기존의 조사방법을 이용할 수 있어 융통성이 있으며 신축적이다.
라. 지역대표자나 지도자가 주민의 의견을 대표할 수 있다.

① 가, 나, 다
② 가, 다
③ 나, 라
④ 라
⑤ 가, 나, 다, 라

48 **프로그램 평가방법 중 프로그램의 종료 후 실시하는 평가로 프로그램의 지속, 중단, 확대 등에 관한 총괄적인 의사결정을 할 경우 사용하는 평가는?**

① 형성평가
② 총괄평가
③ 효과성 평가
④ 효율성 평가
⑤ 통합평가

49 **질적 연구방법에 관한 설명으로 옳지 않은 것은?**

① 사례연구와 참여관찰 같은 방법을 사용한다.
② 결과보다는 과정 중의 변화에 집중하는 경우가 많다.
③ 절차의 유연성이 확보되는 자연적 연구에 해당한다.
④ 연구대상 선정은 무작위 확률표집방법을 사용한다.
⑤ 주로 귀납적 이론형성체계를 따른다.

50 **조사보고서 작성에 대한 설명으로 틀린 것은?**

① 서론 – 연구의 함의, 연구의 목표 등을 기술한다.
② 본론 – 조사 내용, 조사 방법, 연구 결과 등을 기술한다.
③ 결론 – 연구 결과의 요약, 제언 등을 기술한다.
④ 간결하고 명확하게 작성한다.
⑤ 보고할 대상자가 읽기 쉽게 작성한다.

[사회복지실천]

정답 및 해설 311p

01 사회복지실천의 목표로 옳은 것을 모두 고른 것은?

ㄱ. 권위적 관계의 고수
ㄴ. 사회복지사의 사적 이익 추구
ㄷ. 이중관계(Dual Relationship)의 지향
ㄹ. 클라이언트 삶의 질 향상 제고

① ㄱ, ㄴ, ㄷ ② ㄱ, ㄷ
③ ㄴ, ㄹ ④ ㄹ
⑤ ㄱ, ㄴ, ㄷ, ㄹ

02 사회복지사의 역할에서 '체계개발 역할'에 해당하는 것을 모두 고른다면?

가. 프로그램 개발자
나. 기획자
다. 정책과 절차 개발자
라. 옹호자

① 가, 나, 다 ② 가, 다
③ 나, 라 ④ 라
⑤ 가, 나, 다, 라

03 사회복지사의 자질이나 능력을 4H로 표시하는데 이는 무엇을 의미하는가?

① Head, Hear, Hand, Health
② Head, Heat, Hand, Health
③ Head, Hear, Hand, Heart
④ Head, Hunt, Hand, Health
⑤ Head, Heart, Hand, Hunt

04 사회나 시대상황에 관계없이 불변하는 가치로 인간의 존엄성, 사회정의 등이 해당되는 가치는?

① 궁극적 가치
② 차등적 가치
③ 수단적 가치
④ 결과우선의 가치
⑤ 사람우선의 가치

05 **사회복지실천 발달과정과 의의에 대한 설명으로 가장 거리가 먼 것은?**

① 케이스워크는 개인의 가치와 존엄성을 인정하는 이념적 측면과 개인의 퍼스낼리티와 사회적 기능수행 향상이라는 목적적 측면, 부적용의 치료재활의 기능적 측면, 지식과 기술을 갖추는 방법적 측면을 종합적으로 갖춘 사회사업방법론의 중요한 분야이다.
② 사회사업실천은 케이스워크, 집단사회사업, 지역사회조직을 대상으로 구분하지 않고 통합적으로 보는 관점이다.
③ 프로이트의 정신분석학 이론은 개인의 내적 측면에 크게 의존하는 한계가 있으나 생활모형이라는 측면에서 과거상황 분석에 기여한 바가 크다.
④ 케이스워크의 발전단계는 우애방문기의 교정적 시기 → 환경결정론적 시기 → 심리정신적 결정시기 → 부분 통합기 → 클라이언트의 욕구나 권리의 발견 옹호기로 살펴 볼 수 있다.
⑤ H. Perlman은 케이스워크를 4P의 개념으로 설명하고 있다.

06 **사회복지실천 기능주의모델에 대한 설명으로 틀린 것은?**

① O. Rank의 이론에 근거했다.
② 클라이언트를 원조의 대상이 아니라 치료의 대상으로 보았다.
③ 펜실베이니아 사회사업대학에서 개발되었다.
④ Horney 등 계속성장개념으로 중시한다.
⑤ 현재적 경험을 강조한다.

07 **사회복지실천현장에서 생애발달적 관점을 가지고 접근해야 하는 문제는?**

① 노숙자
② 이혼 문제
③ 가정폭력 문제
④ 노인치매 문제
⑤ 성폭력 문제

08 **다음 〈보기〉에서 설명하는 사회복지사의 역할은 무엇인가?**

사회복지실천에서의 관리는 사회복지기관이나 부서의 행정책임과 관련이 있는 것으로 조직의 목표를 세우고, 서비스 프로그램을 운영하며, 기관의 효과성과 효율성을 높이고, 재정자원을 확보하며, 지역사회의 지지를 얻으며, 기관실무자의 일을 조정하는 일이다.

① 조력자로서의 역할
② 중재자로서의 역할
③ 통합자로서의 역할
④ 관리자로서의 역할
⑤ 교육자로서의 역할

09 **다음 〈보기〉 중 개인대상 사회복지실천의 예를 모두 고른다면?**

가. 케이스워크
나. 사회행동
다. 사례관리
라. 지역사회프로그램

① 가, 나, 다　② 가, 다
③ 나, 라　④ 라
⑤ 가, 나, 다, 라

10 **지역사회복지실천의 분류 중 테일러와 로버트가 분류한 내용이 아닌 것은?**

① 지역사회개발
② 사회계획
③ 사회행동
④ 정치적 행동
⑤ 프로그램 개발과 서비스 조정

11 **엔트로피(entropy)에 관한 설명으로 옳은 것은?**

① 외부로부터 에너지 유입 없이 소멸되어 가는 상태
② 내부적으로 변화하면서 균형을 유지하려는 현상
③ 투입된 에너지를 적절하게 변형시켜 활용하는 과정
④ 시간이 경과함에 따라 반복적인 상호작용 유형이 형성되는 현상
⑤ 외부와 지속적으로 교류하는 체계 내에서 발생하는 스트레스 상태

12 다음 중 고착효과에 대한 설명으로 틀린 것은?

① 잠정적인 가설을 설정하게 되고 부정적인 추가정보나 자료들을 부인하려고 하는 경향이 있다.
② 가능한 모든 증거가 수집되기 전에 판단을 내려 정보편집의 초기 단계에서 얻은 첫인상에서 발전이 없음을 뜻한다.
③ 면접의 전반부에서 내린 판단이 전체 면접 후에 내린 것과 유사하다.
④ 의사결정에 있어 편견과 불균형을 초래하게 되는 원인이 된다.
⑤ 계류효과와는 무관하다.

13 사회복지실천기록의 목적이라고 보기 어려운 것은?

① 워커의 교체와 타 기관의 의뢰에 대비한다.
② 외부 공개용으로서의 가치가 매우 높다.
③ 지도, 감독의 자료로 삼는다.
④ 기관 서비스의 입증자료, 근거가 된다.
⑤ 정확한 진단과 치료의 기초자료가 된다.

14 다음 〈보기〉 중 이야기체 기록의 특징에 해당되는 것을 모두 고른다면?

가. 중요하다고 생각되는 모든 것을 기록할 수 있다.
나. 주관적 정보, 객관적 정보, 사정 및 계획 등을 중심으로 기술한다.
다. 정보를 쉽게 복구할 수 없다는 단점이 있다.
라. 사회복지사 훈련을 위한 중요한 수단이며, 슈퍼비전이나 자문을 줄 수 있는 근거자료로서 유용하다.

① 가, 나, 다 ② 가, 다
③ 나, 라 ④ 라
⑤ 가, 나, 다, 라

15 면담기술에 관한 설명으로 옳지 않은 것은?

① 초점제공기술 – 클라이언트의 행동 저변의 단서를 발견하고 결정적 요인을 찾도록 돕는 기술
② 표현촉진기술 – 클라이언트의 정보노출을 위하여 말을 계속하도록 하는 기술
③ 직면기술 – 클라이언트의 감정, 사고, 행동의 모순을 깨닫도록 하는 기술
④ 경청기술 – 클라이언트의 감정과 사고가 어떤 것인지 이해하며 파악하고 듣는 기술
⑤ 관찰기술 – 클라이언트가 말하고 행동하는 것에 주의를 기울이는 기술

16 사회복지실천의 7대 원칙에 속하지 않는 것은?

① 수용의 원칙
② 자기결정의 원칙
③ 비심판적 태도의 원칙
④ 통제된 정서적 관여의 원칙
⑤ 자립조장의 원칙

17 클라이언트의 자기결정의 내용으로 틀린 것은?

① 다른 사람의 권리를 침해하더라도 클라이언트의 자기결정권을 존중한다.
② 대안 없이는 자기결정의 기회도 없다.
③ 사회복지사는 클라이언트에게 자신의 견해를 제공할 의무를 가진다.
④ 클라이언트의 능력 여부에 따라 제한될 수 있다.
⑤ 클라이언트의 도덕률에 따라 제한될 수 있다.

18 비에스텍의 관계 7대 원칙과 클라이언트의 욕구의 연결이 잘못된 것은?

① 개별화 – 개인으로 처우 받고 싶은 욕구
② 의도적 감정표현 – 감정을 표현하고 싶은 욕구
③ 통제된 정서적 관여 – 가치적인 인간으로서 인정 받고 싶은 욕구
④ 자기결정의 원칙 – 스스로 선택하고 결정을 내리고 싶은 욕구
⑤ 비밀보장의 원칙 – 자신의 비밀을 지켜주기를 바라는 욕구

19 실천과정 중 사정의 주된 목적이 아닌 것은?

① 클라이언트의 강점 확인
② 개입의 목적과 목표 결정
③ 서비스 제공의 적격성 여부 확인
④ 평가를 위한 문제의 기초선 파악
⑤ 문제에 대한 다각적 측면에서의 파악

20 다음 중 사회복지실천의 과정은?

① 사정 – 정보수집 – 인테이크 – 개입 – 종결
② 인테이크 – 진단 – 정보수집 – 개입 – 종결
③ 인테이크 – 정보수집 – 사정 – 개입 – 종결
④ 사정 – 개입 – 인테이크 – 정보수집 – 종결
⑤ 인테이크 – 개입 – 정보수집 – 사정 – 종결

21 클라이언트의 상황에서 의미 있는 환경체계들과의 역동적 관계를 그림으로 표현하는 사정 도구는?

① 가계도(genogram)
② 소시오그램(sociogram)
③ 생태도(ecomap)
④ 사회력표(social history grid)
⑤ 생활주기표(life cycle matrix)

22 성공적인 문제해결을 위한 지침의 내용으로 적당하지 않은 것은?

① 문제를 자세하게 언급한다.
② 현재보다는 미래의 문제에 초점을 맞춘다.
③ 한 번에 한 가지 문제에만 초점을 맞춘다.
④ 자신의 문제를 나눌 때에는 경청한다.
⑤ 긍정적이고 건설적인 방식으로 문제를 함께 나눈다.

23 다음 〈보기〉 중 사회복지실천단계의 하나인 사정의 특성을 모두 고른다면?

가. 라포의 형성
나. 강점 강조
다. 의뢰
라. 사정의 포괄성

① 가, 나, 다 ② 가, 다
③ 나, 라 ④ 라
⑤ 가, 나, 다, 라

24 **개별체계의 개입기법 중 한 사람으로서의 인간의 가치를 인정하는 것과 관련되는 것은?**

① 존경 ② 공감
③ 진실성 ④ 즉시성
⑤ 구체성

25 **사례관리에 관한 내용으로 옳지 않은 것은?**

① 필요한 경우 클라이언트의 권리를 옹호하기 위한 역할을 한다.
② 클라이언트가 충분히 지역사회에 적응할 수 있도록 지속적으로 원조한다.
③ 클라이언트에게 필요한 서비스들을 적극적으로 찾아 연결하는 역할을 한다.
④ 클라이언트의 욕구와 상관없이 자원이 있는 한 모든 서비스를 제공한다.
⑤ 클라이언트의 자기결정을 존중하되 지나친 관여를 하지 않도록 노력한다.

26 **다음 〈보기〉 중 사회복지실천의 지식기반이 되는 것을 모두 고른다면?**

가. 인간행동과 사회환경에 관한 지식
나. 사회복지정책과 서비스에 관한 지식
다. 사회복지실천방법에 관한 지식
라. 조사 및 연구에 관한 지식

① 가, 나, 다 ② 가, 다
③ 나, 라 ④ 라
⑤ 가, 나, 다, 라

27 **다음 〈보기〉에서 마일리의 사회복지사 역할 구분 중 미시적 차원의 역할을 모두 고른다면?**

가. 조력자의 역할
나. 중개자의 역할
다. 교사의 역할
라. 촉진자의 역할

① 가, 나, 다 ② 가, 다
③ 나, 라 ④ 라,
⑤ 가, 나, 다, 라

28 사회복지실천에서 사용되는 기술과 그 예가 옳은 것을 모두 고른 것은?

가. 직접적 영향: "제 생각에는 담임선생님을 만나보시는 것이 좋을 것 같아요."
나. 외현화: "며느리에게 심하게 하셨다는데 구체적으로 어떻게 하셨다는 말씀인가요?"
다. 발달적 고찰: "어린 시절에도 이런 느낌을 느끼신 적이 있나요?"
라. 재보증: "시어머니가 돌아가셔서 슬프다고 하셨지만 표정은 그렇게 보이지 않습니다."

① 가, 나, 다 ② 가, 다
③ 나, 라 ④ 라
⑤ 가, 나, 다, 라

29 심리사회모델의 가치적 전제에 대한 설명으로 옳지 않은 것은?

① 사회복지사는 클라이언트의 복지에 관심을 갖고, 그를 존경하면서 동시에 수용해야 한다.
② 사회복지사는 우선적으로 프로그램의 목표에 우선권을 두어야 한다.
③ 사회복지사는 평가나 반응을 할 때 개인적 선입관을 배제하고 과학적인 객관성으로 클라이언트를 이해하여야 한다.
④ 사회복지사는 클라이언트의 자기결정권과 자기지향성을 격려하는 가치를 인정해야 한다.
⑤ 사회복지사는 클라이언트와 다른 사람 간의 상호작용을 인정해야 한다.

30 클라이언트 중심모델의 개념 중 실현 가능성에 대한 내용이 아닌 것은?

① 실현 가능성이란 유기체 자신이 갖고 있는 고유한 기능성들을 건설적인 방향으로 성취하고자 하는 경향성을 의미한다.
② 실현 가능성은 인간에게 생득적이며 행동의 최상 동기이다.
③ 실현 가능성은 긴장을 감소 또는 증가시킨다.
④ 실현 가능성은 자율성을 향한 발달이며 타율성이나 외부세력에 의한 통제로부터 벗어나려는 것이다.
⑤ 실현 가능성은 인간의 성장과 발달의 정신적인 면에만 영향을 미친다.

31 인지행동모델에 관한 설명으로 옳은 것을 모두 고른 것은?

ㄱ. 행동적 과제의 부여를 중요시한다.
ㄴ. 클라이언트의 주관적 경험과 인식을 강조한다.
ㄷ. 인식체계의 변화를 위해 구조화된 접근을 한다.
ㄹ. 불안감을 경험하는 상황에 노출시킨다.

① ㄱ, ㄴ, ㄷ
② ㄱ, ㄷ
③ ㄴ, ㄹ
④ ㄹ
⑤ ㄱ, ㄴ, ㄷ, ㄹ

32 인지행동모델의 개입기법에 관한 설명으로 옳지 않은 것은?

① '과제수행'을 통해 새로운 행동을 배우거나 과거의 부정적 반응을 제거할 수 있다.
② '내적 의사소통의 명료화'를 통해 자신의 독백과 생각의 비합리성을 이해할 수 있다.
③ '설명'은 클라이언트의 행동이 어떻게 생각에 영향을 미치는지를 알려주어 인지변화를 유도한다.
④ '경험적 학습'은 왜곡된 인지에 도전하여 변화를 유도하는 것으로 인지적 불일치 원리를 적용한다.
⑤ '인지 재구조화'는 역기능적인 사고와 신념을 현실에 맞는 것으로 대치하도록 하여 기능 향상을 돕는다.

33 즈릴라와 골드프라이드(D'zurilla & Goldfried)의 문제해결 5단계를 순서대로 바르게 연결한 것은?

가. 문제지향(오리엔테이션)
나. 문제의 정의와 목표설정
다. 가능한 대안의 모색
라. 의사결정
마. 문제해결책의 실행과 검증

① 가 – 나 – 다 – 라 – 마
② 나 – 가 – 다 – 라 – 마
③ 나 – 다 – 가 – 라 – 마
④ 나 – 라 – 가 – 다 – 마
⑤ 라 – 가 – 나 – 다 – 마

34 과제중심모델의 개입단계에서 이루어지는 활동을 고른다면?

① 실행 가능한 과제 개발
② 토론을 통한 인지적 장애요인 완화
③ 달성된 사항과 이후의 전망을 검토
④ 새로운 문제해결방안과 행동유형 개발
⑤ 표적문제, 목표 등이 명시된 계약서 작성

35 **클라이언트를 소비자로 보는 개념을 가장 잘 반영한 이론은?**

① 진단주의 이론 ② 권한부여이론
③ 체계이론 ④ 행동주의 이론
⑤ 급진주의 이론

36 **다음에서 위기개입 접근법의 특징이 아닌 것은?**

① 위기회복은 현재 상황보다는 과거 상황에 영향을 더 미친다.
② 클라이언트의 노력을 강조한다.
③ 위기의 시간은 한정되어 있다.
④ 위기상황에서는 특이한 반응이 일어난다.
⑤ 위기는 일정한 단계를 통해 회복되므로 환경 수정에 초점을 둔다.

37 **위기개입의 기본원리 중 다음에서 설명하는 것은?**

보기

클라이언트는 실패자로서의 자기상을 가지기 쉬우므로 사회복지사는 이를 사정하고 이해하여야 한다. 그리고 클라이언트와 신뢰관계를 조성하며 클라이언트의 방어를 줄이고 에너지를 동원시킴으로써 자기상을 보호한다.

① 자립 ② 지지
③ 자기상 ④ 제한된 목표
⑤ 신속한 개입

38 **토스랜드와 리바스(Toseland & Rivas)가 분류한 집단 유형 중 다음 설명에 해당하는 것은?**

- 비슷한 문제를 경험한 사람들로 집단을 구성한다.
- 유대감 형성이 쉽고 자기 개방성이 높다.
- 상호원조하면서 대처기술을 형성하도록 돕는다.

① 교육집단(Educational Group)
② 치료집단(Therapy Group)
③ 과업집단(Task Group)
④ 지지집단(Support Group)
⑤ 사회화집단(Socialization Group)

39 **집단대상 사회복지실천에 적용되는 원칙과 기술에 관한 설명으로 옳은 것은?**

① 피드백은 동시에 많이 주어야 한다.
② 집단규칙은 사회복지사가 제공해야 한다.
③ 성원의 자기노출 수준은 집단발달단계와 관련이 있다.
④ 성장집단에서는 낮은 수준의 구조화가 효과적이다.
⑤ 종결단계에서는 이전보다 회합의 빈도는 잦게, 시간은 길게 한다.

40 **다음 〈보기〉에서 집단발달단계의 특징으로 맞는 것을 모두 고른다면?**

가. 집단의 특성상 이전단계로 역행은 불가하다.
나. 폐쇄집단의 경우 비교적 집단발달단계를 구분하고 예측할 수 있다.
다. 모든 집단은 동일한 발달단계를 가진다.
라. 어떤 집단은 어느 한 발달단계에 정체할 수도 있다.

① 가, 나, 다 ② 가, 다
③ 나, 라 ④ 라
⑤ 가, 나, 다, 라

41 **다음 Yalom의 집단발달단계 과정을 바르게 나열한 것은?**

① 친근과 근접 – 갈등 · 지배 · 저항 – 오리엔테이션 – 응집력 발달 – 성숙 – 종결
② 오리엔테이션 – 응집력 발달 – 친근과 근접 – 갈등 · 지배 · 저항 – 성숙 – 종결
③ 오리엔테이션 – 갈등 · 지배 · 저항 – 응집력 발달 – 친근과 근접 – 성숙 – 종결
④ 성숙 – 오리엔테이션 – 갈등 · 지배 · 저항 – 친근과 근접 – 응집력 발달 – 종결
⑤ 오리엔테이션 – 친근과 근접 – 응집력 발달 – 갈등 · 지배 · 저항 – 성숙 – 종결

42 **다음 중 G. Konopka의 집단사회복지실천의 원칙으로 옳지 않은 것은?**

① 집단의 고유성과 집단 내에 속한 개인의 고유성을 모두 인정해야 한다.
② 집단사회복지사와 집단성원 간의 원조관계는 자연발생적이어야 하며 의도적이 되어서는 안 된다.
③ 집단사회사업에서는 각 개인에게 적절한 제한을 가할 필요가 있다.
④ 문제해결과정에 집단성원들이 스스로 참여하도록 한다.
⑤ 집단성원들이 각자 자신의 능력에 따라 참여하도록 격려하며 보다 유능해지도록 돕는다.

43 다음 중 치료집단의 특징이 아닌 것은?

① 성원의 사회정서적 욕구에 대한 만족을 증가시킨다.
② 공개적인 의사소통과 적극적인 상호작용을 위하여 성원을 격려한다.
③ 성원의 상호작용의 결과에 따라서 과업을 끌어낸다.
④ 보통 형식적인 일정과 규칙이 있다.
⑤ 개방적이다.

44 다음 〈보기〉는 집단사회복지실천의 모델 중 무엇에 관한 내용인가?

가. 민주주의, 지역사회 정의 유지 및 개발
나. 구성원의 사회의식과 사회책임 제고

① 사회적 목적모델
② 상호작용모델
③ 치료모델
④ 상황모델
⑤ 생활모델

45 집단을 이해하기 위한 장 이론(field theory)에 관한 설명으로 옳지 않은 것은?

① 심리적 환경이 강조된다.
② 집단은 개별성원들의 총합 이상이다.
③ 집단 내 역동적인 상호작용이 강조된다.
④ 개인은 환경에 의해 수동적으로 영향을 받는다.
⑤ 개인의 요구가 변하면 환경에 대한 지각도 변한다.

46 다음 〈보기〉 중 집단종결단계에서 사회복지사가 수행하여야 할 과업을 모두 고른다면?

가. 종결에 대한 감정 다루기
나. 집단에 대한 의존성 감소
다. 변화들을 유지하고 일반화함
라. 걱정, 감사와 두려움을 표현하도록 격려

① 가, 나, 다　② 가, 다
③ 나, 라　④ 라
⑤ 가, 나, 다, 라

47 역기능적 가족의 특성에 대해 옳지 않은 것은?

① 가족 간 의사소통에 있어서 불일치가 일어난다.
② 가족규칙에 융통성이 없어 경직되어 있으며 위협적이다.
③ 가족성원 간에 서로 집착하는 정도가 심하거나, 지나치게 무관심하다.
④ 가족성원에게 정형화된 역할을 부여하지 않아 혼란스럽고 모호한 의사소통을 하게 된다.
⑤ 가족의 발달과업을 수행하는 데 있어 경직되어 있다.

48 다음 〈보기〉는 가족에 대한 개입기법 중 무엇에 대한 설명인가?

보기

가. 구조적 가족치료 개입기법
나. 사회복지사가 가족의 분위기를 파악하여 그에 맞추어 행동을 하거나 감정표현을 하는 것
다. 가족과 사회복지사의 거리를 좁혀 주는 역할
라. 초기 단계에 유용

① 경계만들기 ② 합류하기
③ 재정의 ④ 가족조각
⑤ 직면

49 다음 대화내용에서 사용한 사회복지사의 개입기법은?

C.T : 우리 남편은 1년 365일 술을 안 마시는 때가 없어요.
S.W : 남편이 술을 마시지 않는 때는 언제인가요?
C.T : 아, 생각해 보니 어제는 술을 마시지 않았어요.

① 기적질문 ② 실연
③ 예외질문 ④ 역설적 지시
⑤ 가족조각

50 다음 〈보기〉 중 과정기록의 목적으로 옳은 것을 모두 고른다면?

가. 서비스 전달을 지도 · 감독
나. 의학교육의 발전
다. 실무이론의 발달을 위한 정보수집
라. 학제 간 협력을 증진시킴

① 가, 나, 다 ② 가, 다
③ 나, 라 ④ 라
⑤ 가, 나, 다, 라

51 다음 〈보기〉 중 지역사회복지실천이 추구하는 방향을 모두 고른다면?

가. 지역사회 역량 강화
나. 연계망 구축
다. 사회통합 구현
라. 생활시설의 확충

① 가, 나, 다　　② 가, 다
③ 나, 라　　④ 라
⑤ 가, 나, 다, 라

52 지역사회이론 중 다음 〈보기〉의 특징을 갖는 이론은?

가. 순수한 지역성에 기초한 개념에서 벗어나 사회적 지지망의 관점에서 비공식적 연계를 강조한다.
나. 지역성에 기초한 개념과 공통의 이해와 관심에서 기초한 개념을 결합시키고 있다.

① 사회체계론
② 생태학적 이론
③ 지역사회 상실이론
④ 지역사회 보존이론
⑤ 지역사회 개방이론

53 다음 기능주의 이론에 관한 설명이 아닌 것은?

① 인간의 본성은 중립적 입장이다.
② 사회문제의 원인은 사회체계 전체에 있다.
③ 사회체계의 일부 기능인 사회화 기능과 사회통제기능의 실패로 보고 있다.
④ 사회문제의 해결은 사회가 개인과 사회제도의 일부에 변화를 수정 · 강화한다.
⑤ 사회과학의 주류적 이론으로 가장 널리 적용되고 있다.

54 다음에서 설명하는 지역사회복지 실천이론은?

- 지역사회가 변화에 순응하면 살아남고 순응하지 못하면 도태된다는 자연의 섭리를 강조
- 중심화나 분산 등의 개념을 사용하여 지역사회의 변환과정을 역동적으로 설명할 수 있음

① 사회체계이론　　② 생태이론
③ 자원동원이론　　④ 교환이론
⑤ 갈등이론

55 빈민에 대한 처우개선책으로 가족수당과 최저생활보장제도의 효시가 된 것은?

① 스핀햄랜드법　② 길버트법
③ 작업장법　④ 정주법
⑤ 개정구빈법

56 우리나라 사회복지의 발달사와 일치하는 내용은?

① 사창은 고려시대 비황제도로 물가조절 기관의 역할을 수행하였다.
② 조선시대의 자휼전칙은 독거노인의 보호에 관한 법령이었다.
③ 해방 후 미군정은 일제 강점기의 사회복지정책을 획기적으로 개선하였다.
④ 조선구호령은 해방후 생활보호법이 제정되기까지 우리나라 공공부조정책의 지침이 되었다.
⑤ 사회보험, 공공부조 및 각종 사회복지서비스의 틀을 구축한 사회복지의 제도적 형성기는 1980년대였다.

57 기관 또는 단체효과를 향상시키기 위해서 이용되는 것으로 구조와 기능의 변화를 가져오도록 노력하는 포괄적인 개입방법은?

① Organizational Development
② Community Development
③ In – service Training
④ Community Organization
⑤ Operational Research

58 다음 〈보기〉에서 로스만의 지역사회모형을 모두 고르면?

보기

가. 지역사회개발　나. 사회계획
다. 사회행동　라. 사회조직

① 가, 나, 다　② 가, 다
③ 나, 라　④ 라
⑤ 가, 나, 다, 라

59 **로스만의 지역사회모델 중 지역사회 개발의 강조점으로만 묶여진 것은?**

가. 민주적인 절차
나. 문제해결을 위한 합리적인 계획수립과 통제된 변화
다. 자발적인 협동
라. 권력, 자원의 재분배

① 가, 나, 다　　② 가, 다
③ 나, 라　　④ 라
⑤ 가, 나, 다, 라

60 **던햄의 목표구분에 해당되는 것을 모두 고른다면?**

가. 과업중심 목표
나. 과정중심 목표
다. 관계중심 목표
라. 문제해결 중심목표

① 가, 나, 다　　② 가, 다
③ 나, 라　　④ 라
⑤ 가, 나, 다, 라

61 **로스만의 사회행동모델의 내용으로 거리가 먼 것은?**

① 지역사회 내의 이해관계는 조정 가능한 것으로 간주
② 과업 및 과정목표 지향
③ 변화전술은 갈등, 대결, 직접행동, 협상
④ 수급자의 개념은 희생자
⑤ 사회복지사는 행동주의 옹호

62 **다음에서 아동복지사업의 원칙에 속하지 않는 것은?**

① 포괄성의 원칙
② 보편성과 선별성의 원칙
③ 권리와 책임의 원칙
④ 개발기능의 원칙
⑤ 시대적 욕구반영의 원칙

63 **다음 중 재가복지의 특성으로 옳은 것은?**

① 신청에 의해서만 서비스를 제공한다.
② 다양한 욕구충족을 위해 서비스 연계체계를 구축한다.
③ 요보호자는 자활에 주안점을 둔다.
④ 시설을 중심으로 서비스를 제공한다.
⑤ 공공재원에 의한 운영을 원칙으로 한다.

64 **재가복지의 등장 원인으로 옳지 않은 것은?**

① 대상자의 다양하고 복합적인 욕구의 증대로 지역사회 보호이론이 강조되었다.
② 대상자의 원조방식이 치료적 관점보다는 보호의 관점이 강조되었다.
③ 지역사회자원의 활용과 시설의 개방화 · 시설화의 강화가 요청되었다.
④ 복지국가의 위기를 맞이하여 복지서비스 전달체계의 변화가 요청되었다.
⑤ 시설중심 재활에서 지역사회중심 재활운동으로 확대되었다.

65 **지역사회개발에 있어 워커의 역할이 아닌 것은?**

① 계획가 ② 실천가
③ 전문가 ④ 안내자
⑤ 조력자

66 **다음 사례에서 사회복지관에 근무하는 사회복지사의 과업과 관련 있는 역할은?**

○○사회복지관은 저소득층 밀집지역에 있다. 이 복지관의 K사회복지사는 지역주민들과 마을의 문제에 대해 이야기를 하다가 어린이놀이터가 방치되어 우범지대화 되어 있다는 것을 알게 되었다. 또한 놀이터를 개량하기를 희망하는 주민들이 있다는 것도 알게 되었다. K사회복지사는 이들 주민들을 조직하여 놀이터 개량사업을 추진하기로 하였다.

① 행정가 ② 조력자
③ 중개자 ④ 분석가
⑤ 조정가

67 **시 · 도 사회복지협의회의 사업이 아닌 것은?**

① 자원봉사자 활동의 진흥에 관한 사업
② 사회복지에 관한 조사연구 사업
③ 사회복지사업에 종사하는 자의 교육훈련 사업
④ 지역사회복지계획 수립 및 실행에 관한 사업
⑤ 사회복지에 관한 자료수집 및 간행물 발간 사업

68 **지역사회복지관의 기원은?**

① 자선조직협회
② 인보관운동
③ 정주법
④ 스핀햄랜드법
⑤ 독일의 비스마르크 정책

69 **보건복지부 업무지침에 근거할 때, 지역사회복지관에서 지역사회복지사업으로 분류하는 것은?**

① 취업알선
② 후원자 개발
③ 어린이 공부방
④ 가족문제 종합상담
⑤ 노인사회교육, 여가지도

70 **지방분권화에 관한 설명으로 옳지 않은 것은?**

① 행정분권과 재정분권을 주요내용으로 한다.
② 지역 간 사회복지수준의 격차를 감소시킨다.
③ 사회복지관 운영과 관련한 부분도 지방이양 대상사업 예산에 해당한다.
④ 중앙정부의 권한과 책임을 지방정부로 이전하는 것이다.
⑤ 분권교부세는 2009년까지 한시적으로 운용된다.

71 공동모금회의 조직구조 중 다음의 장점을 갖는 형태는?

> 공동모금회가 지역사회중심으로 운영되어야 한다는 특성을 살리면서 전국적인 공동보조를 취해 공동모금캠페인에 유리한 분위기를 조성한다.

① 정부주도형
② 지방자치주도형
③ 연맹형
④ 중앙집중형
⑤ 독립형

72 자원봉사활동의 과정으로 옳게 기술된 것은?

① 활동과제 선정 – 교육 – 모집 – 지지 – 평가
② 활동과제 선정 – 모집 – 교육 – 지지 – 평가
③ 활동과제 선정 – 모집 – 지지 – 교육 – 평가
④ 모집 – 활동과제 선정 – 교육 – 지지 – 평가
⑤ 모집 – 교육 – 활동과제 선정 – 지지 – 평가

73 다음 〈보기〉에서 자원봉사센터의 기능으로 옳은 것을 모두 고른다면?

> 가. 홍보, 개발
> 나. 조사, 연구
> 다. 양성, 연수
> 라. 기록, 등록

① 가, 나, 다 ② 가, 다
③ 나, 라 ④ 라
⑤ 가, 나, 다, 라

74 A지역 장애청소년을 대상으로 사회성 향상 프로그램을 실시하고자 할 때 클라이언트 집단에 해당하는 대상은?

> 가. A지역 청소년
> 나. A지역 장애청소년
> 다. A지역 장애청소년 중 참여의사를 밝힌 사람
> 라. A지역 장애청소년 중 사회성에 문제가 있는 사람

① 가, 나, 다 ② 가, 다
③ 나, 라 ④ 다
⑤ 가, 나, 다, 라

75 **지역복지계획의 방향으로 적절하지 않은 것은?**

① 지역사회문제에 관한 현황분석
② 정책대안 및 실천전략의 모색
③ 가용자원의 동원과 효율적인 활동
④ 정부정책의 협조사항이 우선시됨
⑤ 자원, 조직, 재원에 대한 요소가 반드시 다루어져야 함

[사회복지정책과 제도]

정답 및 해설 319p

01 사회복지정책의 기본가치가 아닌 것은?

① 경제적 효율성
② 삶의 질 향상
③ 균등한 기회보장
④ 사회적 적절성
⑤ 인간다운 생활보장

02 현대의 4D, 베버리지의 5대 사회악, 노인의 4고에서 공통적으로 해당되는 것을 모두 고른다면?

보기

가. 빈곤	나. 고독
다. 질병	라. 불결

① 가, 나, 다 ② 가, 다
③ 나, 라 ④ 라
⑤ 가, 나, 다, 라

03 다음 중 빈곤함정에 대한 설명으로 옳은 것은?

① 빈곤자가 국가에 생계비 지급에 의존하고 자조자립을 태만히 하는 현상을 말한다.
② 빈곤자가 자신의 무지를 해결하는 방식을 말한다.
③ 빈곤을 해결하는 방식을 다원화해야 한다.
④ 실업자가 실업급여에 의존하는 현상을 말한다.
⑤ 소득보장 프로그램은 프로그램 운영비용이 증가하며 수혜자에게 소득을 주어도 사회전체로 볼 때 그의 실제 혜택은 지급된 소득만큼 안 된다.

04 다음 중 역의 선택이란?

① 민간시장에서 미래에 발생할 위험에 대비한 개별보험이 성립되기 어려운 구체적인 현상을 말한다.
② 공공부문의 사회복지기능을 일부 민간부문으로 이전시키는 현상을 말한다.
③ 어떤 사람의 행위를 통하여 다른 사람들이 어떤 대가를 지불하지 않고도 이득을 보는 현상이다.
④ 개인의 의도적인 행위가 보험을 대상으로 하는 위험의 발생에 영향을 줄 수 있는 데서 나타난다.
⑤ 사람들이 보험에 가입했을 때 그 보험에서 해결하는 위험의 발생이 나타나지 않도록 노력을 등한시하는 현상을 말한다.

05 다음 중 영국의 스핀햄랜드법에 대한 설명으로 옳은 것은?

① 노동력을 안정적으로 확보하려는 농업자본가들의 이해에 부응하여 빈민들의 거주지를 제한하려는 목적으로 제정되었다.
② 최저생활 기준에 미달되는 임금의 부족분을 구빈세로 보조하는 것이다.
③ 최초의 유급사무원을 채용하여 빈민감독관의 임무를 전담케 하였다.
④ 각 교구에 따라 상이하게 시행되고 있는 구빈행정을 전국적으로 통일시키려는 것이다.
⑤ 빈민을 노동능력 유무에 따라 분류하였다.

06 열등처우의 원칙이 적용된 최초의 법은?

① 엘리자베스구빈법(1601년)
② 정주법(1662년)
③ 길버트법(1782년)
④ 스핀햄랜드법(1795년)
⑤ 신구빈법(1834년)

07 다음 사회정책사상의 조류 중 스웨덴 등 북유럽 복지국가에서 지향하고 있는 사회민주주의 노선과 가장 가까운 것은?

① 소극적 집합주의
② 마르크스주의
③ 신자유주의
④ 페이비언 사회주의
⑤ 반집합주의

08 다음 이론과 내용이 바르게 연결된 것을 모두 고른다면?

가. 수렴이론 – 경제가 발달할수록 사회복지는 저하(축소)된다.
나. 확산이론 – 주변선진국의 문화나 정치를 받아들인다.
다. 음모이론 – 사회통합으로 복지가 발달한다.
라. 시민권론 – 시민권을 확보함으로써 복지가 발달하였다.

① 가, 나, 다　② 가, 다
③ 나, 라　④ 라
⑤ 가, 나, 다, 라

09 사회문제를 바라보는 시각 중 어떤 집단이나 사회적 가치가 특정현상을 바람직하지 않게 인식하는 이론은?

① 낙인이론　② 일탈행위론
③ 아노미이론　④ 사회병리이론
⑤ 마르크스이론

10 다음 중 제도적 복지의 설명으로 옳은 것은?

① 빈자에 대한 구호적인 복지이다.
② 구 공산권 국가의 복지제도였다.
③ 다른 사회제도와 동등한 제도로서 취급한다.
④ 시장의 원리에 지배를 받는다.
⑤ 다른 사회제도가 수행하지 못하는 부분을 다룬다.

11 탈상품화적인 복지체계를 지향하는 모형은?

① 자유주의 모형
② 사회민주주의 모형
③ 조합주의 모형
④ 다원주의 모형
⑤ 마르크스주의 모형

12 다음 정책대안 형성기법 중 미래예측 기법인 것을 모두 고른다면?

가. 유추법
나. 경향성 분석법
다. 회귀분석법
라. 브레인스토밍

① 가, 나, 다　② 가, 다
③ 나, 라　④ 라
⑤ 가, 나, 다, 라

13 다음에서 설명하는 정책결정이론은?

- 정책결정과정에는 정책대안의 흐름, 문제의 흐름, 정치의 흐름이 존재한다.
- 정책전문가들은 지속적으로 특정 사회문제에 대한 정책대안들을 연구하고 있으며, 정책대안들이 정치적 흐름과 문제 흐름에 의해 정책 아젠다(agenda)로 등장할 때까지 기다린다.
- 이들 세 개의 흐름이 연결되면 정책의 창(policy window)이 열려 정책대안이 마련되고, 그렇지 않으면 각 흐름은 다시 제각각 본래의 흐름으로 돌아간다.

① 쓰레기통 모형
② 수정 점증주의 모형
③ 엘리슨(Allison) 모형
④ 합리적 선택 모형
⑤ 분할적 점증주의 모형

14 다음 〈보기〉 중 보편주의 예를 모두 고른다면?

가. 아동수당
나. 가족수당
다. 아동에 대한 의무교육
라. 공공부조와 빈민을 위한 공공주택

① 가, 나, 다 ② 가, 다
③ 나, 라 ④ 라
⑤ 가, 나, 다, 라

15 사회복지재원으로서 사회보험료와 직접세의 차이점에 대한 설명으로 옳지 않은 것은?

① 직접세가 사회보험료보다 수직적 재분배 효과가 크다.
② 직접세가 사회보험료보다 저소득층에 유리하다.
③ 직접세가 사회보험료보다 역진적이다.
④ 수혜자 = 공급자에 가까운 것이 사회보험료이다.
⑤ 초기 개입단계에서 사회보험료가 직접세보다 정치적 효과성이나 여론형성에 유리하다.

16 **사회보장에 관련된 내용으로 적절하지 못한 것은?**

① 사회보장심의위원회의 위원장은 보건복지부장관이다.
② 보건복지부장관은 사회보장 장기발전방향을 5년마다 수립한다.
③ 국가와 지방자치단체는 사회보장제도의 급여수준 및 비용부담 등에 있어서 형평성을 유지한다.
④ 국가와 지방자치단체는 사회보장제도를 운영함에 있어서 국민의 다양한 복지욕구를 효율적으로 충족시키기 위해서 연계성과 전문성을 높여야 한다.
⑤ 사회보장급여의 수준은 최저생계비와 최저임금법에 의한 최저임금을 고려하여야 한다.

17 **베버리지 사회보험의 원칙으로 바르지 못한 것은?**

① 균일액의 갹출을 통해 재원을 마련한다.
② 통일행정 또는 행정적 책임의 통합을 강조하는 관리책임의 단일화이다.
③ 균일액의 생활급여를 실시한다.
④ 급여의 적절성을 위해 사고와 대상의 선택성을 고려한다.
⑤ 대상자를 분류화한다.

18 **다음 중 사회보험의 기본원칙이 아닌 것은?**

① 보편주의 원칙
② 선별주의 원칙
③ 기여분담의 원칙
④ 소득재분배의 원칙
⑤ 사회적절성 보장의 원칙

19 **다음 〈보기〉의 국민연금 계산방식 중 평등을 의미하는 것은?**

1.8 × (A + B) × (1 + 0.05n/12)

A : 연금수급 전 3년간 전체 가입자의 평균소득
B : 가입자의 평생 평균소득
n : 20년 초과 연수

① 1.8 ② A
③ B ④ A + B
⑤ 1 + 0.05n

20 **다음 〈보기〉 중 우리나라 국민건강보험의 급여에 해당하는 것을 모두 고른다면?**

보기

가. 요양급여　　나. 휴업급여
다. 장제비　　라. 상병보상연금

① 가, 나, 다　　② 가, 다
③ 나, 라　　④ 라
⑤ 가, 나, 다, 라

21 **다음 〈보기〉 중 고용보험제도의 필요성에 대한 설명으로 옳은 것을 모두 고른다면?**

가. 사회적 빈곤증대의 완화
나. 실직자들의 노동력 보존
다. 노사 간의 갈등완화
라. 저소득계층의 최저생계비 보장

① 가, 나, 다　　② 가, 다
③ 나, 라　　④ 라
⑤ 가, 나, 다, 라

22 **포괄수가제에 관한 설명으로 옳지 않은 것은?**

① 의료기관의 조기퇴원의 문제를 야기하고 있다.
② 행위별로 진료함으로써 의료비용을 줄일 수 있다.
③ 의료서비스의 질을 떨어뜨릴 수 있다.
④ 우리나라는 일부영역에 국한 시행되고 있다.
⑤ 현재 부분적으로 시행되고 있다.

23 **다음 〈보기〉에서 설명하는 것은 빈곤선의 개념은?**

가. 사람들의 주관적인 평가를 토대로 하여 빈곤을 정의한다.
나. 욕구조사의 결과를 토대로 빈곤선을 계산한다.

① 절대적 빈곤선
② 상대적 빈곤선
③ 주관적 빈곤선
④ 순수 상대적 빈곤선
⑤ 총괄적 빈곤선

24 국민기초생활보장제도의 원칙에 관한 설명으로 옳지 않은 것은?

① 가족부양 우선의 원칙
② 자립 조장의 원칙
③ 현물급여 우선의 원칙
④ 생존권 보장의 원칙
⑤ 보충성의 원칙

25 국민기초생활보장제도에 관한 설명으로 옳은 것은?

① 자활급여 수급자는 생계급여 대상에서 제외된다.
② 현금급여 기준은 최저생계비보다 높게 책정된다.
③ 근로능력자는 수급대상에서 제외된다.
④ 수급자 선정 요건에 부양의무자 유・무가 고려된다.
⑤ 수급자의 생활보장은 시・군・구 생활보장위원회에서 행한다.

26 사회복지행정의 특성에 관한 설명으로 옳은 것을 모두 고른 것은?

가. 사회복지조직은 외부환경에 대한 의존성이 낮다.
나. 일선 사회복지사는 클라이언트에게 재량권을 행사할 수 있다.
다. 서비스 대상으로 인간을 가치중립적 존재로 가정한다.
라. 클라이언트가 서비스 생산과정에 참여하여 영향을 미친다.

① 가, 나, 다 ② 가, 다
③ 나, 라 ④ 라
⑤ 가, 나, 다, 라

27 인간봉사기술에 관한 특성이 아닌 것은?

① 기술은 효과성을 반복해서 증명할 수 있어야 한다.
② 기술은 타인에게 충분히 전달될 수 있어야 한다.
③ 기술은 인간관계에 대한 충분한 지식이 필요하다.
④ 기술은 수렴을 고려하지 않아도 되고 타당하고 쓸모 있어야 한다.
⑤ 기술은 객관적으로 평가될 수 있어야 한다.

28 다음은 사회복지행정의 과정 중 무엇에 해당하는가?

보기

조직활동에서 구성원들을 상호 연관짓는 중요한 기능으로 사회복지행정가는 부서 간, 직원들 간의 효과적인 의사소통의 망을 만들어 유지하고 조정해야 한다. 이를 위한 방법으로 위원회의 조직 등이 있는데 위원회에서는 프로그램, 인사, 재정 및 긴급한 문제 상황, 임시적인 활동 등을 다루게 된다.

① 기획 ② 조직
③ 인사 ④ 지시
⑤ 조정

29 인간관계론에 관한 설명으로 옳지 않은 것은?

① 공식조직을 중시하여 구조의 합리화에 기여한다.
② 인간의 사회적 측면을 중시하는 이론이다.
③ 경제적 욕구보다 사회적 인간관계를 강조한다.
④ Y론적 인간관으로 발전하였다.
⑤ 메이요의 호손실험에 의해 연구되었다.

30 구성원의 참여를 강조하면서, 명확한 목표 설정과 책임 부여에 초점을 두어 생산성을 높이고자 하는 조직관리접근은?

① 학습조직
② Z이론
③ 인간관계론
④ 과학적 관리론
⑤ MBO

31 개인목표와 조직목표의 조화를 지향하는 조직행동론은 인간지향성을 지니고 있다. 인간지향성과 관련이 있는 이론은?

① X이론 ② Y이론
③ Z이론 ④ 지각이론
⑤ MBO

32 다음 〈보기〉의 내용은 무엇에 대한 설명인가?

인간서비스 조직들이 접근성 메커니즘을 조정하여 보다 유순하고 성공가능성이 높은 클라이언트들을 선발하고 비협조적이거나 어려울 것으로 예상되는 클라이언트를 배척하는 경향을 말한다.

① 크리밍 현상
② 소진증후군
③ 관료제적 병폐
④ 직무만족
⑤ 목적전치

33 다음 〈보기〉에서 설명하는 사회복지서비스 전달체계의 통합방법은?

조직들 간의 느슨한 네트워크를 구성하고 개별 케이스를 통해 서비스들 간의 실질적 조정을 한다.

① 종합서비스센터
② 단일화된 인테이크
③ 종합정보 · 의뢰
④ 사례관리
⑤ 운영감독

34 하젠필드가 주장한 사회복지조직의 특징이 아닌 것은?

① 사회복지조직 프로그램 평가의 척도가 확실하다.
② 사회복지조직의 목표는 불확실하며 애매 모호하다.
③ 사회복지조직들은 전문성을 가지고 있는 직원들에게 점점 크게 의존한다.
④ 사회복지조직의 기술도 불확실하다.
⑤ 사회복지조직의 투입과 산출의 원료는 모두 인간이다.

35 사회복지기관의 슈퍼비전에 관한 설명으로 옳지 않은 것은?

① 슈퍼바이저와 슈퍼바이지 간 상호작용과 의사소통이 핵심이다.
② 리더십 역할과 결부되어 수행될 부분이 크다.
③ 인적 자원의 개발에 관심을 두는 행정행위의 일종이다.
④ 가치와 감정의 문제를 배제하고, 전문적 기술의 전수를 중심에 둔다.
⑤ 슈퍼바이저는 행정적 상급자, 교육자, 상담자로서의 복수 역할 간 갈등을 겪을 수 있다.

36 **비공식 조직의 장점으로 보기 어려운 것은?**

① 공식조직의 결함이나 약점 보완
② 공식조직 내의 약점 평가에 도움
③ 공식조직에서 일어나는 긴장이나 압박감을 배출하게 함
④ 공식조직의 단합을 도모
⑤ 가끔 변화의 대행자가 되어 변화를 가져오는 데 기여

37 **다음 〈보기〉 중 위원회 운영의 장점을 모두 고른다면?**

가. 조직 전반에 관계되는 문제에 관한 협조
나. 정보제공에 효율적
다. 제안을 평가하거나 관련된 여러 전문가의 의견 청취
라. 행정의 참여적 권리의 실현

① 가, 나, 다 ② 가, 다
③ 나, 라 ④ 라
⑤ 가, 나, 다, 라

38 **다음 중 애드호크러시의 설명으로 틀린 것은?**

① 문제해결적인 조직과 관련된 말이다.
② 태스크 포스와 관련된 말이다.
③ 행정우위현상을 표현하기 위해서 나온 말이다.
④ 베니스와 토플러와 관련된 말이다.
⑤ 환경변화에 대응하여 등장한 조직모델이다.

39 **다음 〈보기〉에 해당하는 이론을 고른다면?**

이 이론은 합법성을 강조하고 사회복지조직과 같이 정부와 제도화된 규범이 강하게 작용하는 조직구조에 가장 큰 영향을 받는다.

① 정치경제이론
② 구조 – 상황이론
③ 조직군 생태이론
④ 자원의존이론
⑤ 제도이론

40 다음 〈보기〉에서 리더십의 유효성을 결정하는 독립변수를 모두 고른다면?

가. 리더의 자질
나. 부하의 특성
다. 리더의 상황
라. 리더의 성별

① 가, 나, 다 ② 가, 다
③ 나, 라 ④ 라
⑤ 가, 나, 다, 라

41 리더십의 특성이론이 가지고 있는 한계가 아닌 것은?

① 부하직원들의 욕구를 무시한다.
② 특성들의 상대적 중요성을 파악하지 않았다.
③ 리더의 기술을 무시한다.
④ 상황요인을 무시한다.
⑤ 리더의 특성을 유형화하지 않았다.

42 다음 〈보기〉에서 설명하는 리더십의 유형은?

민주적인 리더십으로 부하직원을 결정과정에 참여시키고 동기유발적이며 개인의 지식과 기술을 활용할 수 있는 장점이 있는 반면 긴급한 결정이 어렵다는 단점이 있다.

① 지시적 리더십
② 참여적 리더십
③ 자율적 리더십
④ 폐쇄적 리더십
⑤ 단독적 리더십

43 다음 중 시너지효과를 설명한 것은?

① 경영활동상 단독행위보다는 여러 행동을 동시에 전개함으로써 효과를 높이는 것을 말한다.
② 일정기간 동안 광고활동을 수행함으로써 얻게 되는 판매효과를 말한다.
③ R&D 활동의 성공적인 수행에서 얻어지는 수익효과를 말한다.
④ 새로운 설비를 도입함으로써 얻어지는 설비 증산효과를 의미한다.
⑤ 제조공정에서 생산성을 향상시키는 것이다.

44 다음의 의사결정 모형은?

- 현실적 제약을 고려하여, 문제를 일으키는 것에 초점을 맞춤
- 과거의 결정 내용에 기초한 변화를 시도함
- 현상유지 위주의 문제해결방식이라는 비판도 있음

① 포괄적 합리성 모형
② 점증주의 모형
③ 제한적 합리성 모형
④ 직관주의 모형
⑤ 공공선택 모형

45 다음 중 직무명세서를 가장 잘 설명한 것은?

① 직무내용이나 요건을 상세히 기록한 문서이다.
② 직무수행자나 자격요건을 구체적으로 기술해 놓은 문서이다.
③ 직무의 상대적 가치를 결정해 놓은 문서이다.
④ 직무분석의 결과를 관계자가 이해할 수 있게끔 정리한 문서이다.
⑤ 조직구성원 각자의 책임과 권한관계를 명확히 기록한 문서이다.

46 참여적 조직관리를 가장 강조하는 예산편성제도는?

① MBO ② ZBB
③ PPBS ④ LIBS
⑤ PBS

47 예산편성 방법 중 '기능 – 세부내용 · 활동 – 단위원가와 업무량 계산'의 순서로 예산을 측정하는 방식은?

① PPBS
② 추경 예산제도
③ 품목별 예산제도
④ 영기준 예산제도
⑤ 성과주의 예산제도

48 시장세분화를 할 때 사용되는 변수가 아닌 것은?

① 지리적 변수
② 인구통계적 변수
③ 심리분석적 변수
④ 행태적 변수
⑤ 고객규모

49 **사회복지사업 평가와 관련된 설명으로 옳지 않은 것은?**

① 서비스를 향상시킬 수 있는 객관적 · 체계적 수단이다.
② 사업운영이 끝났을 때 형성평가를 실시한다.
③ 조직의 목적달성 정도를 확인한다.
④ 사회적 책임을 이행하고 있는지 입증한다.
⑤ 기관평가와 개인평가로 구분할 수 있다.

50 **프로그램 평가검토법(PERT)에 대한 설명으로 옳지 않은 것은?**

① 간단하고 시급한 계획을 수립하는 데 주로 사용한다.
② 미해군 핵잠수함 건축과정에서 고안되었다.
③ 가장 긴 시간이 걸리는 통로를 임계통로라 한다.
④ 세부프로그램 사이의 흐름을 이해하기 쉽다.
⑤ 프로그램이나 세부목표 사이에 시간을 계산하여 표시한다.

51 **제정연도가 빠른 순서대로 나열된 것은?**

ㄱ. 사회복지사업법
ㄴ. 노인복지법
ㄷ. 국민기초생활보장법
ㄹ. 노인장기요양보험법

① ㄱ – ㄴ – ㄷ – ㄹ
② ㄱ – ㄷ – ㄹ – ㄴ
③ ㄴ – ㄷ – ㄱ – ㄹ
④ ㄷ – ㄴ – ㄹ – ㄱ
⑤ ㄹ – ㄴ – ㄷ – ㄱ

52 **다음 〈보기〉에서 설명하는 법의 정의는?**

국가, 지방자치단체 및 민간부문의 도움을 필요로 하는 모든 국민에게 상담, 재활, 직업 소개 및 지도, 사회복지시설 이용 등을 제공하여 정상적인 사회생활이 가능하도록 지원하는 제도를 말한다.

① 사회보장
② 사회보험
③ 공공부조
④ 사회복지서비스
⑤ 사회복지관련제도

53 다음 〈보기〉에서 설명하는 지역주민의 협동적 민속관행은?

보기

마을에 있는 중병자나 불구자, 과부, 그리고 초상당한 사람의 농사와 농사의 적기를 놓치는 불행한 일을 당한 사람에게 마을 주민들이 공동으로 농사를 지어준다.

① 부근
② 울력
③ 향도
④ 공굴
⑤ 사창

54 사회보장기본법상 사회보장수급권에 관한 설명으로 옳은 것은?

① 사회보장수급권의 포기는 취소할 수 없다.
② 사회보장수급권은 다른 사람에게 양도하거나 담보로 제공할 수 있다.
③ 국가는 관계 법령에서 정하는 바에 따라 최저생계비를 격년으로 공표하여야 한다.
④ 사회보장수급권을 포기하는 것이 다른 사람에게 피해를 주거나 사회보장에 관한 관계 법령에 위반되는 경우에는 사회보장수급권을 포기할 수 없다.
⑤ 사회보장급여를 정당한 권한이 없는 기관에 신청하더라도 그 기관은 사회보장급여를 직접 지급하여야 한다.

55 다음 중 우리나라 헌법에 나와 있지 않은 조항은?

① 국가는 사회보장, 사회복지의 증진에 노력할 의무를 진다.
② 국가는 여자의 복지와 권익의 향상을 위하여 노력하여야 한다.
③ 국가는 노인과 청소년의 복지향상을 위한 정책을 실시할 의무를 진다.
④ 장애인들은 평등에 대한 이념으로 사회통합을 한다.
⑤ 국가는 재해를 예방하고 그 위험으로부터 국민을 보호하기 위해 노력하여야 한다.

56 사회복지법인에 관한 법 적용 우선순위의 순서대로 연결된 것은?

보기

가. 사회복지사업 관련 특정법률
나. 사회복지사업법
다. 공익법인의 설립 · 운영에 관한 법률
라. 민법

① 가 – 나 – 다 – 라
② 가 – 다 – 나 – 라
③ 라 – 가 – 나 – 다
④ 라 – 나 – 가 – 다
⑤ 라 – 다 – 가 – 나

57 다음 〈보기〉에서 사회보장협정의 하위 목적을 모두 고른다면?

보기

가. 이중가입 배제
나. 가입기간 합산
다. 동등대우
라. 급여송금 보장

① 가, 나, 다 ② 가, 다
③ 나, 라 ④ 라
⑤ 가, 나, 다, 라

58 사회보장기본법상 다음은 어떤 용어에 대한 정의인가?

생애주기에 걸쳐 보편적으로 충족되어야 하는 기본욕구와 특정한 사회위험에 의하여 발생하는 특수욕구를 동시에 고려하여 소득 · 서비스를 보장하는 맞춤형 사회보장제도를 말한다.

① 맞춤 복지제도
② 사회복지서비스
③ 평생사회안전망
④ 맞춤 사회보험제도
⑤ 맞춤형 복지서비스

59 사회보장기본법령상 사회보장제도 운영원칙이 아닌 것은?

① 보편성의 원칙
② 독립성의 원칙
③ 형평성의 원칙
④ 민주성의 원칙
⑤ 전문성의 원칙

60 다음 〈보기〉에서 사회복지관의 가족복지사업에 속하는 것을 모두 고르면?

가. 가족관계 증진사업
나. 가정문제 해결 · 치료사업
다. 가족기능 보완사업
라. 부양가족 지원사업

① 가, 나, 다 ② 가, 다
③ 나, 라 ④ 라
⑤ 가, 나, 다, 라

61 **사회복지법인에 대한 설명으로 틀린 것은?**

① 사회복지법인은 사회복지사업을 행할 목적으로 설립된 법인을 말한다.
② 사회복지법인의 권리능력을 행사할 수 있는 시기는 법인의 등기를 완료한 경우이다.
③ 한국사회복지협의회와 한국사회복지사협회는 사회복지법인이다.
④ 사회복지법인의 설립허가는 보건복지부장관으로 위임을 받은 시 · 도지사이다.
⑤ 사회복지법인은 수익사업을 할 수 있으나 그 수익은 법인 또는 그가 설치한 사회복지시설의 운영 외의 목적에 사용할 수 없다.

62 **사회복지사업법령상 사회복지서비스 신청에 관한 내용으로 옳은 것은?**

① 사회복지서비스를 필요로 하는 사람의 친족도 신청할 수 있다.
② 시장 · 군수 · 구청장을 경유하여 시 · 도지사에게 신청하여야 한다.
③ 복지담당공무원은 직권으로 신청할 수 없다.
④ 신청에 따른 조사를 통해 제공받는 정보에 관하여 이용범위를 고지할 필요는 없다.
⑤ 국민기초생활보장 수급권자만이 신청권을 가진다.

63 **다음 중 국민연금제도에 관한 설명으로 틀린 것은?**

① 완전노령연금은 20년 이상 가입하고 60세에 도달한 경우이다.
② 우리나라 최초의 사회보험은 공무원연금법이다.
③ 부부가 동시에 연금에 가입하면 노령연금도 각각 받는다.
④ 노령연금의 수급조건은 5년 이상 60세 이상인 경우는 노령연금을 받을 수 있다.
⑤ 1973년 국민연금법이 제정되었으나 바로 시행되지 못하였다.

64 **국민건강보험법령상 직장가입자의 피부양자가 될 수 없는 자는? (단, 직장가입자에게 주로 생계를 의존하고, 그와 동거하며 보수나 소득이 없는 자에 한함)**

① 직장가입자의 배우자의 자매
② 직장가입자의 배우자
③ 직장가입자의 자녀
④ 직장가입자의 부모
⑤ 직장가입자의 조부모

65 **산업재해보상보험에 관한 특성으로 옳지 않은 것은?**

① 근로복지가 잘 갖추어진 국가일수록 중시하는 제도이다.
② 보험료는 사업주가 전액 부담한다.
③ 사업주와 근로자 양자를 모두 보호하기 위한 제도이다.
④ 가입은 강제주의가 원칙이다.
⑤ 사회보험 중에서 가장 먼저 발달한 제도이다.

66 **고용보험법령상 취업촉진수당의 종류로 옳은 것을 모두 고른 것은?**

ㄱ. 조기재취업 수당
ㄴ. 광역 구직활동비
ㄷ. 직업능력개발 수당
ㄹ. 구직급여

① ㄱ, ㄴ, ㄷ　② ㄱ, ㄷ
③ ㄴ, ㄹ　④ ㄹ
⑤ ㄱ, ㄴ, ㄷ, ㄹ

67 **기초연금법의 내용으로 옳지 않은 것은?**

① 기초연금 수급권자에 대한 기초연금의 금액은 기준연금액과 국민연금 급여액 등을 고려하여 산정한다.
② 기초연금액이 기준연금액을 초과하는 경우 기준연금액을 기초연금액으로 본다.
③ 본인과 그 배우자가 모두 기초연금 수급권자인 경우에는 각각의 기초연금액에서 기초연금액의 100분의 20에 해당하는 금액을 감액한다.
④ 보건복지부장관은 3년마다 기초연금 수급권자의 생활수준 등을 고려하여 기초연금액의 적정성을 평가하여야 한다.
⑤ 기초연금 수급권자의 권리는 5년간 행사하지 아니하면 시효의 완성으로 소멸한다.

68 **기초연금법령상 수급권자의 권리의 소멸시효는?**

① 1년　② 2년
③ 3년　④ 5년
⑤ 10년

69 다음 〈보기〉에서 오샨스키가 설정한 빈곤선 산정방법은?

그는 최저 소득계층의 식단을 기초로 최저식품비를 산출하고 여기에 엥겔계수의 역수를 곱하여 빈곤선을 설정하였다.

① 전물량 방식
② 반물량 방식
③ 상대적 박탈 방식
④ 라이덴 방식
⑤ 여론조사에 의한 방식

70 의료급여법령에 관한 설명으로 옳지 않은 것은?

① 국민기초생활 보장법에 따른 수급자는 의료급여 수급권자이다.
②수급권자가 다른 법령에 따라 의료급여를 받고 있는 경우에는 의료급여법에 따른 의료급여를 하지 아니한다.
③ 관할 시장 · 군수 · 구청장은 수급권자가 되려는 자의 인정 신청이 없더라도 직권으로 수급권자를 정할 수 있다.
④ 지역보건법에 따라 설치된 보건지소는 제1차 의료급여기관이다.
⑤ 의료급여기관은 의료급여를 하기 전에 수급권자에게 본인부담금을 청구하여서는 아니 된다.

71 영유아보육법의 내용이다. ( )에 들어갈 말은?

보기

국공립어린이집 외의 어린이집을 설치 · 운영하려는 자는 특별자치도지사 · 시장 · 군수 · 구청장의 ( )를(을) 받아야 한다.

① 인가　　② 보증
③ 인증　　④ 허가
⑤ 특허

72 아동복지법령에 대한 설명으로 옳지 않은 것은?

① 아동학대는 보호자를 포함한 성인에 의한 정신적 · 성적 · 신체적 학대를 포함한다.
② 아동의 보호자가 아동을 유기하거나 방임하는 것도 아동학대에 포함된다.
③ 아동과 그 가정의 문제에 관한 상담, 치료, 예방 및 연구를 하는 곳이 아동상담소이다.
④ 어린이공원, 어린이놀이터, 야영장 등 아동에게 건전한 놀이 · 오락, 그 밖의 각종 편의를 제공하여 심신의 건강유지와 복지증진에 필요한 서비스를 제공하는 시설은 아동전용시설이다.
⑤ 지역사회내 학교 부적응아동 등을 대상으로 어려움을 가진 아동을 지원, 상담, 원조하는 사업은 학대아동보호사업이다.

73 **다음 장애인 복지정책에 관한 설명으로 틀린 것은?**

① 장애판정위원회는 장애등급사정과 인정 업무를 담당한다.
② 장애인복지조정위원회는 보건복지부 소속하에 두고 장애복지정책의 기본방향을 심의 · 조정한다.
③ 정신적 장애는 정신지체와 정신질환으로 구분된다.
④ 보건복지부장관은 3년마다 장애인 실태조사를 실시한다.
⑤ 장애인의 날은 4월 20일이다.

74 **노인복지법상 노인복지시설 중에서 유형화 성격이 다른 하나는?**

① 노인주거복지시설
② 노인의료복지시설
③ 노인여가복지시설
④ 노인요양공동생활가정시설
⑤ 재가노인복지시설

75 **다문화가족지원법령에 관한 설명으로 옳지 않은 것은?**

① 대한민국 국민과 사실혼 관계에서 출생한 자녀를 양육하고 있는 다문화가족 구성원도 이 법의 지원대상이 된다.
② 생활정보 제공 및 교육 지원에 관한 규정을 두고 있다.
③ 다국어에 의한 서비스 제공 규정은 아직 마련되어 있지 않다.
④ 가정폭력 피해자에 대한 보호 · 지원 규정을 두고 있다.
⑤ 의료 및 건강관리를 위한 지원 규정을 두고 있다.

사회복지사 1급
1000제

3회

실전모의고사

1교시 • 사회복지기초

2교시 • 사회복지실천

3교시 • 사회복지정책과 제도

1교시

[사회복지기초]

정답 및 해설 328p

01 **생태체계적 관점에 관한 설명으로 옳지 않은 것은?**

① 문제의 원인을 단선적인 인과관계로 파악하는 데 유용한 틀을 제공한다.
② 문제해결을 위한 적절한 모델을 선택할 수 있게 한다.
③ 인간과 사회환경 사이의 관계를 이해하는 준거틀을 제시하고 있다.
④ 구체적인 인간발달단계를 제시하지 않는다.
⑤ 개인, 집단, 지역사회 등 다양한 체계에 적용이 가능하다.

02 **프로이트(S. Freud)의 이론이 사회복지실천에 미친 영향으로 옳지 않은 것은?**

① 무의식적 동기의 중요성을 인식하는 데 유용하다.
② 인간 자유의지의 중요성을 인식하는 데 유용하다.
③ 유아기 경험의 중요성을 인식하는 데 유용하다.
④ 방어기제의 중요성을 인식하는 데 유용하다.
⑤ 본능의 중요성을 인식하는 데 유용하다.

03 **에릭슨의 심리사회발달단계 중 학령기의 쟁점만을 모두 고른다면?**

보기

가. 근면성	나. 자율성
다. 열등감	라. 주도성

① 가, 나, 다　　② 가, 다
③ 나, 라　　④ 라
⑤ 가, 나, 다, 라

04 **프로이트의 심리발달단계 중 고착화되어 반항적인 행동과 지나친 청결을 강조하게 되는 시기는?**

① 구강기　　② 항문기
③ 남근기　　④ 잠재기
⑤ 생식기

05 프로이트의 성격발달에 관한 특징으로 거리가 먼 것은?

① 본능적 측면을 강조한다.
② 인간행동의 동기를 원초아에 둔다.
③ 아동 초기의 경험을 중시한다.
④ 자아는 원초아와는 독립적으로 가능하다.
⑤ 충동을 통제하려고 한다.

06 다음 〈보기〉에서 에릭슨의 심리사회적 자아발달이론의 특징을 모두 고른다면?

가. 전 생애에 걸쳐 발달한다.
나. 개방적 에너지체계의 근거이다.
다. 심리적 건강은 자아 강점과 사회적 지지의 기능에 달려 있다.
라. 인간의 행동과 기능의 기초로서 원초아를 강조한다.

① 가, 나, 다　　② 가, 다
③ 나, 라　　④ 라
⑤ 가, 나, 다, 라

07 중년기와 노년기의 성격발달을 중요시 여긴 학자와 이론은?

① 프로이트의 정신분석이론
② 에릭슨의 심리사회이론
③ 칼 융의 심리분석이론
④ 아들러의 개인심리이론
⑤ 피아제의 인지이론

08 아들러(A. Adler)의 이론에 관한 설명으로 옳은 것은?

① 우월의 목표에는 긍정적 경향과 부정적 경향 모두가 포함될 수 있다.
② 개인은 환경을 객관적으로 파악하고 객관적 믿음에 따라 행동한다.
③ 치료목표는 증상의 경감이나 제거에 있다.
④ 기본적인 생활양식은 4~5세경에 형성되며 그 이후 지속적으로 변화한다.
⑤ 인간은 자신의 삶을 스스로 만들어 나가기 어려운 의존적 존재이다

09 직접적 훈련과 관찰학습을 통해 획득되는 것으로 자아개념 형성에 주된 역할을 하는 것은?

① 상징적 환경 ② 경험
③ 직접적 환경 ④ 자기강화
⑤ 정서적 반응

10 다음 〈보기〉 중 스키너의 행동주의 이론 요소인 것을 모두 고른다면?

가. 부적강화
나. 자기조정
다. 행동형성
라. 대리(관찰)학습

① 가, 나, 다 ② 가, 다
③ 나, 라 ④ 라
⑤ 가, 나, 다, 라

11 반두라의 사회학습이론에 대한 설명으로 옳은 것은?

① 인간의 인지능력에 대해 비중을 두지 않는다.
② 복잡한 행동패턴은 각각 분리하고 강화해서 서서히 학습된다.
③ 타인의 행동을 기계적으로 모방하면서 자신의 행동을 형성한다.
④ 성격 또는 행동의 결정요인으로 심리적 기제를 중요하게 여긴다.
⑤ 인간은 행동을 모방하거나 사회학습 경험으로 성격을 형성한다.

12 물활론에 대한 설명으로 맞는 것은?

① 이 세상에 존재하는 모든 물체에는 생명이 있다고 믿는 사고이다.
② 대상을 일정한 특징에 따라 다양한 범주로 나누는 능력으로 분류의 기준이 되는 특징은 형태, 색상, 무늬, 크기 등이다.
③ 대상을 일정한 특징에 따라 배열하는 능력으로, 기준이 되는 특징은 크기, 무게, 부피, 길이 등이다.
④ 물리적으로 눈 앞에 없는 것을 머릿속에 떠올리는 것이다.
⑤ 외향의 변화에도 불구하고 다시 첨가되거나 빼버리지 않는 한 어떤 물체의 질량이 같다는 것을 판단할 수 있다.

13 **인지발달의 기본요인으로 옳은 것을 모두 고른다면?**

보기

가. 유전
나. 신체적 경험
다. 사회적 전달
라. 심리적 기제

① 가, 나, 다 ② 가, 다
③ 나, 라 ④ 라
⑤ 가, 나, 다, 라

14 **피아제의 인지발달단계 중 구체적 조작기에 나타나는 아동 사고의 특성이 아닌 것은?**

① 조망 수용 ② 유목화
③ 중심화 ④ 서열화
⑤ 가역성

15 **로저스(C. Rogers)의 이론에 관한 설명으로 옳은 것을 모두 고른 것은?**

가. 주관적 경험을 존중하고 존경과 긍정적 관심을 통해 성장을 고양할 수 있다.
나. 원조관계에서 클라이언트가 자신의 세계를 다룰 수 있도록 지지한다.
다. 인간은 능력이 있고 자기이해와 자아실현을 위한 잠재력을 가지고 있다.
라. 치료과정은 지시적이며 치료자는 능동적 참여자이다.

① 가, 나, 다 ② 가, 다
③ 나, 라 ④ 라
⑤ 가, 나, 다, 라

16 **태내기의 발달에 관한 설명으로 옳지 않은 것은?**

① 배아기는 수정 후 약 2~8주 사이를 말한다.
② 임신 16주경이 되면 산모는 태아의 움직임을 알 수 있다.
③ 터너 증후군, 클라인펠터 증후군은 염색체 이상으로 나타난다.
④ 임신 2~3개월이 되면 배아는 인간의 모습을 갖추기 시작한다.
⑤ 일반적으로 임신 3개월 혹은 13주가 되면 조산아의 생존이 가능하다.

17 태아기 때 사회복지실천과의 연계성에 있어서 사회적 측면으로 알맞은 것은?

① 적절한 영양과 신체적 보살핌을 확보하도록 재정적 도움 및 주거서비스 등을 제공
② 정서적 · 사회적 지지망 활성화
③ 선천성 장애를 예방하기 위한 산부인과적 문제 검토
④ 부모역할 교육프로그램 제공
⑤ 불임이나 임산부의 불안정한 건강을 검토하는 의료적 진단 및 개입

18 학령 전기의 성격발달에 관한 설명으로 옳지 않은 것은?

① 프로이트의 남근기에 해당하며 리비도가 성기로 집중된다.
② 이성보다는 동성과의 친밀감이 강조되는 시기이다.
③ 경쟁심뿐만 아니라 협동과 타협을 배우는 시기이다.
④ 에릭슨의 유희연령 또는 주도성 대 죄의식이 형성되는 시기이다.
⑤ 아동의 행동은 과거지향적이고 타인지향적이다.

19 청소년기에 '나는 누구인가?'의 물음에 해답을 얻기 위해 심각하게 고뇌하고 갈등하는 시기는?

① 주도성 대 죄책감
② 근면성 대 열등감
③ 정체감 대 정체감 혼란
④ 친밀감 대 고립감
⑤ 신뢰감 대 불신감

20 다음 〈보기〉는 무엇에 대한 설명인가?

중년기에 자아를 외적 · 물리적 차원으로부터 내적 · 정신적 차원으로 전환시키는 것을 의미한다.

① 분리화　② 일체화
③ 개별화　④ 갱년기
⑤ 대상화

21 에릭슨의 중년기 발달과업은?

① 신뢰감 대 불신감
② 자아정체감 형성 대 정체감 혼란
③ 생산성 대 침체의 시기
④ 근면성 대 열등감
⑤ 주도성 대 수치심

22 심리적 측면에서의 노년기 발달과제와 관련된 주요 이론적 개념으로 맞는 것을 모두 고르면?

가. 통합감 대 절망감
나. 심리적 조절
다. 하위 지위와 연령차별
라. 영성과 종교

① 가, 나, 다　② 가, 다
③ 나, 라　④ 라
⑤ 가, 나, 다, 라

23 다음 제시된 사례와 관계있는 개념은?

이혼 위기에 처한 부부가 상담을 받아 관계가 회복되는 계기를 맞게 되고, 외부 전문가의 도움으로 부부간의 불화가 개선되고 긴장이 감소되었다.

① 엔트로피(entropy)
② 넥엔트로피(negentropy)
③ 시너지(synergy)
④ 균형(equilibrium)
⑤ 항상성(homeostasis)

24 분리생활을 하지만 원가족 및 친족관계를 중요하게 여기는 가족형태는?

① 핵가족
② 수정확대가족
③ 확대가족
④ 수정핵가족
⑤ 다세대가족

25 다음 〈보기〉에서 생태체계학적 관점에서 본 조직의 특성을 모두 고르면?

가. 조직은 목표달성 욕구가 있다.
나. 조직의 각 부분은 일정한 기여를 한다.
다. 조직의 경계는 분명하고 투과성이 있어야 한다.
라. 조직은 조직을 유지하기 위해 다른 조직과 교류를 한다.

① 가, 나, 다　　② 가, 다
③ 나, 라　　④ 라
⑤ 가, 나, 다, 라

26 이론형성의 방법체계에 대한 설명으로 맞는 것은?

① 연역적 체계를 미괄식이라고 한다.
② 연역법의 대표적인 예가 삼단논법이다.
③ 귀납적 논리는 실증주의적이다.
④ 귀납적 이론은 일반적인 것으로부터 특수한 것을 추론해 내는 접근방법이다.
⑤ 연역법과 귀납법은 독립적이다.

27 설명적 조사(explanatory research)에 관한 설명으로 옳지 않은 것은?

① 가설을 검증하려는 조사
② 특정 현상을 사실적으로 묘사하려는 조사
③ 변수 간의 인과관계를 규명하려는 조사
④ 실험조사설계 형태로 이루어지는 조사
⑤ 특정 변수에 영향을 미치는 요인에 대한 조사

28 **사회복지기관에 1급 사회복지사가 많으면 서비스 질이 높아진다고 할 때, 서비스 질은 어떤 변수인가?**

① 독립변수 ② 종속변수
③ 매개변수 ④ 외생변수
⑤ 통제변수

29 **일상생활에서 탐구할 때 나타나는 오류가 아닌 것은?**

① 중앙집중경향의 오류
② 과도한 일반화의 오류
③ 선별적 관찰의 오류
④ 비논리적 추론의 오류
⑤ 신비화의 오류

30 **다음 〈보기〉 중 패러다임과 관련된 것을 모두 고른다면?**

가. 쿤의 과학적 혁명론
나. 사회적 현상을 바라보기 위해 일련의 개념과 가정으로 구성된 관점이나 준거틀
다. 연구문제해결을 위한 방향성을 제시해 줌
라. 논리, 이론, 현상학과 동일개념

① 가, 나, 다 ② 가, 다
③ 나, 라 ④ 라
⑤ 가, 나, 다, 라

31 **양적 연구와 질적 연구를 통합한 혼합 연구방법(mixed method)에 관한 설명으로 옳지 않은 것은?**

① 양적 연구의 결과에서 질적 연구가 시작될 수 있다.
② 두 가지 연구방법 모두에 대한 전문적 지식이 필요하다.
③ 연구자에 따라 두 가지 연구방법의 비중은 상이할 수 있다.
④ 다양한 패러다임을 수용할 수 있어야 한다.
⑤ 질적 연구결과와 양적 연구결과는 상반될 수 없다.

32 **다음 〈보기〉에서 설명하는 조사방법은?**

가. 일정시점에서의 측정
나. 정태적인 성격
다. 주로 표본조사에서 측정하므로 반복해서 이루어지지 않는다.
라. 조사대상의 특성에 따라 여러 집단으로 분류하므로 표본의 크기가 커야 한다.

① 횡단적 조사
② 종단적 조사
③ 탐색적 조사
④ 예비조사
⑤ 설명적 조사

33 **사회복지조사 방법에 대한 설명으로 옳은 것은?**

① 기술적 조사는 인과관계의 규명이 필요하다.
② 설명적 조사는 연역적 연구에 유용하다.
③ 타당성이란 진정으로 묻고자 하는 바를 묻는 것이다.
④ 패널조사란 응답자의 의견을 일치시키고 피드백하는 것이다.
⑤ 질문조사란 연역적 조사방법이다.

34 **측정의 무작위 오류(Random Error)에 관한 설명으로 옳은 것은?**

① 자신에 대한 이미지를 좋게 만들기 위해 응답할 때 발생한다.
② 타당도를 낮추는 주요 원인이다.
③ 설문문항이 지나치게 많을 경우 발생하기 쉽다.
④ 연구자가 응답자에게 유도성 질문을 할 때 발생한다.
⑤ 일정한 양태와 일관성을 갖는 오류이다.

35 **등급에 따른 척도의 수준을 바르게 배열한 것은?(낮은 순으로 배열)**

① 명목척도 – 서열척도 – 등간척도 – 비율척도
② 서열척도 – 명목척도 – 등간척도 – 비율척도
③ 명목척도 – 서열척도 – 비율척도 – 등간척도
④ 서열척도 – 명목척도 – 비율척도 – 등간척도
⑤ 비율척도 – 등간척도 – 명목척도 – 서열척도

36 **통제집단 사전 – 사후검사 실험에서 사전검사를 하는 이유로 옳은 것은?**

① 상호연관성 측정
② 개입전 독립변수 측정
③ 개입전 외생변수 측정
④ 개입전 종속변수 측정
⑤ 통제집단과 실험집단의 분리

37 **다음 〈보기〉의 내용은 무슨 오류에 대한 설명인가?**

저학력자일수록 응답문항 가운데 뒤쪽에 있는 답을 선택하는 경향으로 인한 오류

① 체계적 오류
② 비체계적 오류
③ 선행효과오류
④ 후행효과오류
⑤ 중앙집중경향의 오류

38 **다음 중 리커트 척도의 단점이 아닌 것은?**

① 서열적 측정치이다.
② 일치성이 결여된다.
③ 개개 문항별로 구분적이지 못하다.
④ 전체 모집단을 대표하는 표본을 선정하기 어렵다.
⑤ 복잡성을 가진다.

39 **제시된 두 가지 연구 유형의 분류기준이 바르게 연결되지 않은 것은?**

① 양적조사와 질적조사 – 데이터의 성격
② 순수실험설계와 준(유사)실험설계 – 원인의 조작 여부
③ 기술적연구와 설명적연구 – 연구의 목적
④ 코호트(Cohort)조사와 패널조사 – 동일표본의 반복측정 여부
⑤ 전수조사와 표본조사 – 표본추출의 여부

40 실험변수를 노출시키기 전후에 일정한 기간을 두고 정기적으로 몇 차례의 결과변수에 대한 측정을 하는 방법은?

① 단순 시계열설계
② 복수 시계열설계
③ 복수시간 연속설계
④ 비동일 통제집단설계
⑤ 분리표본 사전 – 사후검사설계

41 다음 〈보기〉 중 AB설계의 특성만을 모두 고른다면?

가. 가장 간단한 단일설계이다.
나. 반복적으로 관찰하지만 외생변수에 대한 통제가 없다.
다. 개입이 표적행동 변화에 미치는 효과의 신뢰도가 낮다.
라. 철회 또는 반전설계라고 부른다.

① 가, 나, 다 ② 가, 다
③ 나, 라 ④ 라
⑤ 가, 나, 다, 라

42 연구자가 개입하기 전에 클라이언트 표적행동의 정도를 파악하고 어떤 경향을 보이는지 상태를 관찰하는 것은?

① 개입국면
② 기초선
③ 시각적 유의성
④ 통계적 유의성
⑤ 실질적 유의성

43 다음 〈보기〉 중 면접조사의 장점을 모두 고른다면?

가. 익명성 보장
나. 융통성과 타당도
다. 높은 접근성
라. 환경의 통제 및 복잡한 질문의 사용

① 가, 나, 다 ② 가, 다
③ 나, 라 ④ 라
⑤ 가, 나, 다, 라

44 다음 〈보기〉에 해당하는 표집방법은?

보기

성인의 정치의식을 조사하기 위해 소득을 기준으로 최상, 상, 하, 최하로 구분한 다음, 각각의 계층이 모집단에서 차지하고 있는 비율에 맞추어 1,500명의 표본을 4개의 소득계층별로 무작위 표집하였다.

① 층화적 표집방법
② 집락(군집) 표집방법
③ 할당 표집방법
④ 체계적 표집방법
⑤ 단순무작위 표집방법

45 모집단 1,000명 가운데 100명을 뽑는다고 할 때, 무작위로 남성 50명, 여성 50명을 선택하는 표집방법은 무엇인가?

① 눈덩이표집
② 계통표집
③ 층화표집
④ 집락표집
⑤ 단순무작위표집

46 다음 〈보기〉에서 설명하는 분석단위의 혼동에서 오는 오류는?

집단을 대상으로 한 조사결과에 근거해서 개인도 똑같을 것이라고 가정할 때 발생하는 오류

① 생태학적 오류
② 개별적 오류
③ 환원주의 오류
④ 후광효과 오류
⑤ 중앙집중경향 오류

47 욕구조사의 목적으로 옳지 않은 것은?

① 현재 수행 중인 사업의 평가에 필요한 보조자료 수집
② 지역사회 기관 간의 상호협조 상황을 파악하기 위한 자료수집
③ 프로그램의 우선순위 결정을 위한 자료수집
④ 예산할당 기준을 마련하기 위한 자료수집
⑤ 책임성 이행 정도를 찾아내기 위한 자료수집

48 신문사설, 일기, 편지 등 의사소통의 기록물을 분석의 대상으로 조사하는 방법은?

① 관찰
② 내용분석
③ 서베이분석
④ 솔로몬 디자인
⑤ 유사실험설계

49 내용분석방법의 적용대상과 용도로 적합하지 않은 것은?

① 자료 소스에 접근이 쉽고 자료가 문헌일 때
② 연구대상자의 언어 등을 분석할 때
③ 실증적 자료에 보완적 연구가 필요할 때
④ 분석자료가 방대할 때
⑤ 매스미디어의 내용의 경향 변천, 논조의 분석, 주제를 분석할 때

50 다음 〈보기〉 중 조사보고서의 작성원칙과 관련된 것을 모두 고른다면?

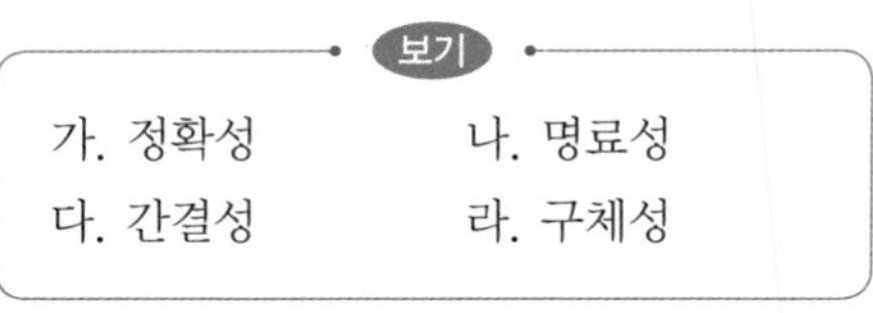
보기
가. 정확성 나. 명료성
다. 간결성 라. 구체성

① 가, 나, 다 ② 가, 다
③ 나, 라 ④ 라
⑤ 가, 나, 다, 라

[사회복지실천]

정답 및 해설 333p

01 **미국사회복지사협회가 제시한 사회복지의 핵심가치에 속하는 것을 모두 고른다면?**

가. 서비스 제공
나. 사회정의 증진
다. 인간에 대한 존엄성과 가치
라. 능력 증진

① 가, 나, 다 ② 가, 다
③ 나, 라 ④ 라
⑤ 가, 나, 다, 라

02 **개별사회복지실천에 관한 설명으로 틀린 것은?**

① 인간욕구와 사회자원 간의 조정기술이다.
② 1 : 1 관계로 클라이언트를 돕는 사회적 서비스이다.
③ 문제를 사전에 개별적으로 예방한다.
④ 인간과 사회환경 간에 개별적 · 의도적으로 조정한다.
⑤ 과학적 지식과 기술을 요한다.

03 **윤리강령의 기능이 아닌 것은?**

① 사회복지사들의 윤리적 민감성을 고양시켜 윤리적 실천을 제고한다.
② 실천현장에서 윤리적 갈등이 생겼을 때 지침을 제공한다.
③ 사회복지사 스스로 자기규제를 함으로써 전문성을 확보한다.
④ 사회복지사의 비윤리적 실천으로부터 클라이언트를 보호한다.
⑤ 전문직의 행동기준과 원칙을 제시하여 법적 제재의 힘을 갖는다.

04 **사회복지의 목적을 모두 고른다면?**

가. 욕구충족
나. 사회적 기능강화
다. 다른 제도의 보완
라. 낙인감 인식으로 자활의지 성립

① 가, 나, 다 ② 가, 다
③ 나, 라 ④ 라
⑤ 가, 나, 다, 라

05 다음 〈보기〉의 특징을 지닌 적합한 치료모형은?

가. 장기적 개입치료보다는 시간 제한적인 단기치료에 대한 높은 관심
나. 광범위한 실천유형보다는 집중적이고 구조화된 개입형태에 대한 기대
다. 이론보다는 경험적 자료에서 치료 접근의 기초

① 과업중심적 치료모형
② 진단주의 치료모형
③ 체계적 치료모형
④ 보웬 치료모형
⑤ 구조적 치료모형

06 영국의 엘리자베스 구빈법(1601)의 구제대상으로 맞는 것을 모두 고른다면?

가. 노동능력이 있는 빈민
나. 허약한 빈민
다. 의존아동
라. 노동을 회피하는 자

① 가, 나, 다 ② 가, 다
③ 나, 라 ④ 라
⑤ 가, 나, 다, 라

07 사회복지실천 현장에 관한 설명으로 옳지 않은 것은?

① 청소년쉼터는 생활시설이다.
② 노인요양시설은 이용시설이다.
③ 지역아동센터는 이용시설이다.
④ 사회복지공동모금회는 민간기관이다.
⑤ 쪽방상담소는 이용시설이다.

08 사회복지실천현장에서의 1차 현장에 해당하는 것을 모두 고른다면?

가. 사회복지시설
나. 교정시설
다. 종합사회복지관
라. 동사무소

① 가, 나, 다 ② 가, 다
③ 나, 라 ④ 라
⑤ 가, 나, 다, 라

09 **가족규범 중 기능적 규범에 속하지 않는 것은?**

① 건강하고 적응력을 갖추며 수용력이 있는 가족으로 발전시킨다.
② 가족성원의 모든 의견을 중요시한다.
③ 실망, 두려움, 상처, 분노, 비난 등 어떤 감정이든지 이야기하는 것을 바람직하게 여긴다.
④ 서로 의견이 맞지 않는 것에 대해 토의하고자 한다.
⑤ 가족성원의 귀에 거슬리는 말은 하면 안 된다.

10 **다음 〈보기〉에서 지역사회복지실천의 분류 중 로스만의 분류내용을 모두 고르면?**

가. 지역사회개발
나. 사회계획
다. 사회행동
라. 정치적 행동

① 가, 나, 다　② 가, 다
③ 나, 라　④ 라
⑤ 가, 나, 다, 라

11 **사회복지실천 원조방법 중 클라이언트의 불안과 긴장을 낮추고 자기생활을 워커에게 표현하도록 하는 모형은?**

① 지지적 치료모형
② 위기개입 치료모형
③ 지시적 치료모형
④ 생활모형
⑤ 명확화 치료모형

12 **작은 체계들 속에서 그들을 둘러싼 큰 체계의 특성이 발견되기도 하고 작은 체계들이 큰 체계에 동화되기도 하는 현상은?**

① 네겐트로피(negentropy)
② 동등종결(equifinality)
③ 홀론(holon)
④ 피드백(feedback)
⑤ 다중종결(multifinality)

13 다음 〈보기〉 중 변화매개체계의 사례는?

보기

가. 클라이언트
나. 사회복지사
다. 가족, 타인
라. 사회복지관

① 가, 나, 다 ② 가, 다
③ 나, 라 ④ 라
⑤ 가, 나, 다, 라

14 다음 사회복지사가 활용한 면접방법을 가장 잘 나타낸 것은?

보기

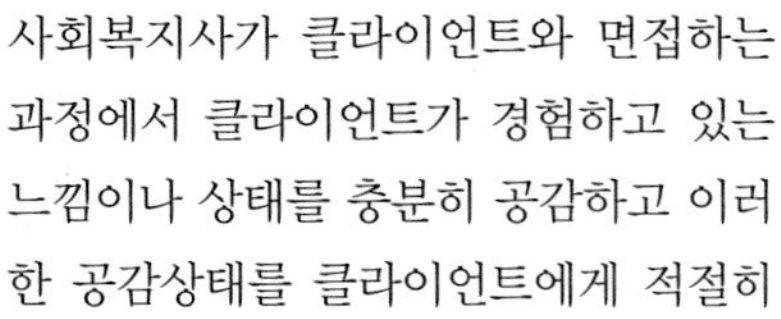
사회복지사가 클라이언트와 면접하는 과정에서 클라이언트가 경험하고 있는 느낌이나 상태를 충분히 공감하고 이러한 공감상태를 클라이언트에게 적절히 반응하고 전달하는 능력을 보여주었다.

① 반영 ② 해석
③ 감정이입 ④ 경청
⑤ 명료화

15 라포(rapport)를 형성하는 기술을 모두 고른 것은?

보기

가. 클라이언트의 감정을 충분히 이해하고 있다는 것을 언어적 · 비언어적으로 전달한다.
나. 부정적인 감정표출이 도움이 되지 않는다는 사실을 인식시킨다.
다. 진실성을 가지고 클라이언트를 대한다.
라. 클라이언트가 침묵하는 경우 즉시 이유를 묻는다.

① 가, 나, 다 ② 가, 다
③ 나, 라 ④ 라
⑤ 가, 나, 다, 라

16 **다음 〈보기〉 중 과정기록에 대한 설명으로 맞는 것을 모두 고른다면?**

가. 면접 중에 기록을 할 때는 클라이언트가 말하고 감정표현하는 것이 방해받지 않도록 해야 한다.
나. 기관은 클라이언트를 위해 관련된 기록을 보호해야 할 책임이 있다.
다. 클라이언트에게 양해를 구하고 동의를 받아야 한다.
라. 과정기록에는 사회복지사의 면접에 대한 반응이나 감정 등이 포함되지 않는다.

① 가, 나, 다　② 가, 다
③ 나, 라　④ 라
⑤ 가, 나, 다, 라

17 **사회복지실천기록방법 중 사회복지사의 훈련을 위한 중요한 수단이며, 지도감독이나 자문을 줄 수 있는 근거자료로서 유용한 도구인 기록방법은?**

① 과정기록방법
② 진단기록방법
③ 문제중심기록방법
④ 시계열기록방법
⑤ 녹음테이프를 사용한 기록방법

18 **클라이언트의 기본적 욕구를 기반으로 사회복지실천의 관계원칙에 속하지 않는 것은?**

① 비밀보장의 원칙
② 심판적 태도의 원칙
③ 통제된 정서적 관여의 원칙
④ 수용의 원칙
⑤ 자기결정의 원칙

19 **남편으로부터 폭행을 당하던 엄마가 아이를 데리고 이사를 가서 모르는 지역에서 살겠다고 사회복지사에게 말하였다. 이때 사회복지사가 취하여야 할 행동은?**

① 비밀보장의 원칙
② 자기결정권 존중의 원칙
③ 개별화의 원칙
④ 비심판적 태도의 원칙
⑤ 통제된 정서적 관여의 원칙

20 클라이언트가 과거에 타인과의 관계에서 경험하였던 소망이나 두려움 등의 감정을 사회 복지사에게 보이는 반응은?

① 불신　② 양가감정
③ 비자발성　④ 전이
⑤ 망상

21 목표설정에 관한 설명으로 옳지 않은 것은?

① 우선 시도는 욕구를 먼저 택한다.
② 클라이언트와 합의하에 목적을 결정한다.
③ 클라이언트의 자기결정권을 존중한다.
④ 가능한 한 많은 부분을 포괄할 수 있는 큰 목표가 유용하다.
⑤ 성장을 강조하는 긍정적 형태로 기술해야 한다.

22 사회복지실천과정에서 계약의 요소가 아닌 것은?

① 서비스의 종류
② 서비스 기간
③ 서비스 모델 근거이론
④ 클라이언트의 역할
⑤ 클라이언트의 서명

23 다음 〈보기〉 중 접수단계의 내용으로 맞는 것은?

가. 문제에 관해 기관이 해야 할 일
나. 기관의 기능에 대한 설명
다. 클라이언트의 요구와 욕구와의 관계
라. 클라이언트가 자기 문제를 보고 느끼는 방식

① 가, 나, 다　② 가, 다
③ 나, 라　④ 라
⑤ 가, 나, 다, 라

24 다음 〈보기〉 중 의사소통의 목적으로 맞는 것을 모두 고르면?

가. 원조활동에 필요한 정보의 수집
나. 감정 혹은 생각의 표현
다. 행동체계의 활동 구조화
라. 사고, 감정, 욕구충족 및 문제해결의 가능한 방법 모색

① 가, 나, 다 ② 가, 다
③ 나, 라 ④ 라
⑤ 가, 나, 다, 라

25 사례관리의 특성이 아닌 것은?

① 서비스의 접근성 향상
② 공적 부담의 확대 추구
③ 개인 및 환경의 변화를 위한 노력
④ 공식적 또는 비공식적 자원의 연계 및 조정
⑤ 복합적인 문제를 가진 개인의 자원 획득 및 활용 능력 강화

26 다음 〈보기〉 중 사회복지실천의 예술적 기반으로 알맞은 것을 모두 고른다면?

가. 환경에 대한 과학적 지식
나. 창의성
다. 인간행동 이론을 바탕으로 한 기술
라. 개인의 차

① 가, 나, 다 ② 가, 다
③ 나, 라 ④ 라
⑤ 가, 나, 다, 라

27 사회복지사의 역할을 모두 고른다면?

가. 직접 서비스 제공
나. 체계와 연결
다. 체계유지 및 강화
라. 연구자, 조사활용자

① 가, 나, 다 ② 가, 다
③ 나, 라 ④ 라
⑤ 가, 나, 다, 라

28 **사회복지실천의 진단주의적 접근방법에 대한 기술로 적합한 것은?**

① 치료라는 용어보다는 원조라는 용어를 선호한다.
② 인간을 개별적으로 외부세계와의 상호작용체계에서 보아야 한다는 체계이론도 가미되었다.
③ 1930년대 초에 발달한 접근법이다.
④ 개인의 자아 강화와 함께 환경을 수정시키는 데 목적을 두고 있다.
⑤ 상황 속의 인간을 중요하게 다루었다.

29 **환경변화를 위한 간접적 개입의 예는?**

① 전화로 상담제공
② 문제해결 위해 옹호
③ 프로포절 작성
④ 가정봉사 파견
⑤ 지지집단 운영

30 **클라이언트 중심모델에 대한 설명으로 적절하지 않은 것은?**

① 지시적, 정신분석적 접근법에 대한 반동으로 생겼다.
② 인간중심모델이라고도 한다.
③ 모든 인간은 각자의 계속적인 성장에 궁극적 관심을 가진다.
④ 인간관으로 인간은 누구나 계속적인 성장을 위한 잠재능력이 있다고 본다.
⑤ 치료면접의 내용을 워커가 일관성 있게 주도해 나간다.

31 **다음 <보기> 중 클라이언트 중심모델의 개입기법으로 맞는 것은?**

가. 진실성
나. 무조건적인 긍정적 관심
다. 공감적 이해
라. 워커의 주도적 노력

① 가, 나, 다 ② 가, 다
③ 나, 라 ④ 라
⑤ 가, 나, 다, 라

32 **사회복지실천의 행동주의 이론에 대한 설명으로 옳지 않은 것은?**

① 반두라는 모방을 강조하였다.
② 부적 강화는 결과행동을 감소시킨다.
③ 행동은 대부분 점진적으로 학습이 증가된다.
④ 학습은 보상과 처벌의 강화를 통해 강화되기도 하고 약화되기도 한다.
⑤ 스키너의 조작적 행동학습이론을 기초한 강화와 처벌이다.

33 **인지왜곡을 가져오는 자동적 사고에 관한 설명으로 옳지 않은 것은?**

① 이분법적 사고 – 최고가 아니면 모두 실패자인 거야.
② 선택적 요약 – 선생님은 나를 미워하니까 성적도 나쁘게 줄 거야.
③ 임의적 추론 – 내가 너무 뚱뚱해서 사람들이 다 나만 쳐다보는 것 같아.
④ 개인화 – 내가 신고만 빨리 했어도 지하철 화재로 사람이 죽지 않았을 텐데.
⑤ 과잉일반화 – 내가 너무 못생겨서 남자친구가 떠났으니 결혼도 하기 어렵겠지.

34 **다음 〈보기〉의 내용은 사회복지실천모델 중 어느 것에 대한 설명인가?**

클라이언트의 모든 문제에 관심이 있는 것이 아니라 클라이언트가 인식하고 동의한 문제에 집중한다.

① 위기개입모델
② 과제중심모델
③ 인지행동모델
④ 현실치료모델
⑤ 생태체계모델

35 **다음 〈보기〉에서 과제중심모델의 주요 개입원칙을 모두 묶은 것은?**

가. 통합적인 자세
나. 단기계획
다. 구조화
라. 경험적 기원

① 가, 나, 다 ② 가, 다
③ 나, 라 ④ 라
⑤ 가, 나, 다, 라

36 다음 〈보기〉 중 역량강화모델의 이론적 관점으로 옳은 것을 모두 고른다면?

가. 생태체계관점
나. 정신분석학 이론
다. 강점관점
라. 대상체계이론

① 가, 나, 다 ② 가, 다
③ 나, 라 ④ 라
⑤ 가, 나, 다, 라

37 위기개입의 원칙을 모두 고른 것은?

가. 신속한 개입
나. 제한된 목표
다. 초점적 문제 해결
라. 희망과 기대

① 가, 나, 다 ② 가, 다
③ 나, 라 ④ 라
⑤ 가, 나, 다, 라

38 위기개입과정에 대한 설명으로 옳지 않은 것은?

① 시작단계에서는 위기의 존재 여부를 확인하여야 한다.
② 클라이언트는 혼란상태에 있으므로 전문가의 입장에서 문제를 정의하고 이해해야 한다.
③ 중간단계에서는 클라이언트가 과거에 사용했던 부적절한 대처유형을 수정한다.
④ 종결단계에서는 미래에 대한 계획을 수립하는 활동이 이루어진다.
⑤ 사정은 위기개입의 모든 과정에 걸쳐 수행된다.

39 집단의 종류와 모델에 관한 설명으로 옳은 것은?

① 지지집단 성원의 자기표출 정도는 낮다.
② 사회적 목표모델은 개인의 치료에 초점을 둔다.
③ 치료모델은 민주시민의 역량개발에 초점을 둔다.
④ 과업달성을 목적으로 구성된 집단이 치료집단이다.
⑤ 상호작용모델에서 사회복지사는 중재자의 역할을 담당한다.

40 다음 〈보기〉 중 기능적인 집단규범의 특성으로 옳은 것을 모두 고른다면?

가. 자발적인 자기표출
나. 집단지도자의 존중
다. 문제해결을 위해 노력
라. 장애물에 대한 논의

① 가, 나, 다
② 가, 다
③ 나, 라
④ 라
⑤ 가, 나, 다, 라

41 집단사회복지실천의 발달단계를 순서대로 나열한 것은?

가. 준비단계
나. 오리엔테이션 단계
다. 문제해결단계
라. 탐색 및 시험단계
마. 종결단계

① 가 – 나 – 다 – 라 – 마
② 가 – 나 – 라 – 다 – 마
③ 가 – 나 – 다 – 마 – 라
④ 나 – 가 – 다 – 라 – 마
⑤ 다 – 가 – 나 – 라 – 마

42 다수의 지도자가 집단을 진행할 때 클라이언트가 공동지도력으로부터 얻을 수 있는 것은?

① 소진 예방
② 역전이 방지
③ 지도자의 전문적 성장 도모
④ 초보 진행자의 훈련에 유리
⑤ 다양한 갈등해결 방법의 모델링

43 집단사회복지실천에 관한 설명으로 옳지 않은 것은?

① 집단 자체가 프로그램이다.
② 모든 집단이 구조화 될 필요는 없다.
③ 집단의 역동성은 개입효과에 영향을 미친다.
④ 집단에서는 의도적인 집단 경험을 중시한다.
⑤ 집단 내의 인정과 소속감은 응집력을 증가시킨다.

44 다음 〈보기〉와 같은 기법을 사용하는 치료집단은?

가. 프로그램 활동
나. 구조화된 실천
다. 역할기법

① 성장집단 ② 치유집단
③ 사회화 집단 ④ 지지집단
⑤ 교육집단

45 다음 중 공동집단 지도력의 장점이 아닌 것은?

① 지도자의 탈진을 예방
② 지도자의 능력을 배가
③ 적합한 계획과 정확한 사정 가능
④ 초보 지도자들에게 훈련경험을 제공
⑤ 지도자를 중심으로 하위집단 형성 가능성

46 가족대상 실천에 필요한 이론 및 개념을 모두 고른 것은?

가. 순환적 인과성
나. 이중구속
다. 의사소통이론
라. 가족생태학

① 가, 나, 다 ② 가, 다
③ 나, 라 ④ 라
⑤ 가, 나, 다, 라

47 가족치료모형의 각 개념에 대한 설명으로 옳지 않은 것은?

① 전략적 모형 – 가족문제의 원인보다는 가족문제의 해결방법에 주시한다.
② MRI 모형 – 가족치료에 있어서 시간제한적인 목표를 설정한다.
③ 구조적 모형 – 가족 하위체계 간의 명확한 경계설정을 수행하고자 노력한다.
④ 행동주의 모형 – 케이스워크의 행동수정모형을 가족치료에 적용한 것이다.
⑤ 보웬모형 – 가족구성원 간의 과다한 밀착 또는 분리를 가족문제의 원인으로 보고 접근한다.

48 가족대상 개입방법 중 다음 〈보기〉에서 설명하는 방법은?

상대방을 비난하지 않으면서 상대방의 저항을 줄이고 상대방이 한 행동이나 말이 어떻게 나에게 영향을 주는지 전달하는 의사소통의 한 방법이다.

① 탈삼각화 ② 나 전달법
③ 시연 ④ 재구조화
⑤ 경계만들기

49 다음 〈보기〉 중 기록에 포함되어야 할 내용으로 맞는 것을 모두 고른다면?

가. 클라이언트의 인구학적 특성
나. 서비스 제공 사유
다. 사회복지실천활동의 결과 요약
라. 사후관리

① 가, 나, 다 ② 가, 다
③ 나, 라 ④ 라
⑤ 가, 나, 다, 라

50 프로그램 평가의 목적을 모두 고른다면?

가. 합리적인 자원배분
나. 서비스 전달체계 개선
다. 프로그램 과정상 환류적 목적
라. 프로그램 진행과정의 개선

① 가, 나, 다 ② 가, 다
③ 나, 라 ④ 라
⑤ 가, 나, 다, 라

51 다음 〈보기〉가 설명하는 이론의 관점은?

지역사회는 다양한 사회제도로 구성되어 있는 하나의 체계로 파악될 수 있다.

① 기능주의적 관점
② 갈등주의적 관점
③ 자유주의적 관점
④ 보편주의적 관점
⑤ 선별주의적 관점

52 **다음 〈보기〉에서 지역사회복지실천에서 이루어지는 구체적인 활동을 모두 고르면?**

가. 새로운 서비스 프로그램 개발
나. 기관들 사이의 협력관계 형성
다. 지역사회 내외의 물적 자원 개발 · 관리
라. 지역사회 문제해결의 욕구를 가진 구성원의 자조집단 형성 및 지원

① 가, 나, 다　② 가, 다
③ 나, 라　④ 라
⑤ 가, 나, 다, 라

53 **미국의 지역사회복지 역사에 관한 설명으로 옳은 것은?**

① 1960년대 시봄(Seebohm)보고서 이후 지역사회보호가 주류를 이루었다.
② 레이거노믹스 이후 복지예산 삭감에 대한 압력이 줄어들었다.
③ 미국의 지역공동모금과 사회복지기관협의회의 발전 시기는 대공황 이후이다.
④ 지역사회조직사업은 1960년대 들어와서 사회사업 전문분야의 위치를 확고히 하였다.
⑤ 미국의 COS는 인보관활동보다 15년 뒤에 시작되었다.

54 **자선조직협회(COS)와 인보관에 관한 설명으로 옳지 않은 것은?**

① 자선조직협회에서는 우애방문원들이 가정방문을 하였다.
② 성직자나 대학생 등이 중심이 되어 인보관운동을 전개하였다.
③ 우애방문원은 오늘날 사회복지사의 모태라고 할 수 있다.
④ 인보관운동은 사회개혁을 추구했다.
⑤ 인보관운동은 사회진화론에 바탕을 두었다.

55 **지역사회조직에서의 사회복지사의 역할에 관한 설명으로 틀린 것은?**

① 지역사회의 사회적 욕구를 파악한다.
② 지역주민의 적극적인 참여를 권장한다.
③ 지역사회발전을 위해 정당활동을 전개한다.
④ 지역사회자원을 효율적으로 조정 · 동원한다.
⑤ 과업보다 과정을 중요시한다.

56 다음에서 설명하는 지역사회복지 특성은?

지역사회복지는 주민의 생활권역을 기초로 하여 전개되는 것이다. 생활권역은 주민 생활의 장이면서 동시에 사회참가의 장이므로 이 특성을 고려하여야 한다. 주민의 기초적인 생활권역을 구분하는 기준은 다양하며, 물리적 · 심리적 내용까지 파악해야 한다.

① 연대성　② 예방성
③ 지역성　④ 통합성
⑤ 공동성

57 다음 내용에서 사용되어지고 있는 로스만(J. Rothman)의 지역사회복지실천모델의 적용으로 옳은 것은?

사회복지사로 종사하는 '갑'은 지역 내에 독거노인들이 급격히 증가하면서 여러 가지 생활 어려움에 직면해 있는 현실을 직시하고, 동시에 관련 자료의 수집 및 분석과 분야의 전문가들을 만나서 설명과 그 문제해결을 위한 모임을 갖기로 하였다. 그리고 지역주민들이 참여하는 토론회 개최 등을 통해 문제해결방안을 모색한다.

① 사회행동모델, 지역사회개발모델
② 사회행동모델, 사회계획모델
③ 지역사회개발모델, 사회계획모델
④ 지역사회개발모델, 사회운동모델
⑤ 사회운동모델, 사회계획모델

58 다음 로스만의 지역사회모델 중 사회행동에 관한 사례를 모두 고른다면?

가. 학생운동
나. 여성해방운동
다. 복지권 운동
라. 소비자보호운동

① 가, 나, 다　② 가, 다
③ 나, 라　④ 라
⑤ 가, 나, 다, 라

59 **과정중심의 목표에 대한 설명으로 옳지 않은 것은?**

① 지역사회에 있는 여러 집단 간의 협동관계를 수립한다.
② 지역사회문제를 해결하기 위해 자치적인 구조를 창조한다.
③ 지역사회문제를 해결하는 데 필요한 역량기반을 향상시킨다.
④ 지역사회의 한정된 문제해결 자체에 관심을 가진다.
⑤ 지역사회 주민들로 하여금 지역사회의 일에 대해 관심을 갖고 참여하도록 자극한다.

60 **다음 중 장애인 복지조치의 내용 중 틀린 것은?**

① 산후조리도우미를 지원한다.
② 의료재활, 교육재활, 직업재활, 사회재활 복지조치를 한다.
③ 금융정보 등을 제공한다.
④ 자립훈련비를 지급한다.
⑤ 여건향상 복지조치는 여건상 이행하지 못하고 있다.

61 **장애인 재활사업의 기본원칙으로 보기 어려운 것은?**

① 장애인의 공동생활 조직체계의 강화가 필요하다.
② 적응과 취업을 위해 사회인식과 지지가 요구된다.
③ 장애인의 욕구에 따른 특수성을 이해하고 보편적 서비스를 해야 한다.
④ 재활사업은 초기부터 시작해야 한다.
⑤ 재활사업은 지속된 일관적인 사업으로 공동사업이어야 한다.

62 **지역사회복지 실천 과정에서 목적과 목표에 관한 설명으로 옳지 않은 것은?**

① 목적은 미션보다 좀 더 구체적인 방향을 제시한다.
② 목적과 목표설정에는 클라이언트를 참여시킬 수 없다.
③ 목표들은 목적에 통합될 수 있어야 한다.
④ 결과목표는 표적 집단을 어떠한 상태로 향상 시킬 것인가의 내용을 담고 있어야 한다.
⑤ 과정목표는 무슨 일을 누가 어떻게 할 것인지에 관해 기술한다.

63 지역사회복지 실천과정에 관한 설명으로 옳은 것은?

① 실행단계에서는 지역사회 고유상황을 파악하고 표적집단에 대해 확인한다.
② 문제확인단계에서는 실천모델을 결정해야 한다.
③ 개입하고자 하는 문제에 대한 토착지도자의 시각을 알기 위해 초점집단인터뷰(FGI)기법을 사용하는 것은 평가단계에서 진행한다.
④ 형성평가는 평가대상이 최종 성과물이기 때문에 결과평가를 의미한다.
⑤ 사회지표는 문제의 확인, 욕구사정, 평가에 유용하게 사용되는 자료이다.

64 다음 〈보기〉에서 설명하는 사회복지사의 역할은?

가. 물리적이고 물질적인 면보다 인간적인 면 중시
나. 목표설정, 목표달성을 위한 수단 검토
다. 계획에 관한 행정에서 어느 정도로 중앙집권적 · 분권적 결정에 의존할 것인지 판단

① 분석가로서의 역할
② 계획가로서의 역할
③ 조력자로서의 역할
④ 안내자로서의 역할
⑤ 전문가로서의 역할

65 지역사회복지관의 기능에 해당하지 않는 것은?

① 근린지역의 다양한 욕구를 충족시키기 위하여 통합된 서비스를 제공한다.
② 근린지역의 주민에게 소득재분배를 위해 적절한 행정서비스를 제공한다.
③ 지역주민들에게 문제해결을 위한 공동의 노력을 할 수 있도록 집단을 구성한다.
④ 서비스 중복과 누락방지를 위해 서비스를 조정하고 모색한다.
⑤ 지역주민에게 필요한 직접적 서비스를 제공한다.

66 지역사회복지관의 역할 중 〈보기〉의 내용은?

상이한 대상체계를 중심으로 다양한 변화를 일으키고, 서비스를 제공하는 전문적 또는 비전문적 속성을 함께 포용하고 있는 다목적인 지역복지센터가 된다.

① 서비스센터의 역할
② 대변자의 역할
③ 사회행동센터로서의 역할
④ 사회교육센터로서의 역할
⑤ 공동이용센터의 역할

제3회 실전모의고사

67 다음 중 지역사회복지실천의 기능이 아닌 것은?

① 개인 익명성 보장
② 복지자원 개발
③ 서비스 연계
④ 기관, 단체 간의 조정
⑤ 지역주민 욕구발전과 문제해결

68 사회복지관 평가의 기능과 기대효과가 아닌 것은?

① 사회복지 프로그램의 개선
② 책무성의 달성
③ 사업에의 환류
④ 국가의 통제강화
⑤ 전문성의 증가

69 다음 〈보기〉 중 지역노동운동의 내용을 모두 고르면?

가. 자본에 의한 지역생산수단의 독점이 배경이 된다.
나. 자본이 전가한 국가제공의 지역생활수단의 한계가 그 배경이 된다.
다. 지역노동력의 착취를 통한 가치증식이 그 원인이 된다.
라. 불평등한 배분이 주원인이다.

① 가, 나, 다 ② 가, 다
③ 나, 라 ④ 라
⑤ 가, 나, 다, 라

70 다음 중 자원봉사활동에 속하지 않는 것은?

① 기본공동체를 강화시키는 활동이다.
② 인간교육 및 복지교육을 위한 훈련의 장이다.
③ 어떤 강요도 배제되어야 한다.
④ 무보수가 원칙이므로 실행에 있어 교통편의나 점심 제공을 하지 않는다.
⑤ 아동위원, 복지위원은 자원봉사의 성격을 지닌다.

71 지역아동센터의 기능으로 맞는 것을 고르시오.

가. 결식아동지원
나. 결연연계사업
다. 문화체험의 장 제공
라. 가정위탁사업

① 가, 나, 다 ② 가, 다
③ 나, 라 ④ 라
⑤ 가, 나, 다, 라

72 사회복지관에 관한 설명으로 옳은 것은?

① 일반주의 실천을 실행하는 곳으로 일반 지역주민에게 서비스를 우선 제공하여야 한다.
② 종합적 사회복지서비스를 제공하는 기능보다는 조직화사업 기능에 더 초점을 맞추어야 한다.
③ 효율적인 서비스 제공을 위하여 자율성의 원칙에 따라 운영되어야 한다.
④ 취약계층의 가족기능을 보완하고 부양가족을 지원하기 위한 사업은 지역사회조직사업에 해당된다.
⑤ 시설 종사자의 근무환경개선에 관한 사항에 대한 의결권은 운영위원회에 있다.

73 다음 〈보기〉에서 지역사회욕구 자료수집방법 중 양적 조사방법을 모두 고른다면?

가. 구조화된 서베이
나. 지역사회 포럼
다. 사회지표분석
라. 델파이기법

① 가, 나, 다 ② 가, 다
③ 나, 라 ④ 라
⑤ 가, 나, 다, 라

74 다음 〈보기〉에서 사회복지기관의 평가 원칙을 모두 고른다면?

가. 사회복지관의 건실한 육성과 발전의 원칙
나. 책임성과 전문성 고양의 원칙
다. 지역특성과 자율성 보장의 원칙
라. 체질개선을 위한 기회제공의 원칙

① 가, 나, 다 ② 가, 다
③ 나, 라 ④ 라
⑤ 가, 나, 다, 라

75 **다음 〈보기〉와 같은 지역사회 욕구 파악 방법은?**

보기

비교적 짧은 시간 안에 다양한 배경을 가진 지역사회 내 집단의 이익을 수렴하여 욕구조사와 우선순위를 결정할 수 있는 유용한 방법이다. 지역주민을 한 자리에 모아 지역에 영향을 미치는 문제나 이슈를 제시하도록 하고, 참가자들로 하여금 열거된 문제에 우선 순위를 매기도록 하는 과정을 거친다.

① 초점집단기법
② 명목집단기법
③ 델파이기법
④ 대화기법
⑤ 지역사회포럼

[사회복지정책과 제도]

정답 및 해설 340p

01 **사회복지 발달을 18세기 공민권, 19세기 정치권, 20세기 사회권 등 시민권의 확대 과정으로 설명한 학자는?**

① 마샬 ② 케인즈
③ 스미스 ④ 티트머스
⑤ 폴라니

02 **빈곤의 덫을 바르게 설명한 것은?**

① 저소득자가 소득의 증가로 인하여 수혜대상자에서 제외될 수 있기 때문에 스스로 일자리를 구한다거나 소득증대의 노력을 하지 않는 현상이다.
② 국가가 빈곤자에게 시장기제에 의존없이 생계비를 지급하여 주는 경향을 말한다.
③ 국가의 소득보장 프로그램이 수혜자로 하여금 근로의욕과 저축동기를 약화시킬 수 있는 속성을 총칭한다.
④ 빈곤자에게 시장에서 기여한 만큼 급여를 제공하는 현상을 말한다.
⑤ 임금률의 변화없이 소득이 올라가면 여가에 대한 선호가 높아져 근로동기가 약화될 것이다.

03 **다음 중 사회복지 실천방법의 임상적 개입은?**

① 거시적 접근
② 환경 속 개인 개입 초점
③ 사회구조 개선 역점
④ 제도정책 변화
⑤ 사회환경 개선

04 **엘리자베스 구빈법의 내용으로 옳지 않은 것은?**

① 구빈행정기관을 담당하는 행정기관을 수립하였다.
② 목적세의 성격을 갖는 별도의 세금을 활용하였다.
③ 노동능력의 유무에 따라 빈곤을 구분하였다.
④ 보편적 급여지급을 원칙으로 하였다.
⑤ 모든 교구에 구빈감독관을 임명하여 구민업무와 지방세 징수업무를 관장하였다.

05 영국에서 노동력을 안정적으로 확보하려는 농업자본가들의 이해에 부응하여 빈민들의 거주지를 제한하려는 목적에서 만들어진 법은?

① 스핀햄랜드법
② 길버트법
③ 구빈법
④ 정주법
⑤ 작업장법

06 다음 〈보기〉의 내용은 무엇에 대한 것인가?

가. 사회보험 프로그램 – 연방노령보험체계와 연방과 주가 함께 하는 실업보험
나. 공공부조 프로그램 – 노령부조, 요보호맹인부조, 요보호아동부조 등을 포함하는 3개 집단을 위한 프로그램으로 연방의 지원을 받는 제도
다. 보건 및 복지 서비스 프로그램 – 모자보건서비스, 절름발이 아동을 위한 서비스, 아동복지서비스, 직업재활 및 공중보건서비스 등이 제정

① 독일의 국민보험법
② 미국의 사회보장법
③ 영국의 사회보장법
④ 스웨덴의 사회보장법
⑤ 프랑스의 사회보장법

07 사회복지정책에서 경제수준이나 산업화의 요소가 결정적으로 중요하다고 보는 이론은?

① 교환이론
② 빈곤문화이론
③ 수렴이론
④ 상품화 이론
⑤ 점성이론

08 다음 〈보기〉 중 사회양심이론에 대한 설명으로 맞는 것을 모두 고른다면?

가. 시혜적 관점을 기반으로 한다.
나. 후진국이 선진국을 따라서 제도를 시행한다.
다. 사회전체의 선의의 집합적 표현이다.
라. 산업화를 주된 요소로 본다.

① 가, 나, 다
② 가, 다
③ 나, 라
④ 라
⑤ 가, 나, 다, 라

09 **노동자계급이 취약계층의 이익을 대변할 때 복지국가는 발전할 수 있다고 주장하는 이론은?**

① 시민권론 ② 국가론
③ 계급투쟁론 ④ 이익집단론
⑤ 음모이론

10 **다음 〈보기〉에서 설명하는 복지이념은?**

보기

자유 · 평등 · 우애 등의 가치를 지향하며, 자본주의를 개혁하여 다른 사회질서를 만들고자 하고, 민주주의 · 인도주의 등의 원칙을 따르는 이념으로 대표적인 학자는 티트머스이다.

① 반집합주의
② 소극적 집합주의
③ 페미니즘
④ 마르크스주의
⑤ 페이비언 사회주의

11 **조지와 윌딩(George & Wilding)이 말한 '신우파'에 관한 설명으로 옳은 것을 모두 고른 것은?**

가. 국가 개입은 경제적 비효율 초래
나. 민영화를 통한 정부 역할 축소
다. 전통적 가치와 국가 권위의 회복 강조
라. 노동 무능력자에 대한 국가 책임 인정

① 가, 나, 다 ② 가, 다
③ 나, 라 ④ 라
⑤ 가, 나, 다, 라

12 **복지국가 위기론이 대두되는 배경적 요인이 아닌 것은?**

① 소비성향의 증가와 악화된 경제적 상황에 따른 경제성장률의 둔화이다.
② 과대한 공공지출로 인한 복지재정 적자의 증가이다.
③ 집단주의 사고방식의 팽배와 정부의 과부담의 확대로 비효율성을 발생시켰다.
④ 복지관료의 부정부패이다.
⑤ 사회복지 수요의 증가와 인플레이션 현상이다.

13 사회복지급여의 특성으로 옳지 않은 것은?

① 증서는 제한된 범위 내에서 선택적으로 통용될 수 있다.
② 사회복지 급여형태는 기회, 서비스, 증서, 현금, 현물 등으로 다양하다.
③ 소비양식의 통제에 적절한 급여형태는 현물급여이다.
④ 현금급여의 논리적 근거는 소비자주권주의에 있다.
⑤ 현물급여는 현금급여에 비해 수급자의 낙인효과가 작다.

14 다음 〈보기〉에서 설명하는 사회복지급여의 형태는?

보기

장애인 의무고용제도의 실시

① 현금급여 ② 현물급여
③ 증서지급 ④ 기회제공
⑤ 권력부여

15 사회보험의 특징으로 옳지 않은 것은?

① 강제가입을 원칙으로 한다.
② 보험료율은 개인이 선택할 수 없다.
③ 급여수준은 소득에 정비례한다.
④ 기금 또는 재정 관리에 정부가 개입한다.
⑤ 공공기관이 관리운영을 담당한다.

16 다음 〈보기〉 중 중앙정부 재정의 기능으로 맞는 것을 모두 고른다면?

가. 자원배분의 조정기능
나. 소득의 공평분배의 기능
다. 경제의 안정화 기능
라. 사회복지의 현지화 기능

① 가, 나, 다 ② 가, 다
③ 나, 라 ④ 라
⑤ 가, 나, 다, 라

17 **다음 중 사회보험에 대한 설명으로 맞는 것은?**

① 시장경제 원리를 중시
② 계약 자유주의에 입각함
③ 자산조사에 의해 급여제한
④ 선별주의 원칙 적용
⑤ 사회적 연대성 원리

18 **민간보험과 사회보험의 차이점을 틀리게 설명한 것은?**

① 민간보험은 계약성, 사회보험은 강제성이다.
② 민간보험은 개인성, 사회보험은 사회성이다.
③ 민간보험은 임의성, 사회보험은 보편성이다.
④ 민간보험은 경쟁성, 사회보험은 정부 독점이다.
⑤ 민간보험은 수리적 계산이 필요, 사회보험은 수리적 계산이 불필요하다.

19 **다음 중 국민연금의 재정운영에 대한 설명으로 맞는 것은?**

① 우리나라는 완전 적립방식을 택하고 있다.
② 부과방식은 세대 간 공평성의 문제를 해결할 수 있다.
③ 적립방식은 집단적 노인부양의 의미를 가진다.
④ 부과방식은 인구학적 변동에 취약하다.
⑤ 적립방식은 장기적 경제예측을 요하지 않는다.

20 **국민연금제도에 대한 설명으로 틀린 것은?**

① 노후 소득보장체계에 속한다.
② 정책결정은 국민연금관리공단에서 담당한다.
③ 국민기초생활보장 수급자는 그 대상에서 제외된다.
④ 18세 이상 60세 이하에게 적용된다.
⑤ 수정적립방식을 택하고 있다.

21 다음 중 고용보험제도에서 실업급여에 해당하지 않는 것은?

① 휴업급여
② 연장급여
③ 취직촉진수당
④ 구직급여
⑤ 직업능력개발수당

22 국민기초생활보장제도에 관한 설명으로 틀린 것은?

① 자산조사는 강화되었다.
② 자활능력수급자의 자활연계사업이 강화되었다.
③ 부양의무자를 조사하여야 한다.
④ 소득인정액이 적용되고 있다.
⑤ 인구학적 기준이 강화되었다.

23 자산조사에 관한 설명으로 옳지 못한 것은?

① 공급을 절약하고 개인의 욕구를 규명할 수 있다.
② 공적 부조의 보충적 성격을 충족시킬 수 있다.
③ 개인의 권리나 존엄성이 침해할 수 있으며, 많은 행정비용이 소요된다.
④ 우리나라의 자산정책은 선진국 수준으로 시행되고 있지 못하다.
⑤ 공공부조에서 대표적으로 그 중요성을 인정받고 있으며, 사회보험 및 수당에서도 보편적으로 실시하고 있다.

24 다음 중 경로연금에 대한 설명으로 맞는 것은?

① 보편적인 제도이다.
② 부양자 유무에 따라 지급한다.
③ 기여를 한 사람에게 지급한다.
④ 연령 기준만으로 급여를 지급한다.
⑤ 국민생활기초대상자에게 지급한다.

25 **오샨스키가 다음 〈보기〉에서 사용한 빈곤선 산정방법은?**

최저소득계층의 식단을 기초로 최저식품비를 산출하고, 여기에 엥겔계수의 역수를 곱하여 빈곤선을 설정하였다.

① 전물량방식
② 반물량방식
③ 상대적 박탈방식
④ 라이덴 방식
⑤ 여론조사에 의한 방식

26 **일반행정과 비교하여 사회복지행정의 특징이 아닌 것은?**

① 클라이언트의 욕구충족을 기본으로 한다.
② 인간의 가치와 관계성을 기반으로 한다.
③ 자원의 외부의존도가 높다.
④ 전문인력인 사회복지사에 대한 의존도가 높다.
⑤ 실천표준기술의 확립으로 효과성 측정이 용이하다.

27 **사회복지사의 윤리강령에 대한 설명으로 틀린 것은?**

① 클라이언트의 권익옹호를 최우선으로 한다.
② 사회복지사의 자기결정권을 존중한다.
③ 슈퍼바이저는 개인적인 이익을 위해 지위를 이용하지 않는다.
④ 연구과정에서 얻은 정보는 비밀보장의 원칙에서 다루어져야 한다.
⑤ 업무와 관련하여 정당하지 않는 방법으로 이득을 취하여서는 안 된다.

28 **다음 〈보기〉 중 사회복지행정의 이념으로 맞는 것을 모두 고른다면?**

가. 효과성　　나. 효율성
다. 접근성　　라. 차별성

① 가, 나, 다　　② 가, 다
③ 나, 라　　④ 라
⑤ 가, 나, 다, 라

29 **우리나라 사회복지행정의 변화에 관한 설명으로 옳지 않은 것은?**

① 1987년부터 사회복지전문요원이 배치되기 시작
② 1995년 분권교부세를 도입, 재정분권이 본격화
③ 1997년 사회복지시설의 설치가 허가제에서 신고제로 변경 결정
④ 2000년대 사회서비스이용권(바우처) 사업이 등장
⑤ 2000년대 중반 이후 지역사회복지계획 수립

30 **다음 중 과학적 관리론과 관련이 있는 것은?**

① Y이론
② Z이론
③ X이론
④ 기대동기이론
⑤ 비계획 및 비합리적 요소

31 **다음 중 목표관리에 대한 설명으로 틀린 것은?**

① 부하직원의 참여와 합의를 통하여 목표를 설정하게 된다.
② 달성해야 할 목표가 구체적이고 분명하기 때문에 동기부여의 효과가 낮다.
③ 조직목표에 조직활동을 집중시킴으로써 효과성을 제고시켜 준다.
④ 조직관리의 민주성에 기여한다.
⑤ 공공조직에서는 실적 · 성과의 측정이 용이하지 않다.

32 **조직이론 중 상황이론의 특징으로 옳지 않은 것은?**

① 환경으로부터의 욕구는 조직 내 구조변화의 형태를 결정한다.
② 조직의 상황에 따라 적절한 방법이 다르다고 전제한다.
③ 조직이 사용하는 기술의 속성이 이 기술을 사용하는 부서의 구조를 결정한다.
④ 특정한 조직구조와 관리방법이 다른 구조와 방법보다 효과적이라는 가정을 부정한다.
⑤ 효과적인 조직은 다양하지 못하며, 그 조직의 특성과 환경과의 배제성이 조직의 성패를 좌우한다고 보았다.

33 **사회복지서비스 전달체계의 원칙에 관한 설명으로 옳지 않은 것은?**

① 통합성 – 상호 연관된 서비스를 종합적으로 고려한다.
② 책임성 – 핵심 업무는 반드시 전문가가 담당한다.
③ 지속성 – 필요한 여러 서비스를 중단 없이 제공한다.
④ 적절성 – 서비스의 양과 질이 욕구충족을 위한 수준이어야 한다.
⑤ 평등성 – 소득이나 지위에 관계없이 평등하게 서비스를 제공한다.

34 **다음 〈보기〉에서 중앙정부와 지방정부 간의 사회복지 역할분담의 적용 원칙으로 맞는 것을 모두 고른다면?**

보기

가. 분권성	나. 현실성
다. 종합성	라. 집권성

① 가, 나, 다　② 가, 다
③ 나, 라　④ 라
⑤ 가, 나, 다, 라

35 **하젠필드가 제시한 인간봉사조직의 특징으로 볼 수 없는 것은?**

① 인간봉사조직의 대상은 문제 혹은 욕구를 갖는 사람이다.
② 인간봉사조직은 불확정적인 기술을 사용한다.
③ 인간봉사조직은 항상 높은 수준의 책임성을 요구받는다.
④ 인간봉사조직은 조직활동을 수행함에 있어 사회적 규범과 가치에 의해서 더 큰 영향을 받는다.
⑤ 인간봉사조직은 다른 유형의 조직에 비해 과업수행의 효과성 및 효율성 평가가 보다 용이하다.

36 **다음 중 수직조직의 장점은?**

① 창의성
② 신속한 업무처리
③ 자유로운 의사결정
④ 조직의 융통성
⑤ 대규모 조직에 적합

37 다음 〈보기〉와 같은 특징을 갖는 조직은?

가. 조직구성원, 클라이언트의 자발적인 참여
나. 업무와 사적 활동에 분명한 구분이 있어 가정과 사생활을 침해하지 않음
다. 영역의 유지 구조는 매우 약하고 역할구조는 복잡하다.

① 관료제 조직
② 일선 조직
③ 전면적 통제조직
④ 부부적 통제조직
⑤ 투과성 조직

38 비영리조직의 이사회 역할에 대한 이론으로 조직에서 소유와 통제의 분리라는 명제에서 출발하는 이론은?

① 대리인론
② 자원의존이론
③ 제도이론
④ 밀러 – 밀레센의 이론
⑤ 환경이론

39 사회복지조직에 직접적으로 영향을 미치는 업무환경요인을 모두 고른다면?

가. 클라이언트 제공자
나. 재정지원 제공자
다. 경쟁조직
라. 법 · 제도적 규범

① 가, 나, 다 ② 가, 다
③ 나, 라 ④ 라
⑤ 가, 나, 다, 라

40 조직의 자원생산능력을 위협하는 행동을 의도적으로 하는 전략은?

① 권위주의적 전략
② 경쟁적 전략
③ 방해전략
④ 협동적 전략
⑤ 연합전략

41 **리더십이론과 가장 거리가 먼 것은?**

① Leader와 follower의 관계에 초점을 맞춘 연구이다.
② 지도자가 직권을 통해 발휘된다.
③ 지도자와 추종자의 상호작용에 의해 나타난다.
④ 공식적 관계에서만 나타나는 것은 아니다.
⑤ 목표달성과 관련 있는 지도력이다.

42 **경쟁적 가치모델의 리더십 유형에서 요구되는 사회복지조직 리더의 특성은?**

① 높은 도덕적 가치를 구성원들에게 요구한다.
② 외부지향적이며 유연성을 가진 리더십을 발휘한다.
③ 조직내 구성원들 간에 경쟁을 유도한다.
④ 구성원들과 외부환경과의 접촉을 감소시킨다.
⑤ 다른 경쟁조직과 비교해서 경쟁력을 높인다.

43 **관리격자이론에서 리더십유형을 분류하는 2가지 차원으로 적절한 것은?**

① 과업과 과정　② 관계와 과업
③ 인간과 관계　④ 생산과 과업
⑤ 생산과 인간

44 **( )에 들어갈 리더십에 대한 접근 방식과 그 설명의 연결이 옳은 것은?**

- (가) – 바람직한 리더십 행동은 훈련을 통해서 개발된다.
- (나) – 업무의 환경 특성에 따라서 필요한 리더십이 달라진다.
- (다) – 리더십은 타고나야 한다.
- (라) – 리더십은 지도자와 추종자가 협력하는 과정에서 형성된다.

① 가–행동이론, 나–상황이론, 다–특성이론, 라–변혁이론
② 가–상황이론, 나–행동이론, 다–특성이론, 라–경쟁가치이론
③ 가–행동이론, 나–상황이론, 다–경쟁가치이론, 라–변혁이론
④ 가–경쟁가치이론, 나–행동이론, 다–상황이론, 라–특성이론
⑤ 가–행동이론, 나–상황이론, 다–변혁이론, 라–경쟁가치이론

45 전략적인 의사결정시 고려하여야 할 사항으로 가장 부적합한 것은?

① 환경변화에 대한 적응성
② 직원의 장기적인 복지증진 및 임금수준
③ 최고경영자의 경영철학 내지 신념
④ 기업의 사회적 책임의 수행여부
⑤ 자원의 합리적인 배분

46 인적 자원관리의 정의에 대한 가장 적절한 표현은?

① 노동생산성을 극대화시키기 위한 관리방법
② 조직구성원에 잠재적 능력을 극대화시키고 근로생활의 질 향상
③ 적재적소에 입각한 직원의 관리
④ 사람과 직무를 가장 잘 파악하기 위한 관리방식
⑤ 높은 생산성으로 이윤 추구

47 신입사원들이 정신적으로나 업무적으로 행동의 모델이 되는 상사로부터 영향을 받아 스스로 깨우쳐 교육이 되는 것은?

① OJT
② 역할연기 프로그램
③ 감수성 훈련
④ 멘토식 교육
⑤ 도제훈련

48 품목별 예산제도의 특징으로 틀린 것은?

① 관심의 대상에는 투입과 산출이 함께 포함된다.
② 통제지향적이다.
③ 예산과 기획기능과의 관련성이 부족하다.
④ 예산에 관한 의사결정의 접근방법은 점증주의적이다.
⑤ 고전적 예산제도이다.

49 **표적마케팅에 대한 설명으로 적합하지 않은 것은?**

① 보다 좋은 마케팅 기회를 포착할 수 있다.
② 표적시장에 가장 적합한 제품을 개발할 수 있다.
③ 효율적으로 표적시장에 도달하기 위해 가격, 유통경로, 광고를 최적으로 조정할 수 있다.
④ 가장 높은 구매관심을 갖는 구매자들에게 마케팅 노력을 집중시킬 수 있다.
⑤ 마케팅 노력을 여러 곳으로 분산시킬 수 있다.

50 **성과평가에서 양적지표 사용에 따른 부작용으로, 업무자들이 서비스 효과성 자체보다는 지표관리에만 치중하게 되는 현상은?**

① 다운사이징(downsizing)
② 기준 행동(criterion behavior)
③ 매몰비용
④ 기회비용
⑤ 거버넌스(governance)

51 **다음 〈보기〉가 설명하는 것은?**

특정 법률사항이 구법 시대에 발생하여 신법 시대에까지 계속 진행하고 있는 사항에 대하여는 구법을 적용할 것인가 아니면 신법을 적용할 것인가를 결정하여야 한다. 이러한 경우 법 적용상의 문제를 해결하기 위하여 법령을 개폐할 때에는 그 법령의 부칙이나 시행령에 명문으로 이에 관한 특별규정을 두는 것이 보통이다.

① 법의 시행기간
② 법의 폐지
③ 법률불소급의 원칙
④ 경과 규정
⑤ 법의 해석

52 **세계 최초의 근대적 사회부조의 계기가 된 사회복지법은?**

① 엘리자베스 구빈법
② 개정 구빈법
③ 조선구호령
④ 스핀햄랜드법
⑤ 작업장법

53 다음 중 자선조직협회에 관한 설명으로 옳은 것은?

① 1889년 시카고에 세워진 헐하우스가 유명하다.
② 환경적 요소를 사회문제의 근원으로 보았다.
③ 3R(residence, research, reform)운동을 전개하였다.
④ 자활 가능한 빈민을 원조대상으로 정하고, 그렇지 못한 빈민은 빈민을 위한 공공시설로 연결하였다.
⑤ 빈민과 함께 거주하면서 빈민을 위해 봉사하였다.

54 사회보장기본법에 의한 분류 중 사회서비스법에 해당되지 않는 것은?

① 아동복지법
② 노인복지법
③ 장애인복지법
④ 입양특례법
⑤ 국민연금법

55 다음 〈보기〉에서 설명하는 시민권은?

보기

언론의 자유, 신앙의 자유, 사유재산권, 남녀고용평등권 등과 같이 자유와 평등을 보장받을 수 있는 권리로서 모든 인간이 태어나면서 보장받을 수 있는 권리를 말한다.

① 공민권 ② 정치권
③ 복지권 ④ 소유권
⑤ 지배권

56 다음 〈보기〉에서 기본권의 주체를 모두 고른다면?

보기

가. 국민 나. 외국인
다. 법인 라. 비공식 단체

① 가, 나, 다 ② 가, 다
③ 나, 라 ④ 라
⑤ 가, 나, 다, 라

57 **사회복지사업법상 사회복지사에 관한 설명으로 옳지 않은 것은?**

① 사회복지 전담공무원은 사회복지사 자격을 가진 사람으로 한다.
② 사회복지시설에 종사하는 사회복지사는 정기적으로 인권에 관한 내용이 포함된 보수교육을 받아야 한다.
③ 사회복지법인을 운영하는 자는 그 법인에 종사하는 사회복지사에 대하여 법령에 따른 교육을 이유로 불리한 처분을 하여서는 아니 된다.
④ 지방자치단체의 장은 사회복지사의 자질 향상을 위하여 필요하다고 인정하면 보건복지부장관의 승인을 받아 사회복지사에게 교육을 받도록 명할 수 있다.
⑤ 사회복지사의 복지증진을 도모하기 위하여 한국사회복지사협회를 설립한다.

58 **다음 〈보기〉에서 사회복지국제화의 원인을 모두 고른다면?**

가. 인간다운 생활보장의 보편화
나. 근로자의 국제적 이동 활발
다. 국제적인 노동조합의 사회복지운동
라. 국제적 사회복지 기준의 설정

① 가, 나, 다 ② 가, 다
③ 나, 라 ④ 라
⑤ 가, 나, 다, 라

59 **ILO 제35차 총회에서 채택된 사회보장 최저기준조약의 사회보장급여 내용이 아닌 것은?**

① 의료급여 ② 질병급여
③ 실업급여 ④ 아동급여
⑤ 노령급여

60 **다음 중 사회복지의 3대 지주로 알맞은 것은?**

① 사회보험, 공공부조, 사회서비스
② 사회보험, 공공부조, 의료부조
③ 사회보험, 사보험, 사회서비스
④ 공공부조, 사회수당, 사회서비스
⑤ 사회보험, 공공부조, 사보험

61 사회보장기본법상에 명시된 사회보장의 책임은 누구에게 있는가?

보기

가. 국가　　나. 지방자치단체
다. 국민　　라. 비영리법인

① 가, 나, 다　　② 가, 다
③ 나, 라　　④ 라
⑤ 가, 나, 다, 라

62 다음 〈보기〉 중에서 사회보험법에 속하지 않는 것은?

가. 국민연금법
나. 생명보험
다. 국민건강보험법
라. 국민기초생활보장법

① 가, 나, 다　　② 가, 다
③ 나, 라　　④ 라
⑤ 가, 나, 다, 라

63 사회복지사업법령상 사회복지서비스 제공에 관한 설명으로 옳은 것은?

① 시 · 군 · 구 복지담당공무원은 보호대상자 동의 없이 직권으로 신청할 수 있다.
② 시장 · 군수 · 구청장은 긴급히 서비스 제공을 실시할 필요가 있는 경우 등 보건복지부장관이 인정하는 경우에는 관련 절차의 일부를 생략할 수 있다.
③ 보호대상자에 대한 서비스는 원칙적으로 사회복지서비스 이용권으로 제공한다.
④ 시장 · 군수 · 구청장은 서비스 제공 결정을 서면 또는 구두로 알려야 한다.
⑤ 복지 요구 조사과정에서는 보호대상자의 의견진술기회를 제공하지 아니할 수 있다.

64 현행 사회복지시설의 설명으로 알맞은 것은?

① 보건복지부장관의 허가를 받아야 한다.
② 사회복지시설은 허가제이다.
③ 시 · 도지사의 허가제이다.
④ 시 · 군 · 구의 신고제이다.
⑤ 시 · 군 · 구의 허가제이다.

65 국민연금제도에 대한 설명으로 틀린 것은?

① 노령연금의 수급연령은 60세 이상이다.
② 적용대상자는 사업장 가입자, 지역가입자, 임의가입자, 임의계속가입자이다.
③ 국민연금은 장기성 보험이다.
④ 임의계속가입자는 국민연금 가입자 또는 가입자였던 자로서 60세가 된 자로, 기간을 연장하여 가입할 수 있다.
⑤ 18세 미만의 근로자는 본인이 원하지 않아도 사업장의 가입자가 된다.

66 권리구제의 내용으로 옳은 것을 모두 고른 것은?

가. 사회보장기본법상 위법 또는 부당한 처분을 받거나 필요한 처분을 받지 못함으로써 권리 또는 이익을 침해받은 국민은 행정심판법에 따른 행정심판을 청구할 수 있다.
나. 기초노령연금법상 수급권자의 자격 인정, 그 밖에 기초노령연금법에 따른 처분에 이의가 있는 자는 보건복지부장관 또는 지방자치단체의 장에게 이의신청을 할 수 있다.
다. 국민연금법상 가입자의 자격에 관한 국민연금공단의 처분에 이의가 있는 자는 그 처분을 한 국민연금공단에 심사청구를 할 수 있다.
라. 국민건강보험법상 요양급여비용 및 요양급여의 적정성 평가 등에 관한 건강보험심사평가원의 처분에 이의가 있는 요양기관은 건강보험심사평가원에 이의신청을 할 수 있다.

① 가, 나, 다
② 가, 다
③ 나, 라
④ 라
⑤ 가, 나, 다, 라

67 **의료서비스의 종류별로 동일한 적용을 하는 진료비 결정방식, 진료 종류에 따른 진료비 결정방식은?**

① 포괄수가제
② 행위별 수가제
③ 상대가치점수제
④ 원가보상제
⑤ 역모기지제

68 **산재보험법상 휴업급여를 받게 되었을 때, 현재 받을 수 있는 급여는 임금의 몇 %인가?**

① 50%　② 55%
③ 60%　④ 70%
⑤ 100%

69 **현재 우리나라 산업재해보상보험제도의 설명으로 옳은 것은?**

① 고용주보다 근로자의 책임을 강조하는 보험이다.
② 보험료는 고용주와 근로자가 분담해서 납부한다.
③ 적용범위는 5인 이상 사업장 근로자에 국한한다.
④ 보험료율은 매년 6월 30일 현재, 과거 3년간의 보수총액에 대한 보험급여총액의 비율을 기초로 한다.
⑤ 보건복지부장관이 보험사업을 관장한다.

70 **국민기초생활보장법령상 '부양의무자가 있어도 부양능력이 없는 경우'에 해당하는 것은?**

① 부양의무자가 병역법에 따라 징집되거나 소집된 경우
② 부양의무자가 해외이주법에 따른 해외이주자에 해당하는 경우
③ 부양의무자가 부양을 기피하거나 거부하는 경우
④ 부양의무자가 수급자인 경우
⑤ 부양의무자가 가출로 경찰서 등 행정관청에 신고된 후 1개월이 지난 경우

71 **공공의 사회복지에 관한 설명으로 옳지 않은 것은?**

① 권리성 급여의 성격을 강화하였다.
② 수급자에게 입학금, 수업료, 학용품비 등 수급품을 지원한다.
③ 국민기초생활보장제도가 시행되고 있다.
④ 사회복지정책의 최일선의 전달자는 사회복지전담공무원이다.
⑤ 사회복지전문요원제도는 1989년에 처음으로 도입되었다.

72 **국민기초생활보장법의 수급권자에 대한 급여 중지사유가 아닌 것은?**

① 수급자의 생활수준이 수급자 선정기준을 초과한 때
② 부양의무자가 없어서 홀로 생활하고 있을 때
③ 부양능력이 있는 부양의무자의 부양사실이 확인된 경우
④ 수급자의 취업으로 소득인정액이 기준을 초과한 때
⑤ 수급자가 급여의 중지를 요청한 때

73 **사회복지공동모금회법상 기부금품 모집과 모금회의 관리운영 비용으로 당해 회계연도 모금총액에서 사용할 수 있는 법적 비율은?**

① 2% 이내 ② 5% 이내
③ 10% 이내 ④ 18% 이내
⑤ 20% 이내

74 **장애인복지법령상 장애인복지전문인력에 속하지 않는 사람은?**

① 의지 · 보조기 기사
② 수화통역사
③ 언어재활사
④ 장애상담치료사
⑤ 점역사 · 교정사

75 **한부모가족지원법령에 관한 설명으로 옳은 것은?**

① 청소년 한부모란 22세 미만의 모 또는 부를 말한다.
② 출산 후 해당 아동을 양육하지 않는 미혼모도 미혼모자가족복지시설을 이용할 수 있다.
③ 보건복지부장관은 5년마다 한부모가족에 대한 실태조사를 실시하여야 한다.
④ 사업에 필요한 자금은 복지자금대여의 대상이 아니다.
⑤ 한부모가족복지상담소는 자립욕구가 강한 모자가족에게 일정 기간 동안 주거를 지원하는 시설이다.

4회

실전모의고사

1교시 • 사회복지기초
2교시 • 사회복지실천
3교시 • 사회복지정책과 제도

1교시

[사회복지기초]

정답 및 해설 350p

01 인간발달이론의 유용성에 관한 설명으로 옳지 않은 것은?

① 개인의 적응과 부적응을 판단하기 위한 기준을 제공한다.
② 발달에 영향을 미치는 사회적 영향력을 평가할 수 있는 준거틀을 제공한다.
③ 개인이 경험하는 사회문화적 요인들을 정형화하여 이해할 수 있는 시각을 제공한다.
④ 클라이언트의 발달과업과 문제를 파악할 수 있는 준거틀을 제공한다.
⑤ 다양한 연령층의 클라이언트를 이해할 수 있는 기반을 제공한다.

02 다음 〈보기〉의 빈칸에 들어갈 알맞은 말은?

인간은 수정되는 순간부터 사망에 이르는 전 생애에 걸쳐 안정 또는 정체되어 있는 것이 아니라 역동적 변화를 거듭한다. 이러한 인간의 역동적 변화를 설명해 줄 수 있는 개념이 (   )이다.

① 발전 ② 발달
③ 성숙 ④ 성장
⑤ 학습

03 프로이트의 정신분석이론 중 '어떤 순간에 우리가 느낄 수 있는 모든 감각과 경험'을 의미하는 것은?

① 의식 ② 전의식
③ 무의식 ④ 원초아
⑤ 자아

04 프로이트(S. Freud) 이론에 관한 설명으로 옳은 것은?

① 거세불안과 남근선망은 주로 생식기에 나타난다.
② 치료의 주요 목표는 개성화(individuation)를 완성하는 것이다.
③ 자아(ego)는 의식, 전의식, 무의식의 세 측면을 모두 가지고 있다.
④ 리비도는 인생전반에 걸쳐 작동하는 일반적인 생활에너지를 말한다.
⑤ 초자아(super ego)는 방어기제를 작동하여 갈등과 불안에 대처한다.

05 안나 프로이트가 제시한 방어기제에 대한 병리적인 것과 정상적인 것을 구분하는 기 준이 아닌 것은?

① 철회의 가능성
② 방어의 강도
③ 내용의 독특성
④ 연령의 적절성
⑤ 여러 방어기제 간의 균형

06 다음 〈보기〉 중 프로이트의 심리성적 단계와 에릭슨의 자아발달단계가 바르게 연결된 것을 모두 고른다면?

보기

가. 구강기 – 신뢰감 대 불신감
나. 항문기 – 자율성 대 수치심
다. 남근기 – 주도성 대 죄의식
라. 잠재기 – 정체감 대 정체감 혼란

① 가, 나, 다 ② 가, 다
③ 나, 라 ④ 라
⑤ 가, 나, 다, 라

07 칼 융의 설명을 바르게 연결한 것은?

① 페르소나 – 자아의 가면
② 음영 – 무의식
③ 개성화 – 집단무의식
④ 원형 – 의식이 분리되는 과정
⑤ 아니무스 – 남자의 여성적인 면

08 귀찮은 사람을 피해서 걷거나 우는 아이에게 관심을 주지 않는 것처럼 불쾌한 결과를 나타내지 않고 철회하는 것은?

① 처벌 ② 부적강화
③ 일차적 강화물 ④ 정적강화
⑤ 부적처벌

09 엘리스(A. Ellis)의 '비합리적 신념'의 예로 옳지 않은 것은?

① 나는 모든 일에 완벽해야 한다.
② 나는 모든 사람들로부터 인정받고 사랑받아야 한다.
③ 어떤 문제든지 완전한 해결책은 없다.
④ 인간은 자신에게 일어나는 나쁜 일의 외부원인에 관해서는 통제할 수 없다.
⑤ 삶의 어려움은 직면하기보다는 피해야만 한다.

10 반두라의 사회학습이론에 관한 설명으로 맞는 것은?

① 인간은 자기효율성을 성취하는 방향으로 행동을 규제할 수 있다.
② 인간의 행동은 인지에 의해 중재되지 않는다.
③ 인간은 자신의 행동을 통제하는 힘이 없다.
④ 외적 강화가 없이는 어떤 행동도 학습이 불가능하다.
⑤ 인간의 인간행동은 자극 – 반응에 의해 결정된다.

11 피아제의 인지이론에 대한 설명으로 맞는 것을 모두 고른다면?

가. 인간발달의 기본적 요인을 유전, 신체적 경험, 사회적 교육, 평형이라고 보았다.
나. 인지구조의 질적 차이에 의해 발달단계를 나누었다.
다. 각 단계의 인지구조는 그 단계에 고유한 것으로 특정단계에 이르러 비로소 획득된다.
라. 도식은 틀에 고정되어 있어 주어진 도식 안에서 움직이며 발달하게 된다.

① 가, 나, 다　② 가, 다
③ 나, 라　④ 라
⑤ 가, 나, 다, 라

12 콜버그(L. Kohlberg) 이론에 관한 설명으로 옳은 것은?

① 도덕성 발달은 아동기에 완성된다.
② 도덕성 발달단계의 순서는 가변적이다.
③ 남성만을 연구의 대상으로 삼은 한계가 있다.
④ 모든 사람이 도달하는 최종적 도덕단계는 동일하다.
⑤ 하위단계에 있는 사람도 상위단계의 도덕적 추론을 능동적으로 표현할 수 있다.

13 다음 〈보기〉 중 현상학 이론과 관련 있는 것을 모두 고른다면?

가. 자기이론
나. 각 개인에게 현상이 나타나는 방식 관심
다. 각 개인이 그 현상을 어떻게 경험하고 느끼는 지에 관심
라. 인간중심치료

① 가, 나, 다 ② 가, 다
③ 나, 라 ④ 라
⑤ 가, 나, 다, 라

14 다음 중 현상학 이론의 인간관이 아닌 것은?

① 인간은 본래 특정한 성격유형을 갖고 태어나는 것이 아니라 다양한 주관적인 경험들을 통해서 성격이 형성된다.
② 미리 정해진 성격발달의 패턴은 없다.
③ 사람마다 자신의 경험을 독특하게 구성하는 틀을 갖고 있다.
④ 인간의 성장과 자기실현을 강조하는 등 인간에 대해 매우 긍정적이다.
⑤ 인간의 본성은 천성적으로 악하다.

15 로저스의 현상학적 이론의 관점으로 옳은 것은?

① 부분적인 관점에서 접근해야 한다.
② 인간행동은 무의식적 힘에 의해 야기된다.
③ 전체론적 관점에서 접근해야 한다.
④ 인간은 환경과 영향을 주고받지 않는다.
⑤ 인간 본성의 핵심은 신뢰할 수 없다.

16 유아가 갑자기 큰 소리를 듣게 되면 자동적으로 팔과 다리, 손가락을 펴고 머리를 뒤로 제치는 반응은?

① 빨기반사 ② 젖찾기반사
③ 쥐기반사 ④ 모로반사
⑤ 바빈스키 반사

17 다음 〈보기〉 중 초기 아동기(학령 전기)의 내용을 모두 고르면?

가. 초자아가 완성되는 시기
나. 이성의 부모에 대한 애정이 각별해지는 시기
다. 부모와의 동일시 경향
라. 에릭슨의 유희연령

① 가, 나, 다 ② 가, 다
③ 나, 라 ④ 라
⑤ 가, 나, 다, 라

18 학령기의 특징에 대한 설명으로 옳지 않은 것은?

① 다른 사람의 시각에서 사물을 보는 능력이 발달한다.
② 다양한 변수를 고려하여 상황과 사건을 파악하고 조사한다.
③ 반대 입장에서도 집중할 수 있는 능력이 발달한다.
④ 보존개념을 획득한다.
⑤ 대상영속성을 인지한다.

19 청소년기(13~24세)에 관한 용어로 옳지 않은 것은?

① 질풍노도의 시기
② 심리적 이유기
③ 주변인 시기
④ 제1 반항기
⑤ 성장 급등기

20 다음 〈보기〉 중 중년기의 심리체계 변화의 내용을 모두 고른다면?

가. 중년기의 성격 변화
나. 결혼생활의 변화
다. 심리적 건강으로서의 개별화
라. 생애에 관한 회고

① 가, 나, 다 ② 가, 다
③ 나, 라 ④ 라
⑤ 가, 나, 다, 라

21 **인생주기별 주요 발달과업의 연결이 옳은 것은?**

① 영아기(0~2세) – 애착발달, 자기중심성, 직관적 사고
② 아동기(7~12세) – 자존감의 발달, 부모로부터 독립
③ 청소년기(13~18세) – 자아정체감 형성, 형식적 조작사고 발달
④ 중년기(40~64세) – 직업선택, 도덕성 발달, 노부모 부양
⑤ 노년기(65세 이상) – 가족 내 역할변화와 적응, 만족스러운 직업성취

22 **다음 〈보기〉에서 노년기의 심리적인 발달특성을 모두 고른다면?**

가. 내향성 및 수동성의 증가
나. 의존성의 감소
다. 조심성 및 경직성의 증가
라. 불만이 감소되고 스트레스에 저항력이 증가

① 가, 나, 다　　② 가, 다
③ 나, 라　　④ 라
⑤ 가, 나, 다, 라

23 **사회체계의 주요개념으로 옳지 않은 것은?**

① 시너지는 체계 내에 유용한 에너지가 증가하는 것이다.
② 경계는 모든 사회체계에서 볼 수 있는 사회적 구조를 말한다.
③ 엔트로피는 체계 내에 질서, 형태, 분화가 있는 상태를 의미한다.
④ 항상성은 시스템이 지속적으로 안정적 균형을 유지하려는 경향이다.
⑤ 균형은 외부환경으로부터 새로운 에너지의 투입 없이 현상을 유지하려는 속성이다.

24 **과업집단에 대한 설명으로 옳지 않은 것은?**

① 과업의 달성, 성과물의 산출 또는 명령을 수행하기 위해서 만들어진다.
② 의사소통이 특정과업에 관한 논의에 집중되어 있다.
③ 과업집단에서 하는 역할들은 각 성원들에게 할당될 수도 있다.
④ 과업집단에는 보통 형식적인 일정과 규칙들이 있다.
⑤ 대인 간의 지지와 개개인이 다시 한번 그들의 삶을 책임질 수 있는 환경 조성을 강조한다.

25 지역사회를 생태학적 측면에서 이해하기 위한 필요개념을 모두 고른다면?

보기

가. 조직	나. 기술
다. 환경	라. 교육

① 가, 나, 다 ② 가, 다
③ 나, 라 ④ 라
⑤ 가, 나, 다, 라

26 다음 〈보기〉에서 연구방법의 목적에 해당하는 것을 모두 고른다면?

보기

가. 보고	나. 기술
다. 설명	라. 예측

① 가, 나, 다 ② 가, 다
③ 나, 라 ④ 라
⑤ 가, 나, 다, 라

27 연역법과 귀납법의 설명으로 옳지 않은 것은?

① 연역법은 분석적이다.
② 귀납법은 경험적이다.
③ 연역법과 귀납법은 상호보완적이다.
④ 기존의 이론이 존재할 때에는 귀납법을 사용한다.
⑤ 연역법과 귀납법은 서로 교대로 이루어지는 과정이다.

28 실증주의와 해석주의에 관한 설명으로 옳지 않은 것은?

① 해석주의는 주로 언어를 분석대상으로 활용한다.
② 실증주의는 흔히 경험주의라고도 불린다.
③ 해석주의는 현상에 대한 직접적 이해가 가능하지 않다고 본다.
④ 실증주의는 객관적 실재가 독립적으로 존재한다고 본다.
⑤ 해석주의는 보편적으로 적용가능한 분석도구가 존재한다고 본다.

29 다음 〈보기〉 중 조사문제의 선정에 영향을 미치는 요인을 모두 고른다면?

가. 사회과학적 연구의 패러다임
나. 조사자의 가치
다. 반응성의 정도
라. 조사자의 방법론

① 가, 나, 다 ② 가, 다
③ 나, 라 ④ 라
⑤ 가, 나, 다, 라

30 다음 〈보기〉에서 설명하는 가설은?

가. 과학적 가설, 실험적 가설, 작업가설이라고도 함
나. 이론으로부터 도출된 가설
다. 조사문제에 대한 잠정적인 해답으로 간주되는 가설
라. 'A는 B와 관계가 있다.'는 식의 문장

① 귀무가설 ② 연구가설
③ 통계적 가설 ④ 식별가설
⑤ 설명적 가설

31 가설검정에 대한 설명으로 가장 거리가 먼 것은?

① 가설은 내용상 명확해야 한다.
② 진술된 관계를 실증적으로 검증할 수 있어야 한다.
③ 연구가설을 검증하기 위해 영가설이 필요하다.
④ 변수들 간의 관계가 구체적으로 명시되어야 한다.
⑤ 연구가설은 정적 관계로 쓰인다.

32 다음 〈보기〉 중 질적 연구와 관련된 것을 모두 고른다면?

가. 근거이론
나. 민속지학
다. 귀납적 접근
라. 모집단에서의 표본추출

① 가, 나, 다 ② 가, 다
③ 나, 라 ④ 라
⑤ 가, 나, 다, 라

33 다음 〈보기〉에서 종단적 조사에 대한 설명으로 옳은 것을 모두 고른다면?

가. 현장조사
나. 반복적으로 측정이 이루어진다.
다. 동태적
라. 표본의 크기가 클수록 좋다.

① 가, 나, 다
② 가, 다
③ 나, 라
④ 라
⑤ 가, 나, 다, 라

34 다음 〈보기〉에서 설명하는 조사연구방법은?

특정사례를 조사하여 현상이나 문제를 전체적으로 파악하고 실증적으로 분석하는 조사이다. 조사대상의 독특한 성질을 구체적으로 상술하며, 행동이나 특성의 변화와 영향 요인들과의 인과관계를 파악하는 데 유용하다.

① 사례조사
② 서베이조사
③ 현지조사
④ 실험조사
⑤ 표본조사

35 측정수준에 관한 설명으로 옳지 않은 것은?

① 대학수학능력시험 점수는 비율변수이다.
② 명목변수의 수치에는 서열이나 양적 의미가 없다.
③ 온도 1℃와 2℃의 차이는 10℃와 11℃의 차이와 동일하다.
④ 비율변수 0은 경험세계에서 속성이 존재하지 않는다.
⑤ 100㎏은 50㎏보다 두 배 무겁다.

36 측정(measurement)의 정의로 옳은 것은?

① 무작위로 실험집단과 통제집단을 나누는 방법
② 개념을 경험화하는 작업으로 경험적인 특징들에 대해 규칙에 의거해서 숫자나 기호 등을 배정하는 절차
③ 개념 속에 내재된 속성들이 표출되어 나타난 결과
④ 경험적으로 인지할 수 있는 어떤 대상이나 현상을 대변하는 것
⑤ 경험적인 관찰들을 조직 · 요약하기 위한 목적으로 인위적인 범주들을 구성하는 것

37 **타당성 중 요인분석과 관련된 타당도는?**

보기

가. 수렴타당성	나. 구성타당성
다. 판별타당성	라. 내용타당성

① 가, 나, 다　② 가, 다
③ 나, 라　④ 라
⑤ 가, 나, 다, 라

38 **다음 〈보기〉의 설명은 어느 유형의 실험설계인가?**

가. 사전검사로 인한 영향을 통제하기 위하여 사전검사를 실시하지 않는 실험집단과 통제집단을 추가한다.
나. 통제집단 사전 – 사후검사설계와 통제집단 사후검사설계를 결합한 형태이다.

① 요인설계
② 통제집단 사전 – 사후검사설계
③ 통제집단 사후검사설계
④ 솔로몬 4집단설계
⑤ 시계열 설계

39 **다음이 공통적으로 설명하는 조사설계는?**

- 일회 사례연구보다 진일보한 설계이다.
- 시간적 우선성과 비교의 기준이 존재한다.
- 내적 타당도 저해요인을 통제하지 못한다.

① 통제집단 사후검사설계
② 단일집단 사전사후검사설계
③ 비동일 통제집단설계
④ 플라시보 통제집단설계
⑤ 통제집단 사전사후검사설계

40 **단일사례연구에 대한 설명으로 옳지 않은 것은?**

① 사례 수는 항상 1이다.
② 외적 타당도가 낮다.
③ 단 한 번의 추정으로 효과를 평가한다.
④ 연구대상은 개인, 가족, 소집단, 조직, 지역사회 등이다.
⑤ 변수 간의 관계 규명보다는 개입의 효과 측정에 목적이 있다.

41 **설문지 작성에 관한 설명으로 옳지 않은 것은?**

① 폐쇄형 질문의 응답범주는 포괄적(exhaustive)이어야 한다.
② 응답자의 이해능력을 고려하여 설문문항이 작성되어야 한다.
③ 폐쇄형 질문의 응답범주는 상호배타적(mutually exclusive)이지 않아도 된다.
④ 심층적이고 질적인 면접은 대부분 개방형 질문으로 구성된다.
⑤ 이중질문(double-barreled question)은 배제되어야 한다.

42 **설문조사 방법과 장점이 바르게 짝지어진 것은?**

① 우편조사 – 익명성이 보장된다.
② 인터넷조사 – 표본의 대표성이 있다.
③ 전화면접법 – 자세한 내용을 물을 수 있다.
④ 배포조사법 – 재방문 횟수가 많다.
⑤ 관찰법 – 일반화에 유리하다.

43 **사회복지조사에서 대상자의 이름을 모두 적어 넣고 추첨하는 방식에 적합한 표집방법은?**

① 단순무작위 표집방법
② 층화적 표집방법
③ 계통적 표집방법
④ 집락적 표집방법
⑤ 다단계 표집방법

44 **편의표집에 대한 설명으로 적절하지 않은 것은?**

① 모집단에 대해 전혀 정보가 없는 경우 사용한다.
② 모집단의 구성요소들 간의 차이가 별로 없다고 판단될 때 사용한다.
③ 조사자의 임의대로 표본을 확보하기 쉽고 편리한 표집단위를 표본으로 추출하는 방법이다.
④ 모든 표본추출방법 중 비용과 시간 면에서 가장 효율적이다.
⑤ 조사자가 조사문제와 모집단에 대한 지식이 충분히 많을 경우 유용하게 쓰일 수 있다.

45 모든 표집방법 중 비용과 시간 면에서 가장 효율적인 표집방법은?

① 단순무작위 표집방법
② 편의표집방법
③ 유의표집방법
④ 판단표집방법
⑤ 할당표집방법

46 다음 사례에서 표집 관련 용어의 연결이 옳지 않은 것은?

보기

아동양육시설에 거주하는 아동을 대상으로 설문조사를 실시하기 위해 아동복지협회에 등록된 전체 대상자명부에서 초등학생, 중학생, 고등학생으로 모집단을 구분하고 모집단의 비율에 맞게 무작위로 표본을 추출하였다.

① 모집단 – 아동양육시설 거주 아동
② 표집틀 – 대상자명부
③ 표집방법 – 비례적 군집(cluster)표집
④ 표집단위 – 개인
⑤ 관찰단위 – 개인

47 다음 〈보기〉에서 프로그램 평가방법 중 모니터링기법과 관련되는 개념을 모두 고른다면?

가. 책임성 감사
나. 행정감사
다. 시간, 활동조사
라. 효율성 측정

① 가, 나, 다 ② 가, 다
③ 나, 라 ④ 라
⑤ 가, 나, 다, 라

48 내용분석의 방법으로 단어의 빈도보다는 말의 상징이 지니는 강도를 밝히고자 하는 분석방법은?

① 강도분석 ② 원자분석
③ 분할분석 ④ 질적 분석
⑤ 양적 분석

49 사회복지사 1급 국가시험이 1회부터 10회까지 아동 관련 이슈를 얼마나 다루었는지를 분석할 때 사용된 연구방법에 관한 설명으로 옳지 않은 것은?

① 분석대상에 영향을 미치지 않는다.
② 필요한 경우 재분석이 가능하다.
③ 직접조사보다 경제적이다.
④ 양적 내용을 질적 자료로 전환한다.
⑤ 다양한 기록자료 유형을 분석할 수 있다.

50 조사보고서의 작성요령으로 적당하지 않는 것은?

① 보고대상에 적합하도록 작성되어야 한다.
② 문장표현에 주의하여야 한다.
③ 통계자료 분석결과는 가능한 문장으로 서술하는 것이 좋다.
④ 정확성이 있어야 한다.
⑤ 문장배열이 간결하고 필요한 내용만 선별적으로 기록되어야 한다.

[사회복지실천]

정답 및 해설 355p

01 사회복지실천 이념에 관한 설명으로 옳지 않은 것은?

① 사회진화론에 근거한 사회복지실천은 인보관 활동에서 찾아볼 수 있다.
② 다양한 경향은 다양한 계층과 문제를 인정하는 계기가 되었다.
③ 우애취약계층에게 인도주의적 서비스를 제공하고자 하였다.
④ 시민의식의 확산으로 주는 자 중심에서 받는 자 중심의 서비스로 전환되었다.
⑤ 개인주의 사상은 엄격한 자격요건 하에서 최소한의 서비스만 제공하는 경향을 낳기도 하였다.

02 사회복지실천에서 워커의 역할로 보기 어려운 것은?

① 필요한 상담자로서의 역할을 한다.
② 클라이언트의 권리를 옹호하는 대변자로서의 역할을 한다.
③ 필요한 자원을 중개해 주는 역할을 한다.
④ 문제해결에 있어 상황에 대해 지시하는 감독자 역할을 한다.
⑤ 필요한 서비스의 상호 매개역할을 한다.

03 장애인복지관의 사회복지사에게 사회복지사의 이모가 지적장애를 가진 자신의 딸을 클라이언트로 개입해줄 것을 요청하였다. 이때 발생할 수 있는 윤리적 쟁점은?

① 진실성 고수
② 전문적 관계 유지
③ 클라이언트의 알권리
④ 규칙과 정책의 준수
⑤ 제한된 자원의 공정한 분배

04 사회복지실천의 이념적 배경 중 사회통제와 관련이 깊은 것은?

① 인도주의
② 이타주의
③ 민주주의
④ 사회진화론
⑤ 다원주의론

05 인보관 운동에서의 3R은?

보기

가. Residence　　나. Research
다. Reform　　라. Recreation
마. Regeneration

① 가, 나, 다　　② 가, 나, 라
③ 나, 다, 마　　④ 가, 라, 마
⑤ 가, 다, 라

06 다음 〈보기〉 중 영국의 구빈법에 대한 설명으로 옳은 것을 모두 고른다면?

가. 구빈법은 지방정부가 빈곤한 자를 원조하도록 하였다.
나. 시설중심의 구호에서 지역사회중심의 구호로 원조의 형태를 바꾸었다.
다. 노동능력이 있는 빈민에게는 원조를 주지 않았다.
라. 수혜자격검사를 통해 최저임금을 넘지 않는 원조를 제공하였다.

① 가, 나, 다　　② 가, 다
③ 나, 라　　④ 라
⑤ 가, 나, 다, 라

07 다음 〈보기〉 중 사회복지사가 개입하는 사회문제로 1차 현장인 것을 모두 고른다면?

가. 배우자 학대
나. 노숙자
다. 만성 정신질환
라. 교정사회복지

① 가, 나, 다　　② 가, 다
③ 나, 라　　④ 라
⑤ 가, 나, 다, 라

08 사회복지 실천현장의 분류기준과 그 예로 옳은 것은?

① 일차현장 – 보건소
② 이용시설 – 공동생활가정
③ 민간기관 – 지역아동센터
④ 공공기관 – 사회복지협의회
⑤ 생활시설 – 노인주간보호시설

09 **다음 〈보기〉의 내용은 가족규범 중 어느 것에 대한 것인가?**

가. 가족성원이 화낼 것을 두려워하여 말을 조심해야 한다.
나. 남에게 애정이나 분노를 표현함으로써 가족성원의 약한 모습을 드러나게 하지 말아야 한다.

① 기능적 규범
② 역기능적 규범
③ 규범의 융통성
④ 폐쇄성 규범
⑤ 개방성 규범

10 **다음 중 개별사회사업에 대한 내용으로 옳은 것은?**

① 개별사회사업은 상대적으로 가장 오래되고 중심이 되는 방법론이다.
② 개별사회사업의 과정에서 종결단계는 전문가가 문제해결을 위해 목적달성을 한 경우이다.
③ 개별사회사업에서 면접은 구조화된 면접에 의해서만 이루어진다.
④ 개별사회사업은 치료, 재조정보다는 예방중심적이다.
⑤ 개별사회사업은 전문가를 필요로 한다.

11 **다음 〈보기〉 중 체계의 구조적 특성을 모두 고른다면?**

보기

가. 경계	나. 개방체계
다. 폐쇄체계	라. 위계

① 가, 나, 다　② 가, 다
③ 나, 라　④ 라
⑤ 가, 나, 다, 라

12 **사회복지 실습, 교육 및 슈퍼비전에서 유용하게 사용되는 기록방법은?**

① 요약기록
② 과정기록
③ 문제중심기록
④ 이야기체기록
⑤ 서비스중심기록

13 다음 〈보기〉 중 치료를 위한 면접에 관한 설명으로 옳은 것을 모두 고른다면?

보기

가. 클라이언트를 변화시키는 것을 목적으로 함
나. 클라이언트의 자신감, 자기효율성 등을 강화함
다. 필요한 기술을 훈련하며 문제를 해결할 수 있는 능력을 키우기 위함
라. 사회복지기관이나 지역사회, 공공기관 등과의 면접도 포함됨

① 가, 나, 다 ② 가, 다
③ 나, 라 ④ 라
⑤ 가, 나, 다, 라

14 아들의 과잉행동이 심각하다고 얘기하는 클라이언트에게 "아들이 활동적이네요."라고 얘기하여 부정적 문제에 긍정적 의미를 부여하는 면담기법은?

① 재보증(reassurance)
② 직면(confrontation)
③ 환기(ventilation)
④ 초점화(focusing)
⑤ 재명명(reframing)

15 면접의 기록방법 중 클라이언트의 상황을 개별화, 사회심리적인 지도감독을 위한 정보제공에 유용한 것은?

① 과정기록방법
② 진단기록방법
③ 문제중심기록방법
④ 관찰중심기록방법
⑤ 시계열기록방법

16 배우자 학대문제로 이혼준비 중인 클라이언트를 상담하는 과정에서 사회복지사가 클라이언트와 정서적 유대를 갖기 위해 울었다. 이는 관계론의 어떤 원칙에 위배되는가?

① 개별화의 원칙
② 비심판적 태도
③ 의도적 감정표현
④ 통제된 정서적 관여
⑤ 클라이언트의 자기결정권

17 **사회복지실천에서 클라이언트와 사회복지사의 관계에 대한 비에스텍의 7대 원칙의 내용이 아닌 것은?**

① 모든 클라이언트는 개별적 욕구를 가진 존재이므로 개별화해야 한다.
② 클라이언트를 있는 그대로 인정하고 받아들여야 한다.
③ 클라이언트가 감정을 자유롭게 표현하도록 해야 한다.
④ 클라이언트의 문제를 성장의 기회로 규정해야 한다.
⑤ 클라이언트의 비밀을 보장해야 한다.

18 **통제된 정서적 관여를 수행하기 위한 사회복지사의 역할을 모두 고른다면?**

보기

가. 민감성　　나. 이해
다. 반응　　라. 존경

① 가, 나, 다　　② 가, 다
③ 나, 라　　④ 라
⑤ 가, 나, 다, 라

19 **사정을 위한 자료가 될 수 있는 것을 모든 고른 것은?**

가. 이웃의 의견
나. 클라이언트의 지능검사 결과
다. 사회복지사의 주관적 관찰 내용
라. 사회복지사를 대하는 클라이언트의 태도

① 가, 나, 다　　② 가, 다
③ 나, 라　　④ 라
⑤ 가, 나, 다, 라

20 **접수(인테이크)시 클라이언트에게서 획득할 수 있는 정보로 올바른 것을 모두 고른다면?**

가. 사회력
나. 현재문제
다. 이전에 받은 서비스 경험
라. 기본정보

① 가, 나, 다　　② 가, 다
③ 나, 라　　④ 라
⑤ 가, 나, 다, 라

21 종결단계에서 사회복지사의 활동으로 옳은 것을 모두 고른 것은?

보기

ㄱ. 개입목표의 달성여부를 확인한다.
ㄴ. 의뢰는 종결유형과 상관없이 실시하는 것이 바람직하다.
ㄷ. 종결유형에 따라 종결 시기를 조정한다.
ㄹ. 종결과 관련된 클라이언트의 감정은 다루지 않는다.

① ㄱ, ㄴ, ㄷ
② ㄱ, ㄷ
③ ㄴ, ㄹ
④ ㄹ
⑤ ㄱ, ㄴ, ㄷ, ㄹ

22 사회복지사의 직접적인 개입활동에 해당하는 것을 고른다면?

① 자원관리
② 사례관리
③ 가족치료
④ 슈퍼비전
⑤ 후원자 개발

23 사회복지실천단계에서의 사정의 순서로 맞는 것은?

① 서비스 욕구결정 – 적격성 탐색 – 계약진행
② 서비스 욕구결정 – 계약진행 – 적격성 탐색
③ 적격성 탐색 – 서비스 욕구결정 – 계약진행
④ 적격성 탐색 – 계약진행 – 서비스 욕구결정
⑤ 계약진행 – 서비스 욕구결정 – 적격성 탐색

24 클라이언트와 상호 합의 아래 목표를 설정할 때의 지침으로 적당치 않은 것은?

① 실현가능성을 검토하고 잠재적인 이득과 위험을 논의할 것
② 클라이언트에게 목표의 필요성을 설명
③ 암묵적으로 목표를 규정
④ 클라이언트의 선호도에 따라 목표의 우선순위를 정함
⑤ 클라이언트 스스로 목적을 구체적으로 선택하고 헌신할 수 있도록 할 것

25 **사례관리기법에 대한 설명으로 옳은 것은?**

① 클라이언트가 갖고 있는 문제를 중심으로 여러 가지 서비스를 연계하여 복합적인 문제해결을 도모하는 서비스 활동이다.
② 클라이언트 사례자를 기록하여 관리함으로써 후에 다른 사회사업가가 활용할 수 있도록 하는 활동이다.
③ 개별사회사업에 있어 접수로부터 종결에 이르기까지 다른 모든 상황들을 철저하게 개인별로 확인 · 기록하는 기술이다.
④ 인간행동에 관한 이론적 측면보다는 자신 및 타인과의 관계를 추구한다.
⑤ 개인이나 가족의 불균형 상태를 전문적 원조를 받아 회복하려는 기술활동이다.

26 **다음 사례의 사회복지사에게 슈퍼바이저가 해줄 수 있는 말로 가장 적절한 것은?**

지역아동센터의 사회복지사는 이 센터를 이용하는 한 아동이 부모에게 학대를 당하고 있는 것 같았다. 하지만 사회복지사는 아동센터가 지역사회 지지기반을 잃을까봐 관계 기관에 신고하기를 주저하고 있다.

① 아동학대기관에 신고하고 신고자에 대한 비밀보장을 요청하라고 한다.
② 전담공무원에게 위임하라고 한다.
③ 신고하지 않더라도 학대 여부를 조사하라고 한다.
④ 제3자에게 신고하게 한다.
⑤ 신고하지 말라고 한다.

27 **다음 〈보기〉 중 사회복지사의 체계연결의 역할에 해당하는 것을 모두 고른다면?**

보기

가. 사례관리자	나. 중개자
다. 중재자	라. 계획가

① 가, 나, 다	② 가, 다
③ 나, 라	④ 라
⑤ 가, 나, 다, 라	

28 **진단주의와 기능주의를 비교한 설명으로 틀린 것은?**

① 진단주의는 클라이언트의 과거 생활력을 중요시하지만, 기능주의는 현재의 상황을 중요시한다.
② 진단주의는 인간을 소극적 입장에서 보며, 기능주의는 인간의 적극적 측면을 강조한다.
③ 진단주의는 워커가 클라이언트를 변화시키는 주체자이고, 기능주의는 클라이언트 자신으로 본다.
④ 진단주의는 클라이언트의 자아강화에 초점을 두고, 기능주의는 원조과정을 중요시한다.
⑤ 진단주의는 클라이언트 자신의 성장개념에 초점을 두고, 기능주의는 클라이언트의 무의식을 중요시한다.

29 **다음 〈보기〉 중 클라이언트 중심모델의 개념으로 옳은 것을 모두 고른다면?**

보기

가. 자아개념
나. 실현 가능성
다. 긍정적 관심
라. 조건적 가치

① 가, 나, 다 ② 가, 다
③ 나, 라 ④ 라
⑤ 가, 나, 다, 라

30 **클라이언트가 문제를 일으키는 잘못된 인식과 사고의 유형을 목표지향적인 활동에 참여할 수 있도록 능력을 변화시키기 위한 실천모델은?**

① 인지행동모델
② 심리사회모델
③ 위기개입모델
④ 정신역동모델
⑤ 과제중심모델

31 **다음 〈보기〉 중 인지행동모델의 가정으로 옳은 것을 모두 고른다면?**

가. 인지활동은 행동에 영향을 준다.
나. 인지활동은 점검 및 변경이 가능하다.
다. 인지를 변화시킴으로써 행동변화가 가능하다.
라. 행동이 보상과 처벌에 의해 자동적으로 형성된다.

① 가, 나, 다 ② 가, 다
③ 나, 라 ④ 라
⑤ 가, 나, 다, 라

32 다음 〈보기〉는 주요 인지적 오류 중 무엇에 대한 설명인가?

결론을 지지하는 증거가 없음에도 불구하고 그와 같은 결론을 내린다.

① 과도한 일반화
② 선별적 추출
③ 개인화
④ 독단적 추론
⑤ 절대적인 사고

33 다음 〈보기〉 중 과제중심모델의 특징으로 맞는 것을 모두 고른다면?

가. 시간제한적이며 단기개입
나. 표면적으로 계약한 문제에 초점을 둠
다. 과제 중심적 문제해결과 경험적 근거
라. 사회복지사의 결정원칙과 통합적 접근

① 가, 나, 다 ② 가, 다
③ 나, 라 ④ 라
⑤ 가, 나, 다, 라

34 역량강화모델에 대한 설명으로 가장 옳은 것은?

① 대상관계이론의 영향을 받는다.
② 시간 제한적인 단기치료이다.
③ '상황 속의 인간'을 강조한다.
④ 인간은 비합리적인 사고를 하기 쉽다고 가정한다.
⑤ 클라이언트가 필요한 자원을 얻거나 통제하도록 원조하는 것을 강조한다.

35 다음의 사례는 어떤 위기 유형인가?

가. 출산
나. 은퇴
다. 중년의 직업변화

① 상황적 위기 ② 발달적 위기
③ 실존적 위기 ④ 환경적 위기
⑤ 정서적 위기

36 **집단대상 사회복지실천에 관한 설명으로 옳지 않은 것은?**

① 목표지향적 활동이다.
② 의도적인 집단경험을 강조한다.
③ 집단의 영향력을 서비스의 매개물로 간주한다.
④ 집단응집력이 강할수록 자기노출에 대한 저항감이 증가한다.
⑤ 집단을 구성할 때는 동질성과 이질성을 함께 고려해야 한다.

37 **집단지도에 대한 이론적 접근법의 하나로서 1950년경에 정립되었고 개인적 기능의 향상을 목적으로 하며, 미시간 모델이라고도 불리우는 접근법은?**

① 발달적 접근법
② 현상학적 접근법
③ 체계적 접근법
④ 조직 · 환경적 접근법
⑤ 상호작용주의적 접근법

38 **집단역학(역동성)을 이해하는 데 필요하지 않은 것은?**

① 집단계약
② 집단규칙
③ 집단구조
④ 집단문화
⑤ 집단지도력

39 **집단수준 사회복지실천의 종결단계에서 사회복지사의 태도로 옳은 것은?**

① 집단성원에게 집단규범을 제시한다.
② 목적이 달성될 때까지 종결을 지연한다.
③ 집단에서 학습한 주된 내용을 분명히 한다.
④ 집단 내에서 발생하는 새로운 문제를 다룬다.
⑤ 종결로 인해 발생하는 감정에 대처하지 않는다.

40 다음 그룹워크에서 집단역동성이 가장 높은 구성원은?

① 2 ~ 3명 ② 3 ~ 5명
③ 7 ~ 8명 ④ 10 ~ 12명
⑤ 가능한 적을수록 좋다.

41 다음 설명에 해당되는 집단 사정도구는?

- 집단성원이 동료성원에 대하여 평가하는 것이다.
- 5개 혹은 7개의 응답범주를 갖는다.
- 두 개의 상반된 입장에서 하나를 선택하도록 요청한다.

① 상호작용차트 ② PIE분류체계
③ 의의차별척도 ④ 소시오그램
⑤ 생활주기표

42 다음 〈보기〉 중 치료집단의 특성을 모두 고른다면?

가. 자기공개성이 높다.
나. 진행과정은 집단 내에서만 이루어진다.
다. 집단과정의 성공은 성원들의 치료목표가 성공적으로 충족되었는가에 근거한다.
라. 결속력은 수행해야 할 과업에 따라 다르다.

① 가, 나, 다 ② 가, 다
③ 나, 라 ④ 라
⑤ 가, 나, 다, 라

43 다음 중 공동지도력 장점에 해당하지 않는 것은?

① 지도자의 지도력 탈진을 예방할 수 있다.
② 초보 사회복지사의 훈련에 효과적이다.
③ 사회복지사의 역전이를 어느 정도 방지할 수 있다.
④ 지도자별로 하위집단이 형성되어 응집력이 강화된다.
⑤ 집단원들에게 갈등 및 논쟁 해결에 대한 모델링을 제공할 수 있다.

44 집단의 역동성을 이해하는 데 필요한 필수영역을 모두 고른다면?

가. 집단 내 상호작용
나. 집단에 대한 매력
다. 규범과 가치
라. 집단지도력

① 가, 나, 다　② 가, 다
③ 나, 라　④ 라
⑤ 가, 나, 다, 라

45 가족 사정도구인 생활력 도표의 설명으로 옳지 않은 것은?

① 발달 단계상 특정시기의 생활경험을 이해하는 데 도움이 된다.
② 아동과 청소년을 대상으로 한 활동에서 특히 유용하게 사용된다.
③ 가족의 다양한 시기에 관련된 자료를 조직화하고 표현한 방법이다.
④ 종이와 연필을 사정도구로 일련의 원, 선으로 도식화하였다.
⑤ 가족구성원의 삶에서 중요한 사건이나 문제를 시계열적으로 나열한 것이다.

46 가계도를 통해서 파악할 수 없는 것은?

① 가족 내 하위체계 간 경계의 속성
② 가족 내 삼각관계
③ 종단 · 횡단, 종합 · 통합적인 가족의 속성
④ 개인 및 가족의 환경과의 교류
⑤ 가족구성원 역할과 기능의 균형상태

47 다음 〈보기〉 중 가족의 기능과 구조를 사정할 때 고려하여야 할 내용으로 적절한 것은?

가. 가족규칙은 가족의 관계유형과 가족성원 개개인에게 영향을 미친다.
나. 긍정적인 피드백은 이탈을 많게 한다.
다. 하위체계마다 행사하는 주도권 정도가 다르다.
라. 갑자기 가족균형을 깨뜨리는 요소가 생기면 그 규칙을 바꾸려는 움직임이 가속된다.

① 가, 나, 다　② 가, 다
③ 나, 라　④ 라
⑤ 가, 나, 다, 라

48 **다음 〈보기〉의 가족에 대한 사회복지사의 개입은 어떤 가족치료모델에 근거하고 있는가?**

보기

> 매사에 권위적인 아버지로 인해 부부 권력구조가 불균형적이다. 어머니는 아버지에 대한 불만을 아들과 공유하면서 친구와 같은 관계를 맺고 있다. 아들도 자신의 대학생활에 대해 일일이 어머니와 의논하는 등 밀착된 관계를 유지하고 있다. 사회복지사는 부부간의 권력구조를 변화시키고 아들과의 경계를 명확하게 설정하도록 도왔다.

① 정신역동 가족치료모델
② 경험적 가족치료모델
③ 이야기 가족치료모델
④ 전략적 가족치료모델
⑤ 구조적 가족치료모델

49 **다음 중 실천기록의 방법으로 옳은 것은?**

① 면접사전에 클라이언트의 동의를 얻어 기록한다.
② 정확한 기록을 위해 면담시간을 최대한 활용한다.
③ 클라이언트가 기분 나빠할 수 있으므로 몰래 녹음한다.
④ 사례의 종결 후에 클라이언트의 사생활 보호를 위해 기록을 소각한다.
⑤ 사회복지사의 관점을 위주로 작성해야 하며 클라이언트의 관점은 배제한다.

50 **실천평가에 관한 설명으로 옳은 것을 모두 고른 것은?**

> 가. 개입과 목표달성 간 상호관련 정도를 알아보기 위해 실시한다.
> 나. 기관, 클라이언트, 전문가 집단 및 사회에 대한 책무성 향상에 도움이 된다.
> 다. 개입의 지속 또는 변경 여부 판단에 필요한 정보를 제공한다.
> 라. 서로 다른 문제나 특성을 가진 클라이언트에게 상대적으로 효과적인 개입방법을 선정하는 데 도움이 되는 정보를 제공한다.

① 가, 나, 다　② 가, 다
③ 나, 라　④ 라
⑤ 가, 나, 다, 라

51 지역사회에 관한 설명으로 옳은 것은?

① 지리적 지역사회와 기능적 지역사회로 구분한 사람은 로스만(Rothman)이다.
② 장애인 부모회는 지리적 지역사회에 해당한다.
③ 교통 및 통신수단의 발달로 과거에 비해 기능적 지역사회가 더 많이 나타나게 되었다.
④ 지역사회는 의사소통, 교환, 상호작용의 필요성이 점차 줄어들고 있다.
⑤ 산업화 이후 공동사회(Gemeinschaft)가 발전되어 왔다.

52 지역사회이론에서 기능주의 관점에 해당하는 것은?

① 경제적 문제로 인한 갈등, 권력 · 권위 등이 불평등할 때 갈등이 발생한다.
② 지역갈등이 지속되면 색다른 쟁점이 출현하는 경향이 있다.
③ 균형 있는 안정을 강조한다.
④ 부조화, 불일치, 불균형, 불합의를 말한다.
⑤ 영향력 있는 지역사회의 지도자들 및 지역사회 조직들이 갈등에 영향을 미칠 수 있다.

53 지역사회에 관한 이론 중 다음 〈보기〉가 설명하는 것은?

보기

지역사회에 존재하는 갈등현상에 주목하며, 지역사회 내의 구성원들의 경제적 자원, 권력, 권위 등의 불평등한 배분관계 때문에 갈등이 발생하고 이러한 갈등관계를 통해 지역사회의 변동을 초래한다고 본다.

① 사회체계론적 관점
② 기능주의적 관점
③ 생태학적 관점
④ 구조주의적 관점
⑤ 갈등주의적 관점

54 **미국의 지역사회복지 발달 과정을 빠른 연대순으로 배치한 것은?**

가. 헐 하우스(Hull house) 건립
나. 자선조직협회 창설
다. 지역공동모금을 위한 상공회의소의 자선연합회 출현
라. '작은 정부' 지향으로 복지에 대한 지방정부 책임 강조
마. '빈곤 과의 전쟁' 선포로 사회복지에 대한 연방정부 역할 증대

① 가 – 나 – 다 – 라 – 마
② 가 – 나 – 다 – 마 – 라
③ 가 – 다 – 나 – 라 – 마
④ 나 – 가 – 다 – 마 – 라
⑤ 나 – 다 – 가 – 마 – 라

55 **우리나라 지역사회복지의 역사에 대한 설명으로 옳은 것은?**

① 새마을운동 – 민간주도의 지역사회행동
② 외국민간원조단체 한국연합회 – 전문화된 사회복지사업의 소개
③ 재가복지서비스 – 생활시설의 활성화
④ 사회복지기관평가 – 기관운영 예산의 삭감
⑤ 재정분권 – 중앙정부의 자율성 강화

56 **지역사회개발 프로그램이 최우선적으로 형성 · 실천되어야 하는 대상은?**

① 지역주민
② 지역 전문가
③ 지방자치단체
④ 정책수립가
⑤ 지역사회 지도자

57 **다음 중 지역사회복지실천의 설명이 아닌 것은?**

① 사회행동실천모형은 클라이언트를 서비스의 소비자로서 파악한다.
② 지역사회개발 프로그램은 지역 주민에 의해 최우선적으로 형성되고 실천되어야 한다.
③ 지역사회조직의 실천과정은 사실의 파악단계, 계획 수립단계 실시와 촉진단계, 자원의 파악과 개발단계, 사업 평가단계로 진행된다.
④ 지역사회조직은 결과보다는 과정을 중시하고, 수행과정에서 민주적 · 자율적 · 협동적으로 추진된다.
⑤ 지역사회복지기관 및 시설을 설치하고 운영할 수 있는 법인이나 단체는 사회복지법인, 재단법인, 사회단체, 사단법인 등이다.

58 **지역사회실천모형과 전술이 바르게 연결된 것은?**

① 사회계획 – 압력전술
② 사회행동 – 항의전술
③ 지역사회개발 – 대결전술
④ 지역사회개발 – 법적 행동전술
⑤ 사회행동 – 합의전술

59 **지역사회복지실천 모델 중 테일러와 로버츠(Taylor & Roberts)모델에 해당하는 것을 모두 고른 것은?**

가. 로스만(Rothman)의 기본 3가지 모델을 분화하여 지역사회복지실천 모델을 5가지 유형으로 구분하였다.
나. 이 모델의 특징은 후원자의 의사결정 영향정도를 구체적으로 구분하였다는 것이다.
다. 정치적 권력강화 모델은 로스만의 사회행동모델과 유사하다.
라. 지역사회연계 모델은 후원자가 클라이언트보다 더 많은 결정권한이 있다.

① 가, 나, 다　② 가, 다
③ 나, 라　④ 라
⑤ 가, 나, 다, 라

60 **다음 중 영유아 보육의 원칙이 아닌 것은?**

① 영양
② 지역사회와의 교류
③ 부모에 대한 서비스
④ 교구의 제작
⑤ 안전

61 **장애인 복지의 이념에 해당하지 않는 것은?**

① 장애의 개별화 원칙
② 사회 내에서 우선적 지위보장
③ 기회의 균등화와 정상화의 원칙
④ 주체적 인간으로서의 자립생활보장
⑤ 참여와 평등의 원칙

62 **노인복지정책의 기본방향으로 옳지 못한 것은?**

① 노인시설을 다양화한다.
② 노후 건강보호체계를 확립한다.
③ 노인 취업기회의 확대와 여가선용 기회를 제공한다.
④ 선 사회보장의 확립과 후 가정보호를 확립한다.
⑤ 지역사회의 자율적 복지시책을 강화한다.

63 **재가복지봉사센터의 기능과 역할에 해당되지 않는 것은?**

① 재가복지서비스의 대상자와 가정의 욕구 및 문제를 조사하여 필요한 서비스의 종류를 선정한다.
② 재가복지서비스의 내실화를 위해 지역사회의 인적 · 물적 자원을 동원해 활용한다.
③ 재가복지서비스의 기능이나 분야별 효과 등에 관하여 자체평가하고 그 결과를 사업에 활용하도록 한다.
④ 지역사회 내 인적 · 물적 자원의 연계를 통하여 계층 간의 연대감을 고취시킨다.
⑤ 가족기능의 대체를 목적으로 도움을 필요로 하는 사람들을 지원한다.

64 **다음 〈보기〉에 해당하는 지역사회복지 실천 기술은?**

지역사회가 처한 상황과 해결방향에 따라 목표를 세우고 합당한 주민을 선정하여 모임을 만들고 지역사회 욕구나 문제를 해결해 나가도록 돕는 기술이다. 지역사회 전체 또는 일부 집단을 하나의 역동적 실체로 만들어 나가는 과정이기도 하다. 초기에는 사회복지사가 주도적인 역할을 수행하다가 점차 지역주민이 주도적인 역할을 수행하도록 한다.

① 조직화기술 ② 옹호기술
③ 동원기술 ④ 연계기술
⑤ 사례관리기술

65 **지역사회개발모델에서 사회복지사의 안내자로서의 역할이 아닌 것은?**

① 지역사회의 진단
② 지역사회와 동일시
③ 자기 역할을 수용
④ 지역사회 문화에 대한 충분한 지식의 습득
⑤ 지역사회 조건에 대한 객관적인 입장 유지

66 **한국사회복지협의회에 관한 설명으로 옳은 것은?**

① 민간과 공공의 연계 · 협력 · 조정을 기초로 한 협력기관
② 복지수요사정에 따른 지역사회복지계획 수립
③ 보건 · 복지 전달체계의 효율적 관리
④ 사회복지관련 기관 · 단체 간의 연계 · 협력 · 조정
⑤ 사회복지사에 대한 전문지식 및 기술의 개발

67 **지역사회복지관의 설치 · 운영주체가 될 수 있는 것을 모두 고르면?**

가. 지방자치단체
나. 사회복지법인
다. 기타 비영리법인
라. 국가

① 가, 나, 다 ② 가, 다
③ 나, 라 ④ 라
⑤ 가, 나, 다, 라

68 **지역사회복지를 위한 지방분권의 부정적 측면이 아닌 것은?**

① 사회복지 행정업무와 재정을 지방에 이양함으로써 중앙정부의 사회적 책임성을 약화시킬 수 있다.
② 지방정부가 사회개발정책에 우선을 두는 경우 지방정부의 복지예산이 감소될 수 있다.
③ 복지의 분권화를 통해 효율적인 복지집행체계의 구축이 용이해질 수 있다.
④ 지방자치단체장의 의지에 따라 복지서비스의 지역 간 불균형이 나타날 수 있다.
⑤ 지방정부 간의 재정적 격차로 복지수준의 차이가 나타날 수 있다.

69 **자원봉사자의 행동동기(욕구) 중 미래의 보상에 대한 욕구와 관련이 깊은 것은?**

① 경험추구의 욕구
② 사회적 접촉욕구
③ 사회적 교환욕구
④ 타인 기대부응욕구
⑤ 사회적인 인정욕구

70 다음 〈보기〉 중 지역사회복지에 있어서 주민참여의 효과로 옳은 것은?

가. 행정비용의 절감
나. 지역의 공동체성 강화
다. 시간의 절약
라. 지역주민의 욕구 반영

① 가, 나, 다 ② 가, 다
③ 나, 라 ④ 라
⑤ 가, 나, 다, 라

71 다음 〈보기〉에서 사회복지관의 운영원칙을 모두 고른다면?

가. 책임성의 원칙
나. 자율성의 원칙
다. 통합성의 원칙
라. 전국성의 원칙

① 가, 나, 다 ② 가, 다
③ 나, 라 ④ 라
⑤ 가, 나, 다, 라

72 다음 〈보기〉에서 유추할 수 없는 것은?

사회복지관의 정부지원 예산은 지방자치단체가 편성하고 집행하게 되었다. 하지만 사회복지관의 재정에서 정부 지원의 비중이 높다는 것은 여전히 문제가 될 것으로 전망되며, 사회복지관 위탁과정의 투명성 제고도 과제로 제기되고 있다.

① 사회복지관 운영원칙 중의 하나는 통합성이다.
② 사회복지관의 재정자립 문제가 대두되고 있다.
③ 정부에서 사회복지관의 분야별 단위사업 구성에 대해 개입한다.
④ 사회복지관은 위탁을 통해 운영되는 경우가 많다.
⑤ 사회복지관 운영업무가 지방으로 이양되었다.

73 **사회복지사업법령상 우리나라 사회복지협의회에 관한 설명으로 옳지 않은 것은?**

① 사회복지 소외계층 발굴 및 민간사회복지자원과의 연계 · 협력 업무를 수행한다.
② 사회복지에 관한 조사 · 연구 및 정책건의를 수행한다.
③ 사회복지관련 기관 · 단체 간의 연계 · 협력 · 조정 업무를 수행한다.
④ 시 · 군 · 구 기초자치단체에 의무적으로 설립하여야 한다.
⑤ 민간 사회복지의 증진을 위한 법정단체이다.

74 **다음 〈보기〉에서 프로그램의 이해관계 당사자를 모두 고른다면?**

보기

가. 시민	나. 옹호집단
다. 이사회	라. 기관행정가

① 가, 나, 다 ② 가, 다
③ 나, 라 ④ 라
⑤ 가, 나, 다, 라

75 **다음 〈보기〉에서 프로그램 개발과정시 고려사항을 모두 고른다면?**

보기

가. 가치	나. 실현 가능성
다. 준비성	라. 합리성

① 가, 나, 다 ② 가, 다
③ 나, 라 ④ 라
⑤ 가, 나, 다, 라

[사회복지정책과 제도]

정답 및 해설 363p

01 다음 중 베버리지 보고서에서 제시하고 있는 사회보장계획을 성공하기 위한 전제조건을 모두 고른다면?

가. 국민보건서비스
나. 완전고용
다. 아동수당
라. 의무교육

① 가, 나, 다　② 가, 다
③ 나, 라　④ 라
⑤ 가, 나, 다, 라

02 사회복지의 3개 하위체계로 옳은 것은?

① 욕구체계, 사회체계, 전달체계
② 욕구체계, 자원체계, 전달체계
③ 욕구체계, 자원체계, 사회체계
④ 욕구체계, 자원체계, 공식체계
⑤ 욕구체계, 자원체계, 조직체계

03 다음 〈보기〉에서 독일의 사회복지정책의 특징으로 맞는 것을 모두 고른다면?

가. 계급정책으로서의 사회복지정책
나. 지역별, 직종별, 정부부처별로 분산되어 관장
다. 노동법이 중요
라. 현물급여에의 중점

① 가, 나, 다　② 가, 다
③ 나, 라　④ 라
⑤ 가, 나, 다, 라

04 **영국의 복지국가 발달과정에 관한 설명으로 옳지 않은 것은?**

① 1930년대는 경제공황으로 경제문제에 대한 국가개입의 필요성이 증대되었다.
② 베버리지는 강제적인 사회보험을 국민최저선 달성을 위해 가장 중요한 제도로 보았다.
③ 1950년대와 1960년대는 복지국가의 황금기에 해당한다.
④ 베버리지는 결핍(궁핍), 질병, 무지, 불결, 나태를 5대 악으로 규정하였다.
⑤ 영국의 구빈법이 공식적으로 폐지된 것은 1차 대전 이전의 일이다.

05 **다음 〈보기〉 중 미국의 사회복지정책에 관해 바르게 기술한 것을 모두 고른다면?**

가. 1935년 사회복지에 대한 국가의 책임을 명시한 법령을 제정하였다.
나. 최근의 복지개혁에서 TANF는 AFDC를 개편한 공공부조제도이다.
다. Food Stamp는 영양공급을 위한 것이다.
라. 전 국민을 대상으로 한 의료보험이 있다.

① 가, 나, 다 ② 가, 다
③ 나, 라 ④ 라
⑤ 가, 나, 다, 라

06 **복지의 혼합경제에 관한 설명으로 옳지 않은 것은?**

① 사회복지서비스의 생산, 전달, 재원 등에서 다양화를 강조한다.
② 사회복지서비스의 영역이 사회시장에서 경제시장으로 확대됨을 의미한다.
③ 서구의 복지국가 황금기에 나타난 현상으로 국가개입의 확대와 관련된다.
④ 사회구성원들의 복지에 대한 기대상승이나 욕구충족의 개별화와 관련성이 있다.
⑤ 사회복지서비스는 공공부문과 민간부문의 역할부담을 통해 제공되어야 한다.

07 **다음 〈보기〉 중 신보수주의 성격으로 맞는 것을 모두 고른다면?**

가. 법인세 인하를 통한 기업경쟁력의 강화
나. 정부역할의 강화
다. 개인주의, 경쟁의 원리, 소극적 자유 강조
라. 수요 위주의 고용정책 강화

① 가, 나, 다 ② 가, 다
③ 나, 라 ④ 라
⑤ 가, 나, 다, 라

08 복지국가주의에서 가장 강조하는 사회적 가치는?

① 자유 ② 능률성
③ 평등성 ④ 실용주의
⑤ 급진주의

09 페이비언 사회주의에 관한 설명으로 옳지 않은 것은?

① 공공복지와 민간복지의 균등 발전을 추구한다.
② 대표적 학자는 타우니와 티트머스이다.
③ 복지국가를 통해 사회통합을 증진시키고 비복지의 공평한 분담을 추구한다.
④ 보편주의적 급여제공을 지지한다.
⑤ 자신의 삶을 통제하고 자신의 목표를 이룰 수 있는 상태를 자유로 간주한다.

10 국가가 사회복지를 제공하는 목적이 인도주의적 관점이 아니라 빈민자를 억압 및 통제하는 관점에서 보는 이론은?

① 음모이론 ② 산업화이론
③ 사회양심이론 ④ 수렴이론
⑤ 확산이론

11 사회복지서비스의 원칙 중에서 급여의 자격요건을 까다롭게 하고, 급여를 지체하는 것은 무엇과 관계있는가?

① 행정성 ② 전문성
③ 통합성 ④ 효과성
⑤ 접근성

12 사회적 할당의 원리 가운데 사회복지의 제도적 개념에 가장 가까운 것은?

① 보상 ② 귀속적 욕구
③ 선별주의 ④ 진단적 차등
⑤ 자산적 욕구

13 다음 중 조세의 특징에 대해서 잘못 설명한 것은?

① 누진적 소득금액이 높은 사람일수록 높은 세율을 적용한다.
② 역진적 소득금액이 높은 사람일수록 낮은 세율을 적용한다.
③ 조세의 전가 소득금액이 높은 사람일수록 소득신고를 적게 한다.
④ 사회복지에 쓰이는 재원 중 가장 비중이 높은 것은 사회보장성 조세이다.
⑤ 조세지출도 사회복지의 공공재원 중 하나이다.

14 **사회복지정책의 급여형태 중 기회(Opportunity)에 관한 설명으로 옳은 것은?**

① 수급자가 직접 급여에 대한 결정이나 그와 관련된 정책결정에 참여한다.
② 목표효율성(Target Efficiency)이 가장 높은 급여형태로 평가받는다.
③ 빈곤층 자녀의 대학입학정원 할당, 장애인 의무고용제 등이 해당된다.
④ 수급자가 일정한 용도 내에서 원하는 재화나 서비스를 선택할 수 있다.
⑤ 취약계층의 경제적 문제를 근본적으로 해결할 수 있다.

15 **사회보험에 관한 설명으로 적절한 것은?**

① 사회보험은 불안정한 위험집단에게 강제 적용된다.
② 자산조사를 통해 급여여부를 결정 · 제공한다.
③ 정부의 일반재정에 의한다.
④ 계약적 권리에 따라 이루어진다.
⑤ 개인적 공평성을 강조한다.

16 **사회복지정책의 재원으로 정부의 일반예산이 사용되는 장점을 모두 고른다면?**

가. 소득재분배성 실현
나. 재원의 안정성
다. 재원의 지속성
라. 지방분권화에 도움

① 가, 나, 다　② 가, 다
③ 나, 라　④ 라
⑤ 가, 나, 다, 라

17 **사회보장제도의 운영원칙으로 적절하지 않은 것은?**

① 모든 국민을 보호하는 보편성의 원칙
② 재원은 국민과 지자체가 부담하는 공공책임의 원칙
③ 정책결정과정에 공익의 대표자 등 민간을 참여시킨다는 민주성의 원칙
④ 다양한 서비스를 효율적으로 제공한다는 연계성 전문성의 원칙
⑤ 급여수준 및 내용에 형평을 기한다는 형평성의 원칙

18 국민연금법상 지역가입자에 관한 내용이다. ( )에 들어갈 숫자가 순서대로 옳은 것은?

보기

( )세 이상 ( )세 미만인 자로서 학생이거나 군 복무 등의 이유로 소득이 없는 자(연금 보험료를 납부한 사실이 있는 자는 제외한다)는 지역가입자에서 제외한다.

① 15, 25 ② 15, 27
③ 18, 27 ④ 18, 30
⑤ 20, 30

19 국민연금제도에 관한 설명으로 틀린 것은?

① 완전노령연금은 가입기간이 20년 이상이고 60세에 달하여야 한다.
② 유족연금은 가입기간이 1년 미만의 가입자도 수급권을 가질 수 있다.
③ 공무원 연금은 별도의 법률에 의하여 연금을 수급받는다.
④ 장애연금은 산업재해보상보험의 장해연금급여로 지급한다.
⑤ 분할연금제도가 마련되어 있다.

20 국민연금급여 중에서 55세 이상, 60세 미만의 자로서 소득이 있는 일에 종사하지 않는 사람이 신청을 통하여 받을 수 있는 급여는?

① 노령연금 ② 조기노령연금
③ 특례연금 ④ 재직노령연금
⑤ 감액연금

21 산재보험에서 업무상 재해에 속하지 않는 것은?

① 출장 중의 재해
② 작업의 준비, 뒷처리, 대기 중의 재해
③ 사업장 시설내에서의 휴게 중
④ 취업 중 재해
⑤ 출근 중의 교통사고

22 자산조사에 대한 설명으로 옳지 않은 것은?

① 보충적 성격의 급여에 해당된다.
② 급여자에게 낙인감을 주어 신청을 기피할 우려가 있다.
③ 급여자의 자원평가에 있어서 개인의 욕구를 규명할 수 있다.
④ 자산조사의 핵심내용은 소득과 재산이다.
⑤ 행정비용을 절약할 수 있으나 욕구파악의 객관성 확보는 어렵다.

23 국민기초생활보장법상의 주거급여제외 대상자가 아닌 것은?

① 의료, 교육, 자활급여 특례수급자
② 보장시설에 거주하는 수급자
③ 국가 및 지방자치단체가 운영비를 지원하는 시설에 거주하는 수급자
④ 종교단체가 운영하는 시설에 거주하는 수급자
⑤ 의료기관에 3개월 이상 입원한 1인 가구로서 무료 임차자 및 주거가 없는 자

24 생산적 복지의 이념 하에 시행되고 있는 국민기초생활보장법의 내용이 아닌 것은?

① 소득인정액이 최저생계비 이하의 국민을 보호한다.
② 18세 이상 65세 미만의 국민을 우선 보호하도록 하고 있다.
③ 중앙생활보장위원회에서 정한 최저생계비에 미달된 급여를 지급하고 있다.
④ 의료급여와 교육급여가 지급된다.
⑤ 주거급여가 지급된다.

25 다음 중 자활후견기관의 운영원칙으로 틀린 것은?

① 독립성의 원칙
② 주민자발성의 원칙
③ 지역사회 자원활용의 원칙
④ 전문가에 의한 사업수행의 원칙
⑤ 중립성의 원칙

26 사회복지행정이 지향하는 것이 아닌 것은?

① 민간 · 공공의 분리
② 시민참여의 확대
③ 클라이언트의 욕구 반영
④ 지역사회의 참여 강조
⑤ 효율적이고 효과적인 운영

27 트렉커의 사회복지행정의 원칙에 속하지 않는 것은?

① 참여, 문화의 장의 원칙
② 전문적 책임, 권한 위임의 원칙
③ 의도적 관계, 기관의 단일성 원칙
④ 평가 · 기관의 목적
⑤ 변화 · 평가의 원칙

28 **다음 〈보기〉 중 사회복지행정 이념의 선별주의와 관련 있는 것을 모두 고른다면?**

보기

가. 효과성	나. 공평성
다. 효율성	라. 편의성

① 가, 나, 다　② 가, 다
③ 나, 라　④ 라
⑤ 가, 나, 다, 라

29 **우리나라에서 나타난 2000년대 이후의 사회복지행정 변화로 옳은 것은?**

① 사회복지 전담공무원이 공공부문의 복지행정 업무를 맡기 시작하였다.
② 지역사회복지협의체를 설치하고 지역사회복지계획을 수립하기 시작하였다.
③ 사회복지시설의 설치가 허가제에서 신고제로 변경되었다.
④ 사회복지시설에 대한 평가제도가 법제화되었다.
⑤ 사회서비스 공급주체에서 사회복지법인이 차지하는 비중이 증가하였다.

30 **과학적 관리론과 인간관계론의 공통점은?**

① 조직의 생산성 강조
② 조직 구성원의 사기 중시
③ 경제인적 인간모형
④ 비공식적인 인간관계 중시
⑤ 인간성 회복이 목표

31 **다음 중 호손 실험의 결과로 옳은 것은?**

① 과학적 관리의 모태가 되었다.
② 만족한 조직이 능률적인 조직이라는 사실을 알게 되었다.
③ 심적 요소보다 물적 요소가 작업능률의 개선효과가 있다는 것을 알게 되었다.
④ 물적 작업조건은 작업능률에는 영향을 미치지 못한다.
⑤ 조직의 운영에는 비용의 논리가 주로 적용된다.

32 체계모형의 하위체계 중 조직의 변화를 위한 최적의 대안을 연구하여 평가해 나가는 체계는?

① 생산하위체계
② 유지하위체계
③ 경계하위체계
④ 적응하위체계
⑤ 관리하위체계

33 다음 〈보기〉에서 설명하는 사회복지서비스 제공원칙은?

클라이언트의 다양한 문제해결을 위해 필요한 서비스 프로그램들은 서로 연관되어야 한다.

① 적절성의 원칙
② 포괄성의 원칙
③ 통합성의 원칙
④ 지속성의 원칙
⑤ 전문성의 원칙

34 사회복지서비스의 배분방법 중 성격이 다른 하나는?

① 물리적 · 시간적 장애의 구축
② 신청절차에 시간이 걸리게 함
③ 교통이 불편한 곳에 사무실 설치
④ 불편한 서비스 시간 배정
⑤ 클라이언트의 접촉시간을 단축시킴

35 슈퍼비전 기능 중 행정적 기능에 속하는 것은?

① 업무조정 및 위임
② 전문적 성장 제고
③ 스트레스 유발상황의 방지
④ 성공을 위한 기회의 제공
⑤ 조언, 제안, 문제해결 원조

36 비공식 의사전달체계의 장점은?

① 권한관계를 명확히 한다.
② 구성원의 심리사회적 만족감을 높인다.
③ 책임소재가 분명해진다.
④ 정확한 정보를 얻기 쉽다.
⑤ 정보의 흐름을 파악하기 쉽다.

37 다음 〈보기〉 중 유기적 구조의 특징을 모두 고른다면?

가. 복합적 직무설계
나. 적은 규칙과 절차
다. 분권적 의사결정
라. 비공식적 · 인간적 대면관계

① 가, 나, 다 ② 가, 다
③ 나, 라 ④ 라
⑤ 가, 나, 다, 라

38 다음 〈보기〉에서 집권화조직의 장점을 모두 고른다면?

가. 단순하고 반복적
나. 획일적인 업무에 유리
다. 위기시 집중되어 있는 상태가 유리
라. 환경에 대한 반응성과 유연성의 증가

① 가, 나, 다 ② 가, 다
③ 나, 라 ④ 라
⑤ 가, 나, 다, 라

39 사회복지조직과 과업환경 간 권위 – 의존적 관계의 변화전략에 대한 설명으로 잘못된 것은?

① 경쟁적 전략은 서비스의 중복 및 누락을 발생시킨다.
② 권위주의적 전략은 정부조직에 유리하다.
③ 계약적 전략은 서비스 활용에 유리하다.
④ 경쟁적 전략은 크리밍 현상을 가져올 수 있다.
⑤ 방해전략은 사회복지에서 가장 적합한 전략이다.

40 조직구성원들이 집단목표를 달성하도록 영향력을 행사하는 능력을 무엇이라고 하는가?

① 권력 ② 모티베이션
③ 매니지먼트 ④ 리더십
⑤ 커뮤니케이션

41 리더의 유형을 구분하고 상황요소와 리더의 특성에 따른 리더십과의 관계를 나타낸 이론은?

① 행동이론 ② 상황이론
③ 특성이론 ④ 관리격자이론
⑤ 변형적 리더십이론

42 다음 중 합리적인 정책결정의 제약요인으로 보기 어려운 것은?

① 시간의 제약
② 전문성의 결여
③ 정책결정 참여자 범위의 확대
④ 정보의 부족
⑤ 합리성의 한계

43 의사결정과정에서 아직 검토하지 않은 대체안 중 최선안이 있을 가능성을 무시하고 검토한 수준에서만 최선안을 선택하는 이론은?

① 만족이론 ② 심리이론
③ 한계이론 ④ 제약이론
⑤ 수리이론

44 직무분석에 있어서 적절치 않은 것은?

① 직무에 관한 정보를 가능한 한 구체적인 행동으로 표현하여 직무의 목적과 표준성과를 명백히 하는 것이 바람직하다.
② 직무는 고정되어 있지 않고 항상 변한다.
③ 직무에 관한 연구는 일반적으로 작업자의 의심과 불안감 그리고 저항감을 야기시킨다.
④ 직무에 관한 모든 자료를 수집하는 과정에서 실무자들의 협조를 얻어야 한다.
⑤ 직무분석은 단순한 직무에 관한 자료를 기계적으로 수집 · 기재하는 것이다.

45 사회복지기관 직원의 전문성 개발을 위한 방법으로 옳지 않은 것은?

① 사례발표 ② 보수교육
③ 역할연기 ④ 슈퍼비전
⑤ 가족상담

46 다음 〈보기〉의 사례는 마케팅 개념 중 무엇에 대한 것인가?

보기

30대 주부가 제품 X의 주요한 구매자이다.

① 시장침투
② 마케팅 믹스
③ 제품개발
④ 시장세분화
⑤ 제품수명주기

47 사회복지기관의 정보관리에 관한 설명으로 옳지 않은 것은?

① 정보관리의 용도가 의사결정의 질을 높이는 방향으로 확장되고 있다.
② 정보관리를 위해서는 전산화가 필수조건이다.
③ 정보관리 시스템 설계에 현장서비스 인력의 참여가 중요하다.
④ 정보관리에서 조직 간 수준의 개방성이 강조되고 있다.
⑤ 클라이언트 정보의 통합시스템을 대표하는 예가 트래킹 시스템(tracking system)이다.

48 프로그램 대상자선정에서 프로그램 제공을 문제해결의 대상으로 삼는 인구집단은?

① 일반대상 집단
② 위기대상 집단
③ 표적대상 집단
④ 클라이언트 집단
⑤ 전체 시민

49 (　　)에 들어갈 프로그램 평가기준과 지표의 연결이 옳은 것은?

• (ㄱ) – 프로그램에 참여한 사회복지사의 수와 활동시간
• (ㄴ) – 프로그램 단위 요소 당 투입된 예산
• (ㄷ) – 클라이언트의 문제해결능력 향상도

	(ㄱ)	(ㄴ)	(ㄷ)
①	노력	효율성	효과성
②	서비스 질	과정	효율성
③	과정	효과성	서비스 질
④	노력	공평성	과정
⑤	공평성	효율성	효과성

50 **프로그램 평가유형과 그 설명의 연결이 옳은 것은?**

가. 프로그램의 효율성과 효과성을 평가한다.
나. 조사연구기관이 프로그램을 평가한다.
다. 서비스 대상자에 대한 프로그램 만족도를 평가한다.
라. 양적 및 질적 방법으로 프로그램 과정을 평가한다.

① 가–총괄평가, 나–외부평가, 다–프로그램평가, 라–형성평가
② 가–형성평가, 나–기관평가, 다–내부평가, 라–총괄평가
③ 가–기관평가, 나–내부평가, 다–활용지향적평가, 라–영향평가
④ 가–내부평가, 나–오호적평가, 다–외부평가, 라–총괄평가
⑤ 가–기관평가, 나–외부평가, 다–활용지향적평가, 라–영향평가

51 **대부분의 사회구성원들이 타당하다고 인정하는 공동생활의 원리인 사회형평, 공서양속, 사회통념, 신의성실에 해당하는 사회복지법의 불문법원은?**

① 판례법 ② 관습법
③ 사실인 관습 ④ 규칙
⑤ 조리

52 **사회복지발달사에 관한 설명으로 틀린 것은?**

① 그룹워크의 실천은 영국의 인보관운동 내지 사회교육 운동차원에서 시작하여 미국에서 전문적인 발달을 가져왔다.
② 영국의 자선조직협회는 현대적 사회사업방법론 형성에 영향을 미쳤으며, 케이스워크의 이론적 체계화는 1920년대 리치몬드에 의해 마련되었다.
③ 우리나라의 복지제도는 씨족 중심, 촌락 단위의 자조적 복지형태 중심이었으며, 고조선에서 조선시대에 이르기까지 체계적인 사회복지제도를 갖추어 발달하였다.
④ 20세기 초 미국 지역사회조직운동의 발달에 영향을 준 주요이념은 사회진화주의, 급진주의, 자유주의 사상이다.
⑤ 독일은 세계 최초로 사회보험체계를 시행한 국가이다.

53 **다음 중 국가가 인보, 구빈과 함께 지역통제의 목적으로 실시한 제도는?**

① 향약 ② 계
③ 두레 ④ 품앗이
⑤ 오가작통법

54 **다음 〈보기〉에서 자유권적 기본권의 사상적 기초에 해당하는 것은?**

가. 개인주의, 자유주의
나. 형식적 · 시민적 법치주의
다. 자유방임국가 라. 야경국가

① 가, 나, 다 ② 가, 다
③ 나, 라 ④ 라
⑤ 가, 나, 다, 라

55 **다음 중 헌법상 사회권적 기본권이 아닌 것은 무엇인가?**

① 근로권 ② 환경권
③ 재산권 ④ 복지권
⑤ 인간다운 생활을 할 권리

56 **다음 〈보기〉에서 비영리재단법인과 비영리사단법인의 설립에 있어서 공통적인 사항은?**

가. 목적의 비영리성
나. 설립등기
다. 주무관청의 허가
라. 설립행위(재산의 출연)

① 가, 나, 다 ② 가, 다
③ 나, 라 ④ 라
⑤ 가, 나, 다, 라

57 국제노동기구는 최소가입률이나 급여 수준에 관한 국제적인 기준을 설정하였다. 특히 사회복지법 가운데 어떤 분야인가?

가. 고용보험법 나. 건강보험법
다. 산재보험법 라. 공공부조법

① 가, 나, 다 ② 가, 다
③ 나, 라 ④ 라
⑤ 가, 나, 다, 라

58 다음 〈보기〉에서 UN이 채택한 아동권리협약(1989)의 내용으로 맞는 것을 모두 고른다면?

보기

가. 아동이 실질적인 권리의 주체로 승인된 국제문서이다.
나. 서명국은 비준 2년 내에 이행보고서를 제출해야 하는 의무가 있다.
다. 우리나라는 1991년에 비준하였다.
라. UN의 아동권리협약에 입각하여 아동복지법이 제정되었다.

① 가, 나, 다 ② 가, 다
③ 나, 라 ④ 라
⑤ 가, 나, 다, 라

59 다음 〈보기〉에서 사회보장수급권의 성격을 모두 고르면?

가. 담보제공 불가
나. 타인양도 불가
다. 일신전속권
라. 압류 불가

① 가, 나, 다 ② 가, 다
③ 나, 라 ④ 라
⑤ 가, 나, 다, 라

60 다음 중 사회복지사업에 속하지 않는 것은?

① 법률에 의한 보호, 선도 또는 복지에 관한 사업
② 사회복지상담
③ 직업소개 및 지도
④ 돌봄 및 정보의 제공
⑤ 무료숙박

61 사회복지사업법에서 정하고 있는 내용이 아닌 것은?

① 사회복지증진
② 한국사회복지협의회
③ 사회복지법인
④ 벌칙
⑤ 민영화

62 다음 중 사회복지법인의 성격으로 옳지 않은 것은?

① 비영리법인　② 특수법인
③ 사법인　④ 공법인
⑤ 재단법인

63 다음 중 사회복지법인의 허가권자는?

① 행정자치부장관
② 보건복지부장관
③ 시 · 도지사
④ 지방자치단체의 장
⑤ 설치하는 개인

64 사회복지사업법령상 다음의 역할을 모두 수행하는 조직은?

가. 사회복지사에 대한 전문지식 및 기술의 개발 · 보급
나. 사회복지사의 전문성 향상을 위한 교육훈련
다. 사회복지사제도에 대한 조사연구
라. 국제사회복지사단체와의 교류 · 협력

① 한국사회복지협의회
② 한국사회복지사협회
③ 한국사회복지사연합회
④ 한국사회복지사위원회
⑤ 한국사회복지관협회

65 국민연금법상 사업장 가입자의 보험료율은 얼마인가?

① 5%　② 6%
③ 9%　④ 12%
⑤ 15%

66 국민건강보험제도에 관한 설명으로 틀린 것은?

① 급여범위를 초과하는 경우는 본인이 전액 부담한다.
② 지역의료보험의 경우 정부의 보험재정의 지원을 요한다.
③ 외래진료의 경우 요양취급기관의 종별에 따라 차등으로 적용된다.
④ 요양급여기간은 현재 330일이며, 현물급여가 원칙으로 적용되고 있다.
⑤ 원가보상 개념의 기초하에 행위별 수가제와 종별 가산제를 적용하고 있다.

67 다음 중 노령, 유족 및 장애에 관한 사회보험은?

① 실업보험 ② 산재보험
③ 연금보험 ④ 국민건강보험
⑤ 요양보험

68 다음 고용보험에 대한 설명으로 틀린 것은?

① 실직한 근로자의 생계보장과 실업의 예방, 고용의 촉진을 강화할 목적으로 실시한다.
② 고용보험의 주요사업은 실업급여, 고용안정사업, 직업능력개발사업, 육아휴직급여, 출산전후휴가급여 등이다.
③ 구직급여의 기간은 보험 가입기간에 따라 60 ~ 210일 동안 차등 지급된다.
④ 구직급여의 지급수준은 실직 전 평균임금의 50% 지급을 원칙으로 한다.
⑤ 고용보험의 수혜를 받으려면 비자발적 실업자임이 입증되어야 한다.

69 산업재해보상보험법령상 업무상 사고에 해당하지 않는 것은? (다툼이 있는 경우에는 판례에 의함)

① 근로계약에 따른 업무수행 행위를 하던 중에 발생한 사고
② 업무를 준비하거나 마무리하는 행위를 하던 중에 발생한 사고
③ 사업주가 주관한 등산대회에 참가하여 발생한 사고
④ 출장 중에 개인적인 용무를 보다가 발생한 사고
⑤ 휴게시간 중 사업주의 지배관리하에 있다고 볼 수 있는 행위로 발생한 사고

70 긴급복지지원법령에 관한 설명으로 옳지 않은 것은?

① 위기상황에 처한 사람에게 일시적으로 신속하게 지원하는 것을 기본원칙으로 한다.
② 가구구성원으로부터 방임 또는 유기되거나 학대 등을 당하여 생계유지가 어렵게 된 경우도 위기상황에 포함된다.
③ 긴급지원대상자의 거주지가 분명하지 아니한 경우에는 긴급지원요청 또는 신고를 받은 시장 · 군수 · 구청장이 지원한다.
④ 긴급생계지원은 1개월간의 생계유지 등에 필요한 지원을 원칙으로 한다.
⑤ 긴급지원대상자가 국민기초생활보장법에 따른 수급권자로 결정된 경우에도 긴급지원의 적정성 심사를 하여야 한다.

71 다음 중 공공부조의 원리가 아닌 것은?

① 최저생활보장의 원리
② 국가책임의 원리
③ 자립조성의 원리
④ 필요즉응의 원리
⑤ 부족성의 원리

72 의료급여법의 내용으로 맞는 것은?

① 의료급여법에서 부양의무자는 수급권자의 직계혈족 및 그 배우자와 생계를 같이하는 2촌 이내의 혈족을 말한다.
② 의료급여법에서 수급권자는 1종, 2종, 3종 수급권자로 구분한다.
③ 의료급여사업의 실시에 관한 사항을 심의하는 곳은 의료급여심의위원회이다.
④ 수급권자에 대한 의료급여는 진료를 받기 시작한 날부터 개시한다.
⑤ 의료급여의 절차에 따라 우선 제3차 의료급여기관에 의료급여를 신청하여야 한다.

73 아동복지법령상 아동학대예방의 날은?

① 4월 20일 ② 9월 7일
③ 10월 2일 ④ 11월 19일
⑤ 12월 10일

74 **장애인복지법령에서 명시하고 있는 사항으로 옳은 것을 모두 고른 것은?**

가. 장애 발생 예방과 조기발견을 위한 국민의 노력
나. 장애인 대상 성범죄의 신고의무
다. 장애인에 대한 차별금지
라. 장애인의 가족계획 수립 및 지도

① 가, 나, 다 ② 가, 다
③ 나, 라 ④ 라
⑤ 가, 나, 다, 라

75 **성매매방지및피해자보호등에관한법률 내용이 아닌 것은?**

① 성매매행위 처벌
② 보호비용의 국가부담
③ 성매매예방 교육
④ 특별구역 설정
⑤ 성매매여성의 선도보호

5회

실전모의고사

1교시 • 사회복지기초

2교시 • 사회복지실천

3교시 • 사회복지정책과 제도

1교시

[사회복지기초]

정답 및 해설 371p

01 사회체계이론에 관한 설명으로 옳은 것은?

① 인간행동은 단일체계에 의해 결정된다.
② 인간행동을 원인과 결과라는 단선적 관점으로 이해한다.
③ 인간행동은 체계 간에 에너지를 주고받으면서 변화한다.
④ 체계의 한 부분의 변화는 다른 부분에 영향을 미치지 않는다.
⑤ 거시체계는 인간이 가장 밀접하게 상호작용하는 가족, 친구, 학교 등을 포함한다.

02 인간발달에 관한 설명으로 옳은 것은?

① 일정한 속도로 전 생애에 걸쳐 이루어진다.
② 주로 유전적 요인에 의해 주도되는 과정이다.
③ 하부에서 상부로, 말초부위에서 중심부위로 진행된다.
④ 인간행동 양식의 전체적인 맥락 안에서 분석되어야 한다.
⑤ 점진적으로 일어나는 체계적 변화이며 질적 변화보다는 양적 변화를 의미한다.

03 오이디푸스 콤플렉스와 엘렉트라 콤플렉스를 경험하는 심리성적 발달단계는?

① 구강기 ② 항문기
③ 남근기 ④ 잠복기
⑤ 생식기

04 융(C. Jung) 이론의 주요개념으로 옳지 않은 것은?

① 페르소나는 자아의 가면으로 개인이 외부에 보이는 이미지이다.
② 음영은 인간의 정신에 존재하는 보편적이고 근원적인 핵이다.
③ 아니무스는 무의식 속에 존재하는 여성의 남성적 측면이다.
④ 자기(self)는 성격의 중심으로 통일성과 안정성을 제공한다.
⑤ 리비도는 인생전반에 작동하는 생활에너지이다.

05 **다음 〈보기〉 중 프로이트의 정신분석적 치료기법은?**

보기

가. 자유연상　　나. 해석
다. 꿈의 분석　　라. 과제 부여

① 가, 나, 다　　② 가, 다
③ 나, 라　　④ 라
⑤ 가, 나, 다, 라

06 **교통사고로 한쪽 다리를 절단한 사람이 절단한 사실을 잊어버리고, 문병 온 사람이 반가워서 침대에서 내려오다 넘어졌다. 이러한 경우는 어떤 방어기제를 사용한 것인가?**

① 부정　　② 투사
③ 승화　　④ 합리화
⑤ 반동형성

07 **에릭슨에 관한 설명으로 옳지 않은 것은?**

① 에릭슨은 자아심리이론가이다.
② 에릭슨의 이론을 심리사회적 이론이라고 한다.
③ 개인이 발달은 사회를 풍요롭게 한다고 하였다.
④ 성격발달에서 유전적 요인의 영향력을 배제하였다.
⑤ 각 단계별 심리사회적 위기를 극복하면 자아특질(ego quality)이 강화된다고 하였다.

08 **융의 분석심리학에서 모든 인류에게 공통적으로 유전되어 나타나는 성향은?**

① 원형　　② 자아
③ 음영　　④ 집단무의식
⑤ 리비도

09 다음 <보기>는 무엇에 대한 설명인가?

보기

타인과의 관계에 있어 나타나는 대중적 얼굴을 말하며'적응 원형'이라고 부른다.

① 아니무스 ② 원형
③ 페르소나 ④ 음영
⑤ 그림자

10 선생님이 학생들의 자원봉사활동을 높이기 위해 "자원봉사하면 청소 면제해 주겠다."라고 약속하였다. 이는 다음 중 어떤 개념을 활용한 것인가?

① 변별자극 ② 정적강화
③ 부적강화 ④ 관찰학습
⑤ 자기규제

11 파블로프(I. Pavlov)의 이론에 관한 설명으로 옳은 것은?

① 환경적 자극에 능동적으로 반응하여 나타나는 행동에 관심을 가진다.
② 인간행동은 학습되거나 학습에 의해 수정된다고 가정한다.
③ 관찰학습의 중요성을 강조한다.
④ 개인의 사고와 인지적 역할을 강조한다.
⑤ 강화와 처벌을 중요시한다.

12 벡(A. Beck)의 이론을 설명하는 개념으로 옳지 않은 것은?

① 윤리적 판단 ② 인지적 왜곡
③ 자동적 사고 ④ 도식(schema)
⑤ 핵심신념(믿음)

13 **다음 〈보기〉 중 피아제의 전조작기에 해당하는 내용을 모두 고른다면?**

가. 상징놀이, 물활론
나. 자기중심성
다. 상징적 표상 사용
라. 분류, 연속성, 보존개념 획득

① 가, 나, 다　　② 가, 다
③ 나, 라　　④ 라
⑤ 가, 나, 다, 라

14 **콜버그의 도덕성 발달이론단계에서 단계별로 바르게 연결한 것은?**

① 1단계 – 보편적 · 윤리적 원리
② 2단계 – 도덕적 · 상대적 쾌락주의
③ 3단계 – 복종과 처벌 지향
④ 4단계 – 개인 상호 간의 선의의 행동
⑤ 5단계 – 사회질서와 권위의 유지

15 **다음 〈보기〉에서 피아제의 전조작적 시기에 논리적 사고발달을 방해하는 요인을 모두 고르면?**

가. 자아중심성　　나. 형식성
다. 비가역성　　라. 보존성

① 가, 나, 다　　② 가, 다
③ 나, 라　　④ 라
⑤ 가, 나, 다, 라

16 **피아제의 인지발달단계 중 가역성을 획득하는 시기는?**

① 감각운동기
② 전조작기
③ 구체적 조작기
④ 형식적 조작기
⑤ 순환기

17 인본주의 성격이론에 대한 설명으로 옳지 않은 것은?

① 정신분석, 행동주의와 유사하다.
② 실존주의, 현상학의 영향을 강하게 받았다.
③ 인간을 긍정적이며 낙관적으로 바라본다.
④ 개인의 존엄성과 가치에 대한 신념을 가지고 있다.
⑤ 클라이언트에 대한 무조건적인 긍정적인 관심을 가져야 한다.

18 태아의 건강에 영향을 미치는 요인이 아닌 것은?

① 임산부의 연령
② 임산부의 교육정도
③ 임산부의 영양상태
④ 임산부의 정서적 상태
⑤ 임산부의 흡연과 음주

19 걸음마 단계(2 ~ 3세)의 인지 및 지적 발달에 관한 설명으로 적당하지 않은 것은?

① 대소변의 배출과 보유로 현실 거래를 하고 상당한 쾌감과 만족감을 얻게 된다.
② 피아제의 구체적 조작기에 해당한다.
③ 유아의 지각은 정서적 혹은 주관적으로 파악한다.
④ 프로이트의 항문기에 해당하는 시기이다.
⑤ 에릭슨의 자율성 대 수치심과 의심이 획득되는 시기이다.

20 아동이 자기중심에서 벗어나 다른 사람의 시각에서 사물을 보는 능력이 발달되는 단계는?

① 감각운동기
② 전조작기
③ 구체적 조작기
④ 형식적 조작기
⑤ 성인 조작기

21 **청소년기(13~18세)에 관한 설명으로 옳은 것은?**

① 직업과 배우자 선택, 자녀양육 등으로 스트레스를 받는다.
② 에릭슨은 이 시기를 친밀감 대 고립감의 위기로 표현했다.
③ 체벌적 훈육법은 내적 통제능력을 길러준다.
④ 이상적 자아와 현실적 자아의 괴리로 인해 갈등과 고민이 많은 시기이다.
⑤ 또래집단에서 단체놀이를 통해 상대를 존중하고 규칙과 예절을 배운다.

22 **다음 중 성인 중기의 위기를 설명한 것은?**

① 융통성이 있으며 변화를 추구하고 안정보다 변화를 원한다.
② 새로운 것에 도전하며 과잉 습관화를 싫어한다.
③ 빈둥지 증후군을 보인다.
④ 샌드위치 세대로 불리며 책임감과 새로운 대처방법을 발전시키고자 하는 적극성이 많다.
⑤ 자신이 하는 일에 향상되는 상향곡선을 그린다.

23 **다음 〈보기〉에서 설명하는 이론은?**

노인의 사회적 후퇴는 사회요구에 반영하는 것이기보다 본질적이고 발달적인 속성이다. 즉, 감소된 사회적 상호작용은 사회와 노인이 서로 후퇴하는 상호작용으로 노인은 사회 활동의 축소에 대해 수용적이고 오히려 그것을 소망한다.

① 분리이론
② 활동이론
③ 생활양식이론
④ 유전이론
⑤ 생리학적 이론

24 **생태학적 관점에서 생태학적 환경을 구분할 경우 체계에 해당하지 않는 것은?**

① 가족 ② 학교
③ 시너지 ④ 사회복지관
⑤ 사회적 관계망

25 **'환경 속의 인간(person in environment)'에 관한 설명으로 옳지 않은 것은?**

① 인간을 환경과 지속적인 상호작용을 일으키는 존재로 본다.
② 인간과 환경체계 사이의 유기적 관계를 설명한다.
③ 인간은 사회환경을 지배하는 독립적 존재이다.
④ 인간행동이 사회환경에 의해 영향을 받고 있음을 설명한다.
⑤ 인간과 환경을 하나의 통합적 체계로 이해한다.

26 **문제를 이해할 수 없을 때 초자연적인 현상이나 신비적 원인으로 돌리는 행위를 무엇이라고 하는가?**

① 과도한 일반화
② 부정확한 관찰
③ 신비화 현상
④ 비논리적 추론
⑤ 선별적인 관찰

27 **사회과학의 특징에 대한 설명으로 옳지 않은 것은?**

① 자연과학에 비해 연구대상의 통제와 조사가 어렵다.
② 명확한 결론을 내리기 어렵다.
③ 연구자의 관점은 배제된다.
④ 사회과학은 사회문화적 특성의 영향을 받는다.
⑤ 연구대상의 윤리적인 문제가 일어날 수 있다.

28 **사회과학에서 추천되는 패러다임 중의 하나인 해석주의(interpretivism)에 관한 설명으로 옳은 것을 모두 고른 것은?**

가. 말이나 행위의 사회적 맥락을 고찰한다.
나. 일반화를 전개하는 것이 중시된다.
다. 개인의 일상경험을 해석하고 이해하는 것이 목적이다.
라. 현상의 원인을 객관적으로 측정한다.

① 가, 나, 다　② 가, 다
③ 나, 라　④ 라
⑤ 가, 나, 다, 라

29 **개입의 효과를 평가하는 연구에서 '두 개 모집단의 평균 간에 차이가 없을 것이다'라는 영가설에 관한 설명으로 옳지 않은 것은?**

① 위의 가설을 기호로 표시하면 이다.
② 가설검증에서 반드시 필요한 가설이다.
③ 연구자가 참으로 증명되기를 기대하는 가설이다.
④ 개입의 효과가 우연(표본추출오차)에 의해서 발생하였다고 진술하는 가설이다.
⑤ 연구가설을 반증하기 위해 사용되는 가설이다.

30 **키가 취업에 영향을 끼치는지 알아보기 위해 조사를 실시하였다. 조사를 실시한 후 분석하니 키가 취업에 긍정적인 영향을 끼치는 것으로 나타났다. 하지만 남녀의 성별로 다시 나눠서 조사를 하니 영향을 끼치지 않는 것으로 나타났다. 이 때 성별은 어떤 변수인가?**

① 매개변수 ② 외생변수
③ 독립변수 ④ 종속변수
⑤ 예측변수

31 **독립변수와 종속변수의 인과관계에 영향을 주는 제3의 변수로서 설계에서 통제하고 자 하는 변수를 무엇이라 하는가?**

① 억압변수 ② 왜곡변수
③ 통제변수 ④ 이산변수
⑤ 연속변수

32 **조사과정 단계를 순서대로 연결한 것은?**

가. 가설구성
나. 자료수집방법 결정
다. 자료수집
라. 설문지 문항 검토
마. 연구주제 선정

① 가 → 나 → 마 → 라 → 다
② 가 → 마 → 나 → 라 → 다
③ 마 → 가 → 나 → 다 → 라
④ 마 → 가 → 나 → 라 → 다
⑤ 마 → 가 → 라 → 나 → 다

33 **다음 〈보기〉 중 양적 조사의 특징만을 모두 고른다면?**

가. 연역법을 사용한다.
나. 현상학적이다.
다. 조사가 객관적으로 수행된다.
라. 조사대상이 동태적이라고 가정한다.

① 가, 나, 다 ② 가, 다
③ 나, 라 ④ 라
⑤ 가, 나, 다, 라

34 **측정대상의 간격이 일정하지 않은 척도는?**

① 명목척도 ② 등간척도
③ 서열척도 ④ 비율척도
⑤ 평정척도

35 **다음 중 척도의 연결이 잘못된 것은?**

① 사회복지사 자격 등급 – 등간척도
② 사회복지사 시험(1급) 응시자 수 – 비율척도
③ 화씨온도 – 등간척도
④ 계절 – 명목척도
⑤ 색깔의 선호도 – 서열척도

36 **다음 〈보기〉의 조사 연구 설계에서 간과하고 있는 내적 타당성의 저해 요인은?**

방과 후 프로그램의 담당자는 현재의 수업방식이 아동들의 성적 향상에 효과적인지를 알아보기 위해 프로그램 전 · 후의 성적을 측정하였다. 그 결과 아동들의 성적이 향상되었음을 발견하고, 현재 수업방식이 효과적이라는 결론을 내렸다.

① 반응성(reactivity)
② 외부사건(history)
③ 개입 확산(diffusion)
④ 완충(buffering) 효과
⑤ 플라시보(placebo) 효과

37 다음 측정오류 중 비체계적 오류가 아닌 것은?

① 측정자로 인한 오류
② 측정대상자로 인한 오류
③ 측정도구로 인한 오류
④ 개인적 성향으로 인한 오류
⑤ 측정상황적 요인으로 인한 오류

38 순수실험설계에 속하지 않는 것은?

① 통제집단 사전 – 사후검사설계
② 요인설계
③ 통제집단 사후검사설계
④ 솔로몬 4집단설계
⑤ 비동일 통제집단설계

39 다음 〈보기〉 중 인과관계의 증명을 위한 실험연구설계의 기본요소를 모두 고른다면?

가. 비교　　나. 조작
다. 통제　　라. 평가

① 가, 나, 다　　② 가, 다
③ 나, 라　　④ 라
⑤ 가, 나, 다, 라

40 다음 사례의 내적타당도 저해요인은?

사전검사에서 우울점수가 지나치게 높은 5명의 노인을 선정하여 우울감소 프로그램을 제공한 후 동일한 도구로 사후검사를 실시하였더니 이들의 우울점수가 낮아졌다.

① 후광효과
② 통계적 회귀
③ 실험대상 변동
④ 도구효과
⑤ 인과적 시간 순서

41 다음 〈보기〉 중 단일사례연구에서의 개입평가기준을 모두 고른다면?

가. 변화의 파동
나. 변화의 경향
다. 변화의 수준
라. 변화의 주제

① 가, 나, 다 ② 가, 다
③ 나, 라 ④ 라
⑤ 가, 나, 다, 라

42 면접조사의 장점이 아닌 것은?

① 질문지에 비해 응답률이 높다.
② 비언어적 행위도 가능하므로 응답의 타당성을 평가할 수 있다.
③ 무의식적인 응답을 기록할 수 있으며 더 많은 정보를 제공한다.
④ 일반적인 조사나 기록, 대답을 곰곰이 생각할 시간을 준다.
⑤ 면접은 보다 복잡한 질문을 사용할 수 있도록 한다.

43 델파이조사에 관한 설명으로 옳지 않은 것은?

① 전문가 패널의 의견을 수렴하는 방법으로 활용된다.
② 외형적으로는 설문조사방법과 유사하다.
③ 연구자가 사전에 결정한 방향으로 패널의 의견이 유도될 위험이 있다.
④ 패널의 후광효과를 방지하기 어렵다.
⑤ 반복되는 설문을 통하여 패널의 의견이 수정될 수 있다.

44 사회복지조사에서 대상자의 이름을 모두 적어 넣고 추첨하는 방식에 적합한 표집방법은?

① 단순무작위 표집방법
② 층화적 표집방법
③ 계통적 표집방법
④ 집락적 표집방법
⑤ 다단계 표집방법

45 **표집오차(sampling error)에 관한 설명으로 옳지 않은 것은?**

① 표본의 통계치와 모수 간의 차이를 의미한다.
② 일반적으로 표본규모가 클수록 감소한다.
③ 표본의 선정과정에서 발생하는 오차이다.
④ 모집단의 크기에 비례한다.
⑤ 모집단의 동질성에 영향을 받는다.

46 **연구대상이나 표본단위가 수록된 목록이며 이로부터 최종적인 표본이 추출되는 것은?**

① 모집단 ② 표집틀
③ 표집요소 ④ 표집오차
⑤ 신뢰구간

47 **신뢰구간을 계산하는 데 사용되는 것은?**

① 표집률 ② 표준오차
③ 표집간격 ④ 표집오차
⑤ 모치수

48 **다음 〈보기〉 중 프로그램 평가조사의 목적을 모두 고른다면?**

가. 프로그램의 계획이나 운영과정에 필요한 환류적 정보제공
나. 책임성 이행
다. 이론형성에의 기여
라. 가설의 검증

① 가, 나, 다 ② 가, 다
③ 나, 라 ④ 라
⑤ 가, 나, 다, 라

49 **내용분석법의 특징과 거리가 먼 것은?**

① 의사전달의 메시지 자체가 분석의 대상
② 문헌연구의 일종
③ 잠재적인 내용도 때로는 분석의 대상이 됨
④ 양적인 분석방법만을 사용
⑤ 과학적 연구방법의 요건을 갖출 것

50 **'연장입양아동이 주관적으로 경험한 입양됨의 의미'와 같은 연구주제를 다룰 때 주로 사용되는 연구방법에 관한 설명으로 옳지 않은 것은?**

① 초기의 분석틀을 도중에 변경할 수 있다.
② 개방형 질문과 구조화 면접으로 심층정보를 얻는다.
③ 연구도구로서 연구자가 가진 자질이 중요하다.
④ 자료의 수집과 분석이 단계상 분명히 구분되지 않을 수 있다.
⑤ 연구자의 주관성이 개입될 수 있다.

[사회복지실천]

정답 및 해설 376p

01 사회복지실천의 가치기반이 아닌 것은?

① 책임성
② 비밀보장
③ 인간의 존엄성
④ 사회조직 결성
⑤ 클라이언트 자기결정

02 사회복지사의 역할 중 체계유지와 강화를 위한 역할과 관련 있는 것으로만 묶여진 것은?

① 조직분석가, 전문가팀 구성원, 촉진자, 자문가
② 계획가, 실천가, 프로그램 개발자
③ 조력가, 행동가, 교육가
④ 혁명가, 개혁가, 정책가
⑤ 중개자, 사례관리자, 중재자, 대변자

03 사회복지개념의 관점변화가 잘못된 것은?

① 제도적 개념에서 잔여적 개념으로 변화
② 자선에서 시민의 권리로 변화
③ 특수성에서 보편성으로 변화
④ 최저조건에서 적정수준으로 변화
⑤ 개인으로부터 사회개혁으로 변화

04 우리나라 사회복지 실천현장의 역사에 관한 설명으로 옳은 것은?

① 사회복지전담공무원은 2000년대 중반부터 공공영역에서 활동하기 시작하였다.
② 건강가정지원센터는 2000년대 중반부터 운영되기 시작하였다.
③ 종합사회복지관은 1990년대 설립되기 시작하였다.
④ 정신보건사회복지사 자격제도는 2000년대 중반부터 시작되었다.
⑤ 한국사회복지사협회는 1990년대 후반에 설립되었다.

05 펄만(Perlman)이 강조한 사회복지실천의 4가지 구성요소에 해당하지 않는 것은?

① 장소(place)
② 사람(person)
③ 문제(problem)
④ 실천(practice)
⑤ 과정(process)

06 다음 중 진단주의에 대한 내용으로 잘못된 것은?

① 프로이트의 정신분석학에 의존
② 자아의 힘이 사회복지 원조에 따라 강화될 수 있다고 함
③ 자아의 강화를 도모
④ 사회환경에 대한 성격의 적응력 강화
⑤ 클라이언트가 스스로의 자아전개를 원조하는 것을 목표로 함

07 다음 사례에서 사례관리자의 역할은?

한부모 가정 내 알코올 중독자인 아버지는 심신의 쇠약과 경제적 무능력 상태에서 중학교 2학년인 딸과 생활하고 있다. 딸이 재학 중인 학교의 사회복지사는 딸의 가정환경을 사정하는 과정에서 아버지와 면담을 하였다. 아버지는 어떻게든 딸을 돌봐야겠다는 생각에 자신의 상황을 변화시키려는 의지를 갖고 있으나, 어디서부터 시작해야 할지 모르고 있었다. 학교사회복지사의 의뢰를 받은 사례관리자가 아버지의 욕구를 사정해 본 결과 알코올 의존에서 벗어나기, 직업 활동이 가능할 정도의 체력 회복, 직업 훈련, 취업정보의 획득 등의 욕구가 확인되었다. 아버지의 동의하에 사례관리자는 그에게 지역사회 내 병원, 직업훈련시설, 자활후견기관, 동주민센터, 단주모임(AA) 등을 안내하여 차례로 서비스를 받게 하였다.

① 중재자(mediator)
② 옹호자(advocate)
③ 중개자(broker)
④ 기획가(planner)
⑤ 조성자(enabler)

08 사회복지 실천현장의 예와 분류의 연결로 옳은 것은?

① 노인전문병원 – 1차 현장이며 생활시설
② 사회복지관 – 2차 현장이며 이용시설
③ 정신보건센터 – 1차 현장이며 생활시설
④ 청소년쉼터 – 2차 현장이며 이용시설
⑤ 노인복지관 – 1차 현장이며 이용시설

09 다음 〈보기〉 중 과업집단이 만들어지는 목적을 모두 고른다면?

가. 과업의 달성
나. 성과물의 산출
다. 명령의 수행
라. 성원의 사회정서적 욕구에 대한 만족 증가

① 가, 나, 다　　② 가, 다
③ 나, 라　　④ 라
⑤ 가, 나, 다, 라

10 케이스워크에 관한 내용으로 틀린 것은?

① 개인과 가족을 대상으로 한다.
② 문제에 대한 지식과 전문기술을 가진 전문가에 의해 실시되어야 한다.
③ 개인과 사회환경과의 상호작용을 중요시한다.
④ 현재에 기반을 두면서 개별적으로 이루어진다.
⑤ 치료, 재조정에 초점을 두고 있다.

11 다음 〈보기〉 중 생태학적 관점에 대한 설명으로 옳은 것은?

가. 환경과 상호작용하고 다른 사람과 관계를 맺는 인간의 능력은 타고난 것이다.
나. 자연환경과 상황 속에서 개인을 이해해야 한다.
다. 성격은 개인과 환경 간에 오랜 기간 상호작용한 산물이다.
라. 개인이 환경에 대해 가지는 객관적인 의미는 발달에 중요한 부분이다.

① 가, 나, 다　　② 가, 다
③ 나, 라　　④ 라
⑤ 가, 나, 다, 라

12 사회복지실천의 조사과정에서 사용되는 공통된 원칙 중 가장 부적절한 것은?

① 클라이언트의 표정이나 변화 등은 자료원이 될 수 없다.
② 클라이언트의 생활력을 중시해야 한다.
③ 워커와 클라이언트 간의 전문적 대인관계 형성과 수립을 통해 조사를 진행한다.
④ 클라이언트의 충분한 동의와 적극적 참여를 얻은 뒤에 면접을 진행시킨다.
⑤ 주관적 · 객관적인 사실들을 명확히 구분해야 한다.

13 다음 〈보기〉가 설명하는 기록방법은?

문제를 다루기 위하여 클라이언트의 문제와 전문적 개입에 초점을 두는 간결한 기록형식으로, 주로 병원이나 의료세팅에서 자주 사용되며 다양한 전문직간 의사소통에 유용하다.

① 요약기록 ② 과정기록
③ 진단기록 ④ 사례기록
⑤ 문제중심기록

14 사회복지실천 기록시 문제해결 중심의 SOAP형식에 해당하지 않는 것은?

① 과정
② 계획
③ 분석
④ 객관적 자료(사실적 자료 등)
⑤ 주관적 자료(클라이언트의 지각문제 등)

15 면접기술 중 다음 〈보기〉는 어떤 기술에 대한 것인가?

가. 개방성과 수용의 태도가 필요하다.
나. 평가나 조언은 하지 않는다.

① 경청기술 ② 질문기술
③ 해석기술 ④ 관찰기술
⑤ 분위기 설정기술

16 수용에 관한 설명으로 바람직하지 못한 것은?

① 수용의 대상은 선한 것만이 아니라 있는 그대로의 현실이다.
② 워커가 클라이언트의 있는 그대로를 이해하고 다루어 나가는 행동상의 원칙이다.
③ 워커의 고착효과는 반응적 수용의 장애가 된다.
④ 클라이언트가 표시한 감정이나 의사가 워커에 의해 시인되고 지지되는 과정에 대한 설명이다.
⑤ 클라이언트에 대하여 자조의 잠재능력과 권리를 존중하되 워커가 소속한 기관의 기능, 권한의 한계 내에서 반응해야 한다.

17 다음 〈보기〉가 설명하는 것은?

가. 사회복지의 과거 경험에서 파생된 감정 때문에 클라이언트에 대한 객관적인 인식이 방해되는 것을 말한다.
나. 클라이언트에 대한 왜곡된 인식, 치료를 방해하는 감정반응을 만들면서 관계를 악화시킨다.

① 전이 ② 역전이
③ 반응 ④ 적응
⑤ 통제

18 다음 중 반응적 수용의 장애요인이 아닌 것은?

① 인간행동양식에 관한 불충분한 지식
② 사회복지사로서 어떠한 면을 받아들이지 못하는 태도
③ 편견과 선입견
④ 수용과 허용의 혼동
⑤ 사회복지사에 대한 존경의 결여

19 **다음 〈보기〉 중 접수에 대한 설명으로 맞는 것을 모두 고른다면?**

보기

가. 접수만을 담당하는 사회복지사를 인테이크 사회복지사라고 한다.
나. 앞으로 진행될 전문적 관계의 양상을 결정한다.
다. 비자발적인 클라이언트가 동기를 가질 수 있도록 도와야 한다.
라. 사회복지사는 클라이언트를 유형화하여야 한다.

① 가, 나, 다 ② 가, 다
③ 나, 라 ④ 라
⑤ 가, 나, 다, 라

20 **다음 〈보기〉의 내용은 사회복지실천단계 중 어느 단계에 대한 설명인가?**

클라이언트의 문제가 무엇인지, 어떤 원인이지, 그 문제를 해결하거나 감소시키기 위해 자료를 수집 · 분석 · 종합하는 과정으로 사회복지실천과정의 핵심적인 단계이다.

① 평가 ② 사정
③ 개입 ④ 접수 및 정보수집
⑤ 목표설정 및 계약

21 **다음 〈보기〉 중 사정의 내용에 속하는 것을 모두 고른다면?**

가. 문제의 발견
나. 정보의 발견
다. 문제의 형성
라. 평가체계의 결정

① 가, 나, 다 ② 가, 다
③ 나, 라 ④ 라
⑤ 가, 나, 다, 라

22 **직접실천에 해당하지 않는 것은?**

① 장애인 취업상담
② 독거어르신 재가방문
③ ADHD아동 지원정책 개발
④ 치매어르신 주간보호 제공
⑤ 정신장애인 사회기술훈련 실시

23 **사회복지실천과정에서의 사정의 필요성으로 맞는 것은?**

가. 문제에 대한 분명한 진술
나. 클라이언트 체계에 대한 뚜렷한 진술
다. 클라이언트 체계와 타 상호작용 체계의 기능방법
라. 모든 정보의 통합성

① 가, 나, 다 ② 가, 다
③ 나, 라 ④ 라
⑤ 가, 나, 다, 라

24 **가족개입방법 중 개별 클라이언트 혹은 가족이 가족행동의 중요한 측면을 재연하여 보여주는 것을 무엇이라고 하는가?**

① 재구조화 ② 가족조각
③ 역할놀이 ④ 비디오 촬영
⑤ 과제할당

25 **다음 〈보기〉는 사례관리의 개입원칙 중 어느 것에 대한 설명인가?**

클라이언트의 욕구와 상황에 맞게 서비스를 제공한다.

① 서비스의 개별화 원칙
② 서비스 제공의 포괄성 원칙
③ 클라이언트의 자율성 극대화 원칙
④ 서비스의 지속성 원칙
⑤ 서비스의 연계성 원칙

26 **다음 〈보기〉는 사회복지실천 목표이다. 옳은 것을 모두 고르면?**

가. 사람들이 실천서비스를 받을 수 있도록 돕는다.
나. 사회복지사의 선의를 실현한다.
다. 개인, 가족, 집단에 대해 상담 및 정신적 치료를 제공한다.
라. 지역사회 또는 집단에게 사회서비스 및 건강서비스를 제공하거나 개선하도록 돕는다.

① 가, 나, 다 ② 가, 다, 라
③ 나, 다, 라 ④ 나
⑤ 가, 나, 다, 라

27 **사회복지사의 기능과 역할이 바르게 연결되지 않은 것은?**

① 직접적 서비스제공 역할 – 집단 지도자
② 체계와 연결 역할 – 사례관리자
③ 체계유지 역할 – 자문가
④ 연구 및 조사 역할 – 정보교육자
⑤ 체계개발 역할 – 기획가

28 **다음 〈보기〉 중 사회복지실천의 예술적 기반에 대한 설명으로 옳은 것을 모두 고른다면?**

가. 타인의 고통에 함께 동참해서 그 괴로움에 몰입할 수 있어야 한다.
나. 진심으로 클라이언트를 돌보고 안녕에 관심을 가져야 한다.
다. 문제와 관련된 모든 사람의 관점에서 상황을 이해할 수 있어야 한다.
라. 이론과 실천 준거틀을 적절하게 활용할 수 있어야 한다.

① 가, 나, 다　　② 가, 다
③ 나, 라　　④ 라
⑤ 가, 나, 다, 라

29 **심리사회모델의 형성에 기여한 이론이 아닌 것은?**

① 역할이론
② 자아심리이론
③ 대상관계이론
④ 의사소통이론
⑤ 사회구성주의이론

30 **케이스워크의 기능적 접근법에 대한 설명으로 부적절한 것은?**

① 오토 랭크의 인격론에 바탕을 두고 있다.
② 변화의 중심을 클라이언트에게 둔다.
③ 클라이언트의 참여를 중요시한다.
④ 문제해결적 접근법의 반발로 등장한 것이다.
⑤ 치료보다 원조를 강조한다.

31 심리사회모델의 이론적 기반을 모두 고른다면?

가. 실천에서 획득된 이론
나. 자아심리학
다. 자기심리학
라. 대상관계론

① 가, 나, 다 ② 가, 다
③ 나, 라 ④ 라
⑤ 가, 나, 다, 라

32 클라이언트 중심모델의 철학적 기초로 맞는 것은?

가. 정신분석이론
나. 행동주의 이론
다. 과정주의 이론
라. 인본주의 이론

① 가, 나, 다 ② 가, 다
③ 나, 라 ④ 라
⑤ 가, 나, 다, 라

33 사회복지실천모델 중 인지행동모델에 대한 설명으로 맞는 것은?

① 위기에는 위험과 기회라는 두 가지 요소가 혼합되어 있다.
② 치료과정에서 문제를 일으키는 잘못된 가정과 사고의 유형을 확인하고 재평가하여 수정하도록 원조한다.
③ 클라이언트의 모든 문제에 관심이 있는 것이 아니라 클라이언트가 인식하고 동의한 문제에 집중한다.
④ 인간의 잠재능력에는 한계가 있기 때문에 클라이언트의 책임감보다는 환경변화에 초점을 둔다.
⑤ 인간은 사회제도, 문화, 물리적 환경에 의해 영향을 받게 된다.

34 ABC(DE)모델에서 영문이 뜻하는 것과 연결이 바르지 못한 것은?

① A – 실재하는 사건
② B – 과정
③ C – 정서적 · 행동적 결과
④ D – 논박
⑤ E – 효과

35 다음 사례를 과제중심모델로 개입할 경우 표적문제와 과제의 연결로 옳은 것은?

A군은 절도사건에 연루되어 수강명령 처분을 받았다. A군은 현재 쉼터에 머물고 있으나 집으로 돌아가는 것과 학교출석만 요구하지 않는다면 상담을 받겠다고 한다. 또한 상담을 통해 남의 요구를 거절하지 못하는 것, 분노조절을 하지 못하는 행동을 고치고 싶다고 이야기하고 있다.

① 절도행위 – 자기통제력 증진하기
② 가출 – 1주일 내에 집으로 돌아가기
③ 무단결석 – 담임교사에게 전화하기
④ 분노조절이 안됨 – 원인 파악 위해 주 1회 상담하기
⑤ 남의 요구를 거절하지 못함 – 자존감 향상하기

36 과제중심모델의 개입원칙과 거리가 먼 것은?

① 다양한 접근방법을 통해 경험적으로 도출한 이론과 방법을 선택적으로 사용한다.
② 사회복지사가 판단한 특정문제에 초점을 맞춘다.
③ 클라이언트를 전 과정에 적극적으로 참여시킨다.
④ 문제를 유발하는 상황을 바꾸는 데 초점을 둔다.
⑤ 각 세션은 연속적인 과정으로 잘 구조화되어야 한다.

37 역량강화모델의 실천단계 중 발견단계의 업무를 모두 고른다면?

가. 방향 설정
나. 강점 확인
다. 파트너십 형성
라. 자원의 역량사정

① 가, 나, 다 ② 가, 다
③ 나, 라 ④ 라
⑤ 가, 나, 다, 라

38 다음 〈보기〉에서 설명하는 위기의 유형은?

> 사람이 예견하거나 통제할 수 없는 갑작스러운 외부사건에서 경험하는 위기

① 상황적 위기
② 발달적 위기
③ 실존적 위기
④ 경험적 위기
⑤ 일상적 위기

39 집단사회복지실천의 종결단계 과업이 아닌 것은?

① 미래에 대한 계획
② 변화유지 능력의 확인
③ 평가 계획의 수립
④ 변화 결과를 생활영역으로 일반화하기
⑤ 종결에 따른 감정 다루기

40 다음 중 집단발달단계 중 탐색시험단계의 특성은?

① 집단의 목적이 달성되어 해체되거나 기한의 도래 등으로 해체된다.
② 성원 간의 상호작용, 상호의존성, 그리고 협동적 활동에의 참여 등이 강하게 나타난다.
③ 상황의 탐색과 시험 및 갈등과 긴장이 남아 있는 상호작용의 단계이다.
④ 성원 간의 불안과 긴장이 가장 높은 단계이며 자의식이 강한 단계이다.
⑤ 개인들이 집단의 구성원이 되어 실제적인 상호작용을 하기 전의 단계이다.

41 사회기술훈련의 필수요소를 모두 고른다면?

보기

가. 처벌	나. 모델링
다. 사회봉사	라. 긍정적 강화

① 가, 나, 다　　② 가, 다
③ 나, 라　　④ 라
⑤ 가, 나, 다, 라

42 **집단사회복지실천의 치료집단에 속하지 않는 집단은?**

① 치유집단 ② 교육집단
③ 성장집단 ④ 사회화 집단
⑤ 사회행동집단

43 **다음 〈보기〉에서 설명하는 것은 치료집단 중 무엇에 대한 내용인가?**

보기

생활에서 장차 일어날 사건에 좀더 효과적으로 적응하기 위해 대처기술을 발전시킴으로써 성원들의 삶의 위기에 대처하도록 돕는 집단을 말한다.

① 교육집단 ② 지지집단
③ 치유집단 ④ 성장집단
⑤ 사회화 집단

44 **집단발달단계 중 노던의 구분이 아닌 것은?**

① 준비단계
② 오리엔테이션 단계
③ 친밀단계
④ 탐색과 시험단계
⑤ 문제해결단계

45 **다음 〈보기〉는 가족체계 중 어떤 내용에 관한 것인가?**

가. 가족구성원은 각자 자신의 영역과 가족의 영역을 확보하면서 개별적인 패턴을 만들어 간다.
나. 이러한 가족체계는 가족경계선의 방어를 중요치 않게 생각하므로 외부와의 교류에 제한이 없다.
다. 이러한 가족은 집안 출입의 권리를 손님이나 제3자에게도 확대하려 한다.

① 폐쇄형 가족체계
② 개방형 가족체계
③ 임의형 가족체계
④ 일원적 가족체계
⑤ 다원적 가족체계

46 **생태도에서 화살표가 의미하는 것은?**

① 스트레스와 갈등의 관계
② 빈약하고 불확실한 관계
③ 긍정적인 관계
④ 관계, 자원을 주고받는 방향
⑤ 단절된 관계

47 **다음 〈보기〉 중 구조적 가족치료에 해당하는 것을 모두 고른다면?**

가. 합류하기　　　나. 가족조각
다. 경계만들기　　라. 재정의

① 가, 나, 다　　② 가, 다
③ 나, 라　　④ 라,
⑤ 가, 나, 다, 라

48 **사회복지실천 기록의 목적과 용도에 해당하는 것을 모두 고른 것은?**

ㄱ. 수급자격 입증자료
ㄴ. 슈퍼비전의 활성화
ㄷ. 프로그램 예산 확보
ㄹ. 클라이언트 당사자와 정보 공유

① ㄱ, ㄴ, ㄷ　　② ㄱ, ㄷ
③ ㄴ, ㄹ　　④ ㄹ
⑤ ㄱ, ㄴ, ㄷ, ㄹ

49 **다음 〈보기〉의 내용은 어떤 기록방법에 대한 내용인가?**

가. 서비스 전달을 지도 · 감독한다.
나. 실무이론의 발달을 위해서 정보를 모은다.

① 이야기체 기록
② 과정기록
③ 진단기록
④ 문제지향적 기록
⑤ 시계열기록

50 **단일사례설계에 관한 설명으로 옳은 것을 모두 고른 것은?**

가. 개입과정의 변화 정보를 제공한다.
나. 주로 하나의 클라이언트체계 변화를 측정한다.
다. 기초선은 안정화될 때까지 반복적으로 측정해야 한다.
라. 둘 이상의 문제에 대해 개입할 때 다중기초선설계를 활용한다.

① 가, 나, 다 ② 가, 다
③ 나, 라 ④ 라
⑤ 가, 나, 다, 라

51 **지역사회복지실천의 원칙으로 옳지 않은 것은?**

① 지역사회에 대한 지역주민들의 불만을 집약한다.
② 사업추진의 효율성을 위하여 지역사회의 능력 탐색은 보류될 수 있다.
③ 지역사회에서 달성하려는 공동의 목표와 이를 실천할 수 있는 방법을 수립한다.
④ 지역주민들이 의사를 자유롭게 표현하도록 한다.
⑤ 지역사회에서 주민의 공감을 얻을 수 있는 풀뿌리 지도자를 발굴한다.

52 **지역사회가 지녀야 할 공통요소를 모두 고른다면?**

보기

가. 지역
나. 공동결속체
다. 사회적 상호작용
라. 상호배타성

① 가, 나, 다 ② 가, 다
③ 나, 라 ④ 라
⑤ 가, 나, 다, 라

53 **기능주의 시각을 공유하는 사회문제를 설명하는 이론으로 부적합한 것은?**

① 접촉차이론 ② 사회병리론
③ 사회해체론 ④ 사회변화론
⑤ 사회긴장론

54 **지역사회복지 실천원칙에 관한 설명으로 옳은 것을 모두 고른 것은?**

보기

ㄱ. 지역사회는 개인과 동일하게 자기결정의 권리를 갖는다.
ㄴ. 지역사회는 있는 그대로 이해되고 수용되어야 한다.
ㄷ. 개인과 집단처럼 각 지역사회는 상이하다.
ㄹ. 문제해결 접근방법에서 다양성은 배제되어야 한다.

① ㄱ, ㄴ, ㄷ ② ㄱ, ㄷ
③ ㄴ, ㄹ ④ ㄹ
⑤ ㄱ, ㄴ, ㄷ, ㄹ

55 **새마을운동에 관한 설명으로 옳지 않은 것은?**

① 1980년대 시작한 우리나라의 전형적 지역사회개발사업이다.
② 농한기 농촌마을가꾸기 시범사업 형태로 시작되었다.
③ 근면 · 자조 · 협동을 주요 정신으로 한다.
④ 농촌생활환경개선운동으로 시작되었으나 소득증대운동으로 확대되었다.
⑤ 도시민의 의식개선운동으로도 전개되었다.

56 **삼국시대에 가장 대표적인 구휼정책으로서 고구려 고국천왕 때 춘궁기에 빈민을 구제하기 위해 제정된 대표적인 제도는?**

① 사궁구휼 ② 흑창
③ 상평창 ④ 제위보
⑤ 진대법

57 **지역사회복지 전달체계 개편 과정을 순서대로 바르게 나열한 것은?**

가. 사회복지통합관리망 출범
나. 보건복지사무소 시범사업
다. 주민생활지원서비스 시행
라. 희망복지 지원단 운영
마. 사회복지사무소 시범사업

① 가 – 나 – 다 – 라 – 마
② 나 – 마 – 가 – 다 – 라
③ 나 – 마 – 다 – 가 – 라
④ 마 – 나 – 가 – 다 – 라
⑤ 마 – 나 – 다 – 가 – 라

58 문제해결을 위한 합리적인 계획수립이 중요하다고 보는 지역사회모델은?

① 지역사회개발모델
② 사회계획모델
③ 사회행동모델
④ 연대활동모델
⑤ 사회운동모델

59 다음 중 지역사회복지관 운영의 기본원칙으로 맞지 않는 것은?

① 지역성의 원칙
② 타율성의 원칙
③ 전문성의 원칙
④ 책임성의 원칙
⑤ 자원활용의 원칙

60 지역사회에 관한 로스만의 모델 중 사회행동에 대한 것을 모두 고른 것은?

보기
가. 권력관계와 자원의 변화
나. 자조
다. 기본적인 제도의 변화
라. 지역사회 문제해결

① 가, 나, 다 ② 가, 다
③ 나, 라 ④ 라
⑤ 가, 나, 다, 라

61 아동복지법에서 아동학대의 범위로 정하고 있지 않은 것은?

① 신체적 ② 정신적
③ 방임적 ④ 교육적 결핍
⑤ 성희롱

62 재가복지봉사센터에 관한 설명으로 옳은 것을 모두 고른 것은?

가. 지역사회보호 사업을 실천하는 대표적인 기관
나. 급식 지원 서비스, 말벗 서비스, 이 · 미용 서비스 등 생활지원서비스 제공
다. 조사 및 진단 기능의 수행
라. 직접적 서비스 제공기관으로 자동동원 기술은 사용하지 않음

① 가, 나, 다　② 가, 다
③ 나, 라　④ 라
⑤ 가, 나, 다, 라

63 재가복지가 등장하게 된 원인으로 옳지 않은 것은?

① 시설수용자의 전문적 서비스를 강화할 목적
② 주민의 복지욕구의 다양화
③ 수용시설의 사회화 욕구
④ 시설병의 발생예방 요청
⑤ 시설서비스의 한계와 탈시설화의 경향

64 지역사회문제의 해결과정 중 프로그램개발과정에 대한 설명으로 옳은 것은?

① 지역사회의 문제를 어떻게 경험하고 어떻게 인식하고 있는지를 파악한다.
② 문제상황의 범위, 피해나 영향의 정도, 긴급의 정도 등에 대해 파악한다.
③ 실천목표를 설정하고 목표달성을 위한 방법을 선택한다.
④ 홍보와 주민참여를 촉진한다.
⑤ 실천을 점검하여 목표가 어느 정도 달성되었는지를 명확하게 한다.

65 로스만의 사회행동모델에서 사회복지사의 역할로 옳지 않은 것은?

① 옹호자　② 행동가
③ 선동가　④ 중개자
⑤ 조력자

66 **사회복지사의 역할에 관한 설명이 바르게 연결된 것은?**

① 조력자 – 조직화를 격려
② 안내자 – 공동목표의 강조
③ 전문가 – 불만의 집약
④ 계획가 – 자기 역할의 수용
⑤ 행동가 – 프로그램 운영 규칙 적용

67 **사회복지 공동모금제의 장점이 아닌 것은?**

① 사회복지기관에 경쟁을 지양하고 협력을 얻을 수 있다.
② 기부자에게 계속적인 관심을 보이게 할 수 있다.
③ 사회복지 각 기관의 경비를 절약하고 사회복지사업에 많은 사람이 참여하게 된다.
④ 사회복지계획의 효율성을 높이고 협동적인 계획과 조정의 기능을 수행한다.
⑤ 권력의 집중으로 개별기관의 기능을 향상시킨다.

68 **시 · 도 지역사회복지협의회에 대한 설명으로 옳은 것은?**

① 지역사회복지의 과제 해결을 위한 정부조직
② 지역복지를 민간차원에서 종합적으로 수행
③ 지역사회복지협의체의 하위기관
④ 지역사회기관 등을 통제하기 위한 기관
⑤ 지역 특성을 반영하지 않음

69 **사회복지관의 지역사회보호사업의 내용으로 옳지 않은 것은?**

① 급식서비스
② 경제적 지원
③ 일상생활 지원
④ 민원상담
⑤ 정서적 서비스

70 비영리 민간단체가 갖추어야 할 조건을 모두 고른다면?

보기

가. 비종교적　　나. 자발적
다. 자율적　　라. 비책임적

① 가, 나, 다　　② 가, 다
③ 나, 라　　④ 라
⑤ 가, 나, 다, 라

71 다음 〈보기〉에서 자원봉사자의 욕구를 모두 고르면?

가. 성취욕구
나. 사회적 교환욕구
다. 사회적 접촉욕구
라. 사회적 과시욕구

① 가, 나, 다　　② 가, 다
③ 나, 라　　④ 라
⑤ 가, 나, 다, 라

72 지역사회보장계획에 관한 설명으로 옳은 것을 모두 고른 것은?

ㄱ. 최근 지역사회복지계획이 「사회보장급여 이용 · 제공 및 수급권자 발굴에 관한 법률」에 의거하여 지역사회보장계획으로 변경되었다.
ㄴ. 사회보장급여의 사각지대 발굴 및 지원방안 등을 포함한다.
ㄷ. 지역사회보장협의체에서 지역사회보장계획을 심의한다.
ㄹ. 시 · 도지사 및 시장 · 군수 · 구청장은 4년마다 지역사회보장계획을 수립하여야 한다.

① ㄱ, ㄴ, ㄷ　　② ㄱ, ㄷ
③ ㄴ, ㄹ　　④ ㄹ
⑤ ㄱ, ㄴ, ㄷ, ㄹ

73 다음 〈보기〉에서 형성평가의 내용이 아닌 것은?

가. 사업효과의 경로 확인
나. 대상집단의 적중성
다. 법규와 규정에의 순응성
라. 사업효과의 양적 · 질적 평가

① 가, 나, 다　　② 가, 다
③ 나, 라　　④ 라
⑤ 가, 나, 다, 라

74 **다음 〈보기〉에서 프로그램 설계에서의 목표설정에 대해 옳은 것은?**

가. 목표는 과정 지향적이어야 한다.
나. 목표는 실현 가능하여야 한다.
다. 목표는 클라이언트에 대한 언급을 회피하여야 한다.
라. 목표는 명확하게 설정되어야 한다.

① 가, 나, 다 ② 가, 다
③ 나, 라 ④ 라
⑤ 가, 나, 다, 라

75 **다음 〈보기〉에서 욕구사정을 위한 자료수집방법 중 질적 조사방법을 모두 고른다면?**

가. 지역사회 포럼
나. 델파이기법
다. 초점집단기법
라. 사회지표분석

① 가, 나, 다 ② 가, 다
③ 나, 라 ④ 라
⑤ 가, 나, 다, 라

[사회복지정책과 제도]

정답 및 해설 383p

01 사회복지정책의 기능으로 옳지 않은 것은?

① 사회 통합
② 최저생활 유지
③ 능력에 따른 배분
④ 개인의 잠재 능력 향상
⑤ 소득 재분배

02 사회복지에 대한 정책적 접근으로 잘못된 것은?

① 국가 법적 대책을 사회복지의 성립으로 본다.
② 사회문제를 개인의 책임이 아닌 사회나 국가의 책임으로 본다.
③ 사회복지를 인간의 조정기술로 보고 이를 중시한다.
④ 사회문제와 사회복지를 역사적 · 사회적 산물로 본다.
⑤ 전 국민을 사회복지서비스 대상으로 본다.

03 사회복지정책의 가치와 이를 구현하는 프로그램이 바르게 연결된 것은?

가. 형평성 – 소득비례연금
나. 적절성 – 최저생계비
다. 기회의 평등 – 드림스타트
라. 목표의 효율성 – 공공부조

① 가, 나, 다
② 가, 다
③ 나, 라
④ 라
⑤ 가, 나, 다, 라

04 오늘날 시행되고 있는 생산적 사회복지프로그램에 해당되는 각종 직업보도프로그램의 효시적 역할로 볼 수 있는 법은?

① 작업장법
② 노동자법
③ 스핀햄랜드법
④ 길버트법
⑤ 정주법

05 **다음 〈보기〉와 같은 슬로건을 제시한 사회사업운동은?**

빈민에게 물고기를 주지 말고 물고기 잡는 법을 가르쳐 주자.

① 사회개량운동 ② 자선조직협회
③ 인보관운동 ④ 사회행동
⑤ 사회계획운동

06 **복지국가 위기론이 제기되면서 국가 이외에 민간부문과 비공식 부문까지도 사회복지서비스의 공급주체로 인정하고 이를 활성화해야 한다는 주장은?**

① 소극적 복지주의
② 보충적 복지주의
③ 복지 다원주의
④ 제도적 복지주의
⑤ 자유주의적 복지주의

07 **확산이론에 관한 설명으로 옳은 것은?**

① 산업화가 촉발시킨 사회문제에 대한 대응으로 사회복지제도가 확대되었다.
② 사회복지정책의 확대과정은 국제적인 모방의 과정이다.
③ 사회복지정책의 확대과정에서 정당정치의 역할을 우선시한다.
④ 20세기 사회권이 시민의 권리로 확장되면서 사회복지정책이 확대되었다.
⑤ 집단적 사회양심의 축적과 인도주의 가치의 구현에 의해 사회복지정책이 발달되었다.

08 **사회복지의 확대에 있어 좌파정당과 노동조합의 영향을 강조한 이론은?**

① 이익집단이론(다원주의이론)
② 권력자원이론(사회민주주의이론)
③ 음모이론
④ 종속이론
⑤ 수렴이론(산업화이론)

09 **다음 〈보기〉에서 조지와 윌딩의 사회복지모형을 모두 고른다면?**

보기

가. 반집합주의
나. 소극적 집합주의
다. 페이비언 사회주의
라. 마르크스주의

① 가, 나, 다 ② 가, 다
③ 나, 라 ④ 라
⑤ 가, 나, 다, 라

10 **다음 중 신보수주의의 입장이 아닌 것은?**

① 작은 정부를 지향한다.
② 시장의 기능을 강화한다.
③ 사회복지의 축소를 주장한다.
④ 노동시장에서의 공급측면을 중시한다.
⑤ 지방을 배제하고 중앙집권화를 강조한다.

11 **다음 〈보기〉 중 사회복지정책의 분석대상이 되는 것을 모두 고른다면?**

가. 재정주체
나. 급여의 자격조건
다. 전달체계
라. 급여의 내용

① 가, 나, 다 ② 가, 다
③ 나, 라 ④ 라
⑤ 가, 나, 다, 라

12 **사회복지정책의 결정 및 집행에 대한 설명으로 옳지 않은 것은?**

① 정책집행은 정책목표의 구체화 과정이다.
② 정치행정 일원론적 시각은 정책집행의 관리기술적 의미를 강조한다.
③ 정책결정과정은 대안의 선택과정이다.
④ 정책집행기관의 성격은 정책성과에 영향을 미친다.
⑤ 정책결정에 관한 점증모형은 정치적 실현 가능성을 강조한다.

13 **정부는 최근 생산적 복지를 강조하고 있는데 이러한 생산적 복지에서 가장 중요시하고 있는 것은?**

① 국가 중심의 복지
② 근로와 연계된 복지
③ 정보화를 추구하는 복지
④ 공영화를 지향하는 복지
⑤ 자조집단 중심의 복지

14 **현물급여의 설명으로 옳은 것은?**

① 스티그마를 줄일 수 있다.
② 목표(서비스)를 효율적으로 달성할 수 있다.
③ 현금급여보다 비용이 적게 든다.
④ 클라이언트의 자율성을 보장한다.
⑤ 대상자의 욕구를 잘 파악할 수 있다.

15 **사회복지급여 형태 중 현금급여의 장점을 모두 고른다면?**

가. 수급자 선택의 자유를 보장한다.
나. 현물급여보다 관리비용이 더 많이 든다.
다. 산재보험의 휴업급여는 현금급여이다.
라. 정책목표의 효율성을 높일 수 있다.

① 가, 나, 다　　② 가, 다
③ 나, 라　　④ 라
⑤ 가, 나, 다, 라

16 **사회보장의 성립과정에 대한 설명으로 틀린 것은?**

① 최초의 사회보험 국가는 독일이다.
② 미국의 사회보장의 실현은 실업자 구제 및 경기회복을 중심으로 한 고용정책의 일환이다.
③ 영국은 1900년대 이후에는 사회문제를 개인문제로 보기보다 사회구조적 문제로 파악하여 사회보험정책을 실현하고자 하였다.
④ 한국은 1960년에 사회보험법이 최초로 마련되었다.
⑤ 사회보장용어의 최초 성립은 1935년 영국의 사회보장법에서 비롯된다.

17 **길버트와 스펙트의 사회복지정책의 분석 4가지에 해당하지 않는 것은?**

① 기관체계 ② 재정체계
③ 전달체계 ④ 할당체계
⑤ 급여체계

18 **연금제도의 원칙에 대한 설명으로 틀린 것은?**

① 연금기여금은 소득과 관계없이 일률적으로 정한다.
② 연금제도상 수혜자의 권리가 명백히 규정되어야 한다.
③ 급여는 과거의 소득과 기여정도에 근거해야 한다.
④ 가입대상자의 선정은 강제적이다.
⑤ 저소득층과 부양가족이 있는 근로자에 대한 고려가 있어야 한다.

19 **국민건강보험제도에 대한 설명으로 적합하지 않은 것은?**

① 건강보험의 보험자는 국민건강보험공단이다.
② 입원의 경우 요양급여비용에 대한 본인 일부 부담금의 비율은 20/100이다.
③ 적용대상자는 직장가입자와 지역가입자로 대별된다.
④ 보험료율의 범위는 3 ~ 8%이다.
⑤ 직장가입자와 지역가입자의 재정통합은 2003년 7월 1일부터이다.

20 **고용보험에 대한 설명으로 틀린 것은?**

① 1993년에 고용보험법이 제정되고, 1995년 7월 1일부터 시행되었다.
② 수급자격자는 고용안정기관의 장의 취업알선 및 직업능력개발훈련을 거부하지 못한다.
③ 구직급여기간에 대한 특별연장급여의 기간은 30일이다.
④ 구직급여의 지급수준은 실직전 평균임금의 50%를 지급한다.
⑤ 허위나 부정한 실업급여를 받은 자는 1년 이하의 징역 또는 300만 원 이하의 벌금을 받는다.

21 공공부조의 원리 중 자산조사와 가장 가까운 내용은?

① 생존권 보장의 원리
② 최저생활보장의 원리
③ 보충성의 원리
④ 국가책임의 원리
⑤ 자립조장의 원리

22 현행 우리나라 장애수당의 수급자격에 해당하는 것을 모두 고른 것은?

가. 전문적 판단
나. 소득/자산 조사의 조건
다. 연령 등의 인구학적 ㅁ조건
라. 기여의 조건

① 가, 나, 다 ② 가, 다
③ 나, 라 ④ 라
⑤ 가, 나, 다, 라

23 국민기초생활보장에서 실시상의 원칙과 관계가 없는 것은?

① 선 신청후 직권보호 병행
② 최저생활보장
③ 필요즉응의 원칙
④ 자산조사와 실태조사의 병행
⑤ 현금부조의 원칙

24 국민기초생활보장법의 내용이 아닌 것은?

① 생계급여는 현금급여로 지급된다.
② 평등의 가치를 반영한다.
③ 주거급여를 신설하였다.
④ 재정은 국가와 지방자치단체가 부담한다.
⑤ 지방자치단체에서 수급자격기준을 결정한다.

25 **국민기초생활보장법에 대한 설명 중 옳지 못한 것은?**

① 자활수급자에게는 생계급여를 지급할 수 없다.
② 권리성 급여가 이루어진다.
③ 시집간 딸도 부양능력 유무를 조사한다.
④ 연령과는 무관하다.
⑤ 자산조사가 필수적이다.

26 **다음 중 사회복지행정의 과정이 아닌 것은?**

① 조정　② 조직
③ 기획　④ 통제
⑤ 지시

27 **사회복지사 윤리강령의 내용으로 적합한 것은?**

① 사회복지사업은 합리적으로 운영되어야 하고 국민에게 공개함을 원칙으로 한다.
② 지역사회 구성원의 적극적 관심과 참여를 기반으로 추진되어야 한다.
③ 사회복지대상자의 욕구를 충족시킬 수 있도록 전문적인 복지서비스를 제공하여야 한다.
④ 복지대상자의 사상, 종교, 성별, 연령, 지위, 계층에 따른 차별을 하지 않는다.
⑤ 사회복지사업은 사회복지대상자의 인권옹호와 인간으로서의 고귀한 가치구현을 추구하여야 한다.

28 **다음 〈보기〉에서 선별주의와 관계가 깊은 것을 모두 고른다면?**

보기

가. 낙인감	나. 효율성
다. 효과성	라. 자산조사

① 가, 나, 다　② 가, 다
③ 나, 라　④ 라
⑤ 가, 나, 다, 라

29 **총체적 품질관리(Total Quality Management)에 관한 설명으로 옳지 않은 것은?**

① 서비스 이용자를 대상으로 욕구조사 실시
② 기획 단계부터 서비스 품질을 고려
③ 서비스의 변이(Variation) 가능성을 예방하는 노력
④ 최고 관리자를 품질의 최종 결정자로 간주
⑤ 투입과 과정에 대한 지속적 개선 노력

30 **목표관리(MBO)에 관한 설명으로 부적절한 것은?**

① 조직의 민주화, 인간화를 통해 조직발전에 기여한다.
② 업적평가의 객관적 기준과 책임한계를 밝혀 준다.
③ 조직목표와 개인목표를 분리시키려고 노력한다.
④ 목표관리란 상 · 하 간의 참여적 관리라고 할 수 있다.
⑤ 목표관리는 조직구성원의 사기와 만족감을 높인다.

31 **개방체계이론에 속하지 않는 것은?**

① 조직군 생태이론
② 제도이론
③ 정치경제이론
④ 인간관계이론
⑤ 자원의존이론

32 **다음 〈보기〉에서 목표관리(MBO)의 기본요소를 모두 고른다면?**

가. 목표설정
나. 참여
다. 피드백
라. 조직의 역량 극대화

① 가, 나, 다　② 가, 다
③ 나, 라　④ 라
⑤ 가, 나, 다, 라

33 **공공사회복지서비스 전달체계의 문제점이라 할 수 없는 것은?**

① 사회복지서비스 제공의 융통성이 다양하게 제공된다.
② 사회복지전문인력의 부족상태이다.
③ 서비스 통합이 미흡하다.
④ 상의하달식 수직체계를 가지고 있다.
⑤ 위원회의 활동이 부족하다.

34 **다음 〈보기〉에서 민간서비스 전달체계의 특징으로 옳은 것을 모두 고른다면?**

보기

가. 재정의 안정　　나. 융통성
다. 둔감성　　라. 유연성

① 가, 나, 다　　② 가, 다
③ 나, 라　　④ 라
⑤ 가, 나, 다, 라

35 **다음 중 전달체계 통합방법이 아닌 것을 고른다면?**

① 아웃 리치
② 사례관리
③ 트래킹
④ 인테이크의 단일화
⑤ I & R

36 **명령일원화의 원리가 가장 잘 지켜져 있는 조직은?**

① 직능조직
② 직계조직
③ 기능식 조직
④ 직계참모조직
⑤ 위원회 조직

37 길버트의 조직유형 중 자원봉사활동 조직은 어느 유형에 해당되는가?

① 투과성 조직
② 관료제 조직
③ 일선조직
④ 부분적 통제조직
⑤ 전면적 통제조직

38 다음 중 위원회에 관한 설명으로 옳은 것은?

① 법인을 대표한다.
② 조직의 정책결정기구이다.
③ 법적으로 권리 · 의무를 갖는다.
④ 사회복지법인의 필수기구이다.
⑤ 위원회는 특별한 업무를 처리하기 위한 전문가로 구성된다.

39 사회복지사의 번 아웃(Burnout, 소진상태) 예방책이 아닌 것은?

① 전문적 지식과 기술능력의 강화
② 업무량의 조정
③ 기관의 융통성 극대화 노력
④ 명확한 역할기대와 공정한 평가
⑤ 파워게임과 기권게임에 의한 의사소통 강화

40 사회복지조직이 환경에 대한 종속을 상쇄시킬 수 있는 조건이 아닌 것은?

① 외부세력에 의해 허용된 정보
② 서비스 사용에 대한 외부의 재량권 행사
③ 주요자원의 소유
④ 대체자원이 필요한 서비스의 이용 가능성
⑤ 정당성을 내세울 수 있는 이념 개발

41 **사회복지행정에서 참여형 리더십의 장점이 아닌 것은?**

① 집단의 지식과 기술을 보다 잘 활용한다.
② 구성원들이 조직과 그 활동에 대하여 보다 헌신적이 된다.
③ 개인의 중요성을 강조한다.
④ 개방적인 의사소통을 촉진한다.
⑤ 변화를 일으키고 위기에 대처하는 데 용이하다.

42 **X이론과 관계 깊은 리더십의 스타일은?**

① 특성이론
② 행동이론
③ 자질이론
④ 상황적합이론
⑤ 유효성 이론

43 **인간의 이성과 전지전능성에 따라 합리적으로 의사결정을 할 수 있다는 정책결정모형은?**

① 점증모형 ② 만족모형
③ 최적모형 ④ 합리모형
⑤ 쓰레기통모형

44 **다음 중 집단의사결정의 단점으로 볼 수 없는 것은?**

① 최적안의 폐기 가능성
② 시간과 에너지의 낭비
③ 특정구성원에 의한 지배가능성
④ 의견불일치로 인한 갈등
⑤ 커뮤니케이션 기능의 수행

45 다음 〈보기〉에서 설명하는 예산체제는?

> 보기
>
> 사회복지조직의 활동을 기능별 또는 프로그램별로 나누고, 이를 다시 세부프로그램으로 나누어 세부프로그램 단위의 원가를 계산하고 여기에 업무량을 곱하여 예산액을 정한다.

① 영기준 예산제도
② 계획 예산제도
③ 점증주의 예산제도
④ 품목별 예산제도
⑤ 성과주의 예산제도

46 다음 중 시장세분화의 장점이 아닌 것은?

① 시장의 세분화를 통하여 마케팅 기회를 탐지할 수 있다.
② 제품 및 마케팅 활동을 목표시장의 요구에 적합하도록 조정할 수 있다.
③ 규모의 경제가 발생한다.
④ 시장세분화의 반응도에 근거하여 마케팅 자원을 보다 효율적으로 배분할 수 있다.
⑤ 소비자의 다양한 욕구를 충족시켜 매출액의 증대를 꾀할 수 있다.

47 다음 마케팅 믹스(4P) 중 홍보의 형태로 기관의 클라이언트에게 상품을 직접 전달하는 것은 무엇인가?

① 상품 전략 ② 가격 전략
③ 촉진 전략 ④ 관리 전략
⑤ 유통 전략

48 정보관리시스템(MIS)이 필요한 이유가 아닌 것은?

① 종합적인 정보가 신속히 요구된다.
② 컴퓨터의 이용으로 정보처리기능이 향상되었다.
③ 의사결정에 필요한 정보의 양이 많아졌다.
④ 의사결정에는 단순한 정보만이 필요하다.
⑤ 정보처리의 비용은 절감하고 조직의 정보처리능력을 향상하기 위한 것이다.

49 다음 〈보기〉에서 설명하는 욕구조사방법은?

보기

욕구조사의 대상이 되는 특정지역사회나 집단에 대한 욕구나 문제를 찾기 위해 광범위한 영역에 걸쳐 주민생활의 각 조건들을 측정해 놓은 기존의 자료로 활용하는 방법이다.

① 델파이기법
② 관찰법
③ 면접법
④ 지역사회공청회
⑤ 사회지표분석방법

50 종합사회복지관 운영의 1차적 감독책임자는?

① 보건복지부장관
② 시 · 도지사
③ 읍 · 면 · 동
④ 시 · 군 · 구
⑤ 지역사회복지협의회

51 다음 중 사회보험법에 해당하지 않는 것은?

① 국민건강보험법
② 고용보험법
③ 공무원연금법
④ 의료급여법
⑤ 사립학교교직원연금법

52 영국의 엘리자베스 구빈법을 근대적 사회복지의 출발점으로 보는 이유는?

① 국가가 걸인의 이동을 규제하였기 때문에
② 빈민을 분류화하였기 때문에
③ 구빈의 책임을 교구에 부여했기 때문에
④ 구빈행정의 기본단위가 지방행정단위로 정했기 때문에
⑤ 국가에서 구빈의 책임을 졌기 때문에

53 **사회복지 자치법규에 관한 설명으로 옳지 않은 것은?**

① 자치법규로는 조례와 규칙을 들 수 있다.
② 대외적 구속력 있는 법규범에 해당한다.
③ 법체계상 지방자치단체장의 전속권한에 속하는 것으로서 규칙으로 정하여야 하는 사항을 조례로 정하더라도 위법은 아니다.
④ 주민은 복지조례의 제정을 청구할 수 있다.
⑤ 원칙적으로 상위법령의 위임이 없더라도 사회복지에 관한 수익적인 조례를 제정할 수 있다.

54 **국민기초생활보장수급자 가운데 조건부 수급자는 직업선택의 자유를 간접적으로 침해 받는다. 다음 〈보기〉에서 헌법상 자유권을 제한할 수 있는 근거를 모두 고른다면?**

보기

가. 국가안전보장	나. 공공복리
다. 질서유지	라. 사회형평

① 가, 나, 다 ② 가, 다
③ 나, 라 ④ 라
⑤ 가, 나, 다, 라

55 **사회권적 기본권의 규범적 구조의 구성요소를 모두 고른다면?**

보기

가. 실체적 권리
나. 수속적 권리
다. 절차적 권리
라. 보상적 권리

① 가, 나, 다 ② 가, 다
③ 나, 라 ④ 라
⑤ 가, 나, 다, 라

56 **다음 〈보기〉 중 공적 사회복지주체만으로 묶여진 것은?**

보기

가. 국가 · 지방자치단체
나. 사회복지법인
다. 공공단체
라. 비영리법인

① 가, 나, 다 ② 가, 다
③ 나, 라 ④ 라
⑤ 가, 나, 다, 라

57 다음 〈보기〉 중 공공기관의 사회복지사(사회복지전담공무원)의 법적 지위로 옳은 것은?

가. 경력직 공무원
나. 경력직 공무원 중 일반직 공무원
다. 지방공무원
라. 별정직 공무원

① 가, 나, 다 ② 가, 다
③ 나, 라 ④ 라
⑤ 가, 나, 다, 라

58 1948년 '모든 사람은 사회의 일원으로 사회보장제도에 관한 권리를 갖는다.' 고 선언하여 인권에 관한 상징적 기준이 된 선언문은?

① 사회보장헌장
② 세계인권선언
③ 유럽사회보장법전
④ 대서양헌장
⑤ 국제인권규약

59 다음 〈보기〉에서 설명하는 제도는?

국가 및 지방자치단체의 책임하에 생활유지 능력이 없거나 생활이 어려운 국민의 최저생활을 보장하고 자립을 지원하는 제도를 말한다.

① 사회보험제도
② 공공부조제도
③ 사회복지서비스제도
④ 관련복지제도
⑤ 사회복지시설이용제도

60 다음 〈보기〉에서 사회보장기본법상의 사회보장의 범위로 맞는 것을 모두 고르면?

가. 사회보험
나. 공공부조
다. 사회서비스
라. 평생사회안전망

① 가, 나, 다 ② 가, 다
③ 나, 라 ④ 라
⑤ 가, 나, 다, 라

61 **다음 중 사회복지위원은 어디에 배치되는가?**

① 보건복지부 ② 시, 도
③ 시, 군, 구 ④ 읍, 면, 동
⑤ 사회복지관

62 **다음 중 사회복지법인의 성격으로 옳지 않은 것은?**

① 비영리법인 ② 특수법인
③ 사법인 ④ 공법인
⑤ 재단법인

63 **사회복지사업법령상 사회복지전담공무원에 관한 설명으로 옳지 않은 것은?**

① 전담공무원은 사회복지사 자격을 가진 자로 한다.
② 전담공무원은 지역사회복지협의체의 위원이 될 수 있다.
③ 전담공무원을 임용 · 배치하는 경우에는 보건복지부장관에게 보고하여야 한다.
④ 전담공무원은 사회복지를 필요로 하는 사람 등에 대하여 상담과 지도를 한다.
⑤ 국가는 전담공무원의 보수 등에 드는 비용의 전부를 부담하여야 한다.

64 **국가 또는 지방자치단체 이외의 자가 사회복지시설을 설치하여 운영하고자 할 때는?**

① 시 · 도지사의 허가 필요
② 시장 · 군수 · 구청장의 허가 필요
③ 시 · 도지사에 신고
④ 시장 · 군수 · 구청장에 신고
⑤ 보건복지부장관의 허가

65 **다음 중 분할연금 수급권자가 될 수 없는 경우는?**

① 노령연금 수급권자인 배우자와 이혼한 후 60세가 된 경우
② 60세가 된 이후에 노령연금 수급권자인 배우자와 이혼한 경우
③ 60세 이후에 배우자였던 자가 노령연금 수급권을 취득한 경우
④ 배우자였던 자가 노령연금 수급권을 취득한 후 본인이 60세에 달한 경우
⑤ 분할연금 수급권자가 재혼할 때 그 재혼기간의 경우

66 **노인장기요양보험법령상 장기요양인정 신청에 관한 설명으로 옳지 않은 것은?**

① 장기요양보험가입자 또는 그 피부양자는 장기요양인정 신청을 할 수 있다.
② 장기요양인정 신청자는 원칙적으로 의사소견서를 제출하여야 한다.
③ 보건복지부장관이 정하여 고시하는 도서 · 벽지에 거주하는 자는 의사소견서를 제출하지 아니할 수 있다.
④ 장기요양등급 변경을 원하는 수급자는 장기요양인정의 갱신 신청을 해야 한다.
⑤ 신청자가 직접 신청할 수 없는 사유가 있을 때에는 그 가족이나 친족, 그 밖의 이해관계인이 대리 신청할 수 있다.

67 **현재 산재보험의 관리운영에 대한 설명으로 틀린 것은?**

① 산재보험의 보험료율은 법률로 정해져 있다.
② 고용노동부에서 직접 관리하고 운영한다.
③ 산재보험의 급여요건은 업무수행성과 기인성이 동시에 충족되어야 한다.
④ 산재보험의 급여비는 사업주가 전액부담하고, 사무집행비는 정부가 부담한다.
⑤ 상시 근로자 5인 미만인 직장은 사업장의 개념에 포함되어 있다.

68 **우리나라 고용보험제도에 대한 설명으로 옳지 않은 것은?**

① 우리나라 4대 사회보험 중 가장 늦게 시행된 제도이다.
② 실직근로자에게 실업급여뿐만 아니라 직업능력개발사업과 고용안정사업도 시행하고 있다.
③ 실업급여에 필요한 보험료는 피용자와 사용자가 공동부담하고 있다.
④ 실업급여는 적극적 노동시장정책의 일환이다.
⑤ 일종의 단기보험이다.

69 **국민건강보험법의 이의신청 등에 관한 설명으로 틀린 것은?**

① 가입자 및 피부양자의 자격, 보험료 등에 대해 이의가 있는 자는 국민건강보험공단에 이의신청을 할 수 있다.
② 요양급여비용의 처분에 이의가 있는 공단, 요양기관 또는 그 밖의 자는 국민건강보험공단에 이의를 신청할 수 있다.
③ 요양급여의 적정성에 대한 평가 등에 관한 처분에 대한 이의가 있는 공단, 요양기관 또는 그 밖의 자는 심사평가원에 이의를 신청할 수 있다.
④ 공단의 처분에 이의가 있는 자는 행정소송을 제기할 수 있다.
⑤ 심사평가원의 처분에 이의가 있는 자는 행정소송을 제기할 수 있다.

70 국민기초생활보장사업 대상자에 대한 조사내용 중 포함되지 않는 항목은?

① 가족상황
② 부양의무자가 있는 경우 그 부양능력의 유무
③ 소득 및 재산보유 상황
④ 최근 5년 간의 거주지 이동상황
⑤ 건강상태, 가구 특성 등의 생활실태

71 국민기초생활보장법령에 관한 설명으로 옳지 않은 것은?

① 수급권자를 부양할 책임이 있는 부양의무자에는 수급권자의 손자는 포함되지 않는다.
② 수급권자의 친족도 수급권자에 대한 급여를 신청할 수 있다.
③ 보장기관은 급여를 개인 단위로 실시하되, 특히 필요한 경우는 개별가구 단위로 실시할 수 있다.
④ 부양의무자의 부양은 국민기초생활보장법에 따른 급여에 우선하여 행하여진다.
⑤ 수급자가 검진 지시에 따르지 아니한 것을 이유로 보장기관이 수급자에 대한 급여 결정을 취소하려면 청문을 하여야 한다.

72 국민기초생활보장제도에서 부양할 책임을 가져야 하는 사람이 아닌 것은?

① 부모
② 조부모
③ 배우자
④ 장인장모
⑤ 생계를 같이 하는 삼촌, 고모

73 장애인복지에 관한 내용으로 맞지 않는 것은?

① 장애인복지법은 1981년에 처음 제정되었다.
② 장애인고용촉진법에서는 장애인의 편의증진에 대한 기준을 제시하고 있다.
③ 장애인복지 심의관은 장애인복지정책을 담당한다.
④ 사회재활은 장애인의 사회생활과 가정생활의 적응을 위해 원조한다.
⑤ 공기업 및 준정부기관으로 지정받은 공공기관의 의무고용률은 상시 고용하고 있는 근로자 수의 100분의 3으로 한다.

74 **다음 사회복지서비스법에 대한 설명으로 알맞은 것은?**

① 노인의 날은 10월 1일이다.
② 모자가족은 모가 세대주로서 주민등록부상 세대주여야 한다.
③ 사회복지서비스 전달체계에서 하부조직은 주민복지센터이다.
④ 어린이집은 아동복지시설에 해당된다.
⑤ 사회복지법인, 비영리법인 외에 개인도 한부모가족복지시설을 설치할 수 있다.

75 **다음의 노인복지시설 중 법령에서 명시하지 않은 명칭은?**

① 양로시설
② 노인대학
③ 재가노인복지시설
④ 노인요양시설
⑤ 노인복지주택

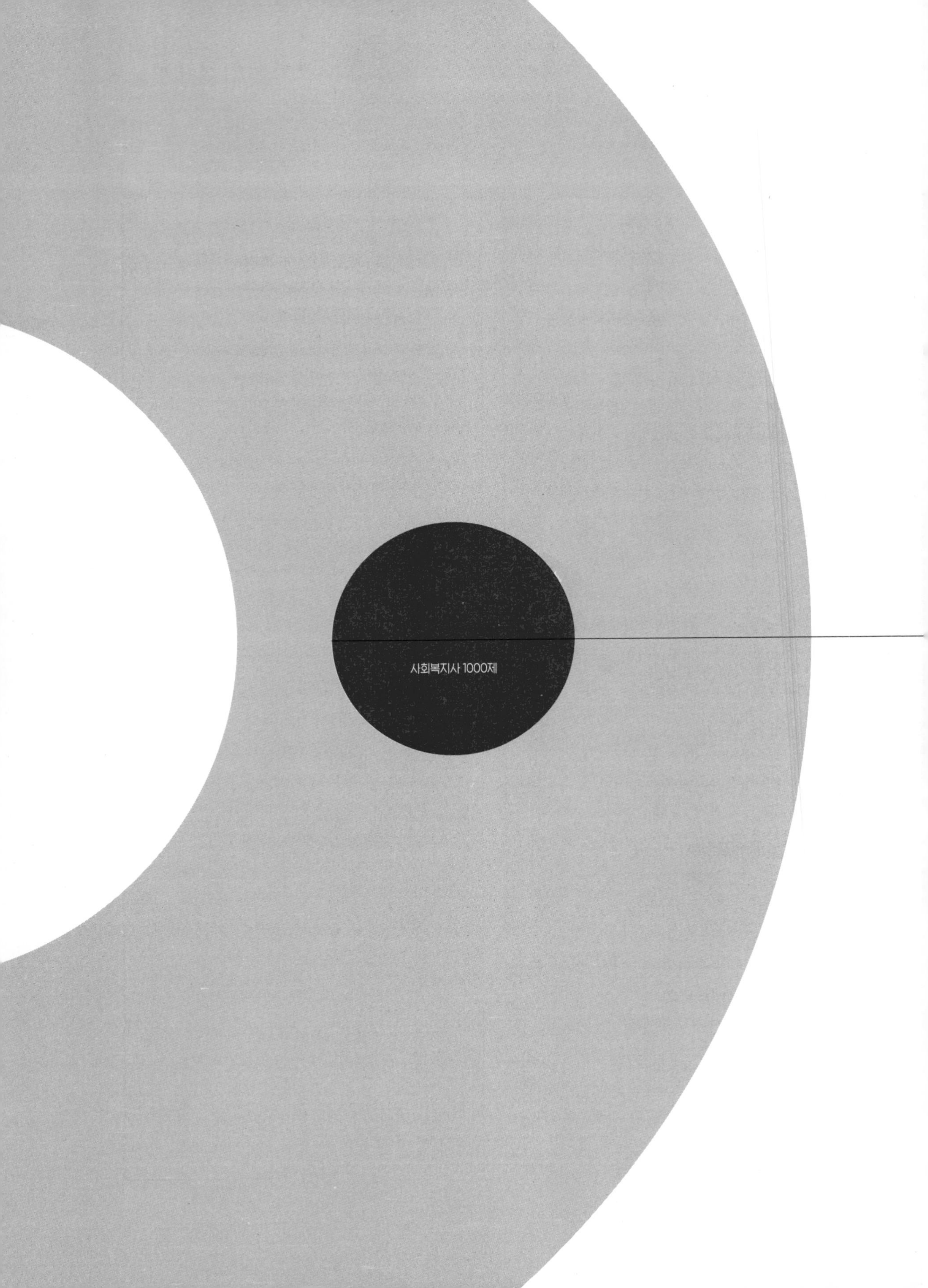
사회복지사 1000제

정답 및 해설

SOCIAL WORKER

1교시 사회복지기초

01	③	02	①	03	①	04	③	05	②
06	④	07	⑤	08	①	09	②	10	④
11	③	12	②	13	②	14	②	15	⑤
16	③	17	⑤	18	⑤	19	②	20	①
21	②	22	④	23	①	24	①	25	⑤
26	①	27	④	28	④	29	①	30	①
31	⑤	32	①	33	③	34	⑤	35	②
36	②	37	④	38	①	39	①	40	⑤
41	③	42	③	43	④	44	②	45	⑤
46	①	47	①	48	④	49	①	50	⑤

01 정답 ③

① 발달에는 일정한 방향이 존재하는데 상부에서 하부로, 중심부위에서 말초부위로 진행된다.
② 발달은 연속적인 과정이며, 발달의 속도는 일정하지 않다.
④ 발달에는 개인차가 존재한다.
⑤ 신체발달 및 심리발달에는 발달이 가장 쉽게 이루어지는 결정적 시기나 최적의 시기가 있다.

02 정답 ①

에릭슨은 인간의 삶이 육체적 체계, 자아체계, 사회적 체계로 구성된다고 본다.

- **육체적 체계** : 감각, 운동, 호흡, 순환, 내분비, 신경체계 등과 같이 생물학적 유기체로서 기능하는 데 필요한 체계이다.
- **사회적 체계** : 개인이 맡은 사회적 역할, 가족구조, 사회적 관습, 문화양식 등과 같이 인간이 사회에 통합되는 과정을 말한다.
- **자아체계** : 사고와 추리의 중심이 되는 과정으로서 기억, 인식, 판단, 언어, 문제해결능력 등을 포함한다. 이 체계를 구성하는 요소들은 인간의 전 생애에 걸쳐 발달하고 변화하며 유전적 요인과 교육적 경험의 영향을 받는다.

03 정답 ①

가. 성장은 유전적 요인, 환경적 요인 모두에 영향을 받는다.
나. 학습은 행동과 정신이 변화하는 과정이다.
다. 성장은 신체의 크기, 근육의 세기 및 양적 증가를 나타내며 성숙은 정신적 분화, 질적 변화를 나타낸다.

04 정답 ③

융의 이론에서 성격발달은 자기를 실현하는 과정으로, 분화된 자아를 통해 현실 속에서 자기를 찾으려고 노력하며 중년기를 전환점으로 자아가 자기에 통합되면서 성격발달이 이루어진다고 보았다.

05 정답 ②

- **나** : 남근기의 특징이다.
- **라** : 잠재기의 특징이다.

06 정답 ④

프로이트의 성격발달단계는 구강기 – 항문기 – 남근기 – 잠재기 – 생식기 순으로 발달하는데 이 중에서 성격형성에 가장 중요한 역할을 하는 단계는 구강기, 항문기, 남근기로 보았다.

07 정답 ⑤

아들러는 프로이트의 정신역동이론이 생물학적 요인이나 본능의 강조가 지나치다고 생각하여 그의 이론에 반대했지만 생애 초기의 경험이 성인기에 많은 영향을 준다고 믿었다. 아들러는 프로이트와는 달리 과거의 탐색에 초점을 두는 것이 아니라 과거의 경험이 현재에 미치는 영향에 더 관심을 두었다.

08 정답 ①

스키너의 인간행동에 대한 ABC 패러다임
- **선행요인(A)** : 행동 이전에 일어나는 사건으로 일어날 행동의 단계를 설정한다.
- **행동(B)** : 관찰 가능하고 측정 가능한 반응 혹은 행동이다.
- **결과(C)** : 특정행동의 직접적인 결과인 그 무엇을 말한다.

09 정답 ②

1차적 강화와 2차적 강화
- **1차적 강화** : 본래부터 강화속성을 지닌 것으로 사람들이 귀중하다고 여기는 대상과 활동을 포함한다.
- **2차적 강화** : 학습되어 강화속성을 갖는 것이다.

10 정답 ④

①, ③은 고정간격 강화, ②는 가변비율 강화, ⑤는 가변간격 강화이다.

11 정답 ③

Schema(도식)란 인간이 자신의 인지발달수준에 따라 아이디어와 개념을 생각하고 이를 조직화하는 방식을 말한다. 즉, 인간의 마음속에서 어떤 개념 또는 사물의 가장 중요한 측면이나 특징을 인식하고 표현하는 능력이다.

12 정답 ②

나 : 전조작기
라 : 형식적 조작기

13 정답 ②

자아중심성 : 단지 자신만을 인식하며 다른 사람의 욕구와 관점을 인식하지 못하는 것으로, 이를 극복하기 위해서는 또래들과의 상호작용을 통해서 극복될 수 있다.

14 정답 ②

5가지 욕구는 동시에 일어나는 것이 아니라 어떤 특정한 순간에는 한 가지 욕구만이 강렬하게 나타나고 이 한 가지 욕구가 나타나기 위해서는 그 전 단계의 욕구가 만족되어야 한다.

15 정답 ⑤

신생아기의 주요 반사반응
- **빨기반사** : 신생아가 음식을 받아 먹을 수 있는 능력
- **탐색반사** : 자극에 대한 자동적인 움직임
- **모로반사** : 갑작스런 큰 소리를 듣게 되면 자동적으로 팔과 다리를 쭉 편다.
- **걷기 반사** : 바닥에 아이의 발을 닿게 하면 아이가 자연스럽게 한 다리를 들어올리려는 반응
- **쥐기반사** : 아이의 손바닥에 무엇을 올려 놓으면 손가락으로 쥐는 것과 같은 반응
- **바빈스키 반사** : 아이의 발바닥을 간지럽게 하면 발가락을 발등 위쪽으로 부채처럼 펴는 경향

16 정답 ③

애착관계의 형성과 대상영속성의 형성은 유아기에 이루어진다.

17 정답 ⑤

자아중심성 사고는 전조작기에 해당하는 것으로 학령 전기의 특징이다. 청소년기에는 자신과 자신이 속한 세계에 대해 상대적인 입장에서 생각할 수 있는데 이는 피아제의 형식적 조작기에 해당한다.

18 정답 ⑤

중년기의 신체적 변화는 신체 기능의 저하, 심리적인 변화, 에너지의 변화, 외모의 변화, 감각기관의 변화, 육체적 힘과 반응시간의 변화, 성별에 따른 신체변화 등을 들 수 있다.

19 정답 ②

헤비거스트의 활동이론은 분리이론과 반대로 중년기의 능동적이고 적극적인 생활양식을 노년기에도 지속하는 것이 노인들에게 긍정적인 영향을 준다고 본다. 이 이론에서는 사회적 · 심리적 분리가 노년기에 일어난다는 것을 강조한다. 성공적인 노화를 이룩한 사람은 높은 수준의 사회적 · 정서적 및 물리적 참여를 유지하고 있는 사람들이다.

20 정답 ①

뉴가튼의 5가지 조부모 유형
- **공식형** : 모든 자녀양육 책임을 부모에게 넘기고, 간헐적으로 아기를 돌보는 등 손자녀와의 관계를 제한하는 형
- **재미추구형** : 함께 즐기는 상호관계에서 손자녀의 놀이동료가 되어 주는 형
- **대리부모형** : 손자녀의 부모가 일하거나 혹은 직장에 나가는 편모여서 상당히 많은 시간을 돌보아주며 책임을 떠맡는 형
- **원거리형(거리두기형)** : 멀리 떨어져 사는 경우 생일이나 공휴일에 손자녀와 정기적으로 만나지만 아이들의 생활에 거의 관련하지 않는 형
- **가족지혜 보존형** : 권위주의적인 역할을 떠맡고 특별한 자원이나 기술을 전수하려는 형

21 정답 ②

사회체계이론은 단선적인 인과관계의 관점이 아니라 다양한 체계들 간의 상호작용을 강조하는 개념이다.

22 정답 ④

폐쇄형 가족체계는 외부와의 상호작용, 사람, 물건, 정보, 생각의 교환을 엄격히 제한하며 가족 내 권위자는 가족에 대해 통제가 철저한 것이 특징이다.

23 정답 ①

자조집단은 공통된 쟁점에 대해 개인 또는 환경에 바람직한 변화를 가져오기 위해 뜻을 함께하는 사람들로 구성된 집단을 말한다.

24 정답 ①

지역사회개발모델은 지역사회의 변화를 지역사회 수준에서 다양한 사람들의 폭넓은 참여로 이루어진다.

25 정답 ⑤

문화란 특정 민족이나 사회가 지속적으로 간직해 온 다양한 분야의 생활모습이며 인간의 생존에 필수적인 요소이다. 즉 사회구성원들에게 내면화되어 인간행동에 영향을 미치는 사회체계로서 인간의 생활양식이라 할 수 있다.

26 정답 ①

과학적 방법은 두 변수 이상의 관계에 대한 잠정적 진술인 가설을 검증하는 것이다.

27 정답 ④

통계조사 : 양적 기술방법을 사용하는 과학적 조사기법이다.

통계조사의 종류
- **전수조사** : 조사대상 전부를 조사하는 것으로, 그 범위가 한정되어 있더라도 조사대상의 최종단위를 전부 조사하는 한 전수조사에 해당
- **표본조사** : 통계학적 원리에 의하여 표본을 추출하여 전체를 추정하는 방법으로서 대표성 있는 표본의 추출이 표본조사의 성패를 좌우

28 정답 ④

연구방법론은 경험주의 방법을 사용한다.

29 정답 ①

라 : 변수에 대한 설명이다.

30 정답 ①

과학적 조사의 단계
- **문제형성단계** : 전체적인 조사의 방향을 설정한다.
- **가설형성단계** : 문제를 실증적으로 검증 가능하도록 구체화한다.
- **조사설계단계** : 조사연구를 효과적으로 수행하기 위한 논리적 전략단계이다.
- **자료수집단계** : 다양한 방법들을 동원하여 정보를 수집한다.
- **자료분석단계** : 통계기법 등을 이용하여 분석한다.
- **보고서 작성단계** : 연구결과 일반화, 일정한 형식으로 기술하여 타인에게 전달한다.

31 정답 ⑤

⑤ 설명적 조사의 내용이다.

32 정답 ①

검사 – 재검사법은 동일한 상황에서 동일한 측정도구, 동일한 대상을 다시 측정하여 결과를 비교한 방법이다.

33 정답 ③

① 동일인이 한 체중계로 몸무게를 여러 번 측정하는 것은 체중계의 신뢰도와 관련 있다.
② 편향은 측정의 체계적 오류와 관련 있다.
④ 반분법은 측정도구의 신뢰도를 검사하기 위해 활용된다.
⑤ 구성체(개념) 타당도 검사를 위해 해당 개념과 관련된 이론적 모형이 필요하다. 구성체 타당도란 측정하고자 하는 개념이 포함된 이론과 관련하여 측정도구의 타당성을 확보하려는 방법을 말한다.

34 정답 ⑤

요인척도의 장점
- 컴퓨터의 통계 프로그램 사용으로 계산이 용이함
- 단일 차원성 확보
- 항목에 가중치 부여
- 연속 점수

35 정답 ②

판별타당도는 서로 다른 개념을 측정하였을 때 측정문항들 간에 상관관계가 낮아야 한다는 것이다.

36 정답 ②

비체계적 오류를 줄이려면 측정항목수를 가능한 한 늘려야 한다.

37 정답 ④

실험과 현지연구와의 차이는 실험의 경우 변수의 조작과 통제가 이루어진다는 점이다. 즉, 현지연구는 변수의 조작과 통제를 하지 않는다.

38 정답 ①

실험설계를 위한 기본조건
- **독립변수의 조작** : 독립변수를 실험자가 인위적으로 변화한다.
- **외생변수의 통제** : 독립변수와 종속변수 이외의 종속변수에 영향을 미칠 수 있는 변수의 영향을 제거한다.
- **실험대상의 무작위화** : 무작위 표집 또는 무작위 할당

39 정답 ①

비실험설계의 한 종류인 일원적 설계는 특정사건이나 현상의 발생, 인구집단의 특성, 개인적 · 집단적 경험 등을 기술할 때 사용되며, 단 한번의 관찰로써 조사하여 관찰값을 파악하는 데 이용된다.

40 정답 ⑤

단일사례 연구설계의 기본구조
- **기초선 단계** : 개입하기 이전 단계이며 'A'로 표시한다.
- **개입국면** : 표적행동에 대한 개입이 이루어지는 기간이며 'B'로 표시된다.

41 정답 ③

단일사례연구의 특징
- 단일사례 연구설계는 변수 간의 관계규명이 목적이 아니다.
- 단일사례연구의 1차적 목적은 어떤 표적행동에 대한 개입의 효과성을 분석하는 데 있다.

42 정답 ③

① **직접관찰** : 행동이 실제 일어난 때에 관찰하는 방법이다.
② **간접관찰** : 과거 행동의 결과로 나타난 물리적인 흔적을 관찰하는 방법이다.
④ **비공개적 관찰** : 응답자가 자신이 관찰되고 있는 사실을 모르는 상태에서 조사하는 방법으로 완전히 모르게 한다는 것에 한계가 있으며, 윤리적 측면에서 문제가 될 수 있다.

43 정답 ④

총괄평가는 프로그램의 종료 후 실시하는 평가로 프로그램의 지속, 중단, 확대 등에 관한 총괄적인 의사결정을 할 경우 사용한다.

44 정답 ②

계통적(체계적) 표집방법 : 일련번호를 붙인 표집틀을 마련하고 모집단의 총수를 요구되는 표본수로 나누어 표집 간격을 구한 후 표집간격 안에 들어 있는 숫자를 무작위로 하나를 선택한다. 이를 추출된 최초의 표본으로 정하고 나머지 표본들은 기계적으로 정해진 일정한 표집간격에 따라 추출하는 방식이다.

45 정답 ⑤

단순무작위 표집법
- 가장 잘 알려진 무작위 표본이며 확률적 표본이다.
- 무작위 표본에서 전 대상 내의 각 사람은 표본으로 선택될 동일한 확률을 가지고 있다.
- 단순무작위 표본은 모든 가능한 집단들이 선택될 가능성이 동일한 표본이다.
- 무작위 표집의 절차는 표집틀에서 각 사람이나 표집단위에 번호를 할당하여 조사자가 일정한 유형없이 단순히 무작위로 뽑는 것이다.
- 가장 보편적으로 사용하는 방법이 난수표이다.

46 정답 ①

표본설계의 절차
- **모집단의 확정** : 가능한 한 완전하고 정밀한 모집단의 구성 필요
- **표집틀 설정** : 최종적인 표본을 추출하게 될 표집틀 설정
- **표집방법 결정** : 구체적으로 표본을 선정할 방법의 결정
- **표본크기의 결정** : 표집방법, 모집단의 성격, 시간과 비용, 연구자 및 조사원의 능력 등을 고려하여 결정
- **표본추출** : 결정된 표집방법으로 표본을 수집

47 정답 ①

임의표집방법 : 모집단에 대한 정보가 전혀 없는 경우나 모집단 구성요소들 간의 차이가 별로 없다고 판단될 때, 표본선정의 편리성에 기준을 두고 조사자 임의대로 확보하기 쉽고 편리한 표집단위를 표본으로 추출하는 방법이다.

48 정답 ④

지역사회 포럼은 지역사회의 다양한 구성원들로부터 가치나 태도, 의견 등을 직접적으로 청취하여 자료를 수집하는 방법이다. 수집될 정보의 내용이 사전에 결정되지 않으므로 자유로운 지역사회 의견들이 포럼을 통해 도출될 수 있다는 것이 장점이다. 그러나 지역사회의 대표성을 고루 갖춘 참석자들의 확보가 어려워서 포럼의 참석자들이 지역사회의 특수집단 이익에 편중될 수 있다는 단점이 있다.

49 정답 ①

내용분석법에서 분석내용의 범주는 연구목적에 적합하여야 하고, 포괄적이어야 하며, 상호배타적이어야 한다.

50 정답 ⑤

조사연구계획서 : 조사의 목적과 내용, 대상, 자료수집방법, 조사도구, 조사일정, 비용 등을 밝힘으로써 조사감독자 등이 이해관련자들의 조사 방향을 이해하고 조사 수행에 필요한 사항이나 자원을 미리 준비하는 데 필요한 정보를 제공하는 문서이다.

2교시 사회복지실천

01	⑤	02	②	03	①	04	④	05	⑤
06	②	07	①	08	③	09	④	10	⑤
11	①	12	③	13	②	14	③	15	④
16	②	17	①	18	③	19	⑤	20	⑤
21	③	22	⑤	23	①	24	②	25	④
26	③	27	③	28	②	29	④	30	①
31	②	32	②	33	①	34	④	35	③
36	②	37	①	38	①	39	①	40	⑤
41	③	42	②	43	⑤	44	①	45	⑤
46	①	47	③	48	④	49	①	50	③
51	④	52	④	53	②	54	④	55	③
56	⑤	57	④	58	①	59	③	60	②
61	⑤	62	②	63	④	64	①	65	③
66	①	67	④	68	②	69	③	70	①
71	④	72	①	73	⑤	74	①	75	①

01 정답 ⑤

사회복지실천활동은 모든 사람의 생활의 질 개선과 사람들의 문제해결능력 향상에 목적을 둔다. 또한 자원, 서비스, 기회를 제공하는 체계와 클라이언트를 연결시킨다. 따라서 가, 나, 다, 라 모두 사회복지실천활동에 포함된다고 볼 수 있다.

02 정답 ②

케이스워크의 궁극적 목적은 자아 개발(자아의 강화, 내적인 힘의 강화)이다.

03 정답 ①

J. Rengensburg는 케이스워크란 워커가 클라이언트로 하여금 그의 문제가 무엇인가를 명백히 하도록 도와주고 그 문제를 해결할 수 있는 다른 방법은 무엇인가를 생각할 수 있도록 조력하는 동안 그 문제를 다루어나가는 클라이언트의 능력을 현실에 비추고 중시하는 방법이라고 하였다.

04 정답 ④

사회복지사의 역할을 기능 수준별에 따라 제시하고 있다. 먼저 연구 및 조사활동자로서의 역할은 평가자로서 기능을 수행한다. 직접적 서비스제공자로서의 역할은 상담자, 조력자 및 교육자로서의 기능을 수행한다. 그리고 체계와 연결하는 역할은 중개자, 사례관리자이며, 체계유지 및 강화 수행자는 촉진자 및 자문가가 이에 해당된다.

05 정답 ⑤

진단주의 모형은 질병심리학적 관점에서 출발하고, 기능주의 모형은 성장심리학적 관점에서 다룬다.

06 정답 ②

② 기능주의 학파는 진단주의에 대한 반발로 1930년대에 등장하였으며, 인간의 성장 가능성과 주체성을 강조한다.
① 기능주의 학파가 미국 대공황 이후 등장하였다.
③ 클라이언트의 과거 생활력을 강조한 것은 진단주의 학파이다.
④ 기능주의 학파는 현재의 경험과 개인의 동기에 대한 이해를 중시한다.
⑤ 두 학파 간의 논쟁이 종식된 것은 사회복지방법론의 통합이 대두되기 시작한 1950년대 이후이다.

07 정답 ①

프로이트의 정신분석이론의 영향을 받은 것은 진단주의이다. 기능주의는 오토 랭크의 영향을 받아 인간을 보다 창의적·의지적인 존재로 보고, 또한 낙관적으로 보아야 한다는 견해를 주장하였다.

08 정답 ③

〈보기〉의 사회복지사는 영세민들의 권익보호를 위해 영세민을 대신하여 서비스 제공을 촉구하는 대변자로서의 역할을 수행했다.

09 정답 ④

④ 사례관리의 내용이다.

10 정답 ⑤

잠긴 문, 대중매체에 대한 부모의 꼼꼼한 통제, 여행에 대한 감시와 통제, 낯선 사람에 대한 세밀한 조사, 출입금지, 높은 담장, 전화번호부에 등록되지 않은 전화 등은 폐쇄형 가족체계의 전형적인 모습이다.

11 정답 ①

④ 사회행동의 내용이다.

12 정답 ③

표적체계는 목표를 달성하기 위해 영향을 주거나 변화시킬 수 있다고 보여지는 사람들을 말한다. 이들은 목표에 따라 표적이 자주 바뀌는데 주로 클라이언트가 표적이 된다.

13 정답 ②

나, 라는 생활모델의 특성이다.

14 정답 ③

면접 시 개방형 질문을 하는 것이 클라이언트에게 정보를 얻는 데 유리하며, 중첩형 질문이나 유도형 질문, '왜' 질문 유형 등은 피하는 것이 좋다.

15 정답 ④

기록의 목적(중요성)

- 사례의 지속
- 전문분야의 의사소통
- 워커의 사고 조직화
- 워커의 지도감독
- 후원자에 대한 보상
- 워커의 교육훈련을 위한 자료
- 수혜자격의 입증근거 마련

16 정답 ②

치료면담은 클라이언트의 자신감, 자기효율성 등을 강화하여 클라이언트를 변화시키는 것을 목적으로 하며, 필요한 기술을 훈련하며 문제를 해결할 수 있는 능력을 키우고자 한다. 사회복지관이나 지역사회, 공공기관 등과의 면담도 포함되며 환경을 바꾸기 위해 면담하는 경우도 있다.

17 정답 ①

② **개별화** : 클라이언트 개개인의 독특한 자질을 알고 이해하여야 한다.
③ **자기결정** : 클라이언트는 존중 받아야 한다.
④ **수용** : 있는 그대로 받아들인다.
⑤ **비심판적 태도** : 심판하지 않는다.

18 정답 ③

비밀보장은 전문적 관계에서 나타나게 되는 클라이언트에 대한 비밀정보의 보호이다. 이러한 비밀보장은 사회복지사의 윤리적 의무이다. 그러나 비밀보장이 절대적인 것은 아니며 기관 내의 다른 전문가에게 밝혀야 하는 경우도 있다. 서비스의 개선을 위해 동료에게, 교육을 위해 실습생에게, 의뢰를 위해 다른 기관에게 정보를 공개할 수 있다. 그러나 가족의 요청이 있다고 해서 클라이언트의 정보를 공개하지는 않는다.

19 정답 ⑤

역전이로 인해 관계를 지속할 수 없을 경우에는 클라이언트에게 사회복지사 자신의 문제로 인해 관계를 지속할 수 없음을 알리고 다른 사회복지사에게 의뢰해야 한다. 역전이란 사회복지사의 과거 경험에서 파생된 감정 때문에 클라이언트에 대한 객관적인 인식이 방해되는 것을 말한다.

20 정답 ⑤

생태체계이론은 환경과의 제반요소들과 끊임없이 상호교류하면서 인간의 적응적이고 진화적인 견해를 제공하며, 인간과 환경 간의 상호영향 변화를 잘 설명하여 준다.

21 정답 ③

생태도는 클라이언트 상황에서 의미 있는 체계들과의 관계를 그림으로 표현함으로써 특정문제에 대한 개입계획을 세우는 데 매우 유용한 도구이다.

22 정답 ⑤

가계도란 2 ~ 3세대에 걸친 가족관계를 도표로 작성함으로써 현재에 제기된 문제의 근원을 찾는 것으로서 사회복지사와 클라이언트가 함께 작성해야 한다. 이는 세대 간에 있어 생물학적 · 법적 · 정서적으로 가족들 스스로가 세대 간에 반복되는 유형을 찾고 그에 대한 통찰력을 갖도록 하는 데 유용한 도구이다.

23 정답 ①

- **존경** : 클라이언트로 하여금 독특한 존재로서 자신의 신념을 허용하며 자신의 인생문제에 대처해 나갈 수 있는 잠재력을 가지고 있음을 신뢰하게 하는 능력
- **직면** : 관계를 악화시키지 않도록 하면서 사고와 행동의 불일치를 지적하는 능력
- **구체성** : 감정, 경험, 행동을 정확하게 지적하는 능력
- **진실성** : 타인에게 정직하게 대응하는 능력

24 정답 ②

서비스 제공의 포괄성 : 지역사회에서 클라이언트의 다양한 욕구를 충족시키기 위해 필요한 광범위한 지지를 연결하고 조정, 검정하는 것이다.

25 정답 ④

클라이언트의 의뢰이유를 알아보는 것은 접수단계의 과업이다.

26 정답 ③

그룹워크의 발달을 가져오게 되는 계기는 자본주의 산업화가 중류층의 지식층을 중심으로 발전한 것이 계기가 되었다. 케이스워크는 치료적 기술의 사용이 중심이 되고 사회사업은 예방중심보다는 치료 중심적이다.

27 정답 ③

거시적 차원 : 사회복지사는 정책수립과 프로그램의 개발, 사회변화를 위한 연대활동, 홍보, 교육활동 등을 하며 계획가, 행동가, 현장개입가의 역할을 한다.

28 정답 ②

심리사회이론은 인간과 환경의 상호작용에 대한 이해를 바탕으로, 클라이언트의 과거 경험이 현재 내적 또는 사회기능에 미치는 영향을 강조하는 이론이다.

29 정답 ④

심리사회모델에서의 개입기법 중 간접적 개입은 환경을 조성하는 것이다. 즉, 환경에 관련된 사람과의 관계에 개입하거나 사회환경적 변화를 추구하는 활동이다. 클라이언트가 필요로 하는 자원을 발굴하여 제공하며 클라이언트에 대한 옹호 및 중재활동을 한다.

30 정답 ①

인간은 스스로 자신의 문제를 해결하고 이해할 수 있는 능력을 가지고 있으며 인간의 발달은 고정된 것이 아니고 되어 가고 있는 진행의 단계로 보고 있다. 상담은 이미 개인에게 존재하는 능력을 해방시켜 주는 것으로 보고 있다.

31 정답 ②

인지재구조화란 역기능적이고 불합리한 신념이나 인식체계를 찾아내어 재구조화하는 것을 말한다.

32 정답 ②

인지적 왜곡의 유형

- **임의적 추론** : 충분하고 적절한 증거가 없는데도 결론에 도달하는 것을 말한다.
- **선택적 축약** : 상황에 대한 맥락을 무시하고 상세한 부분에 초점을 두는 것을 말한다.
- **과도한 일반화** : 단일 사건에 기초하여 극단적인 신념을 가지고 그것들과 유사하지 않은 사건이나 장면에 부적절하게 적용하는 과정이다.
- **극대화와 극소화** : 부정적인 것은 극대화하고 긍정적인 것은 축소화하는 등 사건의 의미나 크기를 왜곡하는 것이다.

33 정답 ①

역설적 의도, 경험적 학습, 이완훈련은 불안치료에 효과적인 인지행동기법에 속한다. 자유연상은 정신분석치료기법이다.

34 정답 ④

생태체계모델, 행동주의모델, 과제중심모델은 환경적 개입을 강조한다.

35 정답 ③

대화단계는 대화를 통해 클라이언트의 현재 상황, 욕구 등을 공유하는 과정으로 강점 확인, 자원능력 사정은 발견단계의 과제이다.

36 정답 ②

위기개입활동에서 워커는 소극적인 중립적 입장보다는 적극적 입장으로 임해야 한다. 따라서 개인이든 가족이든 간에 위기개입은 현재의 위기상황이나 클라이언트의 감정 모두 중요하지만 무의식적인 정신내적 갈등에 역점을 두면 위기로부터 현실적 직시를 가져오지 못하므로 항상성 균형유지의 장애요인으로 작용된다.

37 정답 ①

길리랜드의 위기개입모델 과정 중 사정절차

경청하기	활동하기
• 문제 정의하기 • 클라이언트의 안전 확보하기 • 지지하기	• 대안 탐색하기 • 계획세우기 • 참여 유도하기

38 정답 ①

소시오메트리는 집단 내 구성원들 간의 호감과 반감을 측정하는 사정도구로, 인간관계나 집단의 구조 및 동태를 경험적으로 기술 · 측정하는 이론과 방법을 총칭하기도 한다.

39 정답 ①

1965년 Garland, Jones, Kolony 등은 아동을 중심으로 개발한 집단발달단계의 순서를 친밀 전 단계 → 권력과 통제단계 → 친밀단계 → 특수화 단계 → 이별단계로 구별하였다.

40 정답 ⑤

자조집단은 공통적인 문제나 장애를 가진 사람들의 공동욕구 해결을 위한 상호원조를 제공할 목적으로 구성된 집단을 말한다. 이에 자조집단은 상하 간의 계층이나 수직적 관계를 거부하고 수평적 관계를 중시한다. 반면에 특정의 문제해결을 위한 모임이 자조적으로 이루어졌다 할지라도 특정문제를 해결하는 전문가의 개입이 필수적으로 뒤따른다.

41 정답 ③

이해적인 결속이 아니라 정서적인 결속이다.

42 정답 ②

내적 심리상태의 갈등을 가진 사람들을 위해 성원들의 행동변화, 개인적인 문제의 개선, 또는 상실된 기능의 회복을 원조하는 것을 목적으로 구성된 집단은 치료집단이다.

43 정답 ⑤

집단의 크기가 크면 응집력의 형성과 의견일치가 어렵다.

44 정답 ①

④는 초기단계에서의 계약업무이다.

45 정답 ⑤

사회구성주의 관점은 그 문제를 보는 관점에 따라 해결방법도 다양해질 수 있다고 보는 것으로, 사회복지사는 가족구성원의 다양한 견해와 가정들을 이해하고 그 안에서 가족성원 스스로 문제해결의 단서를 찾도록 도와주는 것이다. 시어머니가 가족의 문제를 어떻게 인식하고 있는지를 확인해야 한다. 해결중심 가족치료, 이야기 치료 등이 사회구성주의 관점에 기초해서 등장한 가족개입기법이다.
①, ③ 보웬식(다세대) 가족치료, ② 구조적 가족치료, ④ 경험적 가족치료

46 정답 ①

빈둥지 시기란 자녀들이 독립하거나 결혼을 함으로써 집을 떠나 부부만 남는 시기로, 자녀와의 분리로 인해 부모가 상실감을 느끼게 되는 시기를 말한다.

47 정답 ③

생활력도는 가족이나 가족성원에게 발생한 중요한 사건이나 시기를 중심으로 해서 연대기적으로 작성한다.

48 정답 ④

합류는 사회복지사가 가족의 분위기를 파악하여 행동하거나 감정표현을 하는 것이며, 가족의 역기능적 패턴 재구성하기는 실연에 해당한다.

49 정답 ①

탈삼각화란 가족 내에 형성되어 있는 삼각관계를 벗어나게 하여 가족원들의 자아분화를 돕는 기술로, 두 성원의 감정영역에서 제3의 성원을 분리시키는 과정이다.

50 정답 ③

진단기록의 목적 : 지도 · 감독에 있어서 각 클라이언트의 상황에 대한 실천가의 진단을 개발하기 위하여, 또한 실천가의 진단기술을 강화하기 위하여 쓰이는 것이다.

51 정답 ④

지역사회가 지리적 영역, 사회 · 문화적 상호작용, 공동의 유대 등 3가지로 구성된다고 말한 사람은 힐러리(Hillery)이다. 길버트와 스펙트는 지역사회의 기능을 경제제도, 정치제도, 종교제도, 가족제도, 사회복지제도와 연결하여 설명하였다.

52 정답 ④

워렌의 지역사회기능 비교척도

- **지역적 자치성** : 지역사회의 제 기능을 수행함에 있어서 타 지역에 어느 정도 의존하는가 하는 것
- **서비스 영역의 일치성** : 상점, 학교, 공공시설, 교회 등의 서비스 영역이 어느 정도 동일지역 내에서 이루어지고 있는가에 관한 것
- **지역에 대한 주민들의 심리적 동일시** : 지역사회주민들이 자기 지역을 어느 정도로 중요한 준거집단으로 생각하며, 어느 정도 소속감을 갖는가에 관한 것
- **수평적 유형** : 지역사회 내에 있는 상이한 단위조직들이 구조적으로나 기능적으로 얼마나 강한 관련을 갖고 있는가에 관한 것

53 정답 ②

공동사회와 이익사회

공동사회	이익사회
• 유기적 연대관계 유지 • 혈연, 지연에 의해 지속 • 감정과 우정에 기초한 정서적 결합	• 이기주의 • 금전적 기타 목적을 염두에 두고 이루어짐 • 객관적 계약에 의해 이루어짐

54 정답 ④

사회복지기능을 제도적 관점에서 보면 시장 기제에서 탈락된 빈곤자 등 사회적 약자를 이타주의 정신에 입각하여 국가가 책임을 진다. 즉, 개인의 능력에 따라 기회를 극대화하는 것과는 거리가 멀다.

55 정답 ③

재가복지봉사센터 설립(1992) → 사회복지시설 평가 법제화(1997) → 국민기초생활보장제도 시행(2000) → 1기 지역사회복지계획 수립(2005)

56 정답 ⑤

세계 최초로 빈민자들에 대한 책임을 국가가 국민에게 구빈세를 부과하여 구빈비용을 부담했다. 이것이 공적 부조의 효시가 되어 근대적 사회복지의 시발점이 되었다.

57 정답 ④

① 고려시대의 상평창 제도이다.
② **자휼전칙** : 조선시대의 입양 또는 가정위탁에 해당하는 아동복지법령이다.
⑤ 형식적인 다양한 사회복지법의 형성기는 1950년대였다.

58 정답 ①

지역사회조직의 활동측면에서 보면 과업보다는 과정에 초점을 둔다.

59 정답 ③

가. 인보관운동은 지역사회개발모형에 해당한다고 볼 수 있다.
나. 사회행동모형에 대한 설명이다.

60 정답 ②

모델별 변화를 위한 전술과 기법

지역사회개발	• 합의 • 의견교환과 토의를 강조함
사회계획	• 문제확인, 사정, 목표개발, 실행, 평가의 요소 • 사실 발견과 분석 • 상황에 따라 갈등이나 합의를 사용하기도 함
사회행동	• **갈등이나 대결** : 정면대결, 직접적인 실력행사 • 항의, 시위, 보이콧, 피케팅 등 비교적 다수의 대중을 규합할 수 있는 능력이 요청됨

61 정답 ⑤

웨일과 갬블(M. Weil & D. Gamble)은 기존 지역사회복지 실천모델에 관한 문헌을 검토한 후 목표, 변화, 표적체계, 일차적 구성원, 관심영역, 사회복지사의 역할을 중심으로 근린지역사회조직모델, 기능적 지역사회조직모델, 정치 · 사회행동모델, 지역사회의 사회 · 경제개발모델, 사회운동모델, 프로그램개발과 지역사회연결모델, 연합모델, 사회계획모델의 8가지 유형으로 구분하였다. 기능적 지역사회조직모델의 관심과 목표는 자신들이 선택한 이슈의 정책, 행위, 태도의 옹호나 변화에 있으며 사회복지사는 집필과 정보제공자의 역할을 수행한다.

62 정답 ②

지지적 서비스는 아동이 자신의 가정에 머물러 있으면서 부모와 아동이 각자의 책임을 효율적으로 수행하도록 능력을 지원 · 강화시켜 주는 서비스를 말한다. 따라서 아동이 가정에서 제 기능을 발휘하지 못할 때, 국가에서 대리적 서비스를 받는 영역은 아동복지의 대리적 서비스에 해당된다.

63 정답 ④

재가복지봉사센터의 기본원칙
- **적극성의 원칙** : 서비스 대상자의 요청을 기다리지 않고 적극적으로 서비스 욕구를 발굴하여 필요한 서비스를 제공하여야 한다.
- **능률성의 원칙** : 최소의 비용으로 최대의 효과를 거두기 위하여 인적 · 물적 자원을 효율적으로 운영하여야 한다.
- **연계성의 원칙** : 다양한 서비스 욕구를 적절히 충족시키기 위하여 행정기관, 자원봉사단체 등 관련기관과 수시 연계체계를 갖추고 알선, 의뢰, 자원봉사 등을 수행하여야 한다.
- **자립성의 원칙** : 요보호대상자에 대한 서비스는 본인의 신체적 · 정신적 · 사회적 자립과 자활을 조성하는 데 주안점을 두어야 한다.

64 정답 ①

상호성 이론은 사회교환이론을 말한다. 즉, 노인은 노인 이전의 시기에 사회구성원과의 상호교환에 정도와 구축에 따라 노후에 지지적 관계망 형성이 대단히 중요하다. 제1차적 지지적 관계망은 배우자, 가족, 친구, 이웃 등 비공식적 지지망을 말하며, 제2차적 지지망은 공식적인 지지적 관계망을 말한다.

65 정답 ③

재가복지는 가족의 관여를 배제시키지 않으며, 가족이 모두 해결할 수 없는 영역을 지역주민이 경감시켜 줌에 따라 지역사회의 공동체의식 및 인간의 존엄성을 강조하게 된다.

66 정답 ①

지역사회개발모형에서 워커는 안내자, 조력자, 전문가, 사회적 치료자의 역할을 한다. 이 중에서 전문가의 역할이란 자기가 권위 있게 말할 수 있는 분야에서 필요한 자료를 제공하고 직접적인 충고를 하는 것을 말한다. 좀 더 구체적인 워커의 수행적 기능을 보면 지역사회 진단, 조사기술, 타 지역사회에 관한 정보, 방법에 대한 조언, 기술상의 정보, 평가 등이 해당된다.

67 정답 ④

옹호기술은 사회정의 수호와 유지를 위해 지역주민 또는 지역사회의 입장에서 직접적으로 대변 · 보호 · 개입 · 지지하며 일련의 행동을 제안하는 것인데, 자기옹호란 대상자 스스로 자기의 힘을 발휘하여 활동하는 것을 말한다.

68 정답 ②

중앙정부에서 지원하던 서비스들이 지방자치단체에게 이전되면서, 기존의 방식에 비해 지방자치단체들의 재정적인 부담이 늘었다. 이러한 문제점을 해결하기 위해 지방자치단체는 민간과 연계하게 되었다.

69 정답 ③

사회적 자원에 대하여 워커는 기존의 공식적인 사회적 자원뿐만 아니라 비공식적 사회적 자원까지 활용하고 원조하고 있다.

70 정답 ①

지역사회의 사회복지실천에서의 거시적 기술은 협상, 조정, 교섭, 계획, 연합, 사정, 평가, 예산 등이다.

71 정답 ④

지방자치제도의 실시로 지역이기주의는 오히려 증대되는 추세이다.

72 정답 ①

자원봉사자에 대한 인정과 보상은 공식적 또는 비공식적으로 전달할 수 있으며, 이 두 가지 방법 모두 적절하게 활용하는 것이 중요하다.

73 정답 ⑤

자원봉사자는 팀의 내 · 외적인 갈등에 대하여 원만한 인간관계를 조정함으로써 활성화를 이끌어야 한다.

74 정답 ①

지역사회복지협의회의 성격에는 주민욕구 기본의 원칙, 주민활동 주체의 원칙, 민간성의 원칙, 공사협동의 원칙, 전문성의 원칙 등이 있다. 지역성의 원칙은 지역사회복지관의 성격이다.

75 정답 ①

사회복지사업평가의 목적

- 프로그램의 타당성 규명
- 프로그램의 향상
- 사업담당자의 책임성 제고
- 학문적 기여

3교시 사회복지정책과 제도

01	②	02	⑤	03	④	04	①	05	①
06	③	07	③	08	①	09	⑤	10	④
11	④	12	③	13	⑤	14	①	15	④
16	③	17	⑤	18	③	19	②	20	①
21	④	22	②	23	②	24	⑤	25	②
26	②	27	④	28	①	29	②	30	②
31	①	32	②	33	①	34	①	35	②
36	③	37	⑤	38	②	39	④	40	①
41	⑤	42	④	43	③	44	②	45	②
46	②	47	④	48	③	49	④	50	④
51	⑤	52	③	53	⑤	54	④	55	①
56	①	57	②	58	①	59	①	60	④
61	②	62	②	63	③	64	⑤	65	④
66	⑤	67	④	68	③	69	④	70	①
71	①	72	⑤	73	①	74	④	75	①

01 정답 ②

사회복지의 제도적 관점은 국가가 전 국민을 대상으로 보편주의 이념에 따라 제도화한다. 즉, 거시적 관점에 해당된다. 한정된 대상자로 선별주의 이념에 따른 원조와 치료는 사회복지의 미시적 관점이다.

02 정답 ⑤

사회복지정책의 일반적 기능
- 사회통합과 정치적 안정기능
- 사회질서의 형성과 교정기능
- 사회문제해결과 사회적 욕구 충족
- 급여 수급자의 자기결정권과 다양한 소득보장을 통해 개인의 자립과 성장, 재생산의 보장

03 정답 ④

도덕적 해이란 보험에 가입한 이후 위험회피를 덜하는 것을 말한다.
① 빈곤의 함정, ② 역선택, ③ 무임승차현상

04 정답 ①

영국의 개정 구빈법의 제정목적은 구빈비용을 줄이는 데 있어 스핀햄랜드법의 폐지가 가장 급선무였다. 따라서 전국균일의 원칙(균일처우의 원칙), 작업장의 원칙, 열등처우의 원칙은 모두 구빈비용을 줄이는 핵심적인 원칙이다.

05 정답 ①

② 산재보험의 재원은 기업주가 전부 부담하였다.
③ 폐질 및 노령보험법은 노동자를 대상으로 시행되었다.
④ 사회보험입법을 주도한 것은 비스마르크이다.
⑤ 독일의 사회보험은 직업별 공제조합을 바탕으로 실시되었다.

06 정답 ③

경기 후퇴시에는 실업자와 조기퇴직자가 증가함에 따라 실업급여, 노령연금 수급자가 많아져 공공부조의 지출이 증가하여 사회보장재정지출이 늘어나게 된다. 반면 소득의 감소, 실업자의 증가, 사회보장기금 보유자산의 가치가 하락하므로 사회보장 재정수입은 감소하게 된다. 인플레이션시에도 사회보장 재정수입은 감소하고 사회보장 지출은 늘어나게 된다.

07 정답 ③

수렴이론 : 경제발전과 산업화에 수반되는 사회문제와 사회적 욕구를 해결하기 위해 사회복지가 발달했다고 설명하는 것으로, 이는 서로 다른 정치이념과 문화를 가진 국가들도 일단 산업화가 비슷한 수준에 도달하면 유사한 사회복지체계를 가지게 된다고 보는 시각이다.

08 정답 ①

티트머스의 사회복지모델
- **제도적 사회복지모델** : 개인의 사회적 욕구 충족을 목적으로 하는 사회복지제도로 가족, 경제, 정치, 교육, 종교 등의 사회제도와 동등한 수준에서 1차적 · 정상적으로 제도화하여 보편주의에 입각한다.
- **산업성취모델** : 잔여적 모델과 제도적 모델의 중간으로 사회복지제도는 경제의 부속물로, 사회적 욕구는 업적, 성취도, 생산성에 기초하여 충족, 인센티브, 노력, 보상, 사기, 충성 등과 연관되며 시녀모형이라고도 한다.

09 정답 ⑤

신자유주의자들은 정부의 복지에 대한 개입이 시장경제의 효율성을 저해하고 개인의 자유를 침해한다고 본다.

10 정답 ④

퍼니스와 틸튼의 국가모형은 적극적 국가(미국), 사회보장국가(영국), 사회복지국가(스웨덴)으로 구분된다.

11 정답 ④

사회복지서비스 제공이 지불할 능력을 기준으로 삼는 것은 민영부문에 해당되어 기회균등의 원리, 시장기제의 원리를 구현할 수 있다.

12 정답 ③

①과 ②는 점진적인 방법, ④는 델파이기법, ⑤는 유추방법이다.

13 정답 ⑤

쓰레기통모형은 정책결정에 필요한 4가지 흐름으로서 기회를 뜻하는 선택기회의 흐름, 해결되어야 할 문제의 흐름, 해결방안 흐름, 정책결정에의 참여자의 흐름이 우연히 쓰레기통 속에서 만나게 되면 그때 정책결정이 이루어진다는 이론이다.

14 정답 ①

역진적이라는 것은 오히려 부의 재분배가 이루어지기보다는 그 반대적 현상이 일어날 수 있는 경우를 말한다. 즉, 누진적인 것과 반대의 상황이 된다. 일반예산의 경우는 누진적인 재원조달이 가능하지만 다음의 경우는 오히려 역진적인 상태가 될 수 있다.

- **사회보장성 조세** : 근로소득에 동일비율로 부과하게 되므로 역진적이 된다.
- **조세비용** : 조세감면으로서 고소득층일수록 세금이 많이 감면되어 역진적이 된다.
- **사용자 부담금** : 소득과 무관하게 사용 정도에 따라 단일비율로 적용되므로 역진적이다.
- **자발적 기여금** : 고소득일수록 자발적 기여를 하지 않고 계층별로 기여수준이 비슷하기 때문에 역진적이다.
- **기업복지** : 수급자가 고소득층에 집중되어 역진적이다.

15 정답 ④

사회보험이라고 해서 능력주의가 적용되지 않는 것은 아니다. 예를 들면 국민연금의 경우 소득에 비례하여 국민연금급여를 받게 되는데 이런 경우가 능력주의적 특성의 대표적인 예이다.

16 정답 ③

사회보험은 기여의 정도와 수급권에 따른 급여가 법률에 의해 규정되어 있어 개인 또는 전체의 급여의 양을 예상할 수 있다. 반면에 공공부조는 대상자가 자산조사를 통해 정해지고 수치심과 낙인을 가져와 기피하는 현상이 발생되어 급여의 양을 예상하기가 쉽지 않다.

17 정답 ⑤

사회복지재원조달에 있어서 사용자 부담이 필요한 이유로는 수급자로 하여금 필요 이상의 서비스 이용을 억제하고, 과도한 국가 부담을 감소시키며, 서비스의 질적 향상을 도모하고, 서비스 수급에 대한 치욕적인 마음을 제거하기 위해 필요하다.

18 정답 ③

산업재해보상보험제도는 보험자가 노동부이고 피보험자가 근로자가 아닌 사업주로, 산재보험의 보험료 부담방식은 1자 부담방식이다.

19 정답 ②

국민건강보험의 통합주의와 조합주의
- **통합주의** : 지역적 · 직업적으로 통일된 하나의 조합구성, 전국적 차원의 사회적 연대성을 강조, 소득재분배에 초점, 현재 건강보험은 통합주의를 채택함
- **조합주의** : 지역별, 직업별, 직장별로 여러 개의 조합이 자유롭게 구성, 소규모 동질집단 내 위험분산을 강조, 효율성에 초점을 두는 제도

20 정답 ①

국민건강보험정책은 선별적인 정책이라기보다는 보편적인 정책이다.

21 정답 ④

산업재해보상보험의 급여로는 요양급여, 휴업급여, 장해급여, 유족급여, 상병보상연금, 장의비, 간병급여, 장해특별급여 등이 있다.

22 정답 ②

임금채권보장제도는 근로자와 그 가족의 기본적인 생계수단인 임금을 체불당했을 때에는 근로기준법에서 처리하였는데, 근로기준법에 의한 임금채권우선변제제도는 사업주가 변제능력이 없는 경우 해결책이 없었다. 이러한 문제를 해결하기 위해 마련된 것이 임금채권보장제도이다.

23 정답 ②

불평등 지수

- **로렌츠곡선** : 한 사회의 구성원을 소득이 가장 낮은 사람으로부터 놓아지는 순서에 따라 차례로 배열한다고 할 때, 일정비율의 사람들이 차지하는 전체소득 중의 비율이 나타내는 점들을 모아 놓은 곡선이다.
- **지니계수** : 로렌츠 곡선에 수치를 부여함으로써 분배상태에 대한 비교를 가능하게 하는 곡선이다.
- **십분위분배율** : 소득계층의 최하위 40%가 차지하는 전체소득 최상위 20%가 차지하는 비율

24 정답 ⑤

귀속적 욕구에 의하여 할당이 이루어지는 것은 사회수당제도로, 보편주의 원칙에 적합하다.

25 정답 ②

국민기초생활보장법상의 수급권자의 기준은 인구학적 기준이 철폐됨에 따라 연령, 장애정도, 근로능력과 상관없이 부양의무자의 유무와 소득인정액이 최저생계비 이하면 된다.

26 정답 ②

접근용이성은 사회복지서비스가 필요한 사람들이 서비스 제공장소에 쉽게 접근하여 서비스를 받을 수 있도록 설계되어야 한다. 주요 장애요인으로서는 서비스에 대한 정보부족, 지리적 장애, 심리적 장애, 선정절차상의 장애, 자원부족 등이다.

27 정답 ④

우리나라 사회복지사의 윤리강령

- 사회복지사는 전문가로서의 품위와 자질을 유지하고 관장하는 업무에 대하여 책임을 진다.
- 사회복지사는 전문직의 가치를 견지하면서 관련지식과 기술을 습득, 개발, 전달하는 데 최선의 노력을 기울인다.
- 사회복지사는 업무수행과정에서 어떠한 압력에도 타협하지 않으며, 전문적 관계를 이용하여 부당한 영리를 취하지 않는다.
- 사회복지사는 복지대상자의 권익을 최우선으로 삼는다.
- 사회복지사는 복지대상자가 자기결정권을 최대한 행사할 수 있도록 돕는다.
- 사회복지사는 복지대상자의 사상, 종교, 인종, 성별, 연령, 지위, 계층에 따른 차별을 하지 않는다.
- 사회복지사는 복지대상자의 사생활을 존중하고 직무상 취득한 정보를 전문적 업무 이외에는 공개하지 않는다.
- 사회복지사는 동료 간의 존중과 신뢰로써 대하며, 동료 간의 전문적 지위의 인격을 훼손하는 언행을 하지 않는다.
- 사회복지사는 동료나 사회복지기관 또는 단체의 비윤리적 행위에 대하여 공식적인 절차를 통하여 대처한다.
- 사회복지사는 소속기관과 전문단체 활동에 적극 참여하여 성장발전과 권익옹호에 힘쓰며 기타 유관기관과는 협조적 관계를 유지한다.

28 정답 ①

사회복지행정의 필요성
- 현대사회처럼 복잡한 사회에서는 사회적 목표가 설정되고 그 목표들이 구체화되어 개인들에게 서비스의 형태로 전달되기까지 복잡한 과정이 존재하므로, 조직적 전달과정에 대한 이해가 필요하다.
- 개별화되고 분화된 사회복지활동들을 전체 사회적 목표추구에 기여하도록 조정하고 통제해야 한다.
- 사회복지행정은 지속적이고 역동적인 과정으로 공통의 목적과 목표를 달성하는 것이다.
- 공통의 목표달성을 위해 인적 · 물적 자원을 동원하고, 이를 위해 조정과 협력을 수단으로 사용한다.

29 정답 ②

보편주의는 클라이언트에게 특정한 자격이나 조건을 두지 않고 서비스를 제공하는 것으로, 공평성과 편의성(접근성)의 이념에 충실하다.

30 정답 ②

인간관계이론
- **인간관** : Y이론, 감성적 인간, 사회적 인간
- **동기요인** : 비경제적, 인간적 자극
- **중심구조** : 비공식적 구조
- **기타** : 사회적 능률성 강조, 호손 실험, 인간중심

31 정답 ①

총체적 품질관리는 고객만족을 서비스 질의 제1차적 목표로 삼고, 조직구성원의 광범위한 참여하에 조직의 과정, 절차 및 태도를 지속적으로 개선하여 장기적이고 전략적인 품질관리를 하기 위한 관리철학 내지 관리원칙을 의미한다. 총체적 품질관리는 과학적 절차에 근거한 의사결정을 하므로 과학적인 품질관리기법과 밀접한 관계가 있다.

32 정답 ②

허즈버그의 2요인 이론(동기위생이론) : 개인의 동기에 영향을 주는 요인들은 서로 다른 두 가지 부류로 나누어지고, 상호 독립적인 상이한 방식으로 인간의 형태에 영향을 미친다는 것을 발견하였다.
- **동기요인** : 성취감, 안정감, 책임감, 도전감, 성장, 발전 및 보람 있는 직무내용 등과 같이 개인으로 하여금 보다 열심히 일하게 성과를 높여주는 요인
- **위생요인** : 보수, 작업조건, 승진, 감독, 대인관계 관리 등과 같이 주로 개인의 불만족을 방지해 주는 효과를 가져오는 요인

33 정답 ①

관리하위체계는 생산, 유지, 경계, 적응하위체계의 요소를 통합하는 과제를 담당하는 것으로 갈등해소, 조정, 외적 조정 등의 방법을 사용한다. 조직의 변화방향을 제시하는 것은 적응하위체계이다.

34 정답 ①

포괄보조금은 포괄적으로 규정하여 재량권을 인정하는 보조금이다.

35 정답 ②

4대 보험관할
- **보건복지부장관** : 국민연금보험, 국민건강보험
- **고용노동부장관** : 고용보험, 산업재해보상보험

36 정답 ③

사회복지조직은 인간서비스 제공에 대한 측정할 수 있는 표준척도가 없거나 부족하다.

37 정답 ⑤

투과성 조직은 조직의 구성원 또는 참여자가 자발적으로 참여하며 개인의 가정과 사적인 생활에 침해를 받지 않는다. 또한 조직의 문화나 규정에 의한 통제성이 약하고 조직의 활동이 거의 노출되는 조직으로, 자원봉사동아리는 대표적인 투과성 조직이다.

38 정답 ②

수직조직과 수평조직의 단점
- **수직적 조직의 단점** : 독단적인 위험, 경직성, 비능률성 등
- **수평적 조직의 단점** : 책임의 불분명, 의사소통의 문제, 갈등의 위험성 등

39 정답 ④

① **직무순환** : 단순하게 배치를 바꾸는 것이 아니라 필요한 시기에 필요한 직무를 계획적으로 체험시키는 인사관리상의 구조를 가리킨다. 업무의 내용을 변화시키는 것보다 직군이 다른 업무로의 로테이션, 동종의 직군 중에서 다른 직무로의 로테이션 혹은 같은 직군에서도 장소적으로 다른 곳으로의 로테이션을 말한다.
② **직무확충** : 전문화와 표준화의 원리로부터 벗어나 직무를 재설계하려는 최초의 시도로, 과업의 다양성을 증진시키기 위하여 직무를 수평적으로 확대하는 것을 말한다.

40 정답 ①

합리적 체계이론 : 조직에는 달성할 목표가 존재하고 목표달성에 적합하도록 여러 인적·물적 수단들이 논리적이며 체계적으로 연결되어 기능적 합리성을 획득한다.

41 정답 ⑤

엔트로피 현상의 반대는 넥엔트로피 현상이다. 조직의 엔트로피 현상은 폐쇄체계에서 나타나는데 조직이 환경의 영향을 받아 소멸되는 현상이다.

42 정답 ④

조직이론
- **폐쇄체계 조직이론** : 과학적 관리론, 관료제 이론, 공공행정이론, 인간관계이론
- **개방체계 조직이론** : 정치경제이론, 상황이론, 인구생태이론, 제도이론, 구조주의 모형, 체계모형 등

43 정답 ③

리더십이론은 특성이론 〉 행동이론 〉 상황이론의 순으로 발전되어 왔다.

44 정답 ②

리더십 경로 – 목표이론은 조직구성원이 직무목표와 자신의 개인적 목표를 달성할 수 있는 경로를 발견하여 지원하는 것이다.

45 정답 ②

프로그램 평가검토기법(PERT)은 사회복지프로그램을 명확한 목표와 활동들로 조직화하여 진행일정표를 작성하고, 자원계획을 세우며, 프로그램의 진행사항을 추적하는 등에 활용되는 유익한 관리도구이다. 여기에서 임계경로란 시작에서 종료에 이르기까지 여러 통로들 가운데서 가장 오랜 시간이 걸리는 통로를 말한다.

46 정답 ②

합리모형은 인간의 이성과 합리성에 근거하여 결정하고 행동한다는 이론으로, 목표를 해결하기 위해 관련된 모든 대안들을 고려하여 가장 합리적인 대안을 찾을 수 있다고 가정한다. 최적모형은 정책결정에 있어서 경제적 합리성과 함께 직관, 판단력, 창의력 등 초합리적인 요소까지도 동시에 고려하여야 한다는 이론으로, 체계론적 시각에서 정책성과를 최적화하려는 모형이다.

47 정답 ④

① **분임토의** : 10명 내외의 소집단으로 나누어 각 집단별로 동일한 문제를 토의하여 해결방안을 작성하고 다시 전체가 모인 자리에서 각 집단별로 문제해결 방안을 발표하고 토론하여 하나의 합리적인 문제해결방안을 모색하는 방법
② **사례발표** : 사례에 의한 학습방법의 하나로 주어진 사례를 개인이나 그룹으로 토의·분석하는 가운데서 그 사례에 포함된 원리를 자기의 일에 적용시켜 보면서 의사결정의 방식을 배우는 것
③ **시뮬레이션** : 복잡한 문제를 해석하기 위하여 모델에 의한 실험 또는 사회현상 등을 해결하는 데서 실제와 비슷한 상태를 수식 등으로 만들어 모의적으로 연산을 되풀이하여 그 특성을 파악하는 방법

④ OJT : 실제 직무를 수행하면서 선임자로부터 대면지도, 개별지도, 훈련지도를 통하여 직무수행 능력을 개발하는 것
⑤ **패널** : 토의법의 하나로서 사회자의 사회 아래 정해진 테마에 대하여 지식과 경험이 풍부한 수 명의 전문가들이 토의를 하고 연수자는 그 토의를 듣는 학습방식

48 정답 ③

영기준 예산제도의 장 · 단점

장점	• 사업의 전면적인 평가와 자원배분의 합리화 • 하의상달과 각 수준의 관리자의 참여 • 경직성 경비의 절감으로 조세부담 억제 및 자원난 극복 • 재정운영의 효율성 · 탄력성 • 적절한 정보의 제시와 계층 간의 단절을 방지하는 역할(계층상의 융통성)
단점	• 전면적인 평가 곤란 및 능력부족 • 우선순위 결정에는 가치판단을 필요로 하기 때문에 주관적 편견이 개입 • 국민생활의 연속성, 법령상 제약 등으로 사업의 축소 및 폐지가 곤란 • 소규모 조직의 희생 • 시간, 노력의 과중

49 정답 ④

• **시장포지셔닝** : 경쟁이 되는 상품과의 비교에서 한 상품이 소비자의 마음에 명확히 구별되어 새기고 싶은 이미지를 형성함
• **제품 속성에 의한 포지셔닝** : 제품 속성에서 자사 제품이 차별적 우위를 갖고 있음을 직접적으로 강조
• **사용상황에 따른 포지셔닝** : 제품 사용의 적절한 상황과 용도를 자사제품과 연계
• **제품사용자에 따른 포지셔닝** : 시장 내의 전형적인 소비자들에게 자사제품이 적절하다고 소개
• **경쟁제품에 의한 포지셔닝** : 경쟁제품과 비교하여 자사제품만의 차별점을 제시

50 정답 ④

DB 마케팅 : 고객정보, 산업정보, 기업 내부정보, 시장정보 등 각종 1차 자료들을 수집 · 분석하여 이를 판매와 직결시키는 기법이다. 데이터베이스 마케팅은 타 고객과는 차별되는 인적 정보와 구매정보를 활용, 고객의 요구에 따른 차별적인 정보를 제공함으로써 고객의 만족도를 높이고 효과적인 마케팅 효과를 얻을 수 있다.

51 정답 ⑤

평균적 정의와 배분적 정의
• **평균적 정의** : 사람의 능력과 개성의 차이를 고려하지 않고 급부와 반대급부가 공정하게 균형을 이루도록 하는 사회정의로 국민연금의 소득비례 부분을 들 수 있다.
• **배분적 정의** : 사람들의 개인차를 인정하고 각자의 능력에 알맞도록 재화 등을 나누어 주는 것으로 주로 수직적 형평을 통해 구현된다.

52 정답 ③

① 헌법 제34조제2항에서 '국가는 사회보장 · 사회복지의 증진에 노력할 의무를 진다.'고 명시하고 있는데, 헌법은 우리나라 최상위법으로 강력한 효력이 있다.
② 사회복지법은 실정법 · 성문법에 해당하며, 임의법규가 아닌 강행법규이다.
④ 법령의 위헌 · 위법으로 인한 무효만 존재하며 취소는 법률상 존재하지 않는다.
⑤ 사회복지행정기관의 내부 문서정리를 위한 지침은 행정기관이 소속된 지역의 조례 및 규칙에 따른다.

53 정답 ⑤

스핀햄랜드법(1795)은 빈민에 대한 처우개선책으로 최저생활기준에 미달되는 임금의 부족분을 국가에서 보조해줌에 따라 빈곤자에게 원외구제를 실시한 대표적인 사회수당의 기원이 된 법이다. 이러한 원외구제의 활동은 전국적으로 확대되어 인구의 증가와 구빈세의 증가에 대한 구빈세의 저항을 받게 되어 개정 구빈법(1834)을 낳게 하는 결과를 초래하였다.

54 정답 ④

• **사창** : 조선시대의 제도로 순수한 사민의 공동저축으로 상부상조했고 연대책임으로 자치적으로 운영되었으며, 구제의 적절 · 신속성을 보였다.
• **자휼전칙** : 조선 후기의 가장 대표적인 아동복지 관련법령으로써 유기아 · 행걸아의 구제에 관한 법령이다.
• **미 군정하의 구호정책** : 법적 · 제도적 근거에 있어서 형식

적으로는 일제시대의 것을 계승하였으나 기본적으로는 군정하의 법령과 필요한 규정에 의해 구성되었다.

55 정답 ①

헌법의 원리 중 복지국가주의, 기본권 존중주의, 사회적 시장경제주의 등이 사회복지법에 주로 적용된다.

56 정답 ①

바이마르헌법(1919) 제51조 : 경제생활의 질서는 각 인으로 하여금 인간다운 생활을 보장하는 것을 목적으로 하는 정의의 원칙에 합치되어야 한다.

57 정답 ②

사회복지주체는 국가, 지방자치단체, 공공기관, 법인 종교단체, 개인 등 다양하게 구성되어 있다. 사회복지는 국민의 인간다운 생활을 보장한다는 취지에 따라 공공성이 매우 높은 영역이기 때문에 공정하게 운영이 이루어져야 한다. 이처럼 복지다원주의란 사회보호를 정부뿐만 아니라 여러 영역이 함께 담당하는 것이다.

58 정답 ①

비영리법인의 설립요건에는 목적의 비영리성, 설립행위, 주무관청의 허가, 설립등기 등을 필요로 한다.

59 정답 ①

국가의 안전보장, 질서유지, 공공복리를 위해 필요한 경우 사회복지전담공무원의 권한 제한이 가능하다.

60 정답 ④

국제사회보장협회(ISSA)는 사회보장에 관하여 조사연구를 행하고 국제적인 경험교류의 기관으로서 활동한다.

61 정답 ②

사회서비스란 국가 · 지방자치단체 및 민간 부문의 도움이 필요한 모든 국민에게 복지, 보건의료, 교육, 고용, 주거, 문화, 환경 등의 분야에서 인간다운 생활을 보장하고 상담, 재활, 돌봄, 정보의 제공, 관련 시설의 이용, 역량개발, 사회참여 지원 등을 통하여 국민의 삶의 질이 향상되도록 지원하는 제도이다.

62 정답 ②

수급자나 급여 또는 급여변경 처분에 이의가 있는 경우 그 처분 등의 통지를 받은 날부터 60일 이내에 시 · 도지사를 거쳐 보건복지부장관에게 서면 또는 구두로 이의를 신청할 수 있다. 시 · 도지사는 이의신청을 받으면 10일 이내에 의견서와 관계 서류를 첨부하여 보건복지부장관에게 보내야 한다.

63 정답 ③

사회복지위원회 : 사회복지사업에 관한 중요 사항과 지역사회복지계획을 심의하거나 건의하기 위하여 특별시 · 광역시 · 도 · 특별자치도에 둔다.

64 정답 ⑤

사회복지법인이나 사회복지시설을 설치 · 운영하는 자는 사회복지사를 종사자로 채용하여야 한다. 이 중에서 의무적으로 채용해야 하는 영역은 〈보기〉의 내용 전부이다. 만약 이러한 영역에 대하여 의무를 불이행한 경우에는 300만 원 이하의 벌금형을 받는다.

65 정답 ④

사회복지사업법 제9조 : 국가와 지방자치단체는 사회복지 자원봉사활동을 지원 · 육성하기 위하여 자원봉사활동의 홍보 및 교육, 자원봉사활동프로그램의 개발 · 보급, 자원봉사활동 중의 재해에 대비한 시책의 개발, 그 밖에 자원봉사활동의 지원에 필요한 사항을 실시하여야 하며, 이를 효율적으로 수행하기 위하여 사회복지법인이나 그밖의 비영리법인 · 단체에 이를 위탁할 수 있다.

66 정답 ⑤

분할연금은 요건을 모두 갖추게 된 때부터 3년 이내에 청구하여야 한다.

67 정답 ④

국민건강보험법에서 가입자는 보험료율의 범위를 8%의 범위 내에서 정하도록 되어 있다.

68 정답 ③

주거급여는 국민기초생활보장법상의 급여의 종류에 해당한다.

69 정답 ④

간병급여는 요양급여를 받은 자 중 치유 후 의학적으로 상시 또는 수시로 간병이 필요하여 실제로 간병을 받는 자에게 지급한다.

70 정답 ①

국민기초생활보장법은 나이, 성별, 학력, 근로유무 등과 상관없이 일정한 기준 이하에 해당되면 권리로서 급여를 받을 수 있도록 규정하고 있다. 임차료, 수선유지비 등은 주거급여에 해당하며, 소득인정액이란 개별가구의 소득평가액과 재산의 소득환산액을 합산한 금액을 말한다. 중앙생활보장위원회는 소득인정액 산정방식과 최저보장수준, 기준 중위소득 결정 등을 심의 · 의결한다.

71 정답 ①

공공부조에서 자산조사가 필수적인 것은 수급권자에게 본인이 최대한 노력할 것을 전제로 하여 부족된 만큼을 지원하는 보충급여 정책에 있다.

72 정답 ⑤

자활후견기관의 운영원칙
- 독립성의 원칙
- 주민자발성의 원칙
- 지역사회자원활용의 원칙
- 전문가에 의한 사업수행의 원칙
- 고유성과 존엄성의 원칙
- 기존시설확보의 원칙
- 평가의 원칙

73 정답 ①

영유아보육법상의 영유아는 6세 미만의 취학 전 아동이다.

74 정답 ④

① 보건복지부장관은 장애인 복지정책의 수립에 필요한 기초자료로 활용하기 위하여 3년마다 장애실태조사를 실시하여야 한다.
② 재외동포 및 외국인 중 다음 각 호의 어느 하나에 해당하는 사람은 제32조에 따라 장애인 등록을 할 수 있다.
- 재외동포의 출입국과 법적 지위에 관한 법률 제6조에 따라 국내거소신고를 한 사람
- 출입국관리법 제31조에 따라 외국인등록을 한 사람으로서 같은 법 제10조제1항에 따른 체류자격 중 대한민국에 영주할 수 있는 체류자격을 가진 사람
- 재한외국인 처우 기본법 제2조제3호에 따른 결혼이민자

③ 보건복지부장관은 장애인의 권익과 복지증진을 위하여 관계 중앙행정기관의 장과 협의하여 5년마다 장애인정책종합계획을 수립 · 시행하여야 한다.
⑤ 장애인의 장애 인정과 등급 사정에 관한 업무를 담당하게 하기 위하여 보건복지부에 장애판정위원회를 둘 수 있다.

75 정답 ①

재가복지서비스는 요보호대상자가 집에 머물러 있으면서 지역사회의 보호를 다양하게 받는 것을 목적으로 한다.

1교시 사회복지기초

01	②	02	④	03	⑤	04	③	05	⑤
06	①	07	①	08	⑤	09	⑤	10	⑤
11	①	12	②	13	④	14	④	15	③
16	③	17	③	18	③	19	④	20	①
21	④	22	①	23	④	24	⑤	25	⑤
26	⑤	27	⑤	28	③	29	②	30	④
31	①	32	②	33	①	34	①	35	②
36	②	37	⑤	38	⑤	39	②	40	②
41	④	42	①	43	④	44	①	45	②
46	③	47	②	48	②	49	④	50	①

01 정답 ②

인간발달은 상승(성장)이나 퇴행(노화) 모두를 포함하는 의미로, 사람이 생활하는 동안의 모든 변화를 말한다.

02 정답 ④

크레이그의 발달영역
- **신체발달영역** : 신장 · 체중 등 외적 변화, 근육 · 뇌 · 내분비선 등 내적 변화, 걷기 · 뛰기 등 신체적 건강상태, 걷기 · 달리기 · 공받기 등 운동능력
- **인지발달영역** : 인식, 기억, 추론, 창의성, 언어, 지능 등
- **심리사회발달** : 자아개념, 정서, 감정, 사회성, 사회적 관계 및 행동 등

03 정답 ⑤

정신분석이론의 기본전제
- 인간의 마음 혹은 정신은 다양한 힘들이 작용하는 에너지 체계이다. 이러한 체계는 에너지를 방출시키고 긴장을 감소시키려는 작용을 하며 즐거움을 느끼게 한다.
- 인간 내부에서도 내적 갈등을 느끼며, 심리결정론에 기초한다.
- 어린시절의 경험을 중요시하며, 무의식을 가정한다. 또한, 무의식적 동기 중에서도 성적 욕구를 중요시한다.

04 정답 ③

원초아를 지배하는 원리는 쾌락원리이다.

05 정답 ⑤

⑤ 에릭슨의 심리사회이론이 사회복지실천에 끼친 영향이다.

06 정답 ①

- **원초아** : 무의식 세계에 존재하는 본능적인 충동을 자극하는 정신세계이다.
- **자아** : 개인이 객관적인 현실세계와 상호작용할 필요성이 있을 때 원초아에서 분리된다.
- **초자아** : 사회의 전통적 가치와 이상으로 구성되어 있으며 이상적인 것과 완전을 추구하는 속성을 지니고 있다.
- **무의식** : 소망, 공포, 충동, 억압된 기억 등이 저장되어 있는 것으로 인간행동의 주된 원인이 된다.

07 정답 ①

에릭슨의 이론은 심리사회이론이다.

08 정답 ⑤

마르시아의 정체감 범주

- **정체감 성취** : 가장 유익한 단계로 많은 노력으로 각자 개별화된 가치를 발달하고 직업을 결정한다.
- **정체감 유실** : 정체감을 유실하는 것은 발달과 변화의 다양한 다른 기회를 차단하는 것을 의미하는 것으로 정체감 위기를 경험하지 않은 사람들의 범주이다.
- **정체감 유예** : 정체감 위기 동안 격렬한 불안을 경험한 사람으로 개인의 가치나 직업을 정하지 못한 부류이다.
- **정체감 혼란** : 자신감의 결여와 낮은 자긍심, 해결능력의 부족 등의 특징을 가지며, 어떤 견해와 방향성도 확보하지 않은 상태로, 정체감 유실이나 부정적 정체감 형성보다 더욱 문제가 있다.

09 정답 ⑤

아들러의 개인심리이론의 주요개념

- **인간관** : 아들러는 유전이나 환경 등 선천적 요인보다는 개인의 능력을 어떻게 활용하는가가 더 중요하다고 보았다. 그는 가치, 신념, 태도, 목표, 관심, 현실적 지각과 같은 내적 결정인자를 강조하는 인간관, 총체적이고 사회적이며 목표지향적인 인간관을 가졌다.
- **열등감** : 열등감은 개인이 잘 적응하지 못하거나 해결할 수 없는 문제에 직면했을 때 생기는 것으로서 좀더 안정을 추구하려는 데서 생겨난다.
- **보상** : 잠재력을 발휘하도록 인간을 자극하는 건전한 반응이다.
- **우월성 추구** : 출생에서 사망까지 우월감을 추구하기 위해 노력한다.
- **생활양식** : 인생의 목표, 자아개념, 성격, 문제에 대처하는 방법, 삶에 공헌하려는 소망 등을 말한다.
- **사회적 관심** : 각 개인이 공동 사회목표를 달성하고자 할 때 사회에 공헌하려는 성향을 말한다.
- **자아의 창조적인 힘** : 자아의 창조적인 힘에 의해 생활양식이 발달한다.

10 정답 ⑤

조작적 조건화 이론에서 어떤 행위가 일어날 가능성은 그 행위의 결과에 의해 정해진다.

- **긍정적 강화물과 부정적 강화물** : 긍정적 강화물은 어떤 행동의 가능성을 증가시키는 우발적인 자극을 말하며, 부정적 강화물은 어떤 행동의 가능성을 감소시키는 우발적인 자극을 말한다.
- **1차적 강화물과 2차적 강화물** : 1차적 강화물은 다른 강화물과 연합하지 않은 보상 그 자체로서 음식, 물, 사탕 등을 예로 들 수 있다. 2차적 강화물은 가치를 내포하며 다른 강화물과 함께 학습되는 것이다.

11 정답 ①

자기규제란 자기의 행동을 감독하고 스스로 자부심을 가지는 것으로 수행과정, 판단과정, 자기반응과정 등으로 구성된다.

12 정답 ②

인간의 감정이나 행동은 인지 혹은 생각에 의해 통제될 수 있다고 보았으며, 인간 본성에 대한 결정론적인 시각을 거부한다.

13 정답 ④

④ 형식적 조작기의 특징에 대한 설명이다.

14 정답 ④

로저스는 인간의 본성을 천성적으로 선한 것으로 간주하고, 만약 인간이 다른 사람의 영향에서 자유로울 수 있다면 그것은 자아실현의 동기가 있기 때문이며, 보다 사회적이고 협력적이며 창의적이고 자기지향적인 인간이 될 수 있다고 보았다.

15 정답 ③

주로 감각운동을 통하여 지능발달을 도모하는 것은 감각운동기에 속하는 0~2세이다. 유아기의 지능발달은 놀이와 학습을 통해 이루어진다.

16 정답 ③

학령 전기는 프로이트의 남근기에 해당하며, 오이디푸스 콤플렉스(남아)와 엘렉트라 콤플렉스(여아)를 경험한다. 에릭슨의 주도성 대 죄의식의 단계이며 피아제의 전조작기에 해당하는 시기이다.

17 정답 ③

학령기는 피아제의 구체적 조작기와 형식적 조작기 초기에 해당한다.

18 정답 ③

청년기에는 자율성을 찾는 과정에서 대부분이 양가감정을 갖게 된다. 이는 독립과 자율성에 대한 갈망과 함께 분리에 대한 불안감과 의존감을 동시에 갖게 되는 것을 말한다.

19 정답 ④

중년기 부부관계에 여러 변화와 위기가 올 수 있으므로 부부관계를 건강하고 활기 있게 유지하기 위해서 부부는 안정과 신뢰, 공감을 성취하도록 노력해야 한다.

20 정답 ①

직업의 전환은 중년기의 사회체계 변화내용이다.

21 정답 ④

큐블러 – 로스의 비애과정모델

부인 – 격노와 분노 – 협상 – 우울 – 수용

- **부인** : (죽음이라는) 사실을 받아들이려 하지 않는다.
- **격노와 분노** :'왜 하필이면 나에게'라는 식으로 분노한다.
- **타협(협상)** : 변화를 위한 대안을 일부 수용함으로써 이러한 변화가 기적적으로 상실을 회복시켜 줄 것으로 믿는다.
- **우울** : 이별할 수밖에 없다는 데에서 오는 우울증이 나타난다.
- **수용** : (죽음이라는) 사실을 받아들인다.

22 정답 ①

엔트로피와 넥엔트로피

- **엔트로피** : 체계가 해체하는 방향으로 진행하는 경향
- **넥엔트로피** : 엔트로피와 반대로 체계가 성장하고 발달하는 방향으로 진행하는 과정

23 정답 ④

집단의 구분

구분	내용
치료집단	성원의 사회정서적 욕구에 대한 만족을 증가시키려는 광범위한 목표를 가진 집단 • 지지집단 : 장차 일어날 인생의 사건에 좀 더 효과적으로 적응하기 위한 대처기술을 부흥시킴으로써 성원들이 삶의 위기에 대처할 수 있도록 돕는 집단 • 교육집단 : 지식과 기술교육이 목적인 집단 • 성장집단 : 자아향상을 강조하는 집단 • 치료집단 : 치료와 회복에 중점을 두는 집단 • 사회화 집단 : 향상된 대인관계나 사회기술을 통해 발달단계에 따른 역할 및 환경의 전환을 촉진시키기 위한 집단
과업집단	과업달성, 성과물 산출 또는 명령수행을 위한 집단
자조집단	마약이나 비만과 같은 핵심적인 공동관심사가 있는 집단으로 대인 간의 지지, 개개인이 다시 한번 그들의 삶을 책임질 수 있는 환경 조성을 강조하는 집단

24 정답 ⑤

자조집단이 강조하는 것은 대인 간의 지지, 개개인이 그들의 삶을 책임질 수 있는 환경을 만드는 것이다.

25 정답 ⑤

문화의 기능으로는 사회화, 욕구충족, 사회통제, 사회화 존속 기능 등이 있다.

26 정답 ⑤

제시된 내용 모두 사회복지사에게 과학적 조사방법론이 필요한 이유에 해당된다.

27 정답 ⑤

과학은 지식의 제공, 규칙성의 일반화, 변수들 사이의 관계를 기술하고 설명(인과관계 규명), 이론을 바탕으로 현상을 예측하는 데 목적이 있다.

28 정답 ③

대립가설이란 귀무가설에 대립되는 가설, 즉 귀무가설이 거짓일 때 채택하기 위해 설정하는 가설이다.

가설의 종류
- 연구의 목적에 따른 분류
  - **식별가설** : 현상의 정확한 기술, 즉 사실을 밝히는 것에 관한 가설이다(어떤 변수의 크기 · 성질 · 위치에 대한 가설).
  - **설명적 가설** : 인과관계를 규명하기 위한 가설이다(두 변수 간에 실제로 일어날 수 있는 관계를 나타내는 문장의 형식, 즉 만약 선행조건이 진실이라면 결과조건이 진실이다라는 형태 등).
- 통계적 검증단계에서의 분류
  - **연구가설(대립가설)** : 연구문제에 대한 잠정적 해답으로서 연구자가 제시한 가설(차이나 관계가 있다는 형식)
  - **영가설(귀무가설)** : 연구가설과 논리적으로 반대의 입장을 취하는 가설(차이나 관계가 없다는 형식)
  - **변수의 수에 따른 분류** : 1변수 가설, 2변수 가설, 다변수 가설

29 정답 ②

이산변수는 명목척도, 서열척도로 측정되는 변수이다. 반면에 등간척도와 비율척도로 측정되는 변수는 연속변수이다.

30 정답 ④

종단적 조사는 유형에 따라 서로 다른 시점에서 동일 대상자를 추적해 조사해야 하므로 표본의 크기가 작을수록 좋다.

31 정답 ①

순수조사(기초조사)는 조사자의 지적 호기심을 충족시키기 위한 조사방법이며, 조사결과의 활용을 위한 조사는 응용조사이다.

32 정답 ②

내적 타당성의 저해요인
- **우연한 사건 또는 역사요인** : 사전 – 사후 검사 사이에 발생하는 통제 불가능한 사건을 말한다.
- **시간적 경과 또는 성숙요인** : 연구기간 중에 시간의 경과에 따라 대상의 신체적 · 심리적 성숙을 말한다.
- **테스트 효과 또는 검사요인** : 사전검사가 사후검사에 영향을 미치게 되어 변수 간의 변화를 초래한다.
- **도구요인** : 사전 – 사후 검사시 서로 다른 척도나 신뢰도가 낮은 척도를 사용할 경우 전후의 차이가 진정한 변화인지 알기 어렵다.
- **통계적 회귀** : 종속변수의 값이 가장 높거나 가장 낮은 극단적인 사람들을 실험집단으로 선택했을 경우 다음 검사는 독립변수의 효과가 없더라도 높은 집단은 낮아지고 낮은 집단은 높아지는 현상을 말한다.
- **실험대상자 상실** : 실험과정에서 일부 실험대상자가 이사, 사망, 질병, 실종 등의 사유로 탈락하는 경우이다.
- **선택과의 상호작용** : 선택의 편의가 있을 때 잘못된 선택과 역사 또는 성장과 상호작용이 문제되기도 한다.

33 정답 ①

평정척도는 측정의 각 범주들이 상호배타적이어야 하고 응답범주들이 응답 가능한 상황을 다 포함하고 있어야 한다. 또한 응답범주들이 논리적 연관성을 가지고 있어야 한다.

34 정답 ①

라 : 등간척도의 사례이다.

35 정답 ②

명목척도는 가장 낮은 수준의 측정으로, 글자 그대로 이름을 부여하는 명목적인 것을 의미한다.

36 정답 ②

거트만 척도는 척도를 구성하는 문항들이 내용의 강도에 따라 일관성 있게 서열을 이루고 있어서 단일차원적이고 누적적인 척도를 구성하는 대표적인 방법이다.

37 정답 ⑤

실험설계의 기본적 요소에는 통제집단, 무작위 할당, 독립변수(실험변수)의 조작, 사전 – 사후검사 등이 있다.

38 정답 ⑤

무작위할당, 비교, 조작 등 실험의 요건을 갖추고 있으며 그 중에서 사전검사만 실시하지 않았으므로 통제집단 사후검사 설계에 해당된다.

39 정답 ②

ABCD(복수요소)설계는 일련의 종류가 다른 개입들의 영향을 평가하기 위해 사용되는 것으로 하나의 기초선 자료에 대한 여러 개의 다른 방법을 개입하는 것이다.

40 정답 ②

단일사례연구는 인과관계의 검증보다는 개입의 효과성을 입증하는 데 초점이 있다.

41 정답 ④

자기기입식 설문조사는 익명으로 응답이 가능하기 때문에 민감한 사항이나 대답하기 어려운 문제를 다루는 데 유리하다.

자기기입식 설문조사의 장점과 단점

장점	단점
• 시간, 노력, 비용이 적게 듦 • 표준화된 언어구성, 질문 순서, 지시 등으로 질문의 일관성을 기함 • 익명으로 응답할 수 있으므로, 민감한 질문을 다루는 데 유리함 • 시간적 여유가 있어 신중한 응답이 가능함 • 보다 광범위한 범위를 조사할 수 있음	• 융통성의 결여 • 필기에 의한 응답이 가능하므로 비언어적 행위나 개인의 특성이 자료로 활용 될 수 없음 • 무응답 처리의 가능성이 높음

42 정답 ①

면접조사방법의 특징(성격)
- 상호작용과 응답자의 열성
- 융통성 있는 면접의 운영
- 피면접자의 동화
- 면접자 – 피면접자는 질문과 응답의 의미를 명확히 파악

43 정답 ④

수반형 질문은 하나의 질문에 연결되는 보완적 질문이 있는 것으로, 응답자의 정보를 보다 세밀하게 분석할 수 있는 질문 유형이다.

44 정답 ①

표집간격이란 모집단으로부터 표본을 체계적으로 추출할 때 사용하는 용어로서 추출되는 표본 사이의 간격을 의미하며, 〈모집단의 크기 ÷ 표본의 크기〉로 구해진다.

45 정답 ②

③ 비확률표집방법의 특징이다.

46 정답 ③

판단(유의, 의도적) 표집방법은 조사자가 조사문제와 모집단에 대한 지식이 충분히 많을 경우 유용하게 쓰일 수 있다.

47 정답 ②

주요정보제공자 조사의 장·단점
- **장점** : 비용과 인력이 적게 들어 경제적이며, 기존의 조사방법을 이용할 수 있어 융통성이 있으며 신축적이다.
- **단점** : 지역의 지도자나 정치가가 보는 문제는 정치적일 수 있다는 점과 대표자나 지도자를 선정하는 기준이 모호하고, 지역대표자나 지도자가 주민의 의견을 대변할 수 있느냐에 대한 의문이 있다.

48 정답 ②

평가조사의 종류

목적에 따른 평가	• **형성평가** : 프로그램 운영 도중에 이루어지는 평가로서 프로그램의 형성에 초점을 둔 평가이다. 이는 서비스 전달체계 향상 및 서비스의 효율성 증진을 도모한다. • **총괄평가** : 프로그램의 종료 후 실시하는 평가로 프로그램의 지속, 중단, 확대 등에 관한 총괄적인 의사결정을 할 경우 사용한다. • **통합평가** : 형성평가와 총괄평가를 합친 것으로 총괄평가적 접근으로 평가를 한 후 과정평가적 접근을 통해 평가한다.
평가규범에 따른 평가	• **효과성 평가** : 프로그램의 목적달성 정도의 평가 • **효율성 평가** : 투입과 산출을 비교평가 • **공평성 평가** : 프로그램의 효과와 비용이 사회집단 간에 공평하게 배분되었는지 평가

49 정답 ④

사회복지조사는 질적 조사와 양적 조사로 대별된다. 전자는 관찰조사, 면접조사, 사례연구, 근거이론, 현상학, 역사적 방법, 행동조사 등이며, 후자는 실험조사, 표본조사 등이다. 즉, 질적 연구는 연역, 양적 방법들을 사용하는 전통적인 양적 조사 연구방법들에서 나타나는 문제들을 지적하면서 귀납, 질적 방법을 강조하는 연구를 말한다. 연구대상 선정은 비확률적 표집방법을 사용한다.

50 정답 ①

서론에서는 조사의 목적과 연구가설 등이 포함되어야 하며, 연구의 합의 부분은 결론 부분에 포함되어야 한다.

2교시 사회복지실천

01	④	02	①	03	①	04	①	05	③
06	②	07	④	08	④	09	②	10	③
11	①	12	⑤	13	②	14	②	15	①
16	⑤	17	①	18	③	19	③	20	③
21	③	22	②	23	③	24	③	25	④
26	⑤	27	①	28	②	29	②	30	⑤
31	⑤	32	③	33	①	34	①	35	②
36	①	37	③	38	④	39	③	40	③
41	③	42	②	43	④	44	①	45	④
46	⑤	47	④	48	②	49	③	50	②
51	①	52	⑤	53	②	54	②	55	①
56	④	57	④	58	①	59	②	60	①
61	①	62	⑤	63	②	64	③	65	①
66	①	67	④	68	②	69	②	70	②
71	③	72	②	73	⑤	74	④	75	④

01 정답 ④

사회복지실천은 모든 사람들의 삶의 질 개선에 목적을 둔다. 특히나 자원, 서비스, 기회를 제공하는 체계와 클라이언트를 연결해줌으로써 그들의 삶의 질 향상을 제고하는 것을 목표로 한다.

02 정답 ①

사회복지사는 클라이언트의 욕구가 충족되었는지를 사정하고 예방적 서비스에 대한 욕구가 있는지, 서비스 간 괴리는 없는지 평가하여 기관의 서비스를 확대하거나 개선하는 역할을 할 수 있다. 프로그램 개발자, 기획자, 정책과 절차 개발자 등의 역할이 있다.

03 정답 ①

사회복지사의 자질이나 능력

4H	5C
• Head : 이성적 판단능력 • Hear : 감정이입능력 • Hand : 실천기술능력 • Health : 심신건강능력	• Coordinator : 조정능력 • Copartner : 협조능력 • Counselling : 상담능력 • Case Worker : 치료능력 • Clarifier : 명료한 판단능력

04 정답 ①

사회복지의 전문적 가치	• **사람우선의 가치** : 전문직 수행의 대상인 사람 자체에 대해 전문직이 갖추고 있어야 할 기본적 가치관이다. • **결과우선의 가치** : 사람에 대해 서비스를 제공했을 때 초래하는 결과에 대한 가치관이다. • **수단우선의 가치** : 서비스를 수행하는 방법 및 수단과 도구에 대한 가치관이다.
사회복지의 가치 분류	• **궁극적 가치** : 사회나 시대상황에 관계없이 불변하는 가치로 인간의 존엄성, 사회정의 등이 이에 해당된다. • **차등적 가치** : 사회문화적 영향이나 개인의 경험에 따라 찬반의 가치판단이 가능하다. • **수단적 가치** : 궁극적 가치를 달성하기 위한 수단이나 방법으로 행동지침이나 윤리로 나타난다.

05 정답 ③

정신분석학에 기저를 둔 진단주의 모형은 개인의 내적 측면에 한정하여 인간의 외적 문제인 환경적 요인을 치료 영역으로 보지 않으며, 환경 속의 개인을 무시하는 폐쇄적 체계에 해당되는 미시적 사회사업실천이다. 반면에 생활모형이나 체계모형은 클라이언트의 치료영역을 개인의 내적 문제 + 환경으로 확대하는 개방체계에 해당되는 거시적 사회사업실천으로 대별됨을 유의해야 한다.

06 정답 ②

기능주의모델에서는 클라이언트의 현재 경험을 통해 문제해결을 원조하는 관점이 핵심이다. 즉, 기능주의 학파는 펜실베이니아 대학원을 중심으로 로빈슨, 태프트, Horney 등이며, 클라이언트의 참여와 자기결정을 통한 치료의 대상이 아닌 원조의 대상으로 본다.

07 정답 ④

노인치매 문제는 노년기의 발달적 관점과 특성들이 고려되어야 하는 문제이고, 나머지 내용은 특정 발달단계와는 거리가 먼 문제이다.

08 정답 ④

사회복지사의 역할 중 관리자로서의 역할은 사회복지사가 사회복지기관이나 부서의 행정책임과 관련 있는 업무를 하는 것을 말한다.

09 정답 ②

③ 거시체계(지역사회) 사회복지실천의 예이다.

10 정답 ③

테일러와 로버트는 지역사회복지실천을 지역사회개발, 사회계획, 정치적 행동, 프로그램 개발과 서비스 조정, 지역사회연계로 분류하였다.

11 정답 ①

엔트로피는 폐쇄체계에서 나타나는 체계성분 간의 상호작용이 감소하여 점점 체계가 쇠약해지는 현상을 말한다.

12 정답 ⑤

의사소통이나 의사결정에 있어 장애요인으로 작용하는 것에는 계류효과, 고착효과, 후광효과, 스테레오타입화 등이 있다. 계류효과는 워커의 가치체계, 인생경험과 같은 요인에 의해 좌우되어 워커의 판단에 영향을 미치는 기준점 또는 참고점에 영향을 주게 되는 것을 말한다. 따라서 계류효과는 고착효과와 밀접한 관련이 있다.

13 정답 ②

면접에 따른 기록사항은 비밀 유지가 기본전제이다. 그러나 절대적인 비밀이 아닌 상대적인 비밀이다.

14 정답 ②

나 : 문제중심기록이다.
라 : 과정기록에 대한 내용이다.

15 정답 ①

클라이언트의 행동 바탕에 숨어 있는 단서를 발견하고 결정적 요인을 찾을 수 있도록 하는 면담기술은 해석이다. 초점제공기술은 클라이언트가 자신의 문제를 언어로 표현할 때 말속에 숨겨진 선입견이나 가정, 혼란 등을 드러냄으로써 자신의 사고과정을 명백하고 확실하게 볼 수 있게 해 주는 기술이다.

16 정답 ⑤

비에스텍(Biestek)은 1957년 관계론에서의 7대 원칙은 개별화, 통제된 정서적 관여, 수용, 의도적 감정표현, 자기결정, 비밀보장, 비심판적 태도의 원칙을 말한다.

17 정답 ①

클라이언트의 자기결정이 중요하지만 타인의 권리까지 침해하면서 자기결정을 존중받을 수는 없다.

18 정답 ③

통제된 정서적 관여는 문제에 대해 공감적 반응을 얻고 싶은 욕구를 말한다.

19 정답 ③

서비스 제공의 적격성 여부를 확인하는 것은 접수단계의 목적에 해당된다.

20 정답 ③

통합적 실천관점에서의 과정절차단계는 인테이크 - 자료수집 - 사정 및 계획 - 개입 - 종료단계로 제시되고 있다.

21 정답 ③

생태도는 가족관계에 대한 그림으로 클라이언트와 그와 관련이 있는 사람, 기관, 환경의 영향과 상호작용의 변화를 묘사한다.

22 정답 ②

과거의 어려움보다는 현재 문제에 초점을 맞추어야 한다.

23 정답 ③

사정의 특성 : 사정의 지속성, 강점 강조, 사정의 포괄성 등

24 정답 ③

진실성은 타인에게 정직하고 진실하게 대응하는 능력으로, 한 사람으로서의 인간의 가치를 인정하는 것과 관련된다.

25 정답 ④

사례관리란 복합적인 문제를 가지고 있는 클라이언트를 대상으로 필요한 서비스를 체계적으로 연계하여 제공하는 실천방법으로, 클라이언트의 욕구에 맞게 적절한 서비스를 제공해야 한다.

26 정답 ⑤

사회복지실천의 지식기반

- **인간행동과 사회환경에 관한 지식** : 개인이 생활하는 사회체계영역에 대한 인간의 생태, 심리, 사회적 발달에 대한 지식은 사회복지사로서 효과적으로 업무를 수행하기 위해 필요하다.
- **사회복지정책과 서비스에 관한 지식** : 사회복지정책, 정책형성과정, 사회정책분석에 영향을 미치는 정치적 · 조직적 과정에 대한 지식이 필요하다.
- **사회복지실천방법에 관한 지식** : 사회복지사는 전문적 신념과 목표를 성취하기 위해 클라이언트의 사회기능을 향상시키도록 지식과 기술이 필요하다.
- **조사 및 연구에 관한 지식** : 조사 및 연구에 관한 지식은 실천을 위한 지식을 형성하고 실천의 모든 영역에서 서비스 전달을 평가하기 위해 과학적 분석적으로 접근하는 데 이해와 설명을 제공해 준다.

27 정답 ①

마일리의 사회복지사 분류

- **미시적 차원의 역할** : 조력자, 중개자, 옹호자, 교사의 역할
- **중범위 차원의 역할** : 촉진자, 중재자, 훈련가의 역할
- **거시적 차원의 역할** : 계획가, 행동가, 현장개입가의 역할
- **전문가집단의 역할** : 동료, 촉매자, 연구자 · 학자의 역할

28 정답 ②

가. **직접적 영향** : 내담자의 행동을 향상시키기 위해 조언이나 제안하는 것이다.
나. **외현화** : 문제를 개별 성원이나 가족이 아닌 문제 자체로 구분해서 이야기하는 것을 의미한다.
다. **발달적 고찰** : 유년기의 경험이 현재에 미치는 영향을 클라이언트에게 자각시키는 것이다.
라. **재보증** : 내담자가 가진 능력이나 감정 등 내담자가 노력해서 달성한 업적 등을 인정하고 격려해줌으로 내담자를 지지해주는 방법이다.

29 정답 ②

사회복지사는 클라이언트의 욕구에 우선권을 두어야 한다.

30 정답 ⑤

실현 가능성은 인간의 성장과 발달의 모든 면에서 영향을 미치게 된다.

31 정답 ⑤

모두 인지행동모델에 해당한다. 인지행동모델은 다양한 기법을 활용하는데, 그 중에서 행동적 기법도 포함하므로 행동적 과제의 부여를 중요시하며 불안감을 경험하는 상황에 노출시키기도 한다. 또한 클라이언트의 주관적 경험과 인식을 강조하여 개별적인 접근을 시도하고, 문제의 원인인 인지체계의 변화를 위해 구조화된 접근을 한다.

32 정답 ③

인지행동모델 개입기법으로서 '설명'은 엘리스가 제시한 ABC 모델에서 클라이언트의 정서가 어떻게 작용하는지를 가르쳐 주는 것을 의미한다.

33 정답 ①

즈릴라와 골드프라이드의 문제를 효과적으로 해결하는 5단계

- **오리엔테이션 단계** : 문제인식단계
- **문제의 정의와 목표설정** : 문제와 관련된 사실정보를 수집하고 수집된 정보를 이해하는 데 인지적 왜곡이 없도록 교육
- **가능한 대안의 모색** : 해결책을 찾기 위해 대안을 모색하는 단계
- **의사결정** : 이전단계에서 제시된 다양한 대안을 객관적으로 평가하고 가장 바람직한 대안을 선정하는 단계
- **문제해결책의 실행과 검증** : 클라이언트가 문제의 해결책을 실행하고 그 과정을 스스로 모니터링하여 평가

34 정답 ①

개입단계에서는 문제를 해결하기 위한 과제를 개발하고 수행하며 수행정도를 점검하게 된다.

35 정답 ②

권한부여이론(역량강화이론)은 워커와 클라이언트의 전문적 관계를 위계적 관계로 규정하지 않고 파트너로서 상호협력적 관계로 규정함에 따라 기존의 클라이언트라는 낙인보다는 소비자의 개념으로 전환하여 능동적인 선택권을 부여한다.

36 정답 ①

위기개입모형에서 위기의 대상은 과정적 위기를 말한다. 이러한 위기회복은 과거의 상황보다는 현재의 상황에 더 많은 영향을 미치고 있다. 또한 위기의 기간은 5 ~ 8주로, 위기에 처한 클라이언트는 이 기간 안에 전문가에게 도움을 받아야 하므로 이 모형은 단기적, 시간제한적 성격을 지닌다.

37 정답 ③

자기상이란 Self image이다. 위기개입의 기본원리로는 신속한 개입, 행동, 제한된 목표, 희망과 기대, 지지, 초점적 문제해결, 자기상, 자립 등이 있다.

38 정답 ④

일상의 문제를 효과적으로 대처하고 적응하도록 원조하여 대처기술 학습을 돕는 것은 지지집단이다. 지지집단은 의사소통과 상호원조에 초점을 맞추므로 유대감 형성이 쉽고 자기개방성이 높다. 또한 비슷한 문제를 겪은 사람들로 구성되어 있어 공통의 경험을 공유할 수 있다.

39 정답 ③

③ 집단발달의 초기단계에서는 자기노출 수준이 낮으나 중기단계 이후에는 높아진다.
① 피드백은 필요한 상황에 적절하게 주어야 한다.
② 집단규칙은 성원들끼리 자율적으로 수립하는 것이 바람직하다.
④ 구조화란 지위와 역할을 부여하고 집단을 목표지향적으로 운영하는 것으로, 성장집단은 인간의 가능성과 잠재능력을 발휘할 수 있도록 돕는 것을 목적으로 형성된 집단이므로 높은 수준의 구조화가 효과적이다.
⑤ 종결단계에서는 집단에 대한 의존성을 감소시켜야 하므로 회합의 빈도를 드물게, 시간을 짧게 해야 한다.

40 정답 ③

- **가** : 이전단계로 역행할 수도 있다.
- **다** : 모든 집단이 동일한 발달단계를 거치는 것은 아니다.

41 정답 ③

Yalom이 제시한 집단발달단계 : 오리엔테이션 → 갈등 · 지배 · 저항 → 친근과 근접 → 응집력 발달 → 종결단계

42 정답 ②

집단사회복지사와 집단성원 간에 있어서 의도적 원조의 관계를 수립하여야 한다.

43 정답 ④

치료집단의 집단과정은 집단에 따라 유연하거나 형식적인 반면에 과업집단은 보통 형식적인 일정과 규칙이 있다.

44 정답 ①

사회적 목적모델집단의 관점에서 본 미래에 대한 전망은 사회정의의 이상에 기초하며 사회의식과 사회책임을 발전시키는 것이다. 그리고 집단의 민주적 기능을 증진시키는 상담자 또는 회의 주최자일 수 있다.

45 정답 ④

장 이론은 레빈(K. Lewin)에 의해 개발된 것으로, 개인은 환경과 서로 영향을 주고받는다고 본다.

46 정답 ⑤

종결단계의 과제
- 변화들을 유지하고 일반화하기
- 개별 성원의 독립적인 기능을 촉진하고 집단의 매력을 감소시키기
- 종결에 대한 감정다루기
- 미래를 위한 계획세우기
- 의뢰 · 평가하기

47 정답 ④

역기능적인 가족은 가족성원에게 정형화된 역할을 부여하여 혼란스럽고 모호한 의사소통을 하게 되는 특징이 있다.

48 정답 ②

합류하기 : 구조적 가족치료 개입기법 중의 하나로 사회복지사가 개입장면에서 가족의 분위기를 파악하여 행동을 하거나 감정표현을 하는 것이다. 합류는 가족과 사회복지사의 거리를 좁혀 주는 역할을 하며 일반적으로 개입의 초기 단계에 많이 사용된다.

49 정답 ③

예외질문은 클라이언트가 문제로 생각하고 있는 일이나 행동이 일어나지 않는 상황을 찾기 위해 질문하는 것이다. 대화내용에서 사회복지사는 예외상황을 찾아내거나 클라이언트의 성공을 계속 강조하면서 성공경험을 계속 확대하고 강화시키려고 한다.

50 정답 ②

③은 문제지향적인 기록의 목적이다.

51 정답 ①

지역사회복지 이념이 탈시설화, 주민참여, 정상화, 사회통합, 네트워크를 강조하게 됨에 따라 지역사회복지실천의 변화도 같은 방향성을 띠고 있다.

52 정답 ⑤

지역사회 개방이론은 상반된 견해를 견지하는 지역사회 상실이론과 지역사회 보존이론에 대한 제3안의 대안으로 서 순수한 지역성에 기초한 개념에서 벗어나 사회적 지지망의 관점에서 비공식적 연계를 강조하고, 지역성에 기초한 개념과 공통의 이해와 관심에 기초한 개념을 결합시키고 있다.

53 정답 ②

기능주의 이론은 사회문제의 원인을 개인, 가족, 하위문화, 사회제도 등의 일부에 있다고 보며 사회전체의 근본적인 원인에 있다고 보지 않는다.

54 정답 ②

생태이론

- 문화적 · 역사적 맥락에서 인간과 환경과의 관계를 밝힌다.
- 사람들이 해당지역 사회환경과 상호의존하는 관계에 초점을 맞춘다.
- 인구집단의 이동과 성장의 역동성 등 변화하는 지역사회의 특성을 이해하는 데 도움을 준다.
- 사람과 사회환경 간에 질서 있고 건설적인 방식으로 변화가 일어날 때, 지역사회의 역량이 커지고 지역 주민들을 위한 자원을 원활히 제공할 수 있게 된다.
- 환경과의 적합성, 상호교류, 적응을 지지하거나 방해하는 요소를 중요하게 다룬다.

55 정답 ①

스핀햄랜드법(1795) : 빈민에 대한 처우개선책으로 최저생활기준에 미달되는 임금의 부족분을 보조해줌에 따라 빈곤자에게 원외구제를 실시한 대표적인 사회수당 기원법이다. 즉, 가족수당, 아동수당 등 각종 수당제도의 기원이 된 임금보충제도이다.

56 정답 ④

① 고려시대의 상평창 제도이다.
② **자휼전칙** : 조선시대의 입양 또는 가정위탁에 해당하는 아동복지법령이다.
⑤ 형식적인 다양한 사회복지법의 형성기는 1950년대였다.

57 정답 ④

지역사회조직론(Community Organization)은 지역사회에서 지역주민들이 당면하고 있는 사회적 문제를 주민 스스로 해결하는 데 있어 지역사회의 기관이나 단체인 조직을 통해 의도적으로 해결하는 개입방법을 말한다.

58 정답 ①

로스만은 지역사회조직의 실천모형으로 지역사회개발, 사회계획, 사회행동의 3가지를 제시하였다.

59 정답 ②

지역사회모델별 강조점

지역사회 개발	• 민주적인 절차 • 자발적인 협동 • 토착적인 지도자의 개발 • 교육 등
사회계획	• 문제해결을 위한 합리적인 계획수립과 통제된 변화 • 정책집행의 효과성과 효율성 강조 • 공식적인 계획과 준거틀에 대한 설계
사회행동	권력, 자원, 지역사회, 정책결정에 있어서 역할 등의 재분배

60 정답 ①

던햄의 지역사회복지 활동목표

과업중심의 목표	• 지역사회의 광범위한 욕구를 충족하고 욕구와 자원 간의 조정과 균형을 도모한다. • 지역사회의 특정욕구를 충족시키거나 특정문제를 해결하기 위해서 취하는 구체적인 과업의 완수에 역점을 둔다.
과정중심의 목표	• 지역주민들의 참여, 자조, 협동능력을 개발 · 강화 · 유지하도록 도와주어 문제에 보다 효과적으로 대처할 수 있게 한다. • 지역사회 주민들이 문제를 해결할 수 있는 능력을 갖도록 해 준다.
관계중심의 목표	• 지역사회와 집단들 간의 관계와 의사결정권의 분배에 있어서 변화를 초래하려고 한다. • 지역사회의 구성요소 간의 사회관계에 있어서 변화를 시도하는 데 역점을 둔다.

61 정답 ①

① 지역사회개발모형의 내용이다.

62 정답 ⑤

일반적으로 아동복지의 실천원칙은 권리와 책임의 원칙, 선별성과 보편성의 원칙, 전문성의 원칙, 개발기능의 원칙, 포괄성의 원칙 등이다.

63 정답 ②

재가복지 : 보호를 필요로 하는 사람들이 자신의 가정에서 보호를 받는 것으로 다양한 욕구충족을 위해 서비스 연계를 구축한다.

64 정답 ③

사회복지시설중심 재활은 시설병을 가속화하여 클라이언트에게 인내력의 부족으로 인한 의존성을 높여줌에 따라 가족책임만 증대를 가져왔다. 이에 대형 시설규모에서 소형 시설규모로, 시설의 사회화 및 개방화를 추구하였다. 즉, 시설중심의 재활은 클라이언트의 능력향상으로 문제를 해결하기보다는 시설에 의존하려는 성향이 강해져서 가족의 경제적 부담 등의 문제가 늘어나게 되므로 가능하면 시설을 줄이고 제가복지를 하게 된다는 의미이다(시설의 소형화 및 개방화).

65 정답 ①

지역사회개발모형에서 워커의 역할 구분

로스의 구분	리피트의 구분
• 안내자 • 조력자 • 전문가 • 사회적 치료자	• 촉매자 • 전문가 • 집행가(실천가) • 측정도구로 인한 오류

66 정답 ①

사회복지사의 조력자로서의 역할은 간접적인 개입과 중립적인 입장을 통해 주민이 주도적 역할을 할 수 있도록 돕는 것이다.

67 정답 ④

지역사회복지계획 수립 및 실행에 관한 사업은 지방자치단체에서 하는 업무이다.

68 정답 ②

지역사회복지관의 등장배경은 1880년대 영국과 미국의 인보관운동에서 기원을 찾을 수 있다. 인보관은 산업화와 도시화에 따른 도시지역의 각종 복지와 관련된 문제를 해결하기 위하여 설립되었다.

69 정답 ②

지역사회복지관의 지역사회조직사업
- 주민조직화 및 교육사업
- 복지네트워크 구축사업
- 주민복지증진사업
- 자원봉사자 양성 및 후원자 개발, 조직사업

70 정답 ②

지방분권화란 한 국가의 각 지방이 저마다 독자적으로 행정관리나 경제관리를 하는 것을 말한다. 그러므로 지방정부의 재정자립도에 따라 지역 간 사회복지 수준의 격차가 커질 가능성이 크다.

71 정답 ③

연맹형은 관계구조의 특성을 최대한 살리면서 자율성을 최대한 보장하고, 전국연맹이 지역공동모금회들의 상호연락, 업무조정, 전국적인 차원에서 필요한 프로그램 제공의 기능을 하는 형태이다.

72 정답 ②

자원봉사활동의 과정은 '활동과제 선정 – 봉사자 모집 – 봉사자 교육 – 봉사자 지지 – 봉사활동 평가'로 이뤄진다.

73 정답 ⑤

자원봉사센터의 기능
- 수급조정
- 기록 및 등록
- 양성, 연수
- 홍보, 개발
- 조사, 연구
- 네트워크화
- 자원봉사활동의 지원

74 정답 ④

- 가 : 일반집단
- 나 : 위기집단
- 다 : 클라이언트 집단
- 라 : 표적집단

75 정답 ④

지역복지계획의 방향
- 지역복지계획의 기본이념과 목표를 어떻게 설정할 것인지에 대해 검토
- 지역사회문제에 관한 현황분석, 정책대안 및 실천전략의 모색, 가용자원의 동원과 효율적인 활용, 프로그램의 개발과 시행 및 평가 등에 대한 구체적인 내용을 담음

3교시 사회복지정책과 제도

01	①	02	②	03	①	04	①	05	②
06	⑤	07	④	08	③	09	①	10	③
11	②	12	①	13	①	14	①	15	③
16	①	17	④	18	②	19	②	20	②
21	①	22	②	23	③	24	③	25	④
26	③	27	④	28	⑤	29	①	30	⑤
31	②	32	①	33	③	34	①	35	④
36	④	37	⑤	38	③	39	⑤	40	①
41	⑤	42	②	43	①	44	②	45	②
46	①	47	⑤	48	⑤	49	②	50	①
51	①	52	④	53	④	54	④	55	④
56	①	57	⑤	58	③	59	②	60	⑤
61	③	62	①	63	④	64	①	65	①
66	①	67	④	68	④	69	②	70	③
71	①	72	⑤	73	②	74	④	75	③

01 정답 ①

경제적 효율성은 일반적으로 인정되는 사회복지정책의 기본 가치라고 보기는 어렵다.

02 정답 ②

- **현대사회의 4D** : 빈곤, 질병, 비행, 의존
- **베버리지의 5대 사회악** : 빈곤(궁핍), 질병, 무지, 불결, 나태
- **노인의 4고** : 빈곤, 질병, 무위, 고독

03 정답 ①

빈곤함정이란 공공부조에 있어서 저소득자가 소득의 증가로 인하여 수혜대상자에서 제외될 수 있기 때문에 스스로 일자리를 구한다거나 소득증대의 노력을 하지 않는 현상을 말한다.

04 정답 ①

- 역의 선택은 위험의 발생 가능성이 높은 사람들이 보험에 집중적으로 가입하게 되어 평균적인 위험확률과 보험료가 높아지는 악순환이 생겨서 위험분산이 되지 않는 문제를 말한다. 그러므로 민간보험시장에서는 역선택의 방지를 위한 노력을 계속적으로 하고 있다.
- ②는 전가, ③은 무임승차, ④와 ⑤는 도덕적 해이이다.

05 정답 ②

① 정주법(1662)에 대한 설명
③ 길버트법(1782)에 대한 설명
④ 개정 구빈법(1834)에 대한 설명
⑤ 엘리자베스 구빈법(1601)에 대한 설명

06 정답 ⑤

개정 구빈법의 중요 3원칙
- **열등처우의 원칙** : 구빈법으로 구제받는 빈민의 상태는 구제받지 않는 최하층의 노동자보다 낮은 수준이어야 한다.
- **작업장제도의 재설립(시설 외 구제금지)** : 노동능력이 있는 빈민에 대한 재가구호를 폐지하고 구제를 작업장 내에서의 구제로 제한하는 것이다.
- **전국적 통일의 원칙(균일처우의 원칙)** : 각 교구에 따라 상이하게 시행되고 있는 구빈행정을 전국적으로 통일시키는 것이다.

07 정답 ④

스웨덴은 독일보다 사회복지제도가 뒤늦게 출발했지만 사회주의 이념에 따라 사회복지의 급속한 발달을 가져왔다. 이러한 사회복지발달에는 참정권 운동에 따른 대중운동, 루터의 기독교 영향, 교육의 발달에 기인한다. 1913년에 보편적 · 강제적 연금보험을 법제화함에 따라 국가개입에 의한 포괄적 보편주의와 장애자 보험까지 성립시켰다.

08 정답 ③

- **수렴이론** : 경제발전이 일정 수준에 도달하면 사회복지정책이 유사한 형태로 수렴된다는 것이다.
- **음모이론** : 사회정책의 주목적은 사회안정 및 질서의 유지와 사회통제라고 하였다.

09 정답 ①

낙인이론은 일탈 및 비행에 일탈 및 실증주의적 개념에 반대

정답
및
해설

하는 이론으로서 상징적 상호작용이론에 기반을 두고 있다. 인간의 일탈과 비행은 행위의 특성이 아니라 다른 사람들의 반응에 의해 규정된다는 반응이론에 가깝다. 즉, 다른 사람들의 행위자인 범인에게 법과 제재를 적용한 결과라는 점이다. 낙인이론은 1960년대에 등장한 이론으로 비행이 사회통제를 유발한다는 기존 이론과 달리 사회통제가 범죄를 유발한다는 정반대의 주장을 펼친다. 한 사람을 범죄자로 낙인찍고 형벌, 교정처분 등의 사회적 제재를 적용하는 것은 범죄를 줄이기보다 증폭시킨다고 주장한다.

10 정답 ③

제도적 복지는 사회의 1차적인 기능을 수행하여 다른 사회제도들과 동등한 제도로서 기능을 수행한다.

11 정답 ②

사회민주주의 복지국가는 보편주의 원칙과 사회권을 통한 탈상품화 효과가 가장 크며, 급여수준은 새로운 중간층까지 확대 적용된다. 이 모형의 특징은 국가 대 시장, 노동계급 대 중간계급 사이의 이중성을 탈피하고 최소한의 생활보장 수준을 넘어서 가능한 최대한의 생활수준에서의 평등을 추구한다. 대표적인 국가들은 스웨덴, 스칸디나비아 국가 등이다.

12 정답 ①

미래예측기법
- **유추법** : 유사한 구조를 통해 미래의 상황이나 문제를 추정하는 방법
- **경향성 분석** : 과거의 경향이나 추세를 미래에 연장시켜 추측하는 기법
- **마르코프 모형** : 어떤 상황이 시간의 흐름에 따라 일정한 확률로 변해갈 경우 최종적 상태를 예측할 수 있는 확률적 정보를 제공함
- **회귀분석** : 변수들 사이의 인과관계를 전제로 하여 만들어 낸 회귀방정식을 통하여 미래를 예측하는 방법
- **델파이기법** : 전문가들의 의견을 모으고 교환함으로써 미래를 예측

13 정답 ①

조직화된 혼란상태 속에서 정책에 필요한 몇 가지 흐름이 우연히 통 안에 들어와서 정책결정이 이루어진다고 보는 쓰레기통 모형에 대한 설명이다.

14 정답 ①

보편주의와 선별주의
- **보편주의** : 사회의 모든 구성원들에게 정부가 서비스나 재정적인 원조를 제공하는 것으로, 자산조사가 필요하지 않으며 특정한 인구의 범주를 말한다. 즉, 아동수당, 가족수당, 아동에 대한 의무교육, 모든 65세 이상의 노인에 대한 교통비 지급 등이 그 예이다.
- **선별주의** : 사회복지대상자들을 사회적 · 신체적 · 교육적 기준에 따라 구분한 다음 복지서비스를 제공하며 자산조사를 통해 원조의 필요가 있다고 인정된 사람들에 한정해서 지급하는 것으로 공공부조와 빈민을 위한 공공주택, 결손가정, 무능력자, 도움을 필요로 하는 노인, 빈민 등만을 복지서비스의 대상으로 한다.

15 정답 ③

역진적인 것은 오히려 사회보험료이다.

16 정답 ①

사회보장심의위원회 위원장은 국무총리이고, 부위원장은 보건복지부장관과 기획재정부장관이다.

17 정답 ④

사고와 위험에 대한 포괄성을 고려하여야 한다. 이는 노동자 중심의 대상자에서 전 국민으로의 확대를 가져왔다.

베버리지의 사회보험 관련 보고서
베버리지 보고서에서의 사회보험은 현재의 사회보험과 같이 여러 위험별로 나뉘어진 사회보험이 아닌 모든 위험과 대상을 포괄하는 하나의 사회보험시스템으로 다음의 원칙에 의해 운영되는 것을 주장하였다.
- 행정의 통합화 원칙
- **적용범위의 포괄화** : 노동자집단에 자영자를 포함시켜 포괄적인 사회보험 제안
- 기여의 균일화(균일기여, 균일갹출)
- 급여의 균일화(균일급여)
- 급여 적절화(급여의 적절성)
- 대상의 분류화

그러므로 ④의 경우처럼 사고의 대상의 선택성은 포괄화 원칙에 위배된다.

18 정답 ②

사회보험은 보편주의 입장에서 시행된다. 선별주의는 자산조사를 통해 원조의 필요가 있다고 인정된 사람들, 즉 결손가정, 장애인, 무능력자, 도움이 필요한 노인, 빈민 등만을 복지서비스 대상으로 하는 것으로, 공공부조와 빈민을 위한 공동주택 등을 예로 들 수 있다.

19 정답 ②

기본연금액 산정공식
- **1999년 1월 1일 이후 가입기간에 대한 기본연금액** : 1.8 × (A + B) × (1 + 0.05n/12)
- **1998년 12월 31일 이전 가입기간에 대한 기본연금액** : 2.4 × (A + 0.75B) × (1 + 0.05n/12)이므로 사례에 따라 여러 공식이 파생될 수 있다.

A : 물가를 반영한 평균소득월액의 3년간 평균액(균등부분)
B : 가입자 개인의 가입기간 중 표준소득월액의 평균액(소득비례부분)
n : 20년 초과 가입연수

20 정답 ②

국민건강보험의 급여에는 요양급여, 건강검진, 요양비, 장애인보장구급여비, 장제비, 본인부담액 보상금 등이 있다.

21 정답 ①

고용보험제도의 필요성
- 사회적 빈곤 증대의 완화
- 실직근로자의 생활안정과 재취업의 촉진으로 사회연대 성취
- 실직자들의 노동력 보존
- 경기조절 기제
- 인력수급의 원활화
- 직업능력개발 활성화
- 노사 간의 갈등 완화

22 정답 ②

우리나라는 행위별 수가제도로 진료행위마다 상대가치점수제를 적용하고 있다. 이는 의료서비스 질은 높아지지만 반면에 과잉진료라는 단점을 가지고 있다.

23 정답 ③

주관적 빈곤선은 사람들의 주관적인 평가를 토대로 하여 빈곤을 정의하며 욕구조사의 결과를 토대로 빈곤선을 계산한 것이다.

24 정답 ③

현금지급이 원칙이다.

25 정답 ④

부양의무자란 수급권자를 부양할 책임이 있는 사람으로서 수급권자의 1촌의 직계혈족 및 그 배우자(다만, 사망한 1촌의 직계혈족의 배우자는 제외한다)로, 수급자 선정 시 고려 기준 가운데 하나이다.

26 정답 ③

가. 사회복지행정은 업무특성상 타 기관과의 연계가 잦아, 외부환경에 대한 의존성이 매우 높다.
다. 클라이언트를 가치중립적 존재로 보고 접근하려 노력은 할 수 있으나, 사회적으로 옳지 않거나 혼란 속에서 사회

복지사는 개인의 가치를 부여하여 클라이언트를 돕는다.

27 정답 ④

페로우(Perrow)의 인간봉사기술이 갖추어야 할 속성
- 인간관계에 대한 지식습득
- 타인에게도 충분히 전달될 수 있을 것
- 객관적으로 평가될 수 있을 것
- 수련할 만하고 타당성이 있어 행위에 대한 효과성을 반복해서 증명할 수 있을 것

28 정답 ⑤

사회복지행정의 과정 중 조정(Coordinating)에 대한 설명이다. 사회복지기관의 활동에 있어서 다양한 부분들을 상호 연결시키는 중요한 기능이다.

29 정답 ①

인간관계론의 조직관계에서는 비공식적, 집단 내의 인간관계는 비합리적 · 정서적 요소에 좌우한다. 뿐만 아니라 비경제적 요인, 사회적 · 심리적 욕구나 동기에 행동이 좌우된다.
① 과학적 관리론의 내용이다.

30 정답 ⑤

목표관리이론(MBO)은 직무성과의 향상 및 개인의 능력개발을 위한 목표를 설정하고 그 과정을 통제하며 성취결과를 평가하는 데 개인적 · 집단적 · 조직적 목표를 통합하도록 경영자와 직원이 모두 참여하여 조직에 대해 적극적으로 공헌활동을 유발하기 위한 경영관리기법이다.

31 정답 ②

맥그리거는 전통적인 인간관과 새로운 개념의 인간관을 동기부여라는 관점에서 비교하여 전자를 X이론, 후자를 Y이론이라고 정의하는 인간본성에 관한 X, Y이론을 주장하였다.

32 정답 ①

조직과 환경관련 특별용어
- **크리밍 현상** : 서비스조직들이 접근성 메커니즘을 조정함으로써 보다 유순하고 성공가능성이 높은 클라이언트를 선발하고 비협조적이거나 어려울 것으로 예상되는 클라이언트들을 배척하고자 하는 현상
- **레드 테이프** : 관료제의 병폐 중 하나로 불필요하게 지나친 형식이나 절차를 만드는 것
- **목적전치** : 조직의 규칙과 규정이 전체 목표달성을 위한 수단으로 간주되지 않고 규칙과 규정 그 자체가 목적이 되거나 원래 목적이 다른 목적으로 변질 · 대체되는 현상
- **아웃 리치** : 출장서비스 또는 대외 추적이라고도 하며, 서비스 이용자들이 스스로 찾아오기를 기다리는 것이 아니라, 기관이나 담당자들이 적극적으로 클라이언트를 찾아나서는 시도
- **소진** : 인간관계와 관련된 직무스트레스가 많은 직종의 종사자들에게서 나타나는 부정적인 현상으로 과도한 스트레스에 노출되어 신체적 · 정신적 기력이 고갈되어 직무수행능력이 떨어지고 단순업무에만 치중하게 되는 현상

33 정답 ③

서비스 전달체계 통합방법

구분	내용
종합 서비스센터	장애인종합복지관, 지역종합복지관처럼 하나의 서비스 분야를 하나의 서비스 분야를 두고서 복수의 서비스가 제공될 수 있도록 하는 곳
인테이크의 단일화	클라이언트의 다양한 욕구를 종합적으로 평가하여 적절한 서비스 계획을 개발하도록 인테이크를 전담하는 창구를 개발하는 방법
종합적인 정보 · 의뢰 시스템	전달체계들을 단순 조정하는 방법으로 각기 독립성을 유지하면서 서비스 제공을 강화하는 방법으로 당기관의 사회복지와 맞지 않는 클라이언트를 다른 기관에 의뢰함
사례관리	사례관리자가 중심이 되어 조직들 간의 네트워크를 이용하여 클라이언트를 관리하고 욕구를 만족시켜 주는 방법
트래킹	서로 다른 각각의 기관과 프로그램에서 다루었던 클라이언트에 대한 정보를 서로 공유할 수 있게 하는 시스템

34 정답 ①

사회복지서비스의 효과를 확실하고 타당하게 측정할 수 있는 표준척도가 없거나 부족하다. 이에 따라 결과의 평가에 대한 논란이 많고 변화와 혁신에 대한 저항이 다른 조직보다 크다.

35 정답 ④

전문적 기술의 전수뿐 아니라 감정적으로 고갈된 업무자들에게 용기를 제공하고 지지해주는 기술 또한 중요하다.

36 정답 ④

비공식 조직은 공식적 조직의 분열을 초래할 수 있다는 역기능이 있다.

37 정답 ⑤

위원회 운영의 장점
- 조직 전반에 관계되는 문제에 관한 협조와 정보를 제공하는 데 효율적
- 제안을 평가하거나 관련된 여러 전문가의 의견 청취
- 행정의 참여적 권리를 실현하여 지역주민의 참여를 독려

38 정답 ③

애드호크러시 조직은 중앙집권성, 공식성, 관료성, 거대조직이 아니라 분권성, 신축성, 탈관료성이 특성이다.

39 정답 ⑤

① **정치경제이론** : 권력의 상호작용, 권력행사자들이 성취하려는 목적 및 생산적 교환체계에 관한 연구로 조직과 환경 간의 상호작용을 중시하며 그러한 상호작용이 조직 내부 역학관계에 미치는 영향들에 초점을 둔 이론
② **구조 – 상황이론** : 개방체계 시각의 적용을 통해 조직환경과 조직구조의 적합성이 조직의 성과, 궁극적으로는 조직의 생존에 중요한 영향을 미친다는 이론
③ **조직군 생태이론** : 조직과 환경과의 관계에서 환경의 조직선택이라는 환경결정론적인 시각으로 환경적 요인들이 그에 가장 적합한 조직 특성들을 선택한다고 보는 이론
④ **자원의존이론** : 조직이 환경적 결정에 수동적이기만 한 것이 아니라 환경적 영향에 적극적으로 대처하고 환경을 조직에 유리하도록 관리하는 실체라고 규정한 이론

40 정답 ①

L = f (l, f, s)
l = 리더의 자질, f = 부하의 특성, s = 리더의 상황이다.

41 정답 ⑤

리더십이론 중 특성이론은 주변의 상황을 무시하고 리더자의 선천적 자질만을 강조하기 때문에 많은 한계점을 가진다. 즉, 부하의 욕구 무시, 특성들의 상대적 중요성 무시, 리더의 후천적 기술보다는 선천적 자질 강조, 상황 요인 무시 등으로 인해 한계를 가진다. 리더자의 개인별 자질에 따라 리더를 유형화(구분화)하는 것은 가능하므로 한계요인이 되지 않는다.

42 정답 ②

리더십의 유형
- **지시적 리더십** : 부하직원에게 작업지침을 제공, 작업일정수립, 성과목표 유지
- **자율적 리더십** : 부하직원의 복지와 욕구에 대한 관심을 가지며, 우호적이며, 친근하고, 평등하게 대한다.
- **참여적 리더십** : 부하직원과 상담하고 의사결정시에 그들의 아이디어를 진지하게 고려한다.
- **성취지향적 리더십** : 도전적인 목표를 설정하고 뛰어남을 강조하며 부하직원의 능력에 대해 신뢰를 보임으로써 최고수준의 업무수행을 하도록 고무시킨다.

43 정답 ①

시너지 효과 : 원래 두 개 이상의 서로 다른 개체가 힘을 합쳐 둘이 지닌 힘 이상의 효과를 내는 현상으로 전체적 효과에 기여하는 각 기능의 공동작용이나 협동을 뜻하며 종합효과, 상승효과라고 번역된다. 구성요소 전체가 가져오는 효과는 그 요소 각 부문들의 효과들을 단순히 합하는 것보다 크다는 것을 말하는 것으로 1 + 1 = 2가 되는 것이 아니라 그 이상인 3 or 4가 되는 원리를 가리키는 것이다.

44 정답 ②

점증주의 모형은 합리모형이 현실의 정책결정에 적용되기 어렵다는 것을 지적하고, 현실에 실제로 이루어지고 있는 정책결정을 설명하기 위해 주장되었다.

45 정답 ②

직무명세서란 직무분석을 통해 나타난 결과를 다루되 직무내용보다는 직무요건을, 또 직무요건 가운데서도 인적 특성에 초점을 두어 기술한 것을 말한다.

46 정답 ①

목표관리제도(MBO)는 활동중심적이고, 결과지향적이며, 참여를 강조하는 철학에 기반을 두고 있다.

47 정답 ⑤

성과주의 예산제도는 예산의 투입을 정부의 기능이나 사업 · 활동 · 성과 등과 연결시키며, 관리기능을 중시하는 예산제도를 말한다. 미국 예산국은 성과주의 예산제도를 '소요되는 자금의 목표와 이러한 목표를 달성하기 위해
제안된 사업의 비용, 그리고 각각의 사업하에서 수행된 작업과 성과측정을 위한 계량적 자료를 제시하는 것'으로 정의하고 있다.

48 정답 ⑤

시장세분화의 기준과 변수
- **지리적 변수** : 지역, 인구밀도, 도시의 크기, 기후 등
- **인구통계적 변수** : 나이, 성별, 가족규모, 가족수명주기, 소득, 직업교육수준, 종교
- **심리분석적 변수** : 사회계층, 생활양식, 개성
- **행태적 변수** : 추구하는 편익, 사용량, 제품에 대한 태도, 상표 충성도, 상품구매단계, 가격에 대한 민감도

49 정답 ②

사회복지프로그램이 종결된 후에 실시하는 것으로 프로그램의 결과에 해당하는 성과의 발생여부와 그 성과에 수반된 비용의 문제들에 주로 관심을 둔다. 즉, 사회복지프로그램이나 기관의 목적과 목표들이 얼마나 효과적 · 효율적으로 달성되었는지 알고자 하는 것으로 목표지향적 평가라고 한다.

50 정답 ①

프로그램 평가검토법(PERT)은 작업의 성격이 복잡하여 종합적이고 장기적인 계획을 수립하는 데 유용한 관리기 법이다.

51 정답 ①

ㄱ. **사회복지사업법** : 1970년 1월 1일 제정
ㄴ. **노인복지법** : 1981년 6월 5일 제정
ㄷ. **국민기초생활보장법** : 1999년 9월 7일 제정
ㄹ. **노인장기요양보험법** : 2007년 4월 27일 제정

52 정답 ④

① **사회보장** : 노령, 질병, 산업재해, 실업, 장애 등 사람들의 생활상의 위험이나 곤란에 대처하기 위해 현금, 현물, 증서와 같은 일정한 사회적 급여를 제공하는 사회제도 내지는 사회서비스를 말한다.
② **사회보험** : 국가와 사회가 책임을 지고 위험의 분산이란 보험기술을 이용하여 국민생활을 위협하는 노령, 사망, 질병, 실업, 산업재해 등과 같은 사회적 사고의 결과 발생한 문제를 해결하거나 경제적 불안으로부터 국민 개개인을 제도적으로 보호하기 위해 보험료 징수를 통하여 사고발생시 해당되는 보험급여를 실시하는 제도를 의미한다.
③ **공공부조** : 국가가 규정한 일정한 수준 이하에서 경제적으로 빈곤한 생활을 하고 있으며 요보호 상태에 있는 자들에게 건강하고 문화적인 최저한도의 기초생활을 유지할 수 있도록 현금급여, 현물급여 또는 증서를 제공해주는 것이다.
⑤ **사회복지관련제도** : 사회보장법에서 규정하는 제도로 주택, 교육 등 사회복지에 관련된 법을 말한다.

53 정답 ④

공굴이란 촌락을 단위로 마을 내의 무능력자나 과부 또는 초상을 당하여 일정기간 동안 노동을 할 수 없는 자의 농사를 마을주민들이 공동으로 지어주는 것을 말한다.

54 정답 ④

사회보장기본법 제 14조에 의하면 사회보장수급권을 포기하는 것이 다른 사람에게 피해를 주거나 사회보장에 관한 관계 법령에 위반되는 경우에는 사회보장수급권을 포기할 수 없다.

55 정답 ④

① 헌법 제34조 제2항
② 헌법 제34조 제3항
③ 헌법 제34조 제4항
⑤ 헌법 제34조 제6항

56 정답 ①

법률의 적용은 신법 우선, 특별법 우선의 원칙이 적용된다. 그러므로 사회복지법인에 관한 법 적용의 순서는 사회복지사업 관련 특정법률 → 사회복지사업법 → 공익법인의 설립 · 운영에 관한 법률 → 민법의 순으로 적용된다.

57 정답 ⑤

외국과의 사회보장협정을 맺는 목적은 이중가입 배제, 동등대우, 가입기간의 합산, 급여송금의 보장, 연금혜택의 기회 확대 등을 위해서이다.

58 정답 ③

사회보장기본법 제3조(정의)
"평생사회안전망"이란 생애주기에 걸쳐 보편적으로 충족되어야 하는 기본욕구와 특정한 사회위험에 의하여 발생하는 특수욕구를 동시에 고려하여 소득 · 서비스를 보장하는 맞춤형 사회보장제도를 말한다.

59 정답 ②

사회보장제도의 운영원칙
- 국가와 지방자치단체가 사회보장제도를 운영할 때에는 이 제도를 필요로 하는 모든 국민에게 적용하여야 한다.
- 국가와 지방자치단체는 사회보장제도의 급여 수준과 비용 부담 등에서 형평성을 유지하여야 한다.
- 국가와 지방자치단체는 사회보장제도의 정책 결정 및 시행 과정에 공익의 대표자 및 이해관계인 등을 참여시켜 이를 민주적으로 결정하고 시행하여야 한다.
- 국가와 지방자치단체가 사회보장제도를 운영할 때에는 국민의 다양한 복지 욕구를 효율적으로 충족시키기 위하여 연계성과 전문성을 높여야 한다.
- 사회보험은 국가의 책임으로 시행하고, 공공부조와 사회서비스는 국가와 지방자치단체의 책임으로 시행하는 것을 원칙으로 한다. 다만, 국가와 지방자치단체의 재정 형편 등을 고려하여 이를 협의 · 조정할 수 있다.

60 정답 ⑤

사회복지관의 사업
- **가족기능강화사업** : 가족관계 증진사업, 가족기능 보완사업, 가정문제 해결 · 치료사업, 부양가족 지원사업, 다문화가정 · 북한이탈주민 등 지역 내 이용자 특성을 반영한 사업
- **지역사회 보호사업** : 급식서비스, 보건의료서비스, 경제적 지원, 일상생활지원, 정서서비스, 일시보호서비스, 재가복지봉사서비스
- **지역사회조직사업** : 지역사회연계사업, 지역욕구조사, 실습지도, 주민복지증진사업, 주민조직화 사업, 주민교육, 자원봉사자 개발 · 관리, 후원자 개발 · 관리)
- **교육문화사업** : 아동 · 청소년 사회교육, 성인 기능교실, 문화복지사업, 노인 여가 · 문화
- **자활지원사업** : 직업기능훈련, 취업알선, 직업능력개발, 그 밖의 특화사업

61 정답 ③

한국사회복지협의회는 사회복지법인이고, 한국사회복지사협회는 사단법인이다.

62 정답 ①

사회복지사업법 제33조의2에 따르면 사회복지서비스를 필요로 하는 사람과 그 친족, 그 밖의 관계인은 관할 시장 · 군수 · 구청장에게 보호대상자에 대한 사회복지서비스의 제공을 신청할 수 있다.

63 정답 ④

노령연금의 수급조건은 가입기간이 10년 이상이며 60세가 된 경우이다.

64 정답 ①

국민건강보험법 제5조 2항
피부양자는 다음 각 호의 어느 하나에 해당하는 사람 중 직장가입자에게 주로 생계를 의존하는 사람으로서 보수나 소득이 없는 사람을 말한다.
1) 직장가입자의 배우자
2) 직장가입자의 직계존속(배우자의 직계존속을 포함한다)
3) 직장가입자의 직계비속(배우자의 직계비속을 포함한다)과 그 배우자
4) 직장가입자의 형제 · 자매

65 정답 ①

근로복지가 잘 갖추어진 국가는 오히려 산재보험을 까다롭게 규제하는 경향이 있다.

66 정답 ①

고용보험법상 실업급여는 취업촉진수당과 구직급여로 구분된다.

67 정답 ④

기초연금법 제9조에 의하면 보건복지부장관은 5년마다 기초연금 수급권자의 생활수준을 고려하여 기초연금액의 적정성을 평가하고 그 결과를 반영하여 기준연금액을 조정하여야 한다.

68 정답 ④

기초연금 수급권자의 권리는 5년간 행사하지 아니하면 시효의 완성으로 소멸한다.

69 정답 ②

전물량 방식은 기초생활필수품 목록들을 작성하고 각 가계에 해당 최저지출비를 모두 포함하여 빈곤선을 산출하는 방식이다. 이 방식은 1899년 라운트리 방식으로 영국 주민에게 최초로 적용되었다. 반면에 오샨스키 방식은 반물량 방식이다.

70 정답 ③

시장 · 군수 · 구청장은 인정 신청을 한 사람 중에서 수급권자의 인정 기준에 따라 수급권자를 정하여야 한다.

71 정답 ①

영유아보육법 제13조에 따르면 국공립어린이집 외의 어린이집을 설치 · 운영하려는 자는 특별자치도지사 · 시장 · 군수 · 구청장의 인가를 받아야 한다. 인가받은 사항 중 중요 사항을 변경하려는 경우에도 마찬가지이다.

72 정답 ⑤

아동복지법상 8개의 아동복지시설과 6가지의 아동복지사업이 규정되어 있다. 이 아동복지사업 중에서 학대아동보호사업은 학대아동을 발견, 보호, 치료 및 아동학대의 예방 등을 전문적으로 실시하는 사업을 말한다. 이외에도 아동주간보호사업, 아동전문상담사업, 공동생활가정사업, 방과후 아동지도사업, 아동가정지원사업 등이 있다.

73 정답 ②

장애인복지조정위원회는 국무총리 소속하에 있다.

74 정답 ④

노인복지법상 노인복지시설은 노인주거복지시설, 노인의료복지시설, 노인여가복지시설, 재가노인복지시설, 노인보호전문기관, 노인일자리지원기관의 6가지 유형화로 규정되어 있

다. 노인요양공동생활가정시설은 노인의료복지시설 중의 하나이다.

75 **정답 ③**

국가와 지방자치단체는 다문화가족 지원정책을 추진함에 있어서 결혼이민자등의 의사소통의 어려움을 해소하고 서비스 접근성을 제고하기 위하여 다국어에 의한 서비스 제공이 이루어지도록 노력하여야 한다(제11조).

1교시 사회복지기초

01	①	02	②	03	②	04	②	05	④
06	①	07	③	08	①	09	④	10	②
11	⑤	12	①	13	①	14	③	15	①
16	⑤	17	①	18	⑤	19	③	20	③
21	③	22	⑤	23	②	24	②	25	⑤
26	②	27	②	28	②	29	①	30	①
31	⑤	32	①	33	③	34	③	35	①
36	④	37	④	38	⑤	39	②	40	①
41	①	42	②	43	③	44	①	45	③
46	①	47	⑤	48	②	49	①	50	①

01 정답 ①

생태체계적 관점은 환경 속의 인간이라는 개념을 기본으로 하며 유기체가 환경 속에서 어떻게 역학적인 평형상태를 유지하고 성장하는지에 관심을 둔다. 즉, 개인과 환경 간의 지속적이고 순환적인 교류과정을 이해하고자 하므로 문제의 원인을 단선적인 인과관계로 파악한다는 설명은 적절하지 않다.

02 정답 ②

프로이트는 인간을 의식영역 밖에 존재하는 비합리적이고 통제할 수 없는 무의식적 본능의 지배를 받는 존재로 보았다.

03 정답 ②

에릭슨의 학령기 : 근면성 대 열등감
- 대략 5~12세까지로 프로이트 이론의 잠재기와 생식기 초기에 해당
- 자아의 성장이 가장 확실해지며 근면성을 성취하는 시기
- 친구와의 관계에서 자기정체성을 확립하고, 스스로 주도적으로 할 수 있는 능력과 자신감, 근면성이 발전

04 정답 ②

프로이트는 배변훈련의 방법 및 태도에 따라 성격발달에 영향을 미치게 된다고 하였다. 배변훈련이 너무 엄격하고 위협적이라면 유아는 배설을 계속 보유하고 있거나 부적절한 시기에 배설을 할 것이다. 또는 일부러 지저분한 행동을 하여 부모에게 대항하려 할 것이다. 즉, 배변훈련에 대한 수동적 저항은 변을 내보내지 않는 것으로 항문기에 고착된 사람은 지나치게 깔끔 · 인색 · 완고 · 융통성 없는 성격을 갖게 된다.

05 정답 ④

프로이트의 성격발달이론 특징
- 아동 초기의 경험을 중시한다.
- 초기 아동기에 성격이 형성되고 성인기 초기에 끝난다.
- 충동을 통제하려고 한다.
- 아동의 성격발달에 부모의 역할이 크다.
- 인간행동의 동기를 원초아에 둔다.
- 성격발달의 본능적 측면을 강조한다.
- 갈등을 감소하고, 환경을 지배하기 위해 행동한다.
- 성격은 인생 초기에 형성된다는 점을 강조한다.

06 정답 ①

에릭슨의 심리사회적 성격이론에서는 인간의 행동과 기능의 기초로서 원초아보다는 자아를 강조한다. 반대로 프로이트의 정신분석이론에서는 원초아를 강조한다.

07 정답 ③

칼 융의 분석심리이론에서는 본능에 의해 지배되는 유아기에

는 자아가 형성되지 않으므로 이 시기가 성격형성에 미치는 영향은 중요시 여기지 않았고, 이 시기의 성격발달단계를 상세히 설명하지 않았다. 융의 분석심리이론은 오히려 중년기와 노년기의 성격발달을 중요하게 다루고 있다.

08 정답 ①

아들러는 열등감에 대한 보상의 노력이 우월성의 추구로 연결된다고 보았다. 우월의 목표는 긍정적인 경향과 부정적인 경향을 모두 취할 수 있는데, 긍정적인 경향에는 사회적 관심이나 타인의 안녕 등이 있고 부정적인 경향에는 자기 존중, 권력, 개인적 과장 등의 이기적 목표가 있다.

09 정답 ④

자기강화란 개인이 자신의 감정, 사고, 행동을 통제할 수 있는 능력을 가지고 있다고 보고 이러한 능력으로 자신의 행동을 유지하거나 변화시키는 과정을 말한다.

10 정답 ②

자기조정과 대리학습은 반두라의 사회학습이론의 주요개념이다.

11 정답 ⑤

반두라의 사회학습이론에서는 인간의 행동 또는 성격의 결정요인으로 사회적 요소를 중요하게 생각하며 대부분의 학습은 다른 사람의 행동을 관찰하고 모방한 결과로 이루어진다고 본다.

12 정답 ①

② **분류개념** : 구체적 조작기
③ **연속성 개념** : 구체적 조작기
④ **대상영속성 개념** : 감각운동기
⑤ **보존개념** : 구체적 조작기

13 정답 ①

인지발달의 기본요인

- **유전** : 신생아가 외부세계에 적응하는 최초의 상태를 결정하는 것으로 성장, 발달의 각 시점에서 새로운 발달 가능성을 전개한다.
- **신체적 경험** : 지적 발달에 기여하지만 이것만으로는 불충분하다.
- **사회적 전달** : 외부에서 지식을 전수받는 것으로 심리사회적인 인지발달에 기여한다.

14 정답 ③

중심화는 집중화로서 한 가지 대상 또는 한 부분의 상황에만 집중하고 모든 측면을 무시하는 경향으로, 이는 전조작기의 논리적 사고를 방해하는 요인이 된다.

15 정답 ①

로저스가 개발한 인간중심치료이론의 치료과정은 비지시적이므로, 치료과정이 지시적이라는 설명은 옳지 않다.

16 정답 ⑤

조산아의 생존이 가능한 시기는 보통 25주 이후로 본다.

17 정답 ①

태아기 때 개입할 수 있는 사회복지실천

- **생물학적 문제** : 임산부의 약물사용이나 약물중독 여부
- **심리적 문제** : 원하지 않은 임신으로 임산부의 부정적 심리반응, 임신과 출산 과정에 대한 지식 부재, 부모로서 역할이 변한 것과 그에 따른 책임을 수용하기 어려운 경우
- **사회적 문제** : 재정적 결핍, 임신 중 직장생활로 인한 신체적인 과로와 스트레스

18 정답 ⑤

학령 전기의 아동의 행동은 목표지향적이고 경쟁적인 성향을 갖는다.

19 정답 ③

청소년기는 에릭슨의 정체감 대 정체감 혼란의 시기이다.

20 정답 ③

개별화 과정은 중년기 혹은 그 이후에 나타나며, 개별화된 인간은 자긍심이 높고 의식과 무의식 수준의 자기를 잘 알게 된다. 개별화 기간 중에는 페르소나, 그림자, 아니마, 아니무스에 변화가 생긴다.

21 정답 ③

생산성 대 침체의 시기
- 생산성이란 개인의 사후에도 개인적 · 공적 수준에서 기여하는 능력이다.
- 침체란 타인에게 거짓된 친밀성을 갖고 자기에게만 탐닉하는 것으로 우선적으로 자신만을 보호하는 것이다.

22 정답 ⑤

노년기의 발달과제 관련 주요개념
- **통합감 대 절망** : 에릭슨이 주장하는 생애의 마지막 단계에서 일어나는 심리적 위기
- **심리적 조절** : 노년기를 의미있고 기쁘게 만들기 위해 필요한 것으로 자기분화, 신체에 관한 초월, 자기로부터의 초월 등
- **생애에 관한 회고** : 과거의 삶과 미래에 대한 평가 위주의 회상
- **하위 지위와 연령차별** : 노인의 하위 지위는 늙었다는 이유로 부정적인 이미지와 태도를 갖는 연령차별과 밀접하게 관련됨
- **영성과 종교의 특성** : 노년기의 정서적 풍요로움을 증진하는 중요한 요소

23 정답 ②

상담과 외부 전문가의 도움으로 부부간의 관계가 좋아졌으므로 넥엔트로피(역엔트로피)와 관계있다.

24 정답 ②

수정확대가족이란 핵가족과 확대가족이 현대화된 가족형태이다. 오늘날에는 결혼한 자녀들이 부모님과 같은 장소에서 생활하지 않고 부모님 주위에서 한 가정을 이루며 생활하는 수정확대가족이 확산되는 추세에 있다.

25 정답 ⑤

체계로서의 조직은 일종의 동태적 체계로서 환경의 변화에 적응하고 쇄신하여 안정과 계속성을 유지해 간다. 조직은 개방체계로서 환경과 상호작용하는 데 경계를 가지고 있으며 외부환경과 서로 영향을 주고받는다.

26 정답 ②

① 연역적 체계는 두괄식이다.
③ 연역법은 실증주의자들이 주로 사용하는 방법이다.
④ 연역적 이론에 대한 내용이다.
⑤ 분석적인 연역법과 경험적인 귀납법은 상호보완적인 관계이다.

27 정답 ②

조사대상의 전체적인 현황을 나타내기 위해 발생빈도와 비율 등을 정확하게 기술하는 조사는 기술적 조사이다.

28 정답 ②

종속변수란 다른 변수에 의존하지만 다른 변수에 영향을 미칠 수 없는 변수로서 인과관계에서 결과를 나타낸다.

29 정답 ①

중앙집중경향의 오류는 과학적 조사에서 나타나는 체계적인 측정 오류이다.

30 정답 ①

패러다임 : 가, 나, 다 외에 과학적 혁명기간 동안 끊임없이 변화 · 발전

31 정답 ⑤

질적 연구결과와 양적 연구결과가 서로 다르게 나올 수도 있다.

32 정답 ①

- **횡단** : 서로 다른 연령, 인종, 종교, 성별, 소득수준, 교육수준 등 광범위한 사람들의 표집이다.
- **횡단적 조사** : 인구의 횡단을 조사하는 것이다. 즉, 일정시점에서 특정표본이 가지고 있는 특성을 파악하거나 이 특성에 따라 집단을 분류하는 것으로 사회복지분야에서 널리 사용된다.

33 정답 ③

타당도란 연구결과가 조사목적에 적용될 수 있는 정도, 즉 획득된 측정치가 조사목적에 특정화된 변수들을 반영하는 정도를 말한다.

34 정답 ③

측정의 무작위 오류는 비체계적 오류와 관련된다. 체계적 오류와는 달리 일정한 패턴 없이 무작위의 결과가 산출되어 결과를 예측하기 어려워 신뢰성을 저해하는 요인이 된다. 이는 설문문항이 지나치게 많은 경우 발생하기 쉽다.

35 정답 ①

척도의 수준은 명목에서 서열, 등간, 비율의 순서로 나아간다.

36 정답 ④

통제집단 사전 – 사후검사 실험연구에서 사전검사를 하는 이유는 개입전 종속변수를 측정하여 개입후 변화된 종속변수와 비교하기 위해서이다.

37 정답 ④

① 변수에 일정하게 또는 체계적으로 영향을 주어 측정결과가 항상 일정한 방향으로 편향되는 오류
② 측정대상, 측정과정, 측정수단, 측정자 등에 일관성 없이 영향을 미침으로써 발생하는 오류
③ 고학력자일수록 응답문항 가운데 앞쪽에 있는 답을 선택하는 경향으로 인한 오류
⑤ 어느 쪽에든 치우치지 않으려는 경향으로 인한 오류

38 정답 ⑤

리커트 척도는 단순하고 사용의 용이성을 가진다는 장점이 있다.

39 정답 ②

순수실험설계와 준실험설계의 분류기준은 외생변수의 통제 유무이다. 순수실험설계는 외생변수의 통제 요건을 모두 충족하고 있어 인과관계 검증이 가능하고 내적타당도가 높은 반면 준실험설계는 외생변수의 개입으로 독립 변수의 효과가 오염될 수 있다.

40 정답 ①

단순 시계열설계는 통제집단을 별도로 갖지 않고, 실험처치로 인한 효과 확인을 위해 동일집단 내 여러 번에 걸쳐 실시된 사전검사를 통해서 확인한다.

41 정답 ①

라 : ABAB설계의 특징이다.

42 정답 ②

기초선은 개입 이전 단계로 ‘A’로 표시하며 개입국면은 표적행동에 대한 개입이 이루어지는 기간으로 보통 ‘B’로 표시한다.

43 정답 ③

면접조사의 장 · 단점

장점	단점
• 융통성, 응답률, 타당도 • 환경의 통제 • 질문 순서의 통제 • 무의식적인 응답의 기록 • 복잡한 질문의 사용	• 비용 및 시간 소요 • 면접자의 편의 발생 • 불편함 • 익명성의 부족 • 표준화된 질문어법의 부족 • 낮은 접근성 • 기록을 참고할 기회가 없음

44 정답 ①

〈보기〉의 내용은 대표성을 띤 계층을 나눠서 비율대로 표본을 무작위 선정하는 방법인'층화표집'에 대한 내용이다.

② **집락(군집) 표집방법** : 모집단을 이질적인 구성요소를 포함하는 여러 개의 집락으로 구분한 후 구분된 집락을 표출단위로 하여 표본을 추출하는 방법이다.
③ **할당 표집방법** : 추출된 표본이 모집단의 특성을 잘 대표할 수 있도록 하위집단별로 표본수를 배정하여 추출하는 방법이다.
④ **체계적(계통적) 표집방법** : 확률표본추출법의 하나로 모집단의 구성요소들이 무작위로 배열되어 있다는 전제 하에서 첫 번째 요소들을 추출하여 표본대상자로 선정하는 방법이다.
⑤ **단순무작위 표집방법** : 모집단을 구성하는 각 요소가 표본대상자로 선택될 확률을 동등하게 부여하여 추출하는 방법이다.

45 정답 ③

층화표집방법은 모집단을 일정한 기준에 따라 2개 이상의 동질적인 계층으로 구분하고, 각 계층별로 단순무작위 추출방법을 적용하는 방법이다.

46 정답 ①

- **개별적 오류** : 개인을 분석단위로 한 조사결과에 근거해서 집단에 대해서도 똑같을 것이라고 가정할 때 발생하는 오류
- **환원주의 오류** : 어떤 넓은 범위의 인간의 사회적 행위를 적합한 개념이나 변수에 지나치게 한정시키거나 한 가지로 귀착시키려는 경향
- **후광효과 오류와 중앙집중경향 오류** : 측정과정에서 발생하는 오류

47 정답 ⑤

평가조사는 개입의 기술과 프로그램의 효과성을 측정하는 데 일반조사방법론을 적용하는 응용조사이며 프로그램의 계획이나 운영과정에 필요한 환류적 정보 제공, 책임성의 이행 정도, 이론형성에 기여 등을 위한 것이다. ⑤를 제외한 나머지는 욕구조사에 대한 내용이다.

48 정답 ②

내용분석은 문헌연구의 자료 도출과정을 체계화하는 기법으로 주로 신문기사나 일기, 연구물 등과 같은 질적 문헌자료들에서부터 수량화된 경험자료들을 도출하려는 목적으로 쓰인다.

49 정답 ①

내용분석방법은 연구대상자에게 접근하기 어렵고 자료가 문헌으로 존재할 때 사용된다.

50 정답 ①

조사보고서는 문법적으로 정확하고, 논리적으로 질서정연해야 하며, 문장배열이 간결하고 필요한 내용만 선별적으로 기록되어야 한다.

2교시 사회복지실천

01	⑤	02	③	03	⑤	04	①	05	①
06	①	07	②	08	②	09	⑤	10	①
11	①	12	③	13	③	14	③	15	②
16	①	17	①	18	②	19	①	20	④
21	④	22	③	23	⑤	24	⑤	25	②
26	③	27	⑤	28	④	29	②	30	⑤
31	①	32	②	33	②	34	②	35	⑤
36	②	37	⑤	38	②	39	⑤	40	⑤
41	②	42	⑤	43	①	44	③	45	⑤
46	⑤	47	⑤	48	②	49	⑤	50	⑤
51	①	52	⑤	53	④	54	⑤	55	③
56	③	57	③	58	⑤	59	④	60	⑤
61	③	62	②	63	⑤	64	②	65	②
66	①	67	①	68	④	69	②	70	④
71	①	72	③	73	②	74	⑤	75	②

01 정답 ⑤

미국사회복지사협회(NASW)의 사회복지의 6가지 핵심 가치와 원칙
- 서비스 제공
- 사회정의 증진
- 인간에 대한 존엄성과 가치
- 인간관계의 중요성
- 신뢰성 확립
- 능력 증진

02 정답 ③

케이스워크는 문제가 발생한 것에 대하여 치료하고, 재조정에 초점을 두므로 사전적 · 예방적 성격을 갖지는 못한다.

03 정답 ⑤

윤리강령에 법적 제재의 효력이 있는 것은 아니다.

04 정답 ①

사회복지를 실천함에 있어서 인간존중의 입장은 매우 중요하다. 그러므로 어떤 경우라도 낙인감을 주어서는 안 된다.

05 정답 ①

과업중심적 모형은 1960년대 사회사업분야에서 독자적으로 개발된 모형이다. 이 모형의 핵심은 이론보다는 경험적 자료를 통한 시간 제한적인 단기치료에 해당된다. 즉, 반드시 클라이언트가 표현한 내용을 표적문제로 설정하고 워커와 클라이언트가 계약을 맺어 문제를 해결함에 따라 클라이언트의 참여증진과 자기결정으로 인해 중도개입에 따른 실패를 방지할 수 있는 장점이 있다.

06 정답 ①

엘리자베스 구빈법의 구제대상
- **노동능력이 있는 빈민** : 이들에게는 낮은 수준의 일자리가 주어졌고 시민들은 이들에게 경제적 도움을 제공하기를 꺼려하였다. 노동을 회피하는 사람은 누구나 감옥에 갔다.
- **허약한 빈민** : 노동할 수 없는 사람, 노인, 시각 · 청각 장애인, 어린아이가 있는 어머니, 신체적 · 정신적 장애가 있는 사람들이 대개 구빈에 모여 있었다.
- **의존아동** : 부모나 조부모가 부양할 수 없는 아이들은 다른 시민의 도제로 보냈다.

07 정답 ②

사회복지기관은 제공되는 서비스의 내용에 따라 이용시설과 생활시설로 나뉘는데 노인요양시설은 장기간 입소가 가능한 생활시설에 해당한다.

08 정답 ②

1차 현장
기관의 1차적 기능인 사회복지서비스를 제공하는 곳으로 사회복지사가 중심이 되어 활동하는 실천현장이다.

09 정답 ⑤

⑤ 역기능적 규범에 해당된다.

10 정답 ①

로스만은 지역사회복지실천을 지역사회개발, 사회계획, 사회행동으로 분류하였다.

11 정답 ①

케이스워크의 치료방법은 지지적 치료와 명확화 치료방법으로 대별된다. 지지적 치료방법 중에 환기법은 클라이언트의 문제 및 상황과 관련된 감정을 클라이언트로 하여금 표출하도록 하는 원조기법이다.

12 정답 ③

① 네겐트로피는 엔트로피의 반대말로 체계 내에 질서, 형태, 분화가 있는 상태를 말한다. 즉, 체계 내부의 질서나 법을 유지하면서 성장하고 발달하는 과정으로 나아가는 것을 말한다.
② 동등종결은 어떠한 접근이라도 동일한 결과를 나타내는 것으로, 출발조건이나 방법이 다르더라도 동일한 최종 상태에 도달할 수 있는 체계의 속성을 말한다.
④ 피드백은 체계 내에서 자신이 수행한 것에 대한 정보를 받는 것을 말한다.
⑤ 다중종결은 처음의 조건과 수단이 비슷하더라도 다른 결과가 야기된다는 체계 이론의 기본 가정이다.

13 정답 ③

변화매개(인)체계는 사회복지사와 이를 고용하는 기관(사회복지관 등)과 조직에 해당한다. 계획된 변화를 향해 체계와의 활동을 계획하며 사회적 인가와 자원을 제공한다.

14 정답 ③

감정이입은 클라이언트의 내면의 느낌을 정확하게 감지하고 클라이언트의 경험이 클라이언트 자신에게 주는 의미와 중요성을 이해하고 의사소통을 통해 표현할 수 있을 때 감정이입 능력을 갖춘 사회복지사라 할 수 있다.

15 정답 ②

라포(rapport)란 상호 간에 신뢰하며 감정적으로 친근감을 느끼는 인간관계를 말한다. 라포를 형성하기 위해서는 타인의 감정과 사고, 경험을 이해하고 공감대를 형성하기 위해 노력하여야 한다. 따라서 면접을 효과적으로 진행하는 데 라포의 형성이 무엇보다 중요하다.

16 정답 ①

과정기록은 클라이언트가 나타내는 감정에 대한 사회복지사의 평가, 사회복지사의 면접에 대한 반응 등이 포함된다.

17 정답 ①

과정기록은 면접내용과 그 연속적인 과정이 어느 정도 자세하게 포함되어 있어 사회복지사의 훈련을 위한 중요한 수단이자 지도감독이나 자문을 줄 수 있는 근거자료로 유용한 기록방법이다.

18 정답 ②

인간은 타인으로부터 심판받지 않으려는 욕구를 가지고 있다. 이에 워커는 선입견, 성급한 추론 등을 통해 클라이언트에게 객관적 · 주관적이든, 유 · 무죄의 책임정도의 심판적 태도를 배제하여야 한다. 이를 비심판적 태도의 원칙이라 한다.

19 정답 ①

비밀보장은 클라이언트의 기본적 욕구이므로 워커는 이에 응할 책임이 있다. 이것은 워커와 클라이언트와의 인간 관계의 성립에 필수적이다. 하지만 비밀보장의 원칙도 절대적인 것이 아니라 상대적이다. 즉, 클라이언트의 권리, 워커의 권리, 기관의 권리, 사회적 공익, 지역사회의 권리에 따라 제한될 수 있다.

20 정답 ④

전이란 클라이언트가 과거에 타인과의 관계에서 경험했던 소망, 두려움 등의 감정을 사회복지사에게 보이는 것으로, 불신과 두려움을 주는 사회복지사를 만났거나 모욕감과 분노로 대했던 사회복지사를 경험했거나 혹은 클라이언트를 무기력한 존재로 간주했던 사회복지기관에 대한 경험 등이 있을 시에 발생한다.

21 정답 ④

목표설정은 사회복지사와 클라이언트에게 개입과정의 방향을 명확히 제시해 주어 방황없이 진행하여 개입이 끝난 후에 그 결과를 평가할 수 있게 해 주는 역할을 한다. 즉, 목표설정 시 고려사항은 반드시 클라이언트가 원하는 바와 연결, 명백하고 측정 가능한 진술, 성장을 위한 긍정적 형태, 기관의 기능과 일치, 사회복지사 권리나 가치에 맞아야 하며 실현 가능한 것이어야 한다.

22 정답 ③

계약에 포함되어야 할 내용
- 수행해야 할 목표
- 참여자의 임무
- 사용할 개입방법 또는 기술
- 면접주기, 면접빈도, 면접시간
- 발전정도 점검의 수단
- 계약 재교섭에 대한 약정
- 세부규정, 시작하는 날짜, 날짜의 취소 또는 변경에 대한 조항, 요금에 관한 문제 등

23 정답 ⑤

접수단계의 업무내용
- 클라이언트의 요구와 욕구와의 관계
- 직장이나 학교생활, 가족 간의 관계, 육체적 · 정신적 상태, 경제적 지위, 현실환경의 적응상태 등
- 클라이언트가 기관을 찾아오지 않으면 안되는 상황의 이해
- 클라이언트가 자기 문제를 보고 느끼는 방식
- 문제에 관해 기관이 해야 할 일
- 기관이 제공할 원조를 받아들일 능력이 있는가 여부에 대한 예비적 평가
- 기관의 기능에 대한 설명

24 정답 ⑤

의사소통의 목적으로는 〈보기〉의 내용 외에도 정보, 조언, 격려, 필요한 지시 제공 등이 있다.

25 정답 ②

사례관리는 서비스 전달의 지방분권화와 비용 효과성에 대한 인식의 증가에 따라 등장하였으며 직접적인 서비스의 제공보다는 서비스의 조정과 연계에 초점을 둔다.

26 정답 ③

사회복지실천의 예술적 기반
- 동정, 인간의 고통에 직면할 수 있는 용기
- 의미 있고 생산적인 원조관계를 형성할 수 있는 능력
- 변화를 창조하는 창의성
- 변화과정에 에너지와 희망을 불어넣는 능력
- 건전한 판단능력 및 개인의 가치
- 자신의 전문가 스타일을 형성하는 것

27 정답 ⑤

사회복지사의 기능수준에 따른 분류
- **직접 서비스제공자의 역할** : 클라이언트와 직접 대면하여 서비스를 제공(개별상담, 집단상담, 정보교육자 등)
- **체계와 연결하는 역할** : 클라이언트가 필요로 하는 자원들과 연결시키는 역할(중개자, 사례관리자, 중재자, 클라이언트 옹호자)
- **체계유지 및 강화역할** : 효과적인 서비스 전달을 위해 기관 구조, 정책 등을 평가하는 책임 수행역할(조직분석가, 촉진자, 팀 성원, 자문가)
- **연구자, 조사활용자 역할** : 개입방법에 대한 효과성을 평가하는 역할
- **체계개발 역할** : 기관의 서비스를 확대하거나 개선하기 위한 활동 수행(프로그램 개발자, 기획가, 정책과 절차 개발자, 옹호자)

28 정답 ④

진단주의 모형의 핵심은 프로이트의 정신분석학에 바탕을 두고 워커의 원조를 받아 클라이언트의 자아의 힘을 강화하는 데 치료 목적이 있다.

29 정답 ②

간접적 개입 : 클라이언트를 둘러싼 인적, 물적 환경에 관계된 문제를 해결한다.

30 정답 ⑤

클라이언트 중심모델의 치료원리
- 치료면접의 내용을 클라이언트가 일관성 있게 주도해 나간다.
- 사회복지사가 자신의 관점을 소개하기보다는 클라이언트의 준거틀에 철저하게 맞출 수 있도록 원조하는 역할을 담당한다.

31 정답 ①

클라이언트 중심모델의 개입기법
- **진실성** : 사회복지사가 클라이언트와의 치료관계에서 순간적으로 경험하는 자신의 감정이나 태도를 있는 그대로 솔직하게 인정하고 경우에 따라서는 솔직하게 표현하는 태도를 의미한다.
- **무조건적인 긍정적 관심** : 사회복지사가 클라이언트를 평가 · 판단하지 않고 클라이언트가 나타내는 어떤 감정이나 그 밖의 행동들도 그대로 수용하며 클라이언트를 소중히 여기고 존중하는 태도를 의미한다.
- **공감적 이해** : 사회복지사와 클라이언트가 상호작용하는 동안에 발생하는 클라이언트의 경험들과 감정들이 치료과정의 순간순간에 클라이언트에게 갖는 의미를 민감하고 정확하게 이해하려고 하는 노력을 의미한다.

32 정답 ②

정적 강화는 행동자가 원하거나 좋아하는 강화물을 제공하는 것이며, 부적 강화는 행동자가 원치 않거나 싫어하는 것을 제거해 주는 것이다. 따라서 정적 강화나 부적 강화는 행동자로 하여금 행동을 계속적으로 증대시키기 위한 것이다.

33 정답 ②

선택적 요약은 전체적인 맥락에서 벗어난 한두 가지 세부사항에만 초점을 두는 것을 말한다. ②는 명확한 근거나 증거 없이 주관적으로 추측하여 결론을 내리는 임의적 추론에 해당한다.

34 정답 ②

과제중심모델의 특징으로는 단기개입, 경험적 기초, 자기결정의 원리, 클라이언트가 인식한 문제중심 등이다.

35 정답 ⑤

과제중심모델의 목적과 개입원칙으로는 경험적 기원, 통합적인 자세, 클라이언트가 인식한 문제에 초점, 체계와 상황, 단기계획, 협조적인 관계, 구조화, 문제해결행동 등이 있다.

36 정답 ②

역량강화모델의 이론적 기반은 생태체계이론과 강점관점이다.

37 정답 ⑤

위기개입의 원칙
- 신속한 개입과 행동을 보인다.
- 개입은 시간제한적이고 간단하다.
- 외상적 사건으로 인한 증상을 감소하는 것이 제1차적인 목적이다.
- 현실적인 정보와 확실한 지지를 제공한다.
- 행동은 사회복지사의 역할을 설명하는 것으로 사회복지사는 적극적이며 주로 행동에 초점을 둔다.

38 정답 ②

위기개입의 1단계에서는 클라이언트 관점에서 문제를 정의하고 이해하는 것이다.

39 정답 ⑤

⑤ 상호작용모델은 집단성원과 사회 간에 공생적인 관계를 통해 집단 성원들의 요구와 문제를 해결하는 것에 초점을

두는 것으로, 사회복지사는 중재자의 역할을 한다.
① 지지집단 성원은 유대감이 형성되기 쉬우며 자기표출 정도가 높다.
② 사회적 목표모델은 개인의 성숙과 민주시민의 역량개발에 초점을 둔다.
③ 치료모델은 개인적인 역기능 변화에 초점을 둔다.
④ 과업달성을 목적으로 구성된 것은 과업집단이다.

40 정답 ⑤

기능적인 집단규범과 비기능적인 집단규범

기능적인 집단규범	비기능적인 집단규범
• 자발적으로 자기표출 • 집단지도자의 존중 • 문제해결을 위한 노력 • 다른 성원과 직접적으로 의사소통 • 장애물에 대해 논의	• 자기표현 회피 • 표면적인 주제만 얘기 • 불평만 하면서 노력하지 않음 • 공격적인 성원들이 집단을 지배 • 감정적 • 장애물을 무시하고 문제 회피

41 정답 ②

1969년 노던이 제시한 집단발달단계는 준비단계 → 오리엔테이션 단계 → 탐색 및 시험단계 → 문제해결단계 → 종결단계이다.

42 정답 ⑤

나머지는 공동지도를 통해 지도자가 얻을 수 있는 장점이다.

43 정답 ①

집단사회복지실천을 구성하는 기본 요건은 집단, 집단구성원, 사회복지사, 프로그램 활동 등이 있다. 집단사회복지실천 과정에서 집단의 상호작용을 촉진하고 목적을 달성하기 위해서는 적절한 프로그램을 활용해야 한다. 프로그램은 집단의 목적을 성취하는 도구이며, 집단 자체가 프로그램이 되지 않는다.

44 정답 ③

사회화 집단은 인간의 발달단계에 따라 어떤 역할이나 환경에서부터 다른 것으로 전환되었을 때 향상된 대인관계나 사회기술을 통해 사회화를 촉진시키기 위한 집단으로 종종 프로그램활동, 구조화된 실천, 역할기법 등을 사용한다.

45 정답 ⑤

⑤ 공동집단 지도력의 단점에 해당된다.

46 정답 ⑤

가족대상 실천을 위한 기본 개념에는 이 외에도 환류고리, 가족구조, 가족발달과 세대 간 변천 등이 있다.

47 정답 ⑤

⑤ 미누친 모형 또는 구조적 모형에 대한 설명이다.

48 정답 ②

- **탈삼각화** : 가족 내에 형성되어 있는 삼각관계를 벗어나게 하여 가족원들의 자아분화를 돕는 기술
- **시연** : 가족의 갈등을 외부에서가 아니라 지금 – 여기로 가져오는 것으로 치료장면 이외에서 일어났던 사건을 치료장면에서 해 보도록 하는 것
- **재구조화** : 과거의 관계상황과 장소에서 새로운 관계상황으로 옮기는 것
- **경계만들기** : 구조적인 가족치료기법으로 가족성원 각자가 체계 내에서 적절한 위치에 있도록 가족 내 세대 간 경계를 분명히 유지하게 하는 것

49 정답 ⑤

사회복지실천기록에 포함되어야 할 기본적 내용

- 클라이언트의 인구학적 특성, 서비스 제공 사유, 클라이언트의 사회력
- 사회복지사의 사정내용과 소견, 서비스 목적과 계획, 특성, 서비스 종결방법과 사유
- 사회복지실천활동의 결과 요약, 사후관리

50 정답 ⑤

프로그램 평가의 목적
- 프로그램 과정상 환류적 목적
- 기관운영의 책임성
- 이론의 형성
- 프로그램 진행과정의 개선
- 설계적인 목적
- 합리적인 자원배분
- 서비스 전달체계 개선

51 정답 ①

기능주의적 관점은 사회가 여러 부분으로 구성되어 있고, 각 부분은 합의된 가치와 규범에 따라 변화되며 균형, 안정을 강조한다. 이러한 기능주의 관점은 관심사항이 지역사회의 유지와 균형이므로 지역사회에서의 자원, 권력을 둘러싼 하위체계들 간의 갈등을 설명하는 데 다소 취약하다.

52 정답 ⑤

지역사회복지실천에서 이루어지는 구체적인 활동 또는 목표로는 ⑤ 외에 다음과 같은 목표가 있다.
- 지역사회주민의 참여와 통합을 강화시키려는 목표
- 클라이언트 집단의 환경에 대한 대처능력을 강화시키려는 목표
- 사회적 조건과 서비스를 개선하고자 하는 목표
- 특정 불이익집단의 이익을 성장시키고자 하는 목표 등

53 정답 ④

① 영국의 사회복지 역사에 대한 내용이다.
② '레이거노믹스'라고 불리는 신보수주의 세력화 과정으로 복지예산 삭감에 대한 압력이 늘어났다.
③ 1914~1929년 사이이다.
⑤ 미국에서 인보관은 COS보다 15년 뒤에 시작되었다.

54 정답 ⑤

인보관운동은 빈민교육을 통한 사회개량을 추구하였으며 인도주의에 바탕을 두었다.

55 정답 ③

지역사회 조직활동에서 워커(사회복지사)의 역할은 대단히 중요하다. 즉, 워커는 지역사회의 특정한 집단이나 특정한 이익을 목적으로 하는 집단과 함께 활동해서는 안 된다. 워커는 지역사회와 동일시하는 안내자로서의 역할이 기본적 자세이다.

56 정답 ③

지역사회복지의 특성
- **연대성 · 공동성** : 주민 개인의 사적활동으로는 해결하기 어려운 과제를 주민들의 연대와 공동행동을 통해 해결한다. 이는 대내적으로 상호부조활동으로, 대외적으로 주민운동으로 나타난다.
- **예방성** : 지역사회의 문제를 조기에 발견하여 대응할 수 있으므로 예방적 효과를 거둘 수 있다.
- **통합성** : 지역사회복지 서비스 제공기관 간의 연락 · 조정 · 합의 등의 네트워크 구축을 통해 지역주민들에게 종합적으로 서비스를 제공한다.
- **지역성** : 지역사회복지는 주민의 생활권역을 기초로 전개되며 생활권역을 구분하는 기준은 다양하다.

57 정답 ③

지역사회개발모델은 지역수준에서 광범위한 지역주민들의 참여를 통해서 지역의 변화를 시도해보려는 것으로, 토론회를 개최하여 지역주민들을 참여시킨 것은 지역사회개발모델에 해당한다. 사회계획모델은 사회적 문제해결을 위한 전문적인 기술과정을 강조하는 것으로, 관련 자료의 수집 및 분석과 분야의 전문가들을 만나 해결책을 강구하는 것은 사회계획모델에 해당한다.

58 정답 ⑤

- **지역사회개발** : 새마을운동, 지역복지관의 지역개발사업, 성인교육 분야의 지역활동 등
- **사회행동** : 학생운동, 여성해방운동, 여권신장운동, 노동조합운동, 복지권 운동, 소비자보호운동 등

59 정답 ④

④ 과업중심목표의 내용이다.

60 정답 ⑤

장애인복지법상 복지조치사항은 조사, 등록, 상담, 재활상담 및 입소 조치, 재활서비스, 의료비 지급, 각종 지원 조치, 자금 대여, 생업 지급, 자립훈련비 지원, 생산품 구매, 고용 촉진, 공공시설 우선 이용, 장애수당, 금융정보 등의 제공, 장애인의 재활 및 자립생활 연구 등이 있다.

61 정답 ③

장애인의 재활이란 장애인에게 신체적 · 정신적 · 사회적 · 직업적 · 경제적 가용능력을 최대한으로 회복시켜 주는 것이다. 따라서 장애인의 욕구를 파악하여 특수성을 이해하고 그 특성에 맞는 원리나 기법이 적용되는 개별적 서비스가 실시되어야 한다.

62 정답 ②

지역사회복지 실천 과정에서 목적과 목표를 설정할 때에는 클라이언트를 참여시킴으로써 소비자주권주의를 실현한다.

63 정답 ⑤

① 문제확인단계에 대한 내용이다.
② 계획수립단계에 대한 내용이다.
③ 욕구사정단계에 대한 내용이다.
④ 총괄평가에 대한 내용이다.

64 정답 ②

사회복지사의 역할 중 계획가로서의 역할

- 물리적이고 물질적인 면보다 인간적인 면을 중시하며 목표를 설정하여야 한다.
- 목표를 달성하기 위한 수단을 검토하게 된다.
- 계획에 관한 행정에서 어느 정도로 중앙집권적 · 분권적 결정에 의존할 것인지를 판단한다.

65 정답 ②

민간 지역사회복지관은 소득재분배를 목적으로 하지 않는다. 즉, 소득재분배정책은 국가에서 책임지고 수행해야 하는 광의적 또는 제도적 사회복지의 관점이다.

66 정답 ①

지역사회복지관은 지역사회주민들이 직면하고 있는 개인적인 심리 · 사회적인 문제에서부터 아동, 청소년 비행, 범죄, 약물남용, 정신건강, 고용, 의료, 교육, 주택문제, 장애인, 노인문제에 이르기까지 산적된 문제에 대한 전문적인 해결기능을 수행하여야 하는데 이는 바로 서비스센터의 역할이다.

67 정답 ①

지역사회복지실천은 지역사회 주민참여를 통해 지역주민의 욕구를 조사하여 문제를 해결하고, 지역사회 복지자원개발 및 서비스 연계를 조정함으로써 지역사회를 통합화하는 데 있다.

68 정답 ④

사회복지기관의 평가기능은 기관의 책임성과 전문성의 증진, 서비스의 효과성과 효율성 증진, 프로그램의 개선 및 환류이다.

69 정답 ②

③은 협의의 지역사회운동에 대한 구조적 배경이다.

70 정답 ④

자원봉사활동은 무보수, 명예직, 자발적 활동이 핵심이지만 자원봉사활동을 위해 필요한 실비 지급과는 아무런 상관이 없다.

71 정답 ①

지역아동센터의 기능으로는 지역사회 안에서의 아동의 권리보장, 아동의 안전한 보호, 아동의 학습능력 제고, 학교부적응 해소 등이 있다. 가정위탁사업은 가정위탁지원센터의 기능이다.

72 정답 ③

① 모든 지역주민들을 대상으로 하되 장애인, 노인, 한부모가족, 다문화가족, 보호가 필요한 유아 · 아동 · 청소년에게 우선적으로 사회복지서비스를 제공해야 한다.
② 조직화사업기능보다 종합적 사회복지서비스를 제공하는 기능에 더 초점을 맞추어야 한다.
④ 취약계층의 가족기능을 보완하고 부양가족을 지원하기 위한 사업은 가족복지사업에 해당한다.
⑤ 시설 종사자의 근무환경개선에 관한 사항은 이사회의 평가에 따라 결정된다.

73 정답 ②

지역사회욕구 자료수집방법
- **질적 조사법** : 공식, 비공식적 인터뷰, 민속학적 방법, 지역사회 포럼, 대화기법, 명목집단기법, 초점집단기법, 델파이기법 등
- **양적 조사법** : 구조화된 서베이, 프로그램 모니터링, 사회지표분석 등

74 정답 ⑤

사회복지기관의 평가원칙에는 이 외에 공정하고 객관적인 외부평가의 원칙 등이 있다.

75 정답 ②

- **초점집단기법** : 지역사회문제에 대한 공통의 관점을 확인하는데 사용되는 기법
- **델파이기법** : 전문가들이 집단토의를 하는 경우 발생하는 약점을 극복하기 위해서 의견을 종합하는 기법

3교시 사회복지정책과 제도

01	①	02	①	03	②	04	④	05	④
06	②	07	③	08	②	09	③	10	⑤
11	⑤	12	④	13	⑤	14	④	15	③
16	①	17	⑤	18	⑤	19	④	20	②
21	①	22	⑤	23	⑤	24	⑤	25	②
26	⑤	27	②	28	①	29	②	30	③
31	②	32	⑤	33	②	34	①	35	⑤
36	②	37	⑤	38	①	39	①	40	③
41	②	42	②	43	⑤	44	①	45	②
46	②	47	④	48	①	49	⑤	50	②
51	④	52	①	53	④	54	⑤	55	①
56	①	57	④	58	⑤	59	④	60	①
61	①	62	③	63	②	64	③	65	⑤
66	⑤	67	①	68	④	69	④	70	④
71	⑤	72	②	73	③	74	④	75	②

01 정답 ①

마샬은 복지국가의 발전을 시민권의 역사적 발전이라는 관점으로 보는 이론의 선구자이며, 시민권의 공민권, 정치권 및 사회권이라는 세 가지 권리가 누적되면서 발전해 왔다고 주장했다. 마샬의 이론을 바탕으로 2차 대전 이후 각국은 국민의'사회적 권리'를 신장시켰고 전체적으로 구성원의 삶의 질 향상을 위한 복지사회가 출현하게 되었다.

02 정답 ①

빈곤의 덫 : 복지국가 위기를 초래하는 원인으로 지적되는 영역으로 빈곤자, 빈곤세대가 국가에서 주는 생계비에 의존하여 자립자활에 나태한 현상을 말한다. 즉, 빈곤가정이 자립자활의 노력을 하여 들어온 수입보다 국가에서 지급하는 생계급여비가 많을 경우 근로의 노력을 하지 않는 현상이다.

03 정답 ②

사회복지의 임상적 개입은 미시적, 기술적, 치료적, 사후적 실천영역이다.

04 정답 ④

구빈업무와 지방세 징수업무를 관장하였다. 엘리자베스 구빈

법은 절대 빈곤자들의 국가책임을 인정하고 구빈세를 통한 국가 시혜적인 선별주의 보호정책이다.

05 정답 ④

1662년 빈민의 소속교구를 분명히 하고, 빈민의 도시유입을 막기 위해 1662년 교구에 정착해 거주할 수 있는 자격을 규정한 정주법을 제정하였다.

06 정답 ②

미국은 1935년 사회보장법을 제정 · 공포하였는데 이는 미국 최초의 전국적인 복지 프로그램으로서 광의의 사회보장 용어와 범위가 최초로 제시되었다는 점에서 의의가 있다.

07 정답 ③

수렴이론에서는 사회복지 발달수준은 사회적 양심과 같은 윤리나 이념이나 시민권론과 같이 법적 · 정치적 권리가 아니라, 산업화의 정도, 경제성장의 수준 등과 같은 요인이 결정한다는 것이다. 따라서 정치 · 경제적 사회체제가 다를지라도, 산업화나 경제성장의 정도가 유사하면, 사회복지발달의 수준도 비슷하다는 뜻에서 수렴이론(Convergence theory)이라고도 한다.

08 정답 ②

사회양심이론의 사회정책이 각 개인의 타인에 대한 사랑, 사회적 의무감 등이 국민들의 지식 향상에 의해 점차 증대되었다는 것으로 낙관적이고, 문제해결 중심의 시각이며, 사회복지정책의 국가 자선활동으로 간주한다.

09 정답 ③

고프(Gough)의 계급투쟁론

- 자본주의 국가의 사회복지정책은 노동자 계급의 정치적 투쟁의 성과물이라고 보았다.
- 노동운동진영과 좌파가 사회복지의 재정부담을 꺼리는 부르주아지에 대항하여 취약계층의 이익을 대변하면서 압력을 행사할 수 있는 힘이 있을 때 복지국가는 번창한다고 보았다.

10 정답 ⑤

페이비언 사회주의의 특징

- 평등 · 자유 · 우애 · 적극적 자유
- **정부개입 적극 인정** : 복지국가 적극 찬성
- 근로자의 참여 중시
- 자원 재분배
- 사회통합 증진
- 비복지의 공평한 분담
- 이타주의 증진과 사회주의로 가는 한 수단으로써 복지국가 인정

11 정답 ⑤

'신우파'는 반집합주의 이데올로기의 기반이 되는 것으로, 복지국가를 필요악으로 보며 가장 낮은 수준의 사회복지정책을 지향한다.

12 정답 ④

복지국가의 위기를 복지관료의 부정부패로 보기는 어렵다. 다만, 복지국가의 강화로 복지관료의 과대채용으로 사회복지재원의 확대를 가져와 위기상황에 기여한다고 보는 것이 타당하다.

13 정답 ⑤

현물급여는 현금급여에 비하여 수급자의 낙인효과가 크고, 프라이버시 침해 가능성이 높다. 반면에 장점은 정책 표적 효율성이 높다.

14 정답 ④

사회복지급여의 형태

- **현금지급** : 연금, 수당, 공공부조 등 사회복지급여에서 가장 큰 비중을 차지함
- **현물급여** : 의료서비스와 교육서비스에서 큰 비중을 차지함
- **증서지급** : 현금급여와 현물급여의 중간형태
- **기회제공** : 사회의 불이익 집단들에 대한 적극적인 행동
- **권력 부여** : 수급자가 정책결정에 대한 권력을 가지게 함

15 정답 ③

사회보험은 개인이 기여한 정보에 따른 소득의 재분배를 통해 사회적 평등을 추구하나 급여수준이 소득에 정비례하는 것은 아니다.

16 정답 ①

중앙정부 재정의 기능
- **자원배분의 조정기능** : 시장실패를 보전하는 경우
- **소득의 공평분배의 기능** : 1차 분배의 결과를 재분배로 보정하여 빈부의 격차를 완화함으로써 사회를 안정화하는 기능
- **경제의 안정화 기능** : 지나친 경기변동을 완화시켜 국민경제의 안정적 성장을 지속시키는 기능

17 정답 ⑤

사회보험은 민간보험과 달리 사회적 연대의 원칙에 따라 강제가입을 기본으로 한다.

18 정답 ⑤

엄격한 보험 수리계산의 원칙에 입각해서 적용되는 영역은 민간보험과 사회보험 모두에게 적용된다.

19 정답 ④

국민연금의 재정운영방식은 부과방식과 적립방식으로 나눌 수 있다. 부과방식은 다음 세대에 전가시키는 것으로, 인구가 급격히 감소한다면 부담이 매우 크게 된다. 그러므로 부과방식은 인구학적 변동에 매우 취약하다는 단점을 가진다.

20 정답 ②

국민연금의 정책결정 및 기획의 주체는 보건복지부가 관장하며, 운영책임의 주체는 국민연금공단이다.

21 정답 ①

휴업급여는 산업재해보상보험의 급여종류이다.

22 정답 ⑤

현재는 연령과는 상관없이 소득 인정액이 최저생계비 이하이면 누구나 해당되므로 강화된 것이 아니라 완화되었다.

23 정답 ⑤

보편적 서비스를 제공하는 사회보험과 사회수당에서는 무자산조사의 원칙이 적용된다.

24 정답 ⑤

경로연금은 노인복지법에 의해 지급되는 것으로 노인 중 생계가 어려운 일부에게(국민기초생활보장법상의 국민기초생활대상자) 지급하는 것이다. 즉, 국민연금보험상의 노령연금과 구분된다.

25 정답 ②

최저 생계비 계측방법
- **전물량방식** : 기초생활필수품 목록들을 작성하고 각 가게에 대한 최저지출비를 모두 합하여 빈곤선을 산출하는 방식이다. 이 방식은 1899년 라운트리 방식으로 영국 주민에게 최초로 적용되었다.
- **반물량방식(오샨스키 방식)** : 기본적인 적정 표준영양량을 구하여 미국인이 선호하는 식품량과 이것의 최소 구입가격에 의하여 최저식품비를 구하고 여기에 엥겔계수의 역을 곱하는 방법이다.

26 정답 ⑤

사회복지행정은 서비스 대상인 클라이언트에 따라 달리 적용되므로 표준기술을 확립하기 어렵다는 것이 특징이다.

사회복지행정과 일반행정의 공통점

- 행정은 주로 문제의 확인, 문제의 제 측면 연구, 해결 가능한 계획의 개발, 계획의 수행, 효과성 평가 등을 포괄하는 문제해결과정이다.
- 의사소통, 직원 간의 집단관계, 행정에의 참여 등은 행정의 주요영역이다.
- 행정은 상호관련되고 상호작용하는 부분들이 모여서 이루어진 체계이다.
- 행정은 대안선택에서 가치 판단을 사용한다.
- 행정은 개인 및 집단이 좀 더 효과적으로 기능할 수 있게 하는 과정으로 간주된다.
- 행정은 상당히 미래와 관련되어 있다.

27 정답 ②

사회복지사는 클라이언트가 자기결정권을 최대한 행사할 수 있도록 도와야 하며 그들의 이익을 최대한 대변하여야 한다.

28 정답 ①

사회복지행정의 이념

- **효과성** : 사회복지조직에서 욕구 충족을 위해 제공된 서비스나 프로그램이 클라이언트의 욕구와 문제해결에 있어 적절하고 효과적이었는지를 판단하는 이념이다.
- **효율성** : 최소의 자원으로 최대의 효과를 거둘 것인가의 개념으로 자원의 유한성을 전제로 자원이 제한된 사회복지서비스 공급에 있어 중요한 이념이다.
- **공평성** : 동일한 욕구를 가진 클라이언트는 동일한 서비스를 받아야 한다는 것이다.
- **접근성(편의성)** : 클라이언트가 사회적 서비스를 쉽게 이용할 수 있어야 한다는 것이다.

29 정답 ②

분권교부세는 2005년에 도입되었다가 2015년 1월에 폐지되었다.

30 정답 ③

과학적 관리론

- **인간관** : X이론, 기계적 인간, 합리적 · 경제적 인간
- **동기요인** : 경제적 자극
- **중심구조** : 공식적 구조
- **기타** : 기계적 능률성 강조, 시간과 동작 연구, 직무중심

31 정답 ②

목표관리는 업무자들이 프로그램의 결정사항이나 기관의 방향선택에 참여할 수 있어 이러한 참여를 통해 실무자들의 자발적 동기를 증진시키므로 Y이론 전략의 생산성 증대를 의미한다. 그러므로 목표관리는 성원 간의 동기 부여의 효과가 높다.

32 정답 ⑤

상황이론은 효과적인 조직은 다양할 수 있고, 그 조직의 특성과 환경과의 적합성이 조직의 성패를 좌우한다고 보았다.

33 정답 ②

②는 전문성에 관한 설명이다. 책임성은 사회복지서비스의 전달에 책임을 져야 한다는 것이다.

34 정답 ①

중앙정부와 지방정부 간 업무분담의 원칙

- **분권성(현지성)** : 기초자치단체 우선의 원칙
- **현실성** : 지방정부의 규모와 능력에 맞추어 기능배분
- **전문성** : 이양되는 업무를 담당할 수 있는 행정인력의 전문성 확보
- **종합성** : 분업과 조정의 협력체계가 이루어져야 함
- **책임성** : 행정책임 명확화의 원칙

35 정답 ⑤

사회복지조직은 소기의 목적을 달성하는데 불완전한 지식과 기술을 사용한다. 이러한 사회과학적 지식과 원조관계에 대

한 지식의 불확실성으로 인하여 서비스 결과의 성공률도 높지 못하여 사회복지서비스에 대한 효과성과 효율성의 평가 역시 쉽지 않다.

36 정답 ②

수직적 조직과 수평적 조직의 장점

수직적 조직	수평적 조직
• 의사결정의 신속성 • 강력한 통솔력 행사 • 조직의 안정성 확보 • 권한과 책임의 한계가 명확하여 업무수행이 능률적	• 기관장의 통솔범위가 확대 • 전문지식과 경험의 활용 • 객관적 · 합리적 의사결정 가능 • 수평적인 업무의 조정과 협력 • 조직의 융통성과 신축성 • 대규모 조직에 유리

37 정답 ⑤

투과성 조직은 조직의 구성원 또는 참여자가 자발적으로 참여하며 개인의 가정과 사적인 생활에 침해를 받지 않는다. 또한 조직의 문화나 규정에 의한 통제성이 약하고 조직의 활동이 거의 노출되는 조직으로, 자원봉사동아리는 대표적인 투과성 조직이다.

38 정답 ①

비영리조직 이사회의 역할이론
- **대리인론** : 회사의 조직에서 '소유와 경영의 분리원칙'이라는 명제를 기반으로 해서 대리인을 통해 소유권자들의 이해관심에 따라 조직을 운영하도록 맡기는 것이다.
- **자원의존이론** : 이사회는 조직이 외부의 환경적 불확실성을 극복하고 좀더 중요한 자원들에 대한 접근이 가능하도록 도와주는 매개체의 역할을 한다.
- **제도이론** : 조직의 행위는 사회의 제도적 환경에 의해 결정된다.

39 정답 ①

라 : 일반환경요인

40 정답 ③

환경관리전략
- **권위주의 전략** : 권력을 사용하여 다른 조직의 행동을 이끌고 명령을 내리는 전략
- **경쟁적 전략** : 다른 조직들과 경쟁하여 세력을 증가시켜 서비스의 질과 절차, 행정절차 등을 매력적으로 만드는 전략
- **방해전략** : 경쟁적 위치에 있는 다른 조직의 활동을 방해하거나 세력을 약화시키는 전략
- **협동전략** : 다른 조직들에게 필요한 서비스를 제공하여 상호불안감을 해소시키고 이에 대한 보답으로 권력을 증가시키는 전략(계약, 연합, 흡수)

41 정답 ②

리더십이란 조직목표의 달성을 위하여 자발적 · 적극적 · 협동적 행동을 유도하고, 촉진하며, 조정하는 영향력 및 능력 · 기술을 말한다. 따라서 지도자의 직권으로 발휘되는 것이 아니다.

42 정답 ②

경쟁적 가치모델의 리더십 유형
- **비전제시형** : 외부지향적이며, 개방적이며, 조직활동의 유연성을 추구
- **분석형** : 내부지향적이며 구조화된 통제
- **목표달성가형** : 조직생산성을 최대화하기 위한 통제와 규율
- **동기부여형** : 인간관계 향상에 가치를 둠

43 정답 ⑤

관리격자이론에서는 인간에 대한 관심과 생산에 대한 관심 2가지 차원에 기초하여 무기력형, 컨트리클럽형, 과업형, 중도형, 팀형(단합형)의 5가지 리더십유형을 제시하였다.

44 정답 ①

가. 행동이론은 특성이론에 대한 비판에서 등장한 것으로, 다

양한 상황에서 지도자의 행동이 리더십의 가장 중요한 특성이라고 본다.

나. 상황이론은 행동이론에 대한 한계를 인식하고 등장한 것으로, 환경 요인을 강조한 이론이다. 즉, 지도자, 추종자, 조직이 처한 상황에 따라 유효한 리더십이 달라진다고 본다.

다. 특성이론은 리더십이 개인적 특성에서 나타난다고 본다. 즉, 주변의 상황을 무시하고 지도자의 선천적 자질만을 강조하는 이론이다.

라. 변혁이론은 리더십을 지도자와 추종자가 상호 간에 더 높은 도덕적 및 동기적 수준을 갖도록 협력하는 것으로 보는 이론이다. 즉, 고차원적인 이상과 도덕적 가치에 호소함으로써 추종자들로 하여금 스스로의 의식을 변혁시키고 조직의 목표를 향해 매진하게 한다는 것이다.

45 정답 ②

직원의 장기적인 복지증진이나 임금수준의 결정은 전략적 의사결정이라기보다는 하위계층의 업무적 의사결정이다.

46 정답 ②

인적 자원관리란 조직의 목적을 달성하는 데 공헌할 수 있는 방향으로 인적 자원을 가장 효과적으로 이용하여 최대의 업적을 올릴 수 있게 조직 · 통제하는 것이다.

47 정답 ④

일반적으로 조직 내에서의 신참자들은 행동을 배우고 모방하며, 때때로 상담도 하는 상사가 있을 수 있다. 이처럼 모델이 되고 정신적으로나 업무상으로 의지할 수 있는 상사를 멘토라고 한다. 보통 이러한 멘토는 비공식적으로 생겨나 부하직원에게 행동의 모델이 됨으로써 큰 영향을 미치기도 하지만 보다 큰 영향은 사회학습이론에서의 모델이 됨으로써 보다 큰 영향을 미치게 된다.

48 정답 ①

품목별 예산제도는 정부가 구입 또는 지출하고자 하는 품목별로 예산을 편성 · 분석하는 예산제도로 투입과 산출의 연계가 없다. 따라서 정부사업의 성격을 알지 못하고는 성과를 평가할 수 없다. 관심의 범위는 투입의 규정에 한정된다.

49 정답 ⑤

표적마케팅은 판매업자가 보다 좋은 마케팅 기회를 포착하는 데 도움을 준다. 즉, 판매업자는 각 표적시장에서 가장 적합한 제품을 개발할 수 있고 효율적으로 표적시장에 도달하기 위해 가격, 유통경로, 광고를 최적으로 조정할 수도 있다. 이렇게 함으로써 판매업자의 마케팅 노력을 분산시키는 것이 아니라 가장 높은 구매관심을 갖는 구매자들에게 마케팅 노력을 집중시킬 수 있다.

50 정답 ②

① **다운사이징** : 효율성을 달성하기 위해 불필요한 낭비조직을 제거하여 규모를 축소하는 것을 뜻한다.

③ **매몰비용** : 이미 매몰되어 버려서 다시 회수할 수 없는 비용을 뜻한다.

④ **기회비용** : 여러 가능성 가운데 하나를 선택했을 때 그로 인해 포기해야 하는 가치로써 표시한 비용을 뜻한다.

⑤ **거버넌스** : 국정 실패, 시장 실패에 대응하기 위한 새로운 국정운영방식을 뜻하는 말로 사회 내 다양한 기관이 자율성을 지니면서 국정운영에 함께 참여하는 것을 뜻한다.

51 정답 ④

- **법의 시행기간** : 성문법은 시행일로부터 폐지일까지 효력을 갖는다. 시행일부터 폐지일까지의 기간을 법의 시행기간이라 한다. 법은 그 기간 내에 발생한 사항에 대하여만 적용되고, 그 전이나 후에 발생하는 사항에는 적용되지 않는 것이 원칙이다.
- **법의 폐지** : 성문법은 폐지에 의하여 법으로서의 효력을 잃는다. 묵시적 폐지는 신법은 구법을 개폐한다는 원칙이 적용되는 경우로써 예를 들면 국민건강보험법에 의해 의료보험법이 폐지되는 경우를 들 수 있다.
- **법률불소급의 원칙** : 모든 법률은 행위시의 법률을 적용하고 사후 입법으로 소급해서 적용할 수 없다는 원칙이다.

52 정답 ①

영국의 엘리자베스 구빈법(1601)은 세계 최초의 공적 부조법이다.

53 정답 ④

헐하우스는 미국 최초의 인보관설립이고, 인보관은 개인문제가 아닌 사회환경문제관점에서 다루었으므로 지역사회에 거주하면서 빈민자와 함께 사회개량운동을 하였다.

54 정답 ⑤

사회보장기본법상의 사회복지법 분류

- **사회보험법** : 국민연금법, 국민건강보험법, 고용보험법, 산업재해보상보험법, 고용보험및산업재해보상보험의보험료징수등에관한법률, 군인연금법, 공무원연금법, 사립학교교직원연금법, 노인장기요양보호법
- **공공부조법** : 국민기초생활보장법, 의료급여법, 긴급복지지원법, 기초연금법, 주거급여법
- **사회서비스법** : 아동복지법, 노인복지법, 한부모가족지원법, 영유아보육법, 정신보건법, 다문화가족지원법, 성매매방지및피해자보호등에관한법률, 성폭력방지및피해자보호등에관한법률, 입양특례법, 일제하일본군위안부피해자에대한생활안정지원및기념사업등에관한법률, 사회복지공동모금회법, 장애인 · 노인 · 임산부등의편의증진보장에관한법률, 가정폭력방지및피해자보호등에관한법률, 농어촌주민의보건복지증진을위한 특별법
- **사회복지관련법** : 재해구호법, 장애인고용촉진및직업재활법, 고용상연령차별금지및고령자고용촉진에관한법률, 청소년기본법, 국가유공자등예우및지원에관한법률, 의사상자등예우및지원에관한법률, 노숙인등의복지및자립지원에관한법률, 범죄피해자보호법

55 정답 ①

마샬의 시민권

- **공민권** : 언론의 자유, 신앙의 자유, 사유재산권, 남녀 고용 평등권 등과 같이 자유와 평등을 보장받을 수 있는 권리로서 모든 인간이 태어나면서 보장받을 수 있는 권리
- **정치권** : 투표권과 공직에 참여할 수 있는 권리와 같은 참정권을 의미한다. 사회권은 사회의 지배적인 기준에 합당한 시민생활을 누릴 수 있는 권리로서 국가로부터 복지서비스를 받을 권리
- **복지권** : 모든 국민이 인간다운 생활을 누리는 데 필요한 복지서비스를 국가로부터 보장받을 권리(사회권)

56 정답 ①

기본권의 주체는 국민, 외국인, 법인이 해당되며, 기본권의 향유능력을 가진 자는 기본권의 주체가 된다.

57 정답 ④

보건복지부장관은 사회복지사의 자질 향상을 위하여 필요하다고 인정하면 사회복지사에게 교육을 받도록 명할 수 있다.(사회복지사업법 제13조 ②항) 지방자치단체의 장의 권한은 명시된 바가 없다.

① 복지전담공무원은 사회복지사 자격을 가진 사람으로 하며, 그 임용 등에 필요한 사항은 대통령령으로 정한다.(사회복지사업법 제 14조 ②항)
② 사회복지법인 또는 사회복지시설에 종사하는 사회복지사는 정기적으로 인권에 관한 내용이 포함된 보수교육(補修敎育)을 받아야 한다.(사회복지사업법 제13조 ②항)
③ 사회복지법인 또는 사회복지시설을 운영하는 자는 그 법인 또는 시설에 종사하는 사회복지사에 대하여 법령에 따른 교육을 이유로 불리한 처분을 하여서는 아니 된다.(사회복지사업법 제13조 ③항)
⑤ 사회복지사는 사회복지에 관한 전문지식과 기술을 개발 · 보급하고, 사회복지사의 자질 향상을 위한 교육훈련을 실시하며, 사회복지사의 복지증진을 도모하기 위하여 한국사회복지사협회(이하 "협회"라 한다)를 설립한다.(사회복지사업법 제46조 ①항)

58 정답 ⑤

사회복지법은 국제적으로 서로 전파되어 공통적인 법규범을 형성하기도 한다. 국제화의 원인으로는 인간다운 생활보장의 보편화, 근로자의 국제적 이동, 국제적인 노동조합의 사회복지운동, 국제적 사회복지기준의 설정 등이 있다.

59 정답 ④

국제노동기구(ILO)의 제35차 총회에서 정한 사회보장급여는 의료급여, 질병급여, 실업급여, 노령급여, 업무상 재해급여, 가족급여, 출산급여, 폐질급여, 유족급여 등 9개로 규정하였다.

60 정답 ①

협의적 사회보장은 사회보험, 공공부조, 사회서비스를 말하

며, 이를 사회복지 3대 지주라고 한다.

61 정답 ①

사회보장법 책임규정

제5조 (국가 및 지방자치단체의 책임)	• 국가와 지방자치단체는 모든 국민의 인간다운 생활을 유지 · 증진하는 책임을 가진다. • 국가와 지방자치단체는 사회보장에 관한 책임과 역할을 합리적으로 분담하여야 한다. • 국가와 지방자치단체는 국가 발전수준에 부응하고 사회환경의 변화에 선제적으로 대응하며 지속가능한 사회보장제도를 확립하고 매년 이에 필요한 재원을 조달하여야 한다. • 국가는 사회보장제도의 안정적인 운영을 위하여 중장기 사회보장 재정추계를 격년으로 실시하고 이를 공표하여야 한다.
제6조 (국가 등과 가정)	• 국가와 지방자치단체는 가정이 건전하게 유지되고 그 기능이 향상되도록 노력하여야 한다. • 국가와 지방자치단체는 사회보장제도를 시행할 때에 가정과 지역공동체의 자발적인 복지활동을 촉진하여야 한다.
제7조 (국민의 책임)	• 모든 국민은 자신의 능력을 최대한 발휘하여 자립 · 자활할 수 있도록 노력하여야 한다. • 모든 국민은 경제적 · 사회적 · 문화적 · 정신적 · 신체적으로 보호가 필요하다고 인정되는 사람에게 지속적인 관심을 가지고 이들이 보다 나은 삶을 누릴 수 있는 사회환경 조성에 서로 협력하고 노력하여야 한다. • 모든 국민은 관계 법령에서 정하는 바에 따라 사회보장급여에 필요한 비용의 부담, 정보의 제공 등 국가의 사회보장정책에 협력하여야 한다.

62 정답 ③

나 : 민간보험
라 : 공공부조법

63 정답 ②

① 시 · 군 · 구 복지담당공무원은 보호대상자가 누락되지 아니하도록 하기 위하여 관할지역에 거주하는 보호대상자의 서비스 제공을 직권으로 신청할 수 있다. 이 경우 보호대상자의 동의를 받아야 하며, 동의를 받은 경우에는 보호대상자가 신청한 것으로 본다.
③ 보호대상자에 대한 서비스 제공은 현물로 제공하는 것을 원칙으로 한다.
④ 시장 · 군수 · 구청장은 서비스 제공의 실시 여부와 그 유형을 결정하였을 때에는 이를 서면이나 전자문서로 신청인에게 알려야 한다.
⑤ 복지 요구 조사과정에서 보호대상자에게 의견을 진술할 기회를 제공하여야 한다.

64 정답 ③

사회복지시설의 설치 · 운영은 시 · 군 · 구의 신고제를 원칙으로 하고 있다. 다만, 정신보건법상 정신요양시설은 보건복지부장관의 허가제이고, 정신질환자의 사회복귀시설은 시 · 도지사의 신고제임을 유의한다.

65 정답 ⑤

국민연금에 가입된 사업장에 종사하는 18세 미만의 근로자는 사업장가입자가 되는 것으로 본다. 다만, 본인이 원하지 않으면 사업장가입자가 되지 않을 수 있다.

66 정답 ⑤

가. 사회보장기본법 제39조(권리구제)
나. 기초노령연금법 제15조(이의신청)
다. 국민연금법 제108조(심사청구)
라. 국민건강보험법 제87조(이의신청)

67 정답 ①

행위별 수가제와 포괄수가제의 비교

행위별 수가제	• 현재 운영방식 • 의료공급자의 서비스 행위 하나하나 그리고 제공된 상품 하나하나를 가격으로 환산하여 지급하는 행위별 수가제는 가장 시장지향적이며 진료비 지불방식 중 진료비용 절감 효과가 가장 낮을 뿐만 아니라 청구된 진료비를 일일이 심사해야 하기 때문에 관리가 어렵고 관리비용도 많이 드는 것으로 알려져 있다.
포괄수가제	• 2002년 1월부터 4개 진료과, 8개 질병군에 부분적으로 실시 • 포괄수가제의 두 가지 형태 – 첫째, 한 가지 치료행위가 아닌 환자 사례당 정액의 진료비를 지급하는 방법 – 둘째, 수백 개의 질병군으로 사례를 분류하여 질병군에 따라 정액의 수가를 지급하는 방법(DRGs) • 우리나라에서는 DRG를 포괄수가제로 통칭하고 있는데, 이는 행위별 수가제보다 진료비 절감효과가 좋은 것으로 알려져 있다.

68 정답 ④

휴업급여는 업무상 사유에 의하여 부상을 당하거나 질병이 걸린 근로자에게 요양으로 인하여 취업을 하지 못한 기간에 대하여 지급하되 1일당 지급액은 평균임금액의 70% 상당의 금액을 지급한다. 반면에 취업을 하지 못한 기간이 3일 이내인 경우에는 지급받지 못한다.

69 정답 ④

① 고용주의 책임이다.
② 보험료는 고용주만 부담한다.
③ 1인 이상의 사업장 근로자에 해당된다.
⑤ 고용노동부장관이 관장한다.

70 정답 ④

나머지는 국민기초생활보장법 제8조2의 제2항에 따른 부양을 받을 수 없는 경우에 해당한다. 2015년 개정된 국민기초생활보장법에 따른 부양능력이 없는 경우는 다음과 같다.

- 기준 중위소득 수준을 고려하여 대통령령으로 정하는 소득 · 재산 기준 미만인 경우
- 직계존속 또는 중증장애인인 직계비속을 자신의 주거에서 부양하는 경우로서 보건복지부장관이 정하여 고시하는 경우
- 그 밖에 질병, 교육, 가구 특성 등으로 부양능력이 없다고 보건복지부장관이 정하는 경우

71 정답 ⑤

사회복지전문요원제도가 처음 도입된 것은 1987년으로, 인천시에서 최초로 도입되었다.

72 정답 ②

급여의 중지사유

- 수급자에 대한 급여의 전부 또는 일부가 필요 없게 된 경우
  - 수급자의 생활수준이 수급자 선정기준을 초과한 경우
  - 수급자의 취업으로 소득인정액이 기준을 초과한 경우
  - 부양능력이 있는 부양의무자의 부양사실이 확인된 경우
  - 교육급여대상자 중 휴학, 자퇴, 퇴학, 졸업 등의 학적 변동이 있는 경우 등
  - 주거실태의 변동이 있는 경우 등
- 수급자가 급여의 전부 또는 일부를 거부한 경우
  - 수급자가 급여의 중지를 요청한 경우
  - 생업자금을 대여신청 당시의 사업계획서대로 집행하지 않은 경우에 보장기관의 시정요구에 응하지 아니한 경우 등
- 조건부 수급자가 조건을 불이행하여 생계급여 중지를 결정한 경우

73 정답 ③

사회복지공동모금회법에서는 10% 이내로 규정하고 있다.

74 정답 ④

장애인복지법 제71조 제1항에 따른 장애인복지전문인력은 의지 · 보조기 기사, 언어재활사, 수화통역사, 점역사(點譯士) · 교정사(矯正士) 등이다.

75 정답 ②

① 청소년 한부모란 24세 이하의 모 또는 부를 말한다.
③ 여성가족부장관은 한부모가족 지원을 위한 정책수립에 활용하기 위하여 3년마다 한부모가족에 대한 실태조사를 실시하고 그 결과를 공표하여야 한다.

④ 국가나 지방자치단체는 한부모가족의 생활안정과 자립을 촉진하기 위하여 사업에 필요한 자금, 아동교육비, 의료비, 주택자금, 그 밖에 대통령령으로 정하는 한부모가족의 복지를 위하여 필요한 자금 등을 대여할 수 있다.
⑤ 한부모가족복지상담소는 한부모가족에 대한 위기 · 자립 상담 또는 문제해결 지원 등을 목적으로 하는 시설이다.

1교시 사회복지기초

01	③	02	②	03	①	04	③	05	③
06	①	07	①	08	②	09	③	10	①
11	①	12	③	13	⑤	14	⑤	15	③
16	④	17	⑤	18	⑤	19	④	20	①
21	③	22	②	23	③	24	⑤	25	①
26	⑤	27	④	28	⑤	29	⑤	30	②
31	⑤	32	①	33	①	34	①	35	①
36	②	37	①	38	④	39	②	40	③
41	③	42	①	43	①	44	⑤	45	②
46	③	47	①	48	①	49	④	50	③

01 정답 ③

인간발달이론은 개인이 경험하는 사회문화적 요인들을 이해할 수 있는 시각을 제공하되, 정형화하여 이해하도록 하는 것이 아니라 이해의 단서를 제공하는 것이다.

02 정답 ②

Greene : 인간 발달은 신체적 · 심리적 · 사회적 변인을 포괄하며, 일생에 걸쳐 일어나는 안정성과 변화의 역동이다.

03 정답 ①

의식 : 우리가 자신에게 주의를 기울이는 바로 그 순간에 알아차릴 수 있는 경험과 감각을 뜻한다.

04 정답 ③

① 생식기는 12세 이후이며, 거세불안과 남근선망이 나타나는 시기는 3~6세로 남근기이다.
② 개성화를 완성하는 것을 치료의 목표로 삼은 것은 융이다.
④ 프로이트는 리비도를 성적에너지로 보았으며, 이를 확장하여 일반적인 생활에너지로 본 것은 융이다.
⑤ 초자아는 자아로부터 분화된 것으로 선악에 대한 부모의 규범을 그대로 내면화한 것을 말한다. 방어기제를 작동하여 갈등과 불안에 대처하는 것은 자아(ego)이다.

05 정답 ③

방어기제의 정상성과 병리성을 구분하는 기준
- 방어의 강도
- 균형
- 사용된 방어의 연령 적절성
- 철회 가능성

06 정답 ①

프로이트의 심리성적 단계와 에릭슨의 자아발달단계 연결
- **구강기** : 신뢰감 대 불신감
- **항문기** : 자율성 대 수치심과 의심
- **남근기** : 주도성 대 죄의식
- **잠재기 · 생식기 초기** : 근면성 대 열등감

07 정답 ①

- **페르소나** : 개인이 외부 세계에 표출하는 이미지이며, 사회적 욕구에 대한 반응으로 표출하는 사회적 모습이다(자아의 가면).
- **아니마와 아니무스** : 아니마는 남자의 여성적인 면, 아니무스는 여성의 남성적인 면을 말한다.
- **음영(그림자)** : 의식의 이면으로 무시되고 도외시되는 마음의 측면이다.
- **개성화** : 다른 사람으로부터 개인의 의식이 분리되는 과정을 말한다.

08 정답 ②

정적 강화와 부적 강화
- **정적 강화** : 특정행동을 강화하는 결과를 제시함으로써 행동의 빈도를 증가시키는 것(호의적인 대상 제공)
- **부적 강화** : 부정적인 특정결과를 제거함으로써 행동의 빈도를 증가시키는 것(비호의적, 혐오적인 것 제거)

09 정답 ③

비합리적 신념에는 당위적 사고, 지나친 과장, 자기 · 타인 비하, 좌절에 대한 낮은 인내심 등이 있다.

10 정답 ①

반두라의 사회학습이론에서는 인간의 행동 또는 성격의 결정요인으로 사회적 요소를 중요하게 생각하며 대부분의 학습은 다른 사람의 행동을 관찰하고 모방한 결과로 이루어진다고 본다. 스키너와 다른 점은 인간이 스스로 자신의 인지적 능력을 활용하여 사려깊고 창조적인 사고를 함으로써 합리적인 행동을 계획할 수 있는 능력, 즉 인지적 능력을 중시한 점이다.

11 정답 ①

도식은 끊임없이 변하며 환경과 계속 접촉하면서 개발되고 수정된다고 보았다.

12 정답 ③

길리건(C. Gilligan)은 콜버그의 도덕성 개념이 남성중심적이라고 비판하며 남성과 여성은 각기 다른 통로를 따라 도덕성이 발달한다고 주장하였다.

13 정답 ⑤

현상학 이론 혹은 자기이론은 각 개인에게 현상이 나타나는 방식과 그 현상을 어떻게 경험하고 느끼는 지에 대해 관심을 둔다. 대표적인 현상학 이론가이자 자기이론가는 칼 로저스로 클라이언트 중심치료의 선구자이이다. 최근에는 클라이언트 중심치료를 인간중심치료라고 부르기도 한다.

14 정답 ⑤

인간은 본성적으로 선하며, 인간은 자아실현의 동기가 있기 때문에 다른 사람의 영향에서 자유로울 수 있다.

15 정답 ③

로저스는 인간이 통합된 유기체로서 행동하기 때문에 전체론적 관점에서 접근해야 한다고 보았다.

16 정답 ④

신생아기의 주요 반사반응
- **빨기반사** : 신생아가 음식을 받아 먹을 수 있는 능력
- **탐색반사** : 자극에 대한 자동적인 움직임
- **모로반사** : 갑작스런 큰 소리를 듣게 되면 자동적으로 팔과 다리를 쭉 편다.
- **걷기 반사** : 바닥에 아이의 발을 닿게 하면 아이가 자연스럽게 한 다리를 들어올리려는 반응
- **쥐기반사** : 아이의 손바닥에 무엇을 올려 놓으면 손가락으로 쥐는 것과 같은 반응
- **바빈스키 반사** : 아이의 발바닥을 간지럽게 하면 발가락을 발등 위쪽으로 부채처럼 펴는 경향

17 정답 ⑤

학령 전기는 초자아가 완성되는 시기이며 부모와 동일시를 통해 성인의 세계를 이해하려는 경향이 나타나고, 이성의 부모에 대한 애정이 각별해지는 시기이다. 또한 에릭슨의 유희연령 또는 주도성 대 죄의식이 형성되는 시기이다.

18 정답 ⑤

대상영속성은 영아가 2세 정도가 되면서 볼 수 없고 들을 수 없는 어떤 대상의 이미지를 생각할 수 있고 그 이미지를 활용해서 간단한 문제를 해결할 수 있는 지적 발달의 개념이다.

19 정답 ④

제1 반항기는 18~36개월 사이를 말한다. 이 시기 유아는 부모에 대한 의존관계에서 자립하려는 자아가 눈을 뜨면서 반

항으로 나타나며, 청소년기는 부모뿐 아니라 사회적 권위에 대한 반항이 나타나는 시기로 제2 반항기라고 한다.

20 정답 ①

라 : 노년기의 발달과업이다.

21 정답 ③

청소년기에는 자아정체감이 형성되며, 다양한 요인들을 동시에 고려하며 사물의 존재방식과 기능방식에 대해 추상적 가설을 세울 수 있는 형식적 조작사고가 발달한다.

22 정답 ②

노년기의 심리적 상태는 오히려 의존성이 증가하고, 불만이 늘어나며, 스트레스에 대한 저항력이 감퇴된다.

23 정답 ③

엔트로피(entropy)는 체계 내에 질서, 형태, 분화가 없는 무질서한 상태를 의미한다. 체계 내에 질서, 형태, 분화가 있는 상태를 의미하는 것은 네겐트로피(negentropy)이다.

24 정답 ⑤

⑤ 자조집단에 대한 설명이다.

25 정답 ①

지역사회의 생태학적 관점은 환경과 지역주민 간의 관계에 초점을 두면서 지역사회 내의 분업이나 지역사회 내부와 지역사회 간의 상호의존성을 어떻게 직업의 계층구조가 발생하는지 강조한다. 주요 개념인 경쟁, 격려, 통합은 사회복지사가 지역사회를 분석할 때 모든 지역주민을 공평하게 지지적으로 대할 수 있도록 돕는다.

26 정답 ⑤

연구방법의 목적
- **기술** : 현상의 기술 및 정의
- **설명** : 인과관계의 검증
- **예측** : 미래상황의 추정
- **보고** : 연구결과를 요약 · 정리

27 정답 ④

사회과학에서 지식을 탐구하기 위한 논리는 양자의 중요성이 인정되는데 일반적으로 기존의 이론이 존재할 때 연역법을 사용하고, 기존의 이론이 존재하지 않을 때 귀납법을 사용한다.

28 정답 ⑤

사회과학의 연구방법은 탐구의 관점에 따라 논리실증주의와 해석주의로 나눌 수 있다. 논리실증주의는 양적연구 방법, 해석주의는 질적연구방법의 관점이라고 볼 수 있으므로 보편적인 분석도구가 존재한다는 것은 논리실증주의에 해당한다고 볼 수 있다.

29 정답 ⑤

조사문제의 선정에 영향을 미치는 요인 : 사회과학적 연구의 패러다임, 조사자의 가치, 반응성의 정도, 조사자의 방법론, 선택된 분석단위, 시간요인 등

30 정답 ②

검증과정에 따른 가설의 구분
- **연구가설** : 이론으로부터 도출된 가설로서 검증될 때까지는 조사문제에 대한 잠정적인 해답으로 간주되는 가설이다.
- **귀무가설** : 연구가설의 역으로서 주어진 연구가설에서 명시된 것을 부정하거나 기각하기 위해 설정하는 가설이다.
- **대립가설** : 귀무가설에 대립되는 가설로 귀무가설이 거짓일 때 채택하기 위해 설정하는 가설이다.
- **통계적 가설** : 표본으로부터 주어진 정보를 이용하여 모집단의 확률분포나 모치수에 대해 예상하는 진술이다.

31 정답 ⑤

가설검정은 진술이 명확하고 구체성, 확률적 속성을 가져야 하며 인과관계가 분명해야 한다. 또한 연구가설은 정적 · 부적관계로도 모두 사용된다.

32 정답 ①

질적 연구는 관찰조사, 사례조사, 면접조사 등 귀납적 접근에 유리하다. 모집단에서의 표본추출은 양적 연구와 관련된다.

33 정답 ①

횡단적 조사와 종단적 조사의 특징

- 횡단적 조사는 표본조사인 데 반해, 종단적 조사는 현장조사의 성격을 가진다.
- 횡단적 조사는 측정이 단 한 번 이루어지는 데 비해, 종단적 조사는 반복적으로 측정이 이루어진다.
- 횡단적 조사는 정태적인 데 반해, 종단적 조사는 동태적이다.
- 횡단적 조사는 표본의 크기가 큰 데 비해, 종단적 조사는 표본의 크기가 작을수록 좋다.

34 정답 ①

② 모집단을 대상으로 추출된 표본에 대하여 설문지와 같은 표준화된 조사도구를 사용하여 직접 질문함으로써 필요한 자료를 수집하는 방법이다.
③ 연구문제를 설정하거나 가설을 형성하기 위해 현장에 나가서 직접 면접을 통해 자료를 수집하는 조사이다.
④ 조사자가 외생적 요인들에 대해 의도적으로 통제하고 인위적으로 관찰조건을 조성함으로써 독립변수의 효과를 측정하거나 독립변수가 종속변수에 영향을 미치는 인과관계에 대한 가설을 검증하는 조사방법이다.
⑤ 모집단을 전수조사하기 어려운 경우 모집단의 일부만을 선출하여 조사대상 전체를 추정하는 조사이다.

35 정답 ①

대학수학능력시험 점수는 등간변수로, 서열 간 간격이 동일하며 절대영점이 존재하지 않는다.

36 정답 ②

측정이란 일정한 규칙에 따라 대상에 값을 부여하는 과정이다.

37 정답 ①

변수들 간에 존재하는 상호관계의 유형을 밝히고 밀접하게 연관된 변수들의 묶음을 발견하여 보다 적은 수의 가설적 변수, 즉 요인들로 축소시키기 위한 척도화를 말한다. 장점은 계산이 용이, 단일차원성, 항목에 가중치 부여, 연속점수를 가진다는 점이며 단점은 분석을 위한 분석이라는 점이다.

38 정답 ④

솔로몬 4집단설계 : 가장 강력한 실험설계 유형으로 무작위로 할당된 4개 집단이다. 통제집단 사전 – 사후설계와 통제집단 사후설계를 결합한 가장 이상적인 설계이다.

- **장점** : 각 외생변수별로 효과의 분리 가능, 철저한 외생변수 통제 등이 있다.
- **단점** : 실험 · 통제집단의 선정 및 관리가 어렵고 비경제적이다.

39 정답 ②

단일집단 사전사후검사설계는 실험변수를 조작하기 전에 결과변수에 대해 측정하고, 실험변수를 조작한 후 결과 변수의 수준을 측정하여 두 결과 간의 차이로 실험변수의 효과를 측정하는 설계로 외생변수의 통제가 불가능하다.

40 정답 ③

단일사례연구는 하나의 대상 또는 사례를 가지고 반복적으로 관찰하여 개입의 효과를 평가한다.

41 정답 ③

폐쇄형 질문의 응답범주는 상호배타적이어야 한다.

설문작성시 유의사항
- 답하기 쉬운 질문부터 먼저 한다.
- 민감한 질문 또는 개방형 질문은 뒷부분에 배치한다.
- 질문을 논리적으로 배열한다.
- 일정한 유형의 응답군이 조성되지 않도록 한다.
- 신뢰도를 검사하는 질문은 서로 떨어져 있어야 한다.
- 일반적인 것을 먼저 묻고 특수한 것을 나중에 묻는다.

42 정답 ①

- **인터넷조사** : 연구자가 타깃을 결정하지 못하여 표본의 대표성이 없다.
- **전화면접법** : 조사가 간단하고 신속하나, 시간적 제약이 크므로 간단한 질문만 가능하다.
- **배포조사법** : 조사표 회수율이 높으며, 재방문 횟수가 적어진다.
- **관찰법** : 응답자가 평소에 하던 행동과는 다른 행동양식을 보일 수 있기 때문에 일반화에 한계가 있다.

43 정답 ①

단순무작위 표집은 확률표집방법 중에서 가장 기본적이고 단순한 유형이다. 이는 각 요소가 표본으로 뽑힐 확률이 동등하다는 원칙하에 조사자가 의식이나 개입이 없는 난수표를 사용하거나 눈감고 제비뽑는 방식으로 하나씩 선택하는 방식이다.

44 정답 ⑤

⑤ 유의표집방법에 대한 설명이다.

45 정답 ②

편의표집방법(임의 · 우발적 표집방법) : 모집단에 대한 정보가 전혀 없는 경우이거나 모집단의 구성요소들 간 차이가 별로 없다고 판단될 때, 표본선정의 편리성에 기준을 두고 조사자의 임의대로 확보하기 쉽고 편이한 표집단위를 표본으로 추출하는 방법이다. 이는 모든 표본추출방법 중 비용과 시간면에서 가장 효율적이다.

46 정답 ③

전체 대상자명부에서 각각 모집단을 구분하고 모집단의 비율에 맞게 추출하였으므로 비례층화표집을 표집방법으로 사용하였다.

47 정답 ①

모니터링기법은 사회복지현장에서 사용되는 평가기법 가운데 프로그램의 운영을 직접평가하기 위하여 사용되는 방법으로서 책임성 감사, 행정감사, 시간 · 활동조사 등이 있다.

48 정답 ①

강도분석은 단어의 빈도보다 말의 상징이 지니는 강도를 밝히는 분석방법이다.

49 정답 ④

내용분석법은 문헌연구방법의 대표적 유형으로, 질적 내용을 양적 자료로 전환할 수 있다.

50 정답 ③

통계자료 분석결과는 가능하면 도표 등을 사용하여 제시한다.

2교시 사회복지실천

01	①	02	④	03	②	04	④	05	①
06	⑤	07	①	08	③	09	②	10	⑤
11	⑤	12	②	13	⑤	14	⑤	15	②
16	④	17	④	18	①	19	⑤	20	⑤
21	②	22	③	23	①	24	③	25	①
26	①	27	①	28	⑤	29	⑤	30	①
31	①	32	④	33	①	34	⑤	35	②
36	④	37	④	38	①	39	③	40	③
41	③	42	①	43	④	44	⑤	45	④
46	④	47	①	48	⑤	49	①	50	⑤
51	③	52	③	53	⑤	54	④	55	②
56	①	57	①	58	②	59	①	60	④
61	②	62	④	63	⑤	64	①	65	①
66	④	67	①	68	③	69	③	70	③
71	①	72	①	73	④	74	⑤	75	⑤

01 정답 ①

사회진화론에 근거한 사회복지실천은 자선조직협회이며, 인보관 활동(운동)은 급진주의와 자유주의에 근거하였다.

02 정답 ④

워커는 전문가로서 클라이언트의 우위 입장이나 상하 간의 관계가 아닌 하나의 독립된 인격의 소유자로서 권리와 능력의 주체자로 대하여야 한다. 따라서 케이스워커는 지시, 감독, 심판적 역할을 수행하면 안 된다.

03 정답 ②

사회복지사는 클라이언트와 문제에 초점을 두고 관계를 형성하고 유지해야 하는데, 이모와 조카의 관계로 인해 이러한 전문적 관계를 형성하고 유지하는 데 문제가 발생할 수 있다.

04 정답 ④

사회진화론은 찰스 다윈(Charles Darwin)의 진화론을 사회에 적용시킨 것으로, 적자생존의 자연법칙이 사회에 적용된다는 것이다. 사회진화론은 약육강식의 원리에 따라 강한 개체가 약한 자를 지배하는 것을 정당화하는 논리로서 사회적합계층은 살아남고, 사회부적합계층은 소멸된다고 보는 이념이다. 부자들은 우월하고 빈민들은 열등하기 때문에 가난하게 살 수밖에 없다고 보았다.

05 정답 ①

인보관운동에서 강조하는 3R은 Residence, Research, Reform이다.

06 정답 ⑤

구빈법은 영국 빈민법 체계의 기초로, 빈민구제에 대한 정부 책임을 인식한 법이다.

07 정답 ①

1차 현장

- **사회복지사가 실천하는 장에 대응하여 형성되고 발전된 실천범주** : 공공 혹은 민간사회기관, 정부 또는 비정부기관, 작업현장, 병원, 군사기지와 같은 특수기관
- **사회복지사가 개입하는 문제** : 아동, 노인, 배우자 학대, 물질남용, 노숙자, 만성 정신질환, 빈곤을 포함
- **사회복지사가 지원하는 클라이언트집단** : 아동, 청소년, 가족, 노인, 인종 및 민족, 난민

08 정답 ③

① 일차현장은 사회복지서비스를 제공하는 곳으로 사회복지사가 중심이 되어 활동하는 실천현장이며, 보건소는 이차현장에 해당된다.
② 공동생활가정은 주거시설에 해당한다.
④ 사회복지협의회는 민간 법인이 운영하는 기관이다.
⑤ 노인주간보호시설은 이용시설에 해당한다.

09 정답 ②

가족규범

- **기능적 규범** : 건강하고 적응력을 갖추며 수용력이 있는 가족을 발전시킨다. 가족성원의 모든 의견을 중요시 여긴다.
- **역기능적 규범** : 가족성원의 귀에 거슬리는 말은 하면 안 된다. 가족성원이 화낼 것을 두려워하여 말을 조심해야 한다.

10 정답 ⑤

케이스워크는 문제가 발생한 것에 대하여 치료하고 재조정에 초점을 둠으로써, 사전적 · 예방적 성격을 갖지 못한다. 따라서 개별사회사업은 전문가를 필요로 한다.

11 정답 ⑤

체계의 특성

- **구조적 특성** : 경계, 폐쇄체계, 개방체계, 위계
- **진화적 특성** : 항상성, 안정상태
- **행동적 특성** : 투입, 산출, 환류

12 정답 ②

과정기록은 원조과정이나 클라이언트와 사회복지사의 상호작용 과정을 있는 그대로 세밀하게 기록하는 방법이다. 즉, 실무교습과 학습의 수단으로 유용하며 사회복지 전공학생들의 실습기간 동안에 권장되고 있다.

13 정답 ⑤

치료적 면접은 클라이언트가 변할 수 있도록 돕기 위한 면접으로서 클라이언트에게 자신감, 자기효율성을 강화하고 필요한 기술을 훈련하며 문제해결 능력을 키우는 것이다. 또한 사회복지기관, 지역사회, 공공기관, 관련 공무원 등과 면접하는 것도 포함된다.

14 정답 ⑤

⑤ **재명명** : 어떤 문제에 대해 클라이언트가 부여하는 의미를 수정해줌으로써 클라이언트의 시각을 긍정적인 방향으로 변화시키는 기법이다.

① **재보증** : 내담자가 가진 능력이나 감정 등 내담자가 노력해서 달성한 업적 등을 인정하고 격려해줌으로써 내담자를 지지해주는 방법이다.

② **직면** : 클라이언트가 자신의 문제를 부정하거나 회피하고 합리화하여 변화를 거부하고 개입을 피하려고 할 때 사용하는 기법이다.

③ **환기** : 클라이언트의 억압되어 있는 감정, 특히 부정적인 감정인 분노, 증오, 슬픔, 죄의식, 불안 등이 문제 해결을 방해하거나 감정 자체가 문제가 되는 경우 이를 표출하도록 감정의 강도를 약화시키거나 해소시키는 기법이다.

④ **초점화** : 클라이언트의 말 속에 숨겨진 선입견, 가정, 혼란을 드러내어 자신의 사고과정을 명확히 볼 수 있도록 해주는 기법이다.

15 정답 ②

진단기록은 개방적인 특징이 있으므로, 특히 클라이언트의 상황을 개별화하고 사회심리적인 지도감독을 위한 정보제공에 유용하게 사용되었다.

16 정답 ④

클라이언트의 감정적 표현을 유도하기 위해서 사회복지사는 이들 감정에 호응해야 하는데, 이를 위해 정서적으로 관여하게 되며 이러한 관여는 통제되는 것이다.

17 정답 ④

① 개별화의 원칙, ② 수용의 원칙, ③ 의도된 감정표현의 원칙, ⑤ 비밀보장의 원칙

18 정답 ①

통제된 정서적 관여와 관련된 사회복지사의 역할

- **민감성** : 클라이언트가 자기의 감정을 직접 말로써 표현하지 않더라도 태도에서 드러나는 그의 감정을 잘 파악해야 한다.
- **이해** : 클라이언트의 문제와 관련된 감정의 의미를 이해해야 하는 것으로 이는 지속적인 과정이다.
- **반응** : 클라이언트의 태도에 대한 반응은 클라이언트에 따라 개별화되어야 하며 클라이언트의 마음의 변화에 따라 호응해야 하는 대단히 어려운 기능이다.

19 정답 ⑤

사정을 통해 클라이언트의 정보를 알아낼 때, 제시된 모든 항목이 자료로 사용될 수 있다.

20 정답 ⑤

접수시 면접 주요내용
- 클라이언트에 대한 기본정보
- 클라이언트에 대한 주요문제
- 클라이언트가 기관에 오게 된 동기
- 의뢰 사유
- 이전의 사회복지서비스를 받은 경험 여부
- 기본적인 가족관계 등

21 정답 ②

종결단계는 사회복지실천의 마지막 단계로, 사회복지사는 이 단계에서 개입목표의 달성여부를 확인하고 사회복지 실천의 효과성을 측정해야 한다. 또한 클라이언트와 사회복지 및 주변의 여건에 따라 종결시점을 결정해야 한다.

ㄴ. 의뢰는 종결유형과 상관없이 무조건적으로 실시하는 것이 아니다.

ㄹ. 종결과 관련된 클라이언트의 다양한 감정을 고려하고 이를 다룰 필요가 있다.

22 정답 ③

사회복지사의 직접적 개입활동은 의도적이고 계획적인 노력으로 클라이언트와 직접적인 활동을 통해 이루어지는 임상적 실천이다. 즉, 심리치료, 정신분석치료, 놀이치료, 행동치료, 교류분석, 가족치료, 현실치료 등이다.

23 정답 ①

사정의 순서
- 기관의 관점에서 사정은 서비스 욕구를 결정하는 것에서부터 시작된다.
- 다음으로는 클라이언트의 적격성 탐색을 위한 사정이 진행된다.
- 잠재적 클라이언트가 적격하다면 계약을 진행시키는 데 초점을 맞춘다.

24 정답 ③

목표의 규정은 명시적으로 하여야 한다.

25 정답 ①

사례관리의 대표적 개념정의로서는 1989년 목슬레이(Moxley)가 "복합적 욕구를 가진 사람들의 기능화와 복지를 위해 공식적·비공식적 지원과 활동의 네트워크를 조직·조정·유지하는 것"으로 정의하고 있다.

26 정답 ①

로웬버그와 돌고프의 준거틀에 의해, 생명보호의 원칙을 먼저 적용한 다음 비밀보장의 원칙을 적용한다.

27 정답 ①

사회복지사의 역할

직접 서비스 제공자	• 개인적인 문제 해결 • 부부치료 혹은 가족치료 • 집단 사회복지 • 교육자, 정보제공자의 역할
체계연결의 역할	• 중개자 • 사례관리자, 조정자 • 중재자, 심판자, 옹호자
체계개발의 역할	• 프로그램 개발자 • 계획가 • 정책과 절차 개발자 • 옹호자
체계유지의 역할	• 조직적 평가자 • 촉진자 • 팀 성원 • 상담자
연구자, 조사 활용자	• 개입방법에 대한 효과성을 평가하는 역할

28 정답 ⑤

진단주의는 클라이언트의 무의식을 중요시하고, 기능주의는 클라이언트 자신의 성장개념에 초점을 둔다.

29 정답 ⑤

클라이언트 중심모델의 개념에는 자아개념, 실현 가능성, 자아실현, 긍정적 관심, 조건적 가치가 있다.

30 정답 ①

인지행동모델은 독특한 인지과정을 갖는 인간이 환경에 대해 독특하게 해석하고 경험함으로써 행동을 하게 한 모델이다. 즉, 인지행동모델은 무엇을 어떻게 생각하는가에 대한 정서적 반응이 행동에 영향을 미친다고 보고 인간은 내적 심리세력만도, 환경의 영향에 의한 행동만도 아닌 개인적인 행동과 환경에 의해 행동되는 상호결정론적인 입장이다.

31 정답 ①

인지행동모델에서는 행동이 보상과 처벌에 의해 자동적으로 형성된다기보다는 환경이 제공해주는 정보와 개인의 인지적 과정이 상호작용한 결과로 이루어진다고 본다.

32 정답 ④

① 과장과 축소로 사건의 의미나 크기를 왜곡한다.
② 상황의 현저한 특성을 무시하고 맥락에서 벗어난 세부내용에 초점을 둔다.
③ 외부 사건이 자신과 관련이 없음에도 불구하고 자신과 연관시킨다.
⑤ 모든 경험을 상반되는 양 범주인 극단으로 생각하는 것이다. 즉, 극대화 또는 극소화 경향이다.

33 정답 ①

과제중심모델에서는 클라이언트의 자기결정원칙이 존중된다.

34 정답 ⑤

역량강화모델의 개입
- 클라이언트가 필요한 자원을 얻거나 통제하도록 원조하는 것을 강조
- 의사결정과정에 클라이언트를 참여시킴
- 클라이언트가 자립적으로 기능하는 데 필요한 지식과 기술을 획득하도록 원조하는 것을 강조

35 정답 ②

발달적 위기란 발달단계의 성숙과정에서 발생하는 생활사건이나 발달단계에 필요한 발달과업으로 출산, 중년기의 직업변화, 은퇴 등의 사건이 그 예이다.

36 정답 ④

집단 내에서는 집단에 남아 있도록 하는 구심력과 집단으로부터 분리되게 만드는 원심력이 존재하는데 이러한 모든 힘의 결과를 집단응집력이라고 한다. 집단응집력이 강한 경우 성원들이 함께 있으려고 하고 집단에 소속되려는 성향이 강해지는 반면, 집단응집력이 약한 경우에는 집단에 더 이상 소속되기를 원하지 않는다.

37 정답 ④

미시간 모형은 개인을 변화시키기 위해서는 환경을 이용해야 한다는 중요성을 강조한다. 이는 조직적 · 환경적 접근 또는 예방적 · 재활적 접근이라고 한다. 따라서 이 접근에 있어 워커는 집단경험을 통해 구성원 개개인이 그 행동이나 환경을 변화시키도록 워커의 전문적 원조를 주는 것이 중요함을 알 수 있다.

38 정답 ①

집단역동성을 이해하기 위한 영역
- 집단구조
- 집단의사소통
- 집단 내 상호작용
- 집단응집력
- 집단규칙과 가치
- 집단성원의 역할
- 집단지도력
- 집단문화
- 갈등

39 정답 ③

집단과정의 마지막 단계에서 사회복지사의 주요과업은 집단을 성공적으로 종결하는 것이다. 그러나 집단목표를 달성하지 못한 채 조기에 종결하는 경우도 있다. 즉, 종결단계에서

는 성원의 변화유지와 일반화를 위해 성원에게 그동안 배운 것을 요약해 주거나 자신감을 북돋워 주어 스스로 자신의 문제를 해결할 수 있도록 한다.

40 정답 ③

그룹워크는 일반적으로 7 ~ 8명이 집단역할상 이상적인 소집단의 인원이다.

41 정답 ③

① **상호작용차트** : 집단성원들 간 혹은 집단성원과 사회복지사 사이의 상호작용의 빈도를 기록하는 것이다.
② **PIE(Person-In-Environment)분류체계** : 클라이언트의 사회적 기능의 문제를 묘사하고 분류하여 코드화한 것이다.
④ **소시오그램** : 집단성원들 간의 관계를 보여주며 집단 내 리더, 고립자, 하위집단, 연합, 갈등 등을 파악할 때 유용한 도구이다.
⑤ **생활주기표** : 클라이언트의 생활주기 및 각 발달단계의 과업을 하나의 표로 나타낸 것이다.

42 정답 ①

치료집단의 결속력은 집단성원의 개별적 욕구에 따라 다르며, 과업집단의 결속력은 수행해야 할 과업에 따라 다르다.

43 정답 ④

공동지도력이 잘못 활용되면 공동지도자 간에 화합을 할 수 없게 되고 서로 다른 목적을 추구하게 되어 집단이 양극화된다. 하위집단이 형성되면 응집력이 약화되기 쉽다.

44 정답 ⑤

집단역동성의 영역으로는 집단의사소통, 집단 내 상호작용, 집단응집력, 규범과 가치, 집단성원의 역할, 집단지도력, 집단문화, 갈등 등이다.

45 정답 ④

④는 생태도에 대한 설명이다.

46 정답 ④

개인 및 가족의 환경과의 교류를 파악할 수 있는 것은 생태도이다.

47 정답 ①

갑자기 가족균형을 깨뜨리는 요소가 생기면 가족은 가족규칙을 더 적극적으로 지키면서 지속적인 관계를 유지하려고 한다.

48 정답 ⑤

〈보기〉는 가족의 구조적 가족치료모델에 대한 내용으로 가족구성원들의 구조가 바뀌면 가족 구성원 간의 역기능적인 관계가 해결된다고 보는 모델이다.

49 정답 ①

실천기록의 방법
- 기록할 때에는 사전에 클라이언트의 동의를 구해야 한다.
- 면담 중 기록은 최대한 간단한 메모만 하고 면담 직후에 자세히 기록하는 것이 좋다.
- 클라이언트의 관점과 입장도 포함하여야 한다.
- 기록은 즉시 소각하는 것보다 일정기간 보관하는 것이 좋으나 비밀유지 등에 유의하여야 한다.

50 정답 ⑤

사회복지실천평가란 개입의 효과성과 효율성을 측정하는 것으로, 서비스의 효과성에 대한 신뢰성 검증이 요구됨에 따라 중요성이 증대되고 있다.

51 정답 ③

① 지역사회를 지리적, 기능적으로 구분한 학자는 로스이다.
② 장애인 부모회는 장애인의 부모라는 공통점을 가진 기능적 지역사회에 속한다.
④ 과거에 비해 의사소통, 교환, 상호작용의 필요성이 증가하고 있다.

⑤ 공동사회는 산업화 이전인 농경사회에 더 발전하였다.

52 정답 ③

기능주의와 갈등주의

기능주의	• 사회는 여러 부분으로 구성되어 있고 각 부분은 합의된 가치와 규범에 따라 변화하며, 균형 또는 안정을 강조한다. • 사회는 경제, 종교, 가족 등과 같이 다수의 상호 연관적이고 상호의존적인 부분들로 구성되면서 동시에 각 부분들은 전체가 성공적인 기능을 발휘할 수 있도록 기여한다. • 지역사회를 하나의 사회체계로 간주한다. • 지역사회의 기능을 생산 · 분배 · 소비의 기능, 사회화의 기능, 사회통제의 기능, 사회통합의 기능, 상부상조의 기능으로 구분한다.
갈등주의	• 지역사회에 존재하는 갈등현상에 주목한다. • 지역사회 내의 구성원들이 경제적 자원, 권력, 권위 등이 불평등한 배분관계에 놓일 때 갈등이 발생하고 이러한 갈등관계를 통해 지역사회의 변동이 초래한다고 보았다.

53 정답 ⑤

• **사회체계론적 관점** : 다양한 체계들 간의 상호작용을 강조한다.
• **기능주의적 관점** : 사회는 여러 부분으로 구성되어 있고, 각 부분은 합의된 가치와 규범에 따라 변화하며 균형 또는 안정을 강조한다.
• **생태학적 관점** : 환경 또는 개인을 독립적으로 간주하기보다는 개개의 인간과 환경의 관계가 긍정적인 관계인지, 부정적인 관계인지, 중립적인 관계인지를 밝히는 방법이다.
• **구조적인 관점** : 지역사회를 공간, 매개변수, 국가라는 총체와 그 지역사회 정체성과의 관계를 다룬다.

54 정답 ④

나. 자선조직협회는 1877년에 창설되었다.
가. 헐 하우스(Hull house)는 1889년에 건립되었다.
다. 지역공동모금을 위한 상공회의소의 자선연합회는 제1차 세계대전 때 출현하였다.
마. '빈곤과의 전쟁'을 선포하고 사회복지에 대한 연방정부의 역할이 증대된 것은 1960~70년대이다.
라. '작은 정부' 지향으로 복지에 대한 지방정부의 책임이 강조된 것은 1980년대 이후이다.

55 정답 ②

외국민간원조단체 한국연합회는 회원 간의 상호 협의에 의한 보건, 교육, 사회복지, 구호 및 지역사회개발 등의 분야에서 효과적으로 협조하는 교량적 역할을 수행하였다.

56 정답 ①

지역사회개발은 지역주민 공동의 관심사, 즉 사회적 욕구에 대한 문제이므로 지역주민이 참여하는 프로그램으로 마련되어야 한다. 따라서 지역사회개발은 지역주민에 의해 마련되고 실천되어야 한다.

57 정답 ①

사회행동모형은 그 대상이 제도상의 불이익이에 희생된 자들이며, 클라이언트를 서비스의 소비자로서 간주하는 것은 사회계획모형이다.

58 정답 ②

로스만의 지역사회모형의 변화를 위한 전술기법 비교
• **지역사회개발** : 합의 · 집단토의, 지역사회 여러 집단 간의 의사소통을 가짐
• **사회계획** : 합의 또는 갈등
• **사회행동** : 갈등 또는 경쟁, 대결, 직접적인 행동

59 정답 ①

라. 지역사회연계 모델은 후원자와 클라이언트가 동등한 결정권한을 갖는다.

60 정답 ④

영유아 보육의 원칙은 교육, 영양, 건강, 안전, 부모에 대한 서비스, 지역사회와의 교류 등을 말한다.

61 정답 ②

장애인 복지의 기본이념은 개인으로서 존엄과 가치를 기초로

하여 사회적 편견이나 차별로부터 보호와 평등의식을 존중한다. 또한 장애인이 주체적 인간으로서 자립생활을 할 수 있도록 조장함과 함께 모든 국민이 연대적 의식을 갖도록 하는 것이다.

62 정답 ④

선 가정보호, 후 사회보장의 원칙이 적용된다.

63 정답 ⑤

재가복지봉사센터에서 활동하는 사회복지사는 자원봉사자나 자조집단을 조직하여 지역사회 클라이언트의 어려움을 지속적으로 연계하고 유지 · 강화시킨다.

64 정답 ①

〈보기〉는 조직화기술에 대한 내용으로 사회복지사의 조직가의 역할을 의미하며, 지역사회 내에서 조직이나 집단을 구성할 때 사용된다. 이와 관련된 기술로 ② 옹호기술을 들 수 있는데, 모임을 만들지 않고 지역주민들의 의식을 향상시키는 데 의의를 가진다.

65 정답 ①

지역사회의 진단은 사회복지사의 전문가로서의 역할이다.

66 정답 ④

지역사회복지협의회는 지역사회복지의 대표적인 협의조정기관으로서 주민에게 복지서비스 제공, 다양한 사회복지기관들의 욕구달성, 기능 강화 등을 위해 정보를 제공하며 서비스를 조정하는 자주적인 민간조직이라 할 수 있다.

[한국사회복지협의회의 업무]
- 사회복지에 관한 조사연구 및 정책을 건의한다.
- 사회복지에 관한 교육 및 훈련을 한다.
- 사회복지에 관한 자료수집 및 간행물을 발간한다.
- 사회복지에 관한 계몽 및 홍보를 한다.
- 자원봉사활동을 진흥시킨다.
- 사회복지사업에 종사하는 자의 교육훈련과 복지증진을 담당한다.
- 사회복지에 관한 학술도입과 국제사회복지단체와의 교류를 수행한다.
- 보건복지부장관이 위탁하는 사회복지에 관한 업무를 담당한다.

67 정답 ①

지역사회복지관은 지방자치단체, 사회복지법인 및 기타 비영리법인이 설치 · 운영할 수 있다.

68 정답 ③

복지의 분권화를 통해 효율적인 복지집행체계를 구축하는 것은 지방분권의 긍정적 측면에 해당한다.

69 정답 ③

프란시스가 개발한 자원봉사자의 욕구
- **경험추구의 욕구** : 실제적인 이득 및 자아성장
- **사회적 책임감 표현욕구** : 이타적 동기
- **타인 기대부응욕구** : 의미 있는 주위사람들의 압력이나 영향
- **사회적인 인정욕구** : 사회의 존경
- **사회적 접촉욕구** : 친교 및 사교경험
- **사회적 교환욕구** : 미래의 보상에 대한 욕구
- **성취욕구** : 개인적 성취

70 정답 ③

주민참여를 위한 정보제공 등을 위해 추가적인 비용이 소모되고 참여자가 자기 자신만의 이익을 위해 대변한다면 시간이 지연 또는 연기될 수 있다.

71 정답 ①

사회복지관의 운영원칙
- **지역성의 원칙** : 지역사회의 특성 및 지역주민의 욕구 파악
- **전문성의 원칙** : 전문인력에 의한 사업 수행
- **자율성의 원칙** : 다양한 복지서비스를 효율적으로 운영하기 위한 자율적 운용
- **책임성의 원칙** : 사업수행에 따른 효과성과 효율성 입증 및 책임감
- **통합성의 원칙** : 지역 내 공공 및 민간복지자원 동원
- **중립성의 원칙** : 정치활동, 영리활동, 특정 종교활동 등으로 이용되지 않는 중립적 위치
- **자원활용의 원칙** : 지역사회 내 인력 및 복지자원 동원

72 정답 ①

통합성의 원칙은 사업을 수행함에 있어 지역 내 공공 및 민간복지기관 간에 연계성과 통합성을 강화시켜 지역사회복지체계를 효율적이고 효과적으로 운영해야 한다는 원칙이다.

73 정답 ④

사회복지협의회는 지역사회조직의 가장 대표적인 기구이며 전 지역사회의 이익을 대표하지만, 아무런 법적 권한이나 강제력을 갖지 않는다. 즉, 협력적 과정을 통해서 기능한다.

74 정답 ⑤

프로그램의 이해관계자들에는 클라이언트, 시민, 선임공무원, 옹호집단, 정부자금기관, 재단, 이사회, 기관행정가, 회계사와 회계감사원 등 프로그램에 관심을 보이는 모든 사람들이다.

75 정답 ⑤

프로그램 개발시 고려사항
- **가치** : 프로그램 관여자들에 대한 가치의 반영 여부
- **실현 가능성** : 프로그램 실행에 따른 정치적 · 경제적 동원 여부
- **준비성** : 프로그램 주관기관 또는 조직의 진행준비 여부
- **합리성** : 프로그램의 객관적 사실에 의한 준비 여부

3교시 사회복지정책과 제도

01	①	02	②	03	①	04	⑤	05	①
06	③	07	②	08	③	09	①	10	①
11	⑤	12	②	13	③	14	③	15	①
16	①	17	②	18	③	19	④	20	②
21	⑤	22	⑤	23	④	24	②	25	⑤
26	①	27	③	28	②	29	②	30	①
31	②	32	④	33	③	34	⑤	35	①
36	②	37	⑤	38	①	39	⑤	40	④
41	②	42	③	43	①	44	⑤	45	⑤
46	④	47	②	48	③	49	①	50	①
51	⑤	52	③	53	⑤	54	⑤	55	③
56	①	57	②	58	①	59	⑤	60	③
61	⑤	62	④	63	③	64	②	65	③
66	④	67	③	68	③	69	④	70	⑤
71	④	72	③	73	④	74	①	75	④

01 정답 ①

베버리지 보고서에서는 영국의 5대 사회악을 제거하기 위한 전제조건으로 사회보장계획의 완전고용, 포괄적 국민보건서비스, 아동수당(가족수당)을 제시하였다.

02 정답 ②

체계론적 입장에서 보면 사회복지대상으로 보는 욕구체계, 대상의 욕구를 충족시키는 자원체계, 욕구와 자원을 연결하는 전달체계가 존재하면 사회복지구성을 갖추게 된다.

03 정답 ①

독일의 사회복지정책은 현물급여가 아니라 현금급여에 중점을 두었다.

04 정답 ⑤

영국의 구빈법은 2차 세계대전 이후인 1948년에 폐지되었다.

05 정답 ①

미국은 전 국민을 대상으로 한 의료보험이 없고 민간에서의 질병보험이 주된 역할을 수행한다.

06 정답 ③

1980년대 서구의 복지국가 위기를 극복하려는 복지선진국의 복지정책방향은 국가 개입을 최소화하려는 정책이다.

07 정답 ②

신보수주의의 특징(성격)

- 시장경제체제에 대한 국가의 간섭주의 지양(정부역할의 축소)
- 공급 위주의 고용정책 강화
- 법인세 인하를 통한 기업경쟁력 강화
- 개인주의, 경쟁의 원리, 소극적 자유 강조
- 개인의 자유를 최대한 보장, 창의력을 향상시킬 수 있도록 사회보장제도 개혁

08 정답 ③

복지국가에서는 자본주의체계의 모순을 극복하기 위한 대안으로서 국가개입 활동이 뒤따른다. 즉, 소득재분배라는 국가개입을 통해 소득 불균등을 완화하여 소득의 평등으로 이끌면서 사회통합으로 나아가려는 국가의 노력이다. 따라서 복지국가의 최고의 가치는 평등성(결과의 평등)을 말한다.

09 정답 ①

공공복지와 민간복지의 균등발전은 1980년대 이후 신보수주의와 신자유주의가 추구하는 사회복지 개혁의 영역이다.

10 정답 ①

음모이론은 사회복지정책의 주목적이 인도주의나 인정의 실현이 아니라 사회안정, 사회질서의 유지 및 사회통제의 수단으로 본다.

11 정답 ⑤

사회복지서비스의 수요에 비해서 공급이 부족한 경우 급여와

서비스에 대한 접근성을 낮추어서 부족한 공급에 대응하기도 한다.

12 정답 ②

길버트와 스펙트의 할당원칙

귀속적 욕구	급여자격 요건은 경제시장의 제도적 장치에 의해 충족되지 않은 욕구를 가진 사람들의 범주나 집단에 속하느냐의 여부에 따라 결정되고 욕구의 규범적 준거에 기반을 둔 범주적 할당에 기초한다.
보상	특정한 범주나 혹은 집단에 속하느냐에 따라 결정된다. 형평을 회복하기 위한 규범적 준거에 기반을 둔 범주적 할당에 기초하고 있다.
진단적 구분	신체적 장애나 정서적인 혼란과 같이 특정재화 혹은 서비스가 필요한 개인에 대해서는 전문가의 판단에 의존한다.
자산조사에 대한 욕구	재화나 서비스를 개인이 구매할 수 없다는 증거에 의해 좌우된다. 이 조건은 욕구의 경제적 기준에 근거를 둔 개인적 할당에 기초하고 있다.

13 정답 ③

조세의 전가란 공급자가 수요자에게 조세를 전가시키거나 생산자가 소비자에게 전가시키는 것으로 예를 들면 물품세가 부과되면 생산자는 이 조세를 소비자에게 떠넘기려고 하는데 만일 이 상품의 수요탄력성이 작으면 작을수록 소비자가 부담하게 되고, 만일 수요탄력성이 큰 경우에는 생산자가 부담하게 되어 조세의 전가가 적게 이루어진다.

14 정답 ③

급여형태의 하나인 기회제공은 사회의 불리한 집단들에게 진학, 진급, 취업 등에서 유리한 기회를 주어 시장의 경쟁에서 평등한 기회를 주는 것으로, 대학입학정원 할당, 장애인 의무고용제 등이 이에 해당된다.

15 정답 ①

사회보험의 국가책임하에 전 국민을 대상으로 강제성의 원리를 적용하여 사회형평성을 고려하며 소득재분배를 통해 사회통합을 목표로 한다. 물론 사회보험이 전 국민을 대상으로 하는 보편주의를 지향하고 있지만 산재보험이나 고용보험의 경우 일정한 불안정 위험집단(근로자 등)에 대해서 적용하고 있다.

② 사회보험은 자산조사를 하지 않고 자산조사를 하는 경우는 공공부조의 경우이다.

③ 사회보험은 정부의 일반재정에 의해 운영되는 것이 아니고 기여금과 부담금에 의해 운영되며 일부 운영경비는 보조받는다.

16 정답 ①

사회복지정책의 재원으로 일반예산의 비중이 크면 그만큼 중앙정부의 의존성이 높아지고 관료제 강화로 인한 사회복지 신축성이 떨어지며, 지방분권화에 역행하게 된다.

17 정답 ②

사회보장제도의 운영원칙

- 국가와 지방자치단체가 사회보장제도를 운영할 때에는 이 제도를 필요로 하는 모든 국민에게 적용하여야 한다.
- 국가와 지방자치단체는 사회보장제도의 급여 수준과 비용 부담 등에서 형평성을 유지하여야 한다.
- 국가와 지방자치단체는 사회보장제도의 정책 결정 및 시행 과정에 공익의 대표자 및 이해관계인 등을 참여시켜 이를 민주적으로 결정하고 시행하여야 한다.
- 국가와 지방자치단체가 사회보장제도를 운영할 때에는 국민의 다양한 복지 욕구를 효율적으로 충족시키기 위하여 연계성과 전문성을 높여야 한다.

18 정답 ③

국민연금법상 지역가입자는 가입대상자로서 사업장 가입자가 아닌 자이다. 적용 제외자는 공적 연금 가입자 및 무소득 배우자, 18세 이상 27세 미만의 학생, 군인, 기초생활 수급자, 1년 이상 행방불명자 등이다.

19 정답 ④

장애연금은 국민연금법에 의하여 장애등급에 따라 지급한다.

20 정답 ②

조기노령연금액은 기본연금액의 75%에 해당하는 액수에서 1년마다 5%씩 추가하고 가급연금액을 가산한다.

21 정답 ⑤

기업의 전용버스 이용 중은 업무상 재해에 해당되지만, 자가에 의한 출근 중의 교통사고는 해당되지 않는다.

22 정답 ⑤

자산조사는 공적 부조를 담당하는 전문가에 의해 실시되어야 한다. 즉, 전문가에 의해 이루어져야 대상자의 낙인감과 수치감을 최소화할 수 있고 욕구파악에 객관성 확보가 유리하다.

23 정답 ④

국민기초생활보장법상의 주거급여제외 대상자는 ①, ②, ③, ⑤이다.

24 정답 ②

국민기초생활보장법에서 대상자의 범위는 인구사회학적 측면이 철폐되었다. 즉, 연령과 구분없이 소득인정액이 최저생계비 이하이면 된다.

25 정답 ⑤

자활후견기관의 운영원칙은 ①, ②, ③, ④ 외에 주민참여 고유성과 존엄성의 원칙, 기존시설 확보의 원칙, 평가의 원칙이 있다.

26 정답 ①

사회복지행정은 클라이언트의 욕구 충족을 위해 다양한 주체들의 협력과 협업을 지향하므로 민간과 공공은 협조적이어야 한다.

27 정답 ③

기관 단일성의 원칙이 아니라 기관의 전체성으로 기관이나 시설이 상호관련 부서와의 연계를 통하여 전체적인 기구로서 운영되어야 한다는 원칙이다.

28 정답 ②

선별주의는 클라이언트에게 수급자격 및 조건을 부여하여 서비스를 제공함으로써 낙인감의 문제점을 안고 있는 데 이는 효과성과 효율성 이념에서 우월하다.

29 정답 ②

지역사회복지협의체가 운영되기 시작한 것은 2005년이다.

① 사회복지전담공무원은 1987년 사회복지전담요원제도 도입을 계기로 이어져오고 있으며 1999년 사회복지전담 공무원으로 전환되었다.

③, ④ 1997년 사회복지사업법이 개정됨에 따라 사회복지시설의 설치 · 운영이 허가제에서 신고제로 변경되었으며, 사회복지시설에 대한 평가제도가 도입되었다.

⑤ 1980–1990년대에 다양한 사회복지 관련 법률 및 정책들이 등장하였으며 사회복지관련 시설이나 기관들이 급증하였다.

30 정답 ①

과학적 관리론과 인간관계론의 공통점은 폐쇄체계와 생산성의 극대화이며, 인간을 수동적인 인간관점에서 다룬다는 점이다.

31 정답 ②

물적 작업조건도 작업능률에 영향을 미치지만 작업원들의 심리적 만족요인이 보다 더 조직의 능률에 영향을 미친다는 것이다.

32 정답 ④

하위체계의 유형

- **생산하위체계** : 조직의 기본적인 역할로서 생산과 관련된 과업을 수행
- **유지하위체계** : 조직의 욕구와 인간의 욕구를 통합하고, 조직의 계속성을 확보
- **경계하위체계** : 외부환경과 영향을 주고받는 체계로 생산지지체계(외부조직과의 상호교환관계)와 제도적 체계(외부로부터의 지지와 정당성 확보)로 구성
- **적응하위체계** : 변화하는 사회적 환경에 적응하기 위해 필요
- **관리하위체계** : 위 4가지 하위체계 요소를 통합 · 조정하기 위한 리더십을 제공

33 정답 ③

사회복지서비스 전달체계의 제공 원칙

- **전문성의 원칙** : 사회복지서비스 제공업무는 전문성의 정도에 따라 전문가, 준전문가, 비전문가가 담당하게 된다.
- **적절성의 원칙** : 사회복지서비스는 그 양과 질, 제공하는 기간이 클라이언트의 욕구충족과 서비스의 목표달성에 충분해야 한다.
- **포괄성의 원칙** : 클라이언트의 다양한 욕구와 문제를 해결하기 위해서는 다양한 서비스를 필요로 한다.
- **지속성의 원칙** : 한 개인이 필요로 하는 다른 서비스를 지역사회 내에서 계속적으로 제공받을 수 있도록 상호연계되어야 한다.
- **통합성의 원칙** : 클라이언트의 문제 해결을 위한 서비스 프로그램들은 서로 연관되어야 한다.
- **평등성의 원칙** : 기본적으로 성별, 연령, 소득, 지역, 종교, 지위에 관계없이 모든 국민에게 서비스를 제공하여야 한다.
- **책임성의 원칙** : 사회복지조직은 국가(사회)가 시민의 권리로 인정한 사회복지서비스를 전달하도록 위임받은 조직이므로 사회복지서비스의 전달에 대하여 책임을 져야 한다.
- **접근용이성의 원칙** : 사회복지서비스는 그것을 필요로 하는 사람이면 누구나 쉽게 받을 수 있도록 접근이 용이해야 한다.

34 정답 ⑤

사회복지서비스의 배분방법

공급억제전략	수요억제전략
• 서비스의 양과 질을 감소시킴 • 클라이언트의 접촉시간을 단축시킴 • 사례의 조기 종결 • 전문가의 질을 낮춤 • 전문가를 자원봉사자로 대체	• 물리적 · 시간적 · 사회적 장애의 구축 • 신청절차에 시간이 걸리게 함 • 교통이 불편한 곳에 사무실 설치 • 불편한 서비스 시간 배정

35 정답 ①

슈퍼비전의 행정적 기능

- 의사소통체계의 연결
- 직무수행의 책임성
- 프로그램의 평가
- 사례 할당 및 업무분담
- 정서적지지
- 각 직원의 경험이용에 관한 것 등

36 정답 ②

비공식조직은 구성원 상호 간의 접촉이나 친근한 관계로 인해 형성되는 조직이므로 의사소통의 통로가 되고 응집력을 유지시키며 성원의 자존심을 향상시키는 등의 장점이 있다.

37 정답 ⑤

기계적 구조와 유기적 구조의 특징 비교

기계적 구조	유기적 구조
• 엄격하게 규정된 직무설계 • 많은 규칙과 절차(공식화) • 집권적 의사결정 • 좁은 통솔범위 • 공식적이고 몰인간적 대면관계 • 팀워크보다는 분업과 전문화 강조	• 복합적 직무설계 • 적은 규칙과 절차 • 분권적 의사결정 • 많은 통솔범위 • 비공식적 · 인간적 대면관계 • 높은 팀워크

38 정답 ①

집권화조직은 중요한 의사결정권한이 상부에 집중되어 있는 조직으로 단순하고 반복 · 획일적인 업무에 유리하고, 위기시 집중되어 있는 상태가 유리하다. 단점은 자율성과 창의성 저해, 환경변화에 반응하고 적응하는 것이 어렵다는 점이다.

39 정답 ⑤

방해전략은 사회복지에서 최후적인 수단으로 조심스럽게 접근해야 하는 전략이다.

40 정답 ④

리더십은 조직구성원들이 집단목표를 달성하기 위해 자발적이고 열성적으로 공헌하도록 그들에게 동기를 부여하는 영향력, 기술 또는 과정이라고 할 수 있다.

41 정답 ②

피들러는 경영은 상황적이라는 전제에서 리더가 리더십을 전개하려 할 때 그가 접하는 리더십 상황에 따라 독재적 리더십 또는 민주적 리더십이 될 수 있다고 주장하였다.

42 정답 ③

정책결정 참여자 범위의 축소는 정책결정의 합리성을 제약하는 요인이 된다.

43 정답 ①

- **심리이론** : 의사결정자는 가능한 한 심리적으로 만족할 수준을 모색하여 결정을 내리는 것을 말한다.
- **한계(제한)이론** : 의사결정에는 정보, 시간, 미래의 확실성 등에 각종 제약이 있기 때문에 제한된 한계 내에서만 합리성을 추구한다.
- **수리이론** : 의사결정과정에서 수리적 논리에 의해서만 결정을 한다.

44 정답 ⑤

직무분석은 단순한 직무에 관한 자료를 기계적으로 수집 · 기재하는 것이 아니라 직무기술서와 직무명세서를 통하여 인적자원관리에 유효자료를 제공하도록 직무에 관한 자료를 분석 · 정리하여야 한다.

45 정답 ⑤

사회복지기관 직원의 전문성 개발을 위한 방법에는 사례발표, 보수교육, 역할연기, 슈퍼비전 등이 있다. 가족상담은 가족이 자신들의 문제를 해결해 나가는 인격적 발달을 도울 수 있도록 원조적 관계를 전개하는 것을 말한다.

46 정답 ④

시장세분화 : 전체 시장을 각 특성에 따라 여러 하위시장으로 구획화함을 말한다. 목적은 경쟁이 심화되고 이질적인 시장에서 회사가 효과적으로 경쟁 우위를 유지하려는 데 있다.

47 정답 ②

정보관리를 위해 전산화를 하는 것이 보다 효율적이기는 하지만 반드시 정보를 전산화해야 하는 것은 아니다.

48 정답 ③

표적대상 집단은 반드시 서비스가 제공되어야 하는 대상이다. 위험집단으로부터 표적대상을 추출할 때에는 기준을 정하여 문제의 심각성이 높은 집단을 선정하되 접근이 가까운 사람들로 한정해야 한다.

49 정답 ①

사회복지평가의 기준
- **노력성** : 노력은 프로그램을 위해 동원된 자원이 어느 정도인가에 대한 것으로 주로 투입요소에 관한 것이다.
- **효과성** : 사업의 산출을 말하며, 클라이언트의 변화정도와 이러한 실적에 관한 정보가 포함된다.
- **효율성** : 일반적으로 최소의 자원을 투입하여 최대의 효과를 내는 것을 의미하여 투입자원과 산출물의 비율관계를 통해 측정한다.
- **서비스의 질** : 사회복지기관이 서비스 목적을 달성하기 위해 필요한 방법과 기술을 얼마나 적절하게 사용하였는가와 관련된 것으로 Patti는 시기적절성, 일관성, 접근성, 인간성, 서비스 기술의 숙련성을 포함한다고 하였다.
- **만족도** : 클라이언트가 직접 서비스의 효과성과 질을 평가하는 것과 관련되며, 프로그램 출석률, 조기종결, 서비스 재신청, 과거 클라이언트로부터의 의뢰 등과 같은 자료를 통해 객관적 측정분석이 가능하다.
- **과정** : 노력이 산출로 옮겨지는 중간과정 또는 절차를 말한다.

50 정답 ①

가. **총괄평가** : 프로그램의 종료 또는 종결 이후 성과와 영향을 평가하기 위해서 실행되며, 효율성과 효과성을 평가한다.
나. **외부평가** : 외부기관을 통해 프로그램을 평가하며, 더 객관적인 평가가 가능하다.
다. **프로그램평가** : 프로그램 이후에 대상자들을 대상으로 프로그램 만족도 조사를 한다.
라. **형성평가** : 프로그램 운영 중에서 행해지는 평가로 '과정평가'라고 하며, 프로그램 진행과정에서 발생하는 문제점을 찾고 수정 보완을 위해 실행한다.

51 정답 ⑤

조리란 사물의 도리, 합리성, 본질적 법칙을 의미한다. 조리가 법원의 역할을 하는 이유는 재판은 법에 의존해야 하지만 적용해야 할 제정법, 판례법도 없는 경우에도 재판을 해야 하기 때문이다.

52 정답 ③

우리나라의 전통적인 씨족, 촌락단위의 민간에 의한 잔여적 복지형태가 중심이었으므로 근대적인 국민복지제도를 갖추었다고 볼 수 없다.

53 정답 ⑤

①, ②, ③, ④는 민간(주민)에서 조직한 자발적 단체이다.

54 정답 ⑤

자유권적 기본권과 사회권적 기본권의 사상적 기초
- **자유권적 기본권의 사상적 기초** : 개인주의, 자유주의, 형식적 · 시민적 법치주의, 자유방임국가, 야경국가
- **사회권적 기본권의 사상적 기초** : 단체주의, 실질적 · 사회적 법치주의, 복지국가 실현

55 정답 ③

재산권은 자유권적 기본권에 속한다.
- **사회권적 기본권** : 인간다운 생활을 할 권리, 교육을 받을 권리, 근로에 대한 권리, 환경권, 복지권 등

56 정답 ①

재산을 출연하여야 하는 점에서 재단법인 설립과 사단법인의 설립은 근본적으로 다르다.

57 정답 ②

ILO의 경우 고용보험이나 산재보험과 같은 분야에서 최소가입률이나 급여수준에 관한 국제적인 기준을 설정함으로써 근로자 복지의 국제적 평준화 달성에 기여하고 있다.

58 정답 ①

아동복지법은 1981년에 제정되었다.

59 정답 ⑤

사회보장수급권은 관계법령에서 정하는 바에 따라 타인에게

양도하거나 담보로 제공할 수 없으며 이를 압류할 수 없다(일신전속권).

60 정답 ③

사회복지사업법상의 사회복지사업은 법률에 따른 보호 · 선도 또는 복지에 관한 사업과 사회복지상담, 직업지원, 무료숙박, 지역사회복지, 의료복지, 재가복지, 사회복지관 운영, 정신질환자 및 한센병력자의 사회복귀에 관한 사업 등 각종 복지사업과 이와 관련된 자원봉사활동 및 복지시설의 운영 또는 지원을 목적으로 하는 사업을 말한다. ③은 사회서비스의 내용이다.

61 정답 ⑤

1970년대에 제정된 사회복지사업법은 총 5장으로 구성되어 있는데 제1장은 총칙, 제2장은 사회복지법인, 제3장은 사회복지시설, 제4장은 보칙, 제5장은 벌칙이다.

62 정답 ④

사회복지공급의 주체자는 대표적으로 개인과 법인이다. 사회복지법인은 민간법인, 영리를 목적으로 하지 않는 비영리법인, 재단법인이자 특수법인이다. 그러나 공법인은 국가나 지방자치단체가 설립하는 법인을 말한다.

63 정답 ③

현행 시 · 도지사의 허가제를 원칙으로 하고 있다.

64 정답 ②

사회복지사는 사회복지에 관한 전문지식과 기술을 개발 · 보급하고, 사회복지사의 자질 향상을 위한 교육훈련을 실시하며, 사회복지사의 복지증진을 도모하기 위하여 한국사회복지사협회를 설립한다(법 제46조).

65 정답 ③

사업장 가입자의 보험료율은 9%이며, 노사균등부담의 원칙에 따라 사용자가 4.5%, 근로자가 4.5%를 부담한다.

66 정답 ④

2000년부터 현재 국민건강보험의 요양기간이 365일로 확대되었다.

67 정답 ③

노령, 유족 등의 사회적 위험에 관한 대표적인 사회보험은 국민연금제도이다. 즉, 국민연금제도는 국민의 노령, 장애 또는 사망에 대하여 연금급여를 실시함으로써 국민의 생활안정과 복지증진에 이바지하는 것을 목적으로 한다.

68 정답 ③

구직급여의 기간은 가입기간과 연령에 따라 90 ~ 240일이다.

69 정답 ④

산업재해보상보험법상 근로자가 다음 중 어느 하나에 해당하는 사유로 부상 · 질병 또는 장해가 발생하거나 사망하면 업무상의 재해로 본다. 다만, 업무와 재해 사이에 상당인과관계가 없는 경우에는 그러하지 아니하다.

- 근로자가 근로계약에 따른 업무나 그에 따르는 행위를 하던 중 발생한 사고
- 사업주가 제공한 시설물 등을 이용하던 중 그 시설물 등의 결함이나 관리소홀로 발생한 사고
- 사업주가 제공한 교통수단이나 그에 준하는 교통수단을 이용하는 등 사업주의 지배관리하에서 출퇴근 중 발생한 사고
- 사업주가 주관하거나 사업주의 지시에 따라 참여한 행사나 행사준비 중에 발생한 사고
- 휴게시간 중 사업주의 지배관리하에 있다고 볼 수 있는 행위로 발생한 사고
- 그 밖에 업무와 관련하여 발생한 사고

70 정답 ⑤

긴급지원심의위원회는 긴급지원대상자가 국민기초생활보장법 또는 의료급여법에 따른 수급권자로 결정된 경우에는 긴급지원의 적정성 심사를 하지 않을 수 있다.

71 정답 ④

일반적으로 공공부조의 원리는 ①, ②, ③, ⑤ 외에 생존권 보장의 원리, 무차별성의 원리 등이 있다.

72 정답 ③

① 의료급여법에서 부양의무자는 수급권자를 부양할 책임이 있는 사람으로서 수급권자의 1촌 직계혈족 및 그 배우자를 말한다.
② 수급권자는 1종 수급권자와 2종 수급권자로 구분한다.
④ 수급권자에 대한 의료급여는 국민기초생활보장법에 따른 수급자가 되거나 의료급여법에 따라 수급권자로 인정된 날부터 개시한다.
⑤ 제1차 의료급여기관에 의료급여를 신청하여야 한다.

73 정답 ④

아동복지법 제23조에 따르면 아동의 건강한 성장을 도모하고, 범국민적으로 아동학대의 예방과 방지에 관한 관심을 높이기 위하여 매년 11월 19일을 아동학대예방의 날로 지정하고, 아동학대예방의 날부터 1주일을 아동학대 예방주간으로 한다. 국가와 지방자치단체는 아동학대예방의 날의 취지에 맞는 행사와 홍보를 실시하도록 노력하여야 한다.

74 정답 ①

장애인복지법상 장애인의 가족계획에 대한 내용은 제시되어 있지 않다.

75 정답 ④

성매매방지및피해자보호등에관한법률은 현재 특별구역을 설정하여 성매매를 허용하고 있지 않다. 성매매여성을 위한 시설에는 일반지원시설, 청소년지원시설, 자활지원센터, 외국인여성지원시설이 있다.

1교시 사회복지기초

01	③	02	④	03	③	04	②	05	①
06	①	07	④	08	④	09	③	10	③
11	②	12	①	13	①	14	②	15	②
16	③	17	①	18	②	19	②	20	③
21	④	22	③	23	①	24	③	25	③
26	③	27	③	28	②	29	③	30	②
31	③	32	④	33	②	34	①	35	①
36	②	37	④	38	⑤	39	①	40	②
41	①	42	④	43	④	44	①	45	④
46	②	47	②	48	①	49	④	50	②

01 정답 ③

사회체계이론에 따르면 인간은 상호 의존적으로 작용하는 부분들로 구성된 전체이며 각 부분들은 에너지를 주고 받으면서 변화한다.

02 정답 ④

① 인간발달은 임신부터 출생, 성장, 노쇠의 과정을 거쳐 죽음에 이르기까지 전 생애에 걸쳐 계속적 · 체계적으로 일어나는 일련의 변화로 개인마다 그 속도가 다르다.
② 인간발달은 환경과 유전적 요인의 상호작용에 의해 이루어진다.
③ 인간발달은 상부에서 하부로, 중심부위에서 말초부위로 진행된다.
⑤ 발달은 인간의 전 생애에 걸쳐 신체적, 사회적, 심리적 측면에서 일어나는 질적 및 양적 변화를 모두 포괄하는 개념이다.

03 정답 ③

남근기(3 ~ 5세)
- 남아 : 오이디푸스 콤플렉스로 인한 거세 불안이 있다.
- 여아 : 엘렉트라 콤플렉스로 인해 거세에 대한 믿음이 있고 남근 선망을 갖는다.

04 정답 ②

음영(shadow)은 의식에서 도외시되는 동물적 본성으로, 자신이 용납하기 어려운 특질과 감정들로 구분되어 있다. 인간의 정신에 존재하는 보편적이고 근원적인 핵은 원형(archetype)이다.

05 정답 ①

정신분석 치료기법 : 자유연상, 꿈의 분석, 전이분석, 저항분석 등

06 정답 ①

부정이란 자아가 현재의 위협적 상황을 감당할 수 없기 때문에 그것의 존재 자체를 아예 인정하지 않는 것을 의미한다. 즉, 암 말기 환자가 자신의 병을 인정하지 않고 의사가 잘못 안 것이라고 생각하는 것처럼 사실을 인정하지 않으려는 기제를 말한다.

07 정답 ④

에릭슨의 심리사회이론에서는 개인의 유전적인 영향과 사회환경의 영향 모두가 인간발달에 영향을 미친다고 주장한다.

08 정답 ④

집단무의식은 모든 인류에게 공통적으로 존재하는 것으로, 개인적 경험과는 상관 없이 조상 또는 종족 전체의 경험 및 생각과 관계가 있는 원시적 감정, 공포, 사고, 성향 등을 포함하는 무의식이다.

09 정답 ③

페르소나는 개인이 외부에 표출하는 이미지, 가면, 사회적 역할과 밀접한 관련이 있다.

10 정답 ③

부적 강화에서는 반응이 나타나면 부적 강화물이나 혐오자극이 철회된다. 여기서는 바람직한 행동을 했을 때 학생들이 싫어하는 대상물(청소)을 제거해줌으로써 바람직한 행동이 증가할 수 있게 하는 방법을 사용하고 있으므로 이는 부적 강화에 해당한다.

11 정답 ②

파블로프의 고전적 조건화는 인간이 환경적 자극에 수동적으로 반응하여 행동이 형성된다고 보는 이론이다.

12 정답 ①

벡의 인지치료의 이론적 근거로는 부정적인 자동적 사고와 핵심신념, 도식, 인지적 오류(왜곡) 등이 있다.

13 정답 ①

구체적 조작기 : 분류, 연속성, 보존개념 획득

14 정답 ②

콜버그의 도덕성 발달이론
- **1단계** : 처벌과 복종지향의 단계
- **2단계** : 수단적 쾌락주의 지향 단계
- **3단계** : 상호성의 단계
- **4단계** : 법과 사회적 규칙의 단계
- **5단계** : 공공복지의 단계
- **6단계** : 보편적 도덕원리의 단계

15 정답 ②

전조작기의 논리적 사고를 방해하는 요인들
- **자아중심성** : 단지 자신만을 인식하며 다른 사람의 욕구와 관점은 인식하지 못하는 사고
- **집중성** : 한 가지 대상 또는 한 부분의 상황에만 집중하고 모든 측면을 무시하는 경향
- **비가역성** : 아동 관계의 또다른 면을 상상하지 않고 한 방향에서만 생각하는 성향

16 정답 ③

구체적 조작기의 특징
- **자아중심성 극복** : 다른 사람의 시각에서 사물을 보는 능력이 발달하고 인간관계도 다양한 입장에서 이해하기 시작한다.
- **집중성 향상** : 다양한 변수를 고려하여 상황과 사건을 파악하고 조사하는 등 좀더 복잡한 사고를 할 수 있다. 더이상 한 가지 변수에만 의존하지 않고 보다 많은 변수를 고려한다.
- **비가역성 극복** : 반대의 입장에서도 집중할 수 있는 능력이 발달하고 인간관계도 다양한 입장에서 이해하기 시작한다.

17 정답 ①

정신분석이론에서는 인간이 천성적으로 악하다고 보았지만, 인본주의에서는 인간이 천성적으로 선하다고 본다.

18 정답 ②

임산부가 태아에게 미치는 영향으로 연령, 건강상태, 약물남용 등이 있다.

19 정답 ②

걸음마 단계는 피아제의 전조작기 초기에 해당한다.

20 정답 ③

구체적 조작기는 학령기로서 학령 전기(전조작기)의 자기중

심성, 집중성, 비가역적 사고 등에서 벗어나 보다 논리적 사고를 시작할 수 있는 단계이다.

21 정답 ④

청소년기는 하나의 고유한 인간으로서의 정체감을 확립하기 위해 혼란과 방황을 경험하는 시기로, 에릭슨은 청소년기의 주요 발달과업이 자아정체감 형성이라고 지적하고, 정체감 대 정체감 혼미의 단계로 보았다.

22 정답 ③

빈둥지 증후군은 자녀가 부모와 떨어져 생활한 적이 없는 가정의 경우 자녀의 독립으로 많은 변화를 가져오게 된다. 이 시기에 갱년기 우울증과 같은 심리적 상태가 많이 발생하는데 이러한 현상을 말한다.

23 정답 ①

노년기에는 중년기의 다양한 역할과 사회관계에서 점차 물러남으로써 반응하는 과정을 분리라고 한다. 즉, 노인들은 외부 세계의 사회적 활동으로부터 스스로 철회하고 타인에 대한 관심도 감소한다.

24 정답 ③

생태학적 관점에서의 체계
- **미시체계** : 개인을 의미
- **중범위체계** : 가족, 학교, 직장, 여러 사교집단 등 소집단
- **거시체계** : 소집단보다 큰 체계로서 개인에게 영향을 미치는 환경요소

25 정답 ③

환경 속의 인간이란 인간과 환경을 분리된 실체가 아니라 하나의 통합된 총체로 이해하는 관점으로, 인간은 환경에 적응하기도 하고 환경을 자신의 요구에 맞게 수정 · 변화시키며 발달하는 존재이다.

26 정답 ③

① 소수의 사례를 가지고 일반적인 사실로 받아들일 경우 발생하는 오류
② 일상생활에서의 관찰의 경우 자신의 관점에서 무의식적으로 받아들이기 때문에 부정확한 관찰이 되기 쉬운 오류
④ 근거가 명확하지 않은 논리적 추론
⑤ 자신의 선입관에 근거한 사례를 더 선명하게 관찰될 오류

27 정답 ③

연구자 개인의 심리상태나 개성, 또는 가치관이나 세계관에 영향을 받는다.

28 정답 ②

해석주의(interpretivism)는 하나의 현상을 주관적인 해석을 통해서 측정하는 방법이다. 서로 배타적이지 않은 패러다임, 개인의 일상 경험을 해석하고 주관적 의미와 개인이 하는 말에 중점을 둔다. 구체적인 것에 중점을 두며 '주관적'으로 측정한다.

29 정답 ③

연구자가 참으로 증명되기를 기대하는 가설은 식별가설이다. 영가설은 연구가설을 명시한 것을 부정하거나 기각하기 위해 쓰이는 가설이다. 만약 영가설이 참이면 연구가설은 거짓으로 기각된다.

30 정답 ②

문제에서 키와 취업의 관계를 가식적 관계라 볼 수 있는데, 이 때의 성별은 외생변수라 한다. 성별을 통제하기 전에는 키와 취업 사이에 서로 관계가 있는 것처럼 보였으나 성별을 통제하고 나니 두 변수 간의 관계가 사라졌다면, 이때 키와 취업은 진짜 관계가 아니라 성별이 통제되지 않아서 그렇게 보인 관계였을 뿐이다.

31 정답 ③

통제변수 : 독립변수와 종속변수의 인과관계에 영향을 주는 제3의 변수로서 설계에서 통제하고자 하는 변수를 말한다. 즉, 외생변수, 매개변수, 억제변수 등이 설계에서 고려되어 통

제된다면 이는 바로 통제변수가 되는 것이다.

32 정답 ④

조사연구과정은 연구주제 선정 → 가설구성 → 자료수집방법 결정 → 설문지 문항 검토 → 자료수집 → 자료분석 → 보고서 작성의 순으로 진행된다.

33 정답 ②

양적 조사의 특징
- 조사가 객관적으로 수행되며 연역법을 사용한다.
- 정형화된 측정과 척도를 사용하며 계량적, 축소주의적, 결과지향적이다.
- 가설의 검증, 사실의 확인, 추론 지향적이다.
- 논리적 실증주의를 바탕으로 하며, 조사결과의 일반화가 가능하다.
- 조사대상이 안정적이라고 가정하며, 신뢰성 있는 경성자료(hard data)를 산출한다.

34 정답 ①

명목척도는 측정대상들에 있어서 상호배타적인 범주를 지니며, 각 범주 간에 특별한 관계나 일정한 수치 · 간격을 요하지 않는다.

35 정답 ①

사회복지사의 자격 등급은 1급, 2급, 3급 등으로 나뉘는 서열척도이며, 서열척도는 그 속성에 따라서 서열이나 순위를 매길 수 있도록 측정대상에 수치를 부여하는 것을 말한다.
- **비율척도** : 비율척도는 등간척도의 특징을 가지고 있으면서 측정대상에 절대적인 영을 가진 척도
- **등간척도** : 측정대상을 속성에 따라 서열화하고 서열 간의 간격이 동일하도록 수치를 부여하는 것
- **명목척도** : 측정대상의 속성을 단순히 분류하거나 확인할 목적으로 수치를 부여하는 것
- **서열척도** : 측정대상을 그 속성에 따라서 서열이나 순위를 매길 수 있도록 수치를 부여하는 것

36 정답 ②

성적이 향상된 것이 방과 후 프로그램 수업 때문인지 정규수업이나 다른 사건들로 인한 것인지 알 수 없으므로 이 경우 개입된 내적 타당도 저해요인은 외부사건요인이다.

37 정답 ④

체계적 오류	비체계적 오류
• 인구통계학적 · 사회경제적 특성으로 인한 오류 • 개인적 성향으로 인한 오류	• 측정자로 인한 오류 • 측정대상자로 인한 오류 • 측정상황적 요인으로 인한 오류 • 측정도구로 인한 오류

38 정답 ⑤

비동일 통제집단설계는 준실험설계(유사실험설계)의 하나이다.

39 정답 ①

인과관계의 증명을 위한 실험연구설계의 기본요소
- **비교** : 실험조치를 실시한 집단과 실시하지 않은 집단 간에 종속변수를 비교하거나 특정집단의 사람들에게 실험을 실행하기 전과 실행한 후의 종속변수를 비교한다.
- **조작** : 독립변수를 의도적으로 특정시기에 실행시켜 종속변수의 변화를 관찰하거나 일부 집단에만 독립변수를 도입하여 다른 집단과 종속변수의 차이를 관찰한다.
- **통제** : 실험 타당도를 저해하는 요인의 영향을 예방 또는 제거한다.

40 정답 ②

내적 타당성의 저해요인

- **통계적 회귀** : 종속변수의 값이 가장 높거나 가장 낮은 극단적인 사람들을 실험집단으로 선택하였을 경우 다음 검사는 독립변수의 효과가 없더라도 높은 집단은 낮아지고 낮은 집단은 높아지는 현상을 말한다.
- **우연한 사건 또는 역사요인** : 사전-사후검사 사이에 발생하는 통제 불가능한 사건을 말한다.
- **시간적 경과 또는 성숙요인** : 연구기간 중에 시간의 경과에 따른 대상의 신체적 · 심리적 성숙을 말한다.
- **테스트 효과 또는 검사요인** : 사전검사가 사후검사에 영향을 미치게 되어 변수 간의 변화를 초래하는 것을 말한다.
- **도구요인** : 사전-사후검사 시 서로 다른 척도나 신뢰도가 낮은 척도를 사용할 경우 전후의 차이가 진정한 변화인지 알기 어렵다.
- **실험대상자 상실** : 실험과정에서 일부 실험대상자가 이사, 사망, 질병, 실종 등의 사유로 탈락하는 경우이다.
- **선택과의 상호작용** : 선택의 편의가 있을 때 잘못된 선택과 역사 또는 성장과 상호작용이 문제가 되기도 한다.

41 정답 ①

단일사례연구에서의 개입평가기준으로는 변화의 파동, 변화의 경향, 변화의 수준이 있다.

42 정답 ④

면접은 일반적인 조사나 기록, 대답을 곰곰이 생각할 시간을 주지 않는다.

43 정답 ④

델파이기법의 익명성 구조는 편승의 효과나 후광효과를 최소화시키고 자신의 견해를 자유롭게 펼칠 수 있게 하는 데에 도움을 준다.

44 정답 ①

단순무작위 표집은 확률표집방법 중에서 가장 기본적이고 단순한 유형이다. 이는 각 요소가 표본으로 뽑힐 확률이 동등하다는 원칙하에 조사자가 의식이나 개입이 없는 난수표를 사용하거나 눈감고 제비뽑는 방식으로 하나씩 선택하는 방식이다.

45 정답 ④

모집단의 크기와 표집오차는 상관관계가 없다.

46 정답 ②

표집틀 : 표본이 실제 추출되는 연구대상 모집단의 목록을 말한다.

47 정답 ②

표준오차란 표본들의 분포에서 각 특성값 사이의 표준편차를 의미하는 것으로 신뢰구간을 계산하는 데 사용된다.

48 정답 ①

- **프로그램 평가조사 개념** : 어떤 개입기술이나 프로그램의 개선 또는 계속수행의 여부를 결정짓기 위하여 개별적인 개입기술이나 프로그램이 그 목표하는 바를 어느 정도 달성하였는지를 측정하는 응용조사이다.
- **대상** : 프로그램의 효과성, 프로그램의 운영과정, 프로그램의 효율성, 프로그램의 내용, 프로그램 운영자의 전문성 등

49 정답 ④

내용분석방법은 양적인 분석방법뿐만 아니라 질적 연구방법도 사용할 수 있다.

50 정답 ②

질적 연구는 관찰조사, 사례조사 등으로 연구대상의 행동, 말 등의 상황과 환경적 요인을 조사하는 방법으로, 비구조화 면접으로 심층정보를 얻는다.

2교시 사회복지실천

01	④	02	①	03	①	04	②	05	④
06	⑤	07	③	08	⑤	09	①	10	④
11	①	12	①	13	⑤	14	①	15	①
16	④	17	②	18	⑤	19	①	20	②
21	①	22	③	23	⑤	24	②	25	①
26	②	27	④	28	①	29	⑤	30	④
31	⑤	32	④	33	②	34	②	35	④
36	②	37	③	38	①	39	③	40	③
41	③	42	⑤	43	②	44	③	45	③
46	④	47	②	48	⑤	49	②	50	⑤
51	②	52	①	53	⑤	54	①	55	①
56	⑤	57	③	58	②	59	②	60	②
61	④	62	①	63	①	64	③	65	⑤
66	①	67	⑤	68	②	69	④	70	①
71	①	72	⑤	73	④	74	③	75	①

01 정답 ④

사회복지실천의 가치전제
- 개인의 존엄성과 독특성에 대한 존중
- 클라이언트의 자기결정권

02 정답 ①

사회복지실천의 체계유지와 강화를 위한 역할로 사회복지사는 자신이 속한 기관의 정책, 서비스 전달체계, 효과성, 효율성 등을 평가하고 개선하는 역할을 하며 기관의 질적 향상을 위해 노력한다. 여기에는 조직분석가, 전문가팀 구성원, 촉진자, 자문가 등의 역할이 있다.

03 정답 ①

응급적이고 일시적인 사회복지의 개념, 도움이 필요한 사람들의 기능의 부족을 강조하는 잔여적 개념에서 제도적 개념으로 변화하였다. 즉, 정상적인 사회제도로서 정당한 지위를 가지게 되는 사회복지를 시민권의 개념으로 획득하게 되었다.

04 정답 ②

② 건강가정지원센터는 2005년부터 운영되었다.
① 사회복지전담공무원은 1987년 사회복지전담요원제도 도입을 계기로 이어져오고 있으며 1999년 사회복지전담 공무원으로 전환되었다.
③ 종합사회복지관은 1980년대 중반부터 설립되었다.
④ 정신보건사회복지사 자격제도는 1997년 처음 도입되었으며 2002년 자격시험을 실시하였다.
⑤ 한국사회복지사협회의 전신인 한국사회사업가협회가 1967년에 설립되었다.

05 정답 ④

펄만은 케이스워크의 개념을 '사람(Person)들이 사회적 기능을 수행함에 있어 자신의 문제(Problem)를 보다 효과적으로 대처해 나가도록 개인을 도와주는 기관(Place)을 활용하는 과정(Process)이다.'라고 정의하였다.

06 정답 ⑤

기능주의는 인격론에 근거를 둔 것으로 인간의 성격에 있어서 자아의 창조적 통합력을 인정하고 어디까지나 클라이언트를 중심으로 클라이언트에게 사회복지사가 소속한 기관의 기능을 자유롭게 활용하게 함으로써 클라이언트 스스로 자아를 전개하는 것을 원조하는 것을 과제로 삼는다.

07 정답 ③

중개자의 역할은 클라이언트를 적절한 인간 서비스 및 지역사회의 자원과 연결시켜 주는 것이다. 이 역할을 수행하기 위하여 사회복지사는 클라이언트의 욕구를 확인하고 다양한 자원을 활용할 수 있는 동기와 능력을 사정하며 그들이 가장 적합한 자원에 접근할 수 있도록 도와준다.

08 정답 ⑤

① 노인전문병원은 2차 현장이며 생활시설이다.
② 사회복지관은 1차 현장이며 이용시설이다.
③ 정신보건센터는 1차 현장이며 이용시설이다.
④ 청소년쉼터는 1차 현장이며 생활시설이다.

09 정답 ①

④ 치료집단의 내용이다.

10 정답 ④

조사단계에서 클라이언트 생활력을 조사하는 방식이므로 현재보다는 과거 중심으로 원인을 찾는다.

11 정답 ①

인간은 목적지향적이며 유능해지려고 노력한다. 그러므로 개인이 환경에 대해 갖는 주관적인 의미는 발달에 매우 중요한 영향을 미친다.

12 정답 ①

조사면접의 종류는 구조화된 면접과 비구조화된 면접으로 구분한다. 이러한 조사활동에서 클라이언트의 표정이나 능력, 감정변화 등 클라이언트 자신이 중요한 자료원이 될 뿐만 아니라 면접조사과정 자체가 클라이언트에게 도움이 된다.

13 정답 ⑤

문제중심기록은 문제를 확인하고 서비스를 계획하고 전달하는 과정으로 문제를 해결한다. 문제목록과 진행기록이 중요하다.

14 정답 ①

문제해결 중심의 기록은 현재 제시되고 있는 문제를 중심으로 구성되며, 문제를 규명하고 사정하여 계획 순으로 기록한다.

15 정답 ①

경청기술은 클라이언트의 말, 질문에 대한 반응을 경청한다. 개방성과 수용의 태도가 필요하며, 평가나 조언은 하지 않는다.

16 정답 ④

수용은 클라이언트가 표현한 감정이나 의사를 받아들이는 것이지 시인 내지 인정을 뜻하는 것은 아니다.

17 정답 ②

전이와 역전이

- **전이** : 클라이언트가 사회복지에 대하여 갖는 비현실적인 인식과 반응, 클라이언트의 과잉 일반화, 왜곡된 인지와 관계가 깊다.
- **역전이** : 사회복지의 과거 경험에서 파생된 감정 때문에 클라이언트에 대한 객관적인 인식이 방해되는 것을 말한다.

18 정답 ⑤

사회복지사에 대한 존경의 결여가 아니라 클라이언트에 대한 존경의 결여이다.

19 정답 ①

접수를 하는 과정에서 사회복지사는 클라이언트를 특정범주에 편입시키는 유형화를 하여서는 안 된다. 각각의 클라이언트를 개별화하여야 한다.

20 정답 ②

사정과 진단의 개념을 구분하여야 한다. 사정은 자원, 동기, 장점, 능력이 무엇인지 자료를 분석하고 종합적으로 판단하는 것을 말한다.

21 정답 ①

사정의 내용

- **문제의 발견** : 사정의 가장 기초적인 단계
- **정보의 발견** : 문제를 둘러싼 문제체계에 대해 정보수집
- **문제의 형성** : 클라이언트가 호소하는 문제와 욕구, 욕구충족을 방해하는 요인들을 고려하여 문제를 형성하고 목표설정과 개입계획을 세운다.

22 정답 ③

정책개발, 프로그램 평가, 교육훈련 등은 간접적인 실천에 해당한다.

23 정답 ⑤

사정이란 사회복지사와 클라이언트 간에 발생하는 것으로 정보를 수집, 분석, 종합화하면서 다면적으로 공식화해 가는 과정이다. 사정의 목적으로 〈보기〉의 내용이 모두 포함된다.

24 정답 ②

가족조각은 개별 클라이언트 혹은 가족이 가족행동의 중요한 측면을 재연하여 보여주는 것이다. 이는 치료도구일 뿐만 아니라 사정도구이기도 하다. 가족의 각 성원은 다른 성원들의 위치를 정해주고, 가족의 상호작용에 어떻게 느끼는지를 비구어적인 수단으로 표현한다. 이 기법은 가족관계를 보여주는 흥미로운 시각적 장치를 제공한다.

25 정답 ①

사례관리의 개입원칙
- **서비스의 개별화** : 클라이언트의 욕구와 상황에 맞게 서비스를 제공하여야 한다는 원칙이다.
- **서비스 제공의 포괄성** : 클라이언트의 다양한 욕구를 충족시키기 위해 광범위한 지지를 연결하고 조정 · 점검한다.
- **클라이언트의 자율성 극대화** : 클라이언트가 선택할 자유를 최대화하고 지나치게 보호하지 않으며, 클라이언트의 자기결정권을 보장한다.
- **서비스의 지속성** : 클라이언트의 욕구를 점검하여 지속적으로 서비스를 제공하여야 한다는 원칙이다.
- **서비스의 연계성** : 복잡하고 분리되어 있는 서비스전달체계를 연결한다.

26 정답 ②

사회복지실천은 인간과 사회 환경 간의 상호작용을 보는 생태 체계적 관점에 기초하여 개인, 집단, 가족이 자신들의 문제 해결 능력과 대처 능력을 향상시킬 수 있도록 도움으로써 이들의 사회기능을 촉진, 회복, 유지, 강화시키는 것을 그 목적으로 한다.

27 정답 ④

사회복지사의 기능역할
- **직접서비스의 제공역할** : 개별상담 또는 집단 상담자, 정보교육자
- **체계와 연결하는 역할** : 중개자, 사례관리자(조정자), 중재자(심판자), 옹호자
- **체계유지 및 강화역할** : 조직분석가, 촉진자, 자문가
- **체계개발 역할** : 프로그램 개발자, 기획가, 정책 및 절차 개발자

28 정답 ①

④는 과학적 기반에 관한 내용이다.

29 정답 ⑤

심리사회모델은 문제의 원인을 과거 경험의 무의식에서 찾고 그러한 무의식을 분해해서 현실적으로 적용할 수 있도록 돕는 정신분석이론의 영향을 받은 것으로, 사회구성주의이론은 해결중심단기가족치료에 영향을 주었다.

30 정답 ④

기능주의 학파에서는 사람들은 그들이 과거의 생산물이 아니고 그들 스스로 계속적으로 창조하고 재창조할 수 있다는 인간에 대한 낙관적 견해를 채택했다. 이 학파는 클라이언트 참여하에 치료의 책임을 클라이언트에 두고 치료보다는 원조라는 용어를 사용하였으며, 사회사업기관의 기능을 강조한 성장의 심리학이라 불리운다.

31 정답 ⑤

심리사회모델의 이론적 기반은 실천에서 획득된 이론, 자아심리학, 자기심리학, 대상관계론 등이다.

32 정답 ④

클라이언트 중심모델은 정신분석과 행동주의 접근이론의 대안으로서 인본주의 이론에 기초하고 있으며, 당시 개인치료의 중심 기류였던 지시적이고 정신분석적인 접근법에 대한 반동으로 생겨난 것이다.

33 정답 ②

① 위기개입모델, ③ 과제중심모델, ⑤ 생태체계모델

34 정답 ②

B는 '신념'을 의미한다.

35 정답 ④

과제중심모델에서 표적문제는 클라이언트가 제시하거나 해결하고자 하는 문제이다. 표적문제는 클라이언트가 변화를 원하는 내용이어야 하므로 분노조절이 안 되는 행동과 남의 요구를 거절하지 못하는 행동에 해당된다. ⑤번은 과제가 구체적으로 설정되지 않았기 때문에 답에서 제외된다.

36 정답 ②

사회복지사가 판단한 문제가 아니라 클라이언트가 인지한 문제에 초점을 맞추는 것이 중요하다.

37 정답 ③

발견단계의 주요내용
- 클라이언트가 가지고 있지만 쉽게 드러나지 않는 것을 찾아내는 과정이다.
- 강점을 확인한다.
- 자원의 역량을 사정한다.
- 해결방안을 수립한다.

38 정답 ①

위기의 유형
- **상황적 위기** : 사람이 예견하거나 통제할 수 없게 갑자기 발생하는 외부사건에서 경험하는 위기
- **발달적 위기** : 발달단계의 성숙과정에서 발생하는 생활사건이나 발달단계에 필요한 발달과업
- **실존적 위기** : 목적이나 책임감, 독립성, 자유, 책임이행과 같은 중요한 인간적 이슈에 동반되는 갈등과 불안을 포함하는 위기
- **환경적 위기** : 자연이나 인간이 일으킨 재해가 갑자기 덮쳤을 때 발생하는 위기

39 정답 ③

평가 계획의 수립은 사회복지실천의 계획 단계에 해당한다. 종결은 클라이언트와의 전문적 관계가 종료되는 원조 과정의 마지막 단계로서, 목적을 어느 정도 달성했는지 평가하고 미래에 대한 계획과 변화유지의 능력을 확인한다. 또한 심리적 정서를 관리하기도 한다.

40 정답 ③

탐색 및 시험단계는 상호작용 유형이 발달하는 단계로 상호작용의 단계이다.

41 정답 ③

사회기술훈련 집단의 필수요소
- 사회기술훈련의 필요성에 대한 이해
- 문제가 발생하는 실제상황의 확인
- 기술의 구성요소에 대한 확인
- 긍정적 강화
- 모델링
- 반복된 연습의 활용, 과제부여 등

42 정답 ⑤

집단사회복지실천에서 집단의 종류는 치료집단과 과업집단으로 대별된다. 치료집단은 교육집단, 성장집단, 사회화 집단, 치유집단, 지지집단이 해당되며, 과업집단은 행정집단, 팀, 사회행동집단, 협의체 등이 해당된다.

43 정답 ②

지지집단은 생활에서 장차 일어날 사건에 좀더 효과적으로 적응하기 위하여 대처기술을 발전시켜 성원들이 삶의 위기에 대처할 수 있게 돕는 집단을 말한다. 이혼가정의 취학아동 모임, 암환자 모임 등을 들 수 있다.

44 정답 ③

집단발달단계

노던의 구분	갈런드와 콜로니의 구분
• 준비단계 • 오리엔테이션 단계 • 탐색과 시험단계 • 문제해결단계 • 종료단계	• 친밀 전 단계 • 권력과 통제단계 • 친밀한 단계 • 분화 및 차별화 단계 • 종결단계

45 정답 ③

칸토와 레어의 가족체계 분류

- **폐쇄형 가족체계** : 가족 내의 권위자가 가족공간을 이웃과 지역사회와 떨어지게 만드는 것을 말한다.
- **개방형 가족체계** : 구성원들의 행위를 제한하는 규칙은 집단의 합의과정에서 도출된다.
- **임의형 가족체계** : 가족구성원은 각자 자신의 영역과 가족의 영역을 확보하면서 개별적인 패턴을 만들어 간다.

46 정답 ④

생태도의 기호에서 직선(실선)은 강한 관계, 점선은 미약한 관계, 사선은 긴장이 많거나 갈등적인 관계, 화살표는 관계, 자원을 주고받는 교환의 방향을 가리킨다.

47 정답 ②

구조적 치료모델은 가족을 체계이자 통합된 전체로 보고 세대, 취미, 관심, 성별 등에 따라 가족 내에 하위체계를 구성한다고 본다. 이러한 하위체계는 가족의 기본구조와 상호교류에 영향을 미치므로 가족을 재구조화함으로써 가족이 적절한 기능을 수행할 수 있도록 돕는 방법이다. 구조적 가족치료 개입기법은 합류하기, 경계만들기 등이 며, 재정의와 가족조각은 경험적 가족치료기법이다.

48 정답 ⑤

사회복지실천에서의 기록의 기능(목적)

- 사회복지실천에 대한 자료화
- 실천활동에 대한 점검
- 의뢰나 교체로 인한 사례의 중단으로부터 지속성 유지
- 지도 · 감독을 활성화하는 자료
- 전문가(동료) 간 효율적인 의사소통
- 연구자료 혹은 행정자료로 활용
- 클라이언트의 알 권리에 대한 정보제공 및 공유

49 정답 ②

과정기록은 클라이언트가 실제로 말했던 것을 정확하게 상기할 수 있도록 그대로 기록하는 것이다.

50 정답 ⑤

가. 단일사례설계는 클라이언트에 대한 개입 및 결과의 인과관계를 살펴보기 위해 통제된 환경에서 개입 전 · 후의 변화를 반복 · 측정하여 평가함으로써 개입과정의 변화 정보를 제공한다.
나. 하나의 대상(개인, 집단, 조직, 지역사회) 또는 사례를 대상으로 한다. 가족이나 집단도 대상이 될 수 있지만 가족 또는 집단 전체를 하나의 사례로 본다.
다. 기초선은 변화의 정도를 측정하기 위해 개입시점에서 설정하는 기준선으로 A로 표시하며, 안정화될 때까지 반복적으로 측정해야 한다.
라. 다중기초선설계는 둘 이상의 기초선을 사용하는 것을 말한다.

51 정답 ②

지역사회의 자원 및 능력 탐색은 지역사회복지 실천의 필수적 단계로 보류될 수 없다.

52 정답 ①

지역사회가 지녀야 할 공통요소에는 지역, 공동결속체, 사회적 상호작용 등이 있다.

53 정답 ⑤

기능주의 관점에서 사회문제를 설명하는 대표적인 이론은 사회병리론, 사회해체론, 사회변화론, 일탈행위론, 하위문화론, 접촉차이론 등이다. 반면에 갈등주의 관점에서는 가치갈등주의론과 사회긴장론이 대표적인 이론이다.

54 정답 ①

존스(Johns)와 디마치(Demarche)의 지역사회복지 실천원칙에 따르면 문제해결 접근방법에서 다양성이 존중되어야 한다.

55 정답 ①

새마을운동은 1970년대에 시작하였다.

56 정답 ⑤

진대법은 고구려 고국천왕 때 재상 을파소의 건의에 따라 춘궁기에 빈곤한 백성에게 관곡을 가구 수의 다소에 따라 필요한 양을 대여하였다가 추수기인 10월에 납입하게 하는 제도이다.

57 정답 ③

나. 보건복지사무소 시범사업 : 1995년
마. 사회복지사무소 시범사업 : 2004년
다. 주민생활지원서비스 시행 : 2006년
가. 사회복지통합관리망 출범 : 2010년
라. 희망복지 지원단 운영 : 2012년

58 정답 ②

사회계획모델의 강조점
- 정책집행의 효과성과 효율성 강조
- 공식적인 계획과 준거틀에 대한 설계
- 문제해결을 위한 합리적인 계획수립과 통제된 변화

59 정답 ②

지역사회복지관 운영의 기본원칙 : 지역성, 전문성, 책임성, 자율성, 통합성, 자원활용, 중립성, 투명성의 원칙 등이 있다.

60 정답 ②

로스만의 지역사회모델
- **지역사회개발(모델 A)** : 지역사회의 활동능력과 통합(자조, 과정목표)
- **사회계획모델(모델 B)** : 지역사회문제의 해결(과업목표)
- **사회행동모델(모델 C)** : 권력관계와 자원의 변화, 기본적인 제도변화(과업 및 과정목표)

61 정답 ④

아동복지법상 아동학대의 법적 영역은 신체적 학대, 방임, 유기적 학대, 성적 학대(성폭행, 성추행, 성희롱), 정신적 · 정서적 학대를 영역으로 하고 있다.

62 정답 ①

재가복지봉사센터는 직 · 간접적인 서비스 제공기관으로 재가복지서비스 대상자 및 가정의 욕구와 문제를 조사하여 필요한 서비스의 종류를 선정하고 재가복지서비스의 내실화를 위해 지역사회의 인적 · 물적 자원을 동원하고 활용한다.

63 정답 ①

재가복지의 등장은 탈시설화 운동에 기저를 두고 있다. 지역사회의 인구 중 노령인구가 증가함에 따라 보호서비스가 시설위주 서비스에 한계를 노출시키자, 이를 해결하기 위해 복합적 욕구를 지닌 요보호자에게 지역사회의 다양한 자원을 통해 다양한 욕구를 충족시키는 서비스가 정착되어 오고 있다. 이러한 지역사회보호는 클라이언트의 참여적 활동으로 자기결정의 원리와 창의력의 회복으로 주체성을 확보하는 데 유익한 프로그램으로서 시설의 개방화의 전환을 요구하고 있다.

64 정답 ③

①, ②는 욕구조사(문제파악) 과정이며, ④는 실행과정, ⑤는 평가과정이다.

65 정답 ⑤

조력자는 지역사회개발모델에서 사회복지사의 역할이다.

66 정답 ①

② **안내자** : 문제해결을 위한 목표 설정, 해결방안을 마련하도록 도움
③ **전문가** : 자료 제공 및 직접적인 충고
④ **계획가** : 지역사회에 충족되지 못한 욕구를 충족시키도록 프로그램 계획
⑤ **행동가** : 갈등적인 상황에서 클라이언트의 행동을 조직

67 정답 ⑤

공동모금제의 단점
- 권력집중으로 개별기관의 기능 상실
- 금전에 대한 관심만 집중되어 사회복지의 정신과 동기를 상실
- 기부자의 사회복지기관의 관심을 감소시킴
- 기부 선택의 자유를 상실
- 공동모금이 실패하면 가입기관은 큰 피해가 증대
- 신규사업을 수행할 선구자적 노력을 기울이지 않는다는 점

68 정답 ②

중앙에 한국사회복지협의회와 시 · 도, 시 · 군 · 구 사회복지협의회를 두고 있다. 동 협의회는 모두 독립된 사회복지법인으로서 지역복지를 민간차원에서 종합적으로 수행한다. 즉, 지역사회복지의 활동기능, 연락조정 및 협의기능, 조사연구를 통한 평가기능 등을 한다.

69 정답 ④

지역사회보호사업으로는 급식서비스, 보건의료서비스, 경제적 지원, 일상생활 지원, 정서 서비스, 일시보호서비스, 재가복지봉사서비스 등이 있다.

70 정답 ①

비영리 민간단체는 일반적으로 비당파적, 비종교적, 공익적, 자발적, 자율적 성격을 가지는 것으로 규정된다. 하지만 비당파성이 현실적으로 어떻게 가능하며, 공익성이 무엇을 말하는지에 대해서는 논란이 있다.

71 정답 ①

자원봉사자의 욕구
- **경험추구의 욕구** : 실제적인 이득 및 자아성장
- **사회적 책임감 표현욕구** : 이타적 동기
- **타인기대 부응욕구** : 의미 있는 주위 사람들의 압력이나 영향
- **사회적인 인정욕구** : 사회의 존경
- **사회적 접촉욕구** : 친교 및 사교경험
- **사회적 교환욕구** : 미래의 보상에 대한 욕구
- **성취욕구** : 개인적 성취

72 정답 ⑤

지역사회보장계획은 사회복지서비스를 제공하기 위한 계획으로, 2015년도에「사회보장급여 이용 · 제공 및 수급권자 발굴에 관한 법률」에 의거하여 지역사회보장계획으로 변경되었다. 이는 국가 및 지방자치단체의 종합적인 행정계획의 성격을 가지며 시 · 도지사 및 시장 · 군수 · 구청장은 4년마다 지역사회보장계획을 수립하여야 한다.

73 정답 ④

형성평가의 내용
- 사업효과의 경로 확인
- 법규와 규정에의 순응성
- 좀더 강한 효과의 경로 탐색
- 운영계획의 실현 여부 탐색
- 계획된 양적 · 질적 자원의 적절한 투입 여부
- 대상집단의 적중성
- 사업효과가 발생하지 않을 때 문제되는 경로 확인

74 정답 ③

프로그램 목표설정을 위한 기준

- 반드시 사회문제 분석과 연결되어 있어야 한다.
- 결과 지향적이어야 한다.
- 실현 가능하여야 한다.
- 명확하게 설정되어야 한다.
- 클라이언트 대상을 언급하고 있어야 한다.
- 정확해야 한다.
- 긍정적이어야 한다.

75 정답 ①

질적 조사방법과 양적 조사방법

질적 조사방법	양적 조사방법
• 문제의 상황에 관한 깊이 있는 정보의 개발에 중점을 둔다. • 비공식 · 공식적 인터뷰, 민속학적 방법, 지역사회 포럼 • 대화기법 · 명목집단기법 · 초점집단기법 · 델파이기법	• 사회적 상황과 문제에 대한 수직적인 지표를 개발하는 데 중점을 둔다. • 구조화된 서베이, 프로그램 모니터링 • 사회지표분석, 지역사회 집단 접근

3교시 사회복지정책과 제도

01	③	02	③	03	⑤	04	①	05	②
06	③	07	②	08	②	09	⑤	10	⑤
11	⑤	12	②	13	②	14	②	15	②
16	⑤	17	①	18	①	19	④	20	③
21	③	22	①	23	②	24	⑤	25	①
26	④	27	④	28	⑤	29	④	30	③
31	④	32	①	33	①	34	③	35	①
36	②	37	①	38	⑤	39	⑤	40	②
41	⑤	42	④	43	④	44	⑤	45	⑤
46	③	47	③	48	④	49	⑤	50	④
51	④	52	⑤	53	③	54	①	55	①
56	②	57	①	58	②	59	②	60	⑤
61	④	62	④	63	⑤	64	④	65	⑤
66	④	67	①	68	④	69	②	70	④
71	③	72	⑤	73	②	74	⑤	75	②

01 정답 ③

능력에 따른 배분은 사회적 격차를 인정하는 것이므로 보편성을 추구하는 사회복지정책의 기능으로 적절하지 않다.

02 정답 ③

정책적 접근은 전 국민을 대상으로 사회문제를 제도적으로 접근하는 영역이다. 그러나 사회복지를 인간의 조정기술로 보는 것은 전문적 접근법에 해당된다.

03 정답 ⑤

소득비례연금은 보험료 기여를 많이 한 사람에게 많이 주는 제도이고 최저생계비는 인간다운 생활을 할 수 있도록 급여하는 제도이며, 드림스타트는 빈곤아동의 교육복지와 관련된 제도이다. 또한 공공부조는 빈곤층에게 집중적인 지원을 하는 제도이다.

04 정답 ①

영국의 작업장법(1722)은 국가적 부의 증대에 기여하고자 노동이 가능한 빈민자들을 고용하는 제도를 마련함에 따라, 근로를 전제로 급여를 받는 생산적 사회복지프로그램 취지와 성격이 유사하다. 따라서 국가는 빈민자들을 위한 직업보도

프로그램의 확립이 요청된다.

05 정답 ②

자선조직협회의 슬로건인 "빈민에게 물고기를 주지 말고 물고기 잡는 법을 가르쳐 주자."에 잘 나타나 있듯이 빈곤문제에 있어서 개인적 책임을 강조하며 공공의 구빈정책에 대해서는 반대한다.

06 정답 ③

1980년대 복지국가의 위기를 극복하기 위해 추구하고 있는 신보수주의 가치는 복지문제 해결 주체의 다양성을 강조하고 있는데, 이를 복지 다원주의라고 한다. 즉, 국가는 물론 민간 부분에서도 가족을 중심으로 1차적 집단에 해당되는 비공식 부문, 민간 영리부문까지 다양하게 제시되어 국가의 개입을 최소화하면서 국가의 사회보장비 과부담을 해소하려는 노력 하에 있다.

07 정답 ②

확산이론 : 전파이론(Diffusion theory)이라고도 하며, 국제관계가 긴밀하게 이루어지는 현대사회에서 국가 간 교류로 사회복지정책과 사회보장의 아이디어와 경험이 한 나라에서 다른 나라로 전파, 확산된다는 설명이다. 이러한 전파는 선구적인 복지국가의 노력을 인접국가나 다발국가들, 특히 제3세계 국가군이 모방하여 도입한다는 주장이다.

08 정답 ②

권력자원이론(Power Resource Theory)은 코르피(Korpi)에 의해 주창된 것으로 노동의 권력자원은 노조 조직률과 좌파정당의 의석수, 집권기간 등으로 측정되며 노조와 사회민주당이 강력할 때 복지국가의 발전이 가능하다는 이론이다. 즉, 노동의 권력자원이 크면 보편주의적 복지국가로, 작으면 잔여적 복지국가로 이어진다는 것이다.

09 정답 ⑤

조지와 윌딩의 사회복지모형

- **반집합주의** : 현존하는 불평등은 경제성장에 기여하므로 정당화될 수 있다.
- **소극적 집합주의** : 자본주의는 비효율적이고 낭비적인 요소가 있어 비리와 빈곤은 소멸시킬 수 없다.
- **페이비언 사회주의** : 수정자본주의하에서는 정치권력이 국민경제의 조정자가 될 수 있으며 국가는 사회주의 건설의 도구로 이용될 수 있다고 본다.
- **마르크스주의** : 생산수단의 일부 계급에 의해 독점될 때 갈등은 필연적이며, 계급갈등을 자본주의의 고질병으로 간주하고 자본주의 국가의 모든 기구는 중립적 심판관이 될 수 없고 오로지 자본가의 하수인에 지나지 않는다고 본다.

10 정답 ⑤

신보수주의의 특징

- 시장경제체제에 대한 국가의 간섭주의 지양(정부의 역할 축소)
- 공급 위주의 고용정책 강화
- 법인세 인하를 통한 기업경쟁력 강화
- 개인주의, 경쟁의 원리, 소극적 자유 강조
- 개인의 자유를 최대한 보장, 창의력을 향상시킬 수 있는 사회보장제도의 개혁 등

11 정답 ⑤

길버트와 스펙트의 사회복지정책의 분석기본틀 : 할당체계, 급여체계, 재원체계, 전달체계

12 정답 ②

정치행정 일원론 관점에서는 1930년대 미국의 루즈벨트 대통령의 뉴딜정책 시기를 고려하면 된다. 과거에는 정치행정 이원론으로 행정부는 관리기능만 수행하였으나 정치행정 일원론 시각에서는 국가의 개입이 확대되는 시기이므로 행정부의 권한이 강화된다.

13 정답 ②

생산적 복지는 인적 개발을 통해 근로 또는 자활과의 연계복지를 추구한다.

14 정답 ②

현물급여는 욕구를 가진 자의 선별성과 집중 급여제공으로 정책의 목표를 효율적으로 달성할 수 있다. 소비자의 합리적 선택의 한계와 사회 전체 효용성을 강조한다.

15 정답 ②

현금급여의 장점
- 수급자의 효용을 극대화할 수 있다.
- 사회복지의 가치인 자유나 자기결정의 권리를 보호할 수 있다.
- 인간의 존엄성을 유지시키는 데 유리한데, 특히 현물급여의 수치심을 줄일 수 있다.
- 유통비용이 없기 때문에 프로그램 운영비가 적게 든다.

16 정답 ⑤

사회보장의 광의적 개념과 최초의 용어사용은 1935년 미국의 사회보장법이다.

17 정답 ①

길버트와 스펙트의 사회보장정책의 분석틀은 사회적 할당, 급여, 재정, 전달체계이다.

18 정답 ①

연금기여금은 대상의 소득 정도에 따라 차등 적용되고 있다.

19 정답 ④

국민건강보험법에서 가입자는 8% 범위 내에서 보험료율의 범위를 정하도록 되어 있다.

20 정답 ③

고용보험에서는 특별한 사유가 있는 수급권자에게 소정 급여일수를 연장할 수 있도록 제도화하였다. 즉, 개별연장급여와 특별연장급여인데 이들 모두 60일 범위 내에서 정하도록 규정되어 있다.

21 정답 ③

보충성의 원리는 수급자가 최대한의 노력을 해도 최저한도의 생활을 유지할 수 없는 경우에 자산조사하여 최종적으로 부족분을 보충하는 역할을 한다.

22 정답 ①

장애인복지법상 국가와 지방자치단체는 장애인의 장애정도와 경제적 수준을 고려하여 장애로 인한 추가적 비용을 보전하게 하기 위해 장애수당을 지급할 수 있다. 장애수당을 지급받을 수 있는 자는 18세 이상으로 장애인으로 등록한 자 중 국민기초생활보장법에 따른 수급자 또는 차상위계층이다.

23 정답 ②

공공부조의 실시상의 원칙은 국민기초생활보장법에 의한 원칙으로서 ①, ③, ④, ⑤ 외에 거택보호의 원칙, 세대 단위의 원칙, 친족부양의 원칙, 타법 우선의 원칙 등이 있다.

24 정답 ⑤

수급자격기준은 법령에 의해 정해진다.

25 정답 ①

자활수급자에게도 생계급여를 지급할 수 있다. 소득인정액이 최저생계비 이하가 되면 자활을 전제한 생계급여를 지급할 수 있다.

26 정답 ④

사회복지행정은 기획, 조직, 인사, 지시(지휘), 조정, 보고, 예산(재정), 평가이다.

27 정답 ④

사회복지사는 대상자에게 무차별성의 원칙, 비밀보장의 원칙, 자기결정의 원칙, 권익의 보호원칙 등 보호해야 하는 의무를 지닌다.

28 정답 ⑤

선별주의의 특징
- 자산조사 등을 통하여 개별적으로 사회복지급여를 결정한다.
- 효율성과 효과성이 높은 장점이 있다.
- 자산조사 등의 과정에서 낙인감의 문제가 발생한다.

29 정답 ④

총체적 품질관리란 고객의 요구를 존중하고 지속적인 개선을 목표로 하는 고객지향적 관리개선기법으로, 전문가나 관리자가 아닌 고객이 최종 결정자가 된다.

30 정답 ③

목표관리는 조직목표와 개인목표의 통합을 강조한다. 즉, 관리층의 참여를 통하여 공동으로 목표를 설정하고 효과적인 관리를 통하여 그 목표를 달성하려고 한다.

31 정답 ④

고전이론, 인간관계이론은 폐쇄체계이론에 속하고 상황이론, 정치경제이론, 조직군 생태이론, 제도이론, 현대조직이론 등은 개방체계이론에 속한다.

32 정답 ①

목표관리는 참여의 과정을 통해 조직 단위의 구성원들이 실천해야 할 생산활동의 단기적 목표를 명확히 하고 체계 있게 설정하여 그에 따라 생산활동을 수행하도록 하며, 활동의 결과를 평가 · 피드백시키는 관리체계로 이의 요소는 목표설정, 참여, 피드백이다.

33 정답 ①

① 민간사회복지서비스 전달체계의 장점에 해당된다.

34 정답 ③

민간서비스 전달체계는 다양한 재원조달방식으로 유지되므로 재정이 유동적인 단점이 있으나 전달체계는 상황의 변화와 요구에 민감하다는 장점이 있다.

35 정답 ①

아웃 리치는 접근성을 높이기 위한 방법이다. 즉, 클라이언트를 앉아서 기다리는 것이 아니라 직접 찾아나서는 적극적인 방법으로 통합방법과는 관계없다.

36 정답 ②

명령일원화를 위해 가장 적절한 조직은 직계조직이다.

37 정답 ①

투과성 조직은 조직의 구성원 또는 참여자가 자발적으로 참여하며 개인의 가정과 사적인 생활에 침해를 받지 않는다. 또한 조직의 문화나 규정에 의한 통제성이 약하고 조직의 활동이 거의 노출되는 조직으로, 자원봉사동아리는 대표적인 투과성 조직이다.

38 정답 ⑤

위원회는 조직의 특별과업해결을 위해 일상업무 수행기구와 별도로 구성한 전문가 또는 업무관련자들의 활동기구이다.

39 정답 ⑤

번 아웃(Burnout)이란 정서적 압력을 많이 받는 인간서비스 직종의 종사자들에게 나타나는 신체적 · 정신적 · 정서적 고갈상태 또는 소진상태를 말한다. 이러한 번 아웃을 예방하기 위해서는 슈퍼비전의 기능이 수행되어야 하며 명확한 역할 기대, 동료 간의 지지수립, In-Service Training 등의 직무재교육 프로그램을 통해서 달성할 수 있어야 한다. 그런데 의사소통에 있어 기권게임은 슈퍼바이저가 스스로의 권위를 포기하고 상황을 조작하여 책임을 전가함을 말하며, 파워게임은 슈퍼바이저인 상관의 말에 의해서만 업무수행이 이루어지는 메시지를 지속적으로 전달함으로써 양자 모두 의사소통의 맥을 끊고 오히려 갈등을 야기시키는 것으로, 이를 해결하기 위해서 슈퍼바이저는 전체 조직 내에 열린 의사소통의 통로를 마련하도록 노력하여야 한다.

40 정답 ②

종속 상쇄조건 : ①, ③, ④, ⑤ 외에 대안에 대한 효과적인 지적 능력이 있다.

41 정답 ⑤

지시적 · 권위형 리더십 : 급변적 변화를 일으키고 위기에 대처하는 데 용이하다.

42 정답 ④

리더십 상황이론 : 리더에게 가장 효과적일 수 있는 특성 · 기능 · 행동을 결정해 주는 상황의 여러 측면을 확인하는데 관심을 두고 있다. 리더의 특성이나 행동의 영향력을 증가 · 감소시키는 상황의 측면을 조절변수라고 부른다. 리더십 상황이론은 상황적합이론이라고도 부르는데 그 이유는 부하에 대한 리더의 영향력 정도가 특정상황의 조절변수에 대해 상황적합이라고 가정하고 있기 때문이다. 그러므로 인간의 본능이 일하기 싫어한다는 맥그리거의 X이론은 피들러의 상황적합이론이라는 리더십 이론과 관계가 깊다.

43 정답 ④

합리모형

의의	• 의사결정이 인간의 이성과 합리성에 근거하여 합리적으로 이루어진다고 가정하는 이론이다. • 가장 바람직한 정책결정이 어떻게 이루어져야 하는가를 설명하는 규범적 성격을 지니고 있다.
내용	• 해결해야 할 문제나 달성하고자 하는 목표를 명확히 정의한다. • 문제를 해결할 수 있거나 목표를 달성할 수 있는 모든 대안들을 탐색한다. • 대안들이 추진되었을 때 나타날 수 있는 모든 결과들을 예측한다. • 대안의 모든 결과들을 평가 비교한다. • 대안에 대한 평가결과에 근거하여 목표달성을 극대화하는 최선의 대안을 선택한다.

44 정답 ⑤

커뮤니케이션 기능의 수행은 집단의사결정의 장점이다.

45 정답 ⑤

성과주의 예산제도 : 예산의 통제중심에서 관리중심주의로 전환한 제도로서 기능적 예산, 프로그램 예산이라고도 한다. 즉, 예산과목은 기능으로 나누어지고, 이것은 다시 사업(프로그램)으로 나눈다. 그리고 사업활동 또는 세부 사업으로 나누어 3단계로 진행된다. 장점으로는 목표와 사업을 분명히 알 수 있고, 단위원가를 계산하여 자금을 배분함으로써 합리적이며, 사업별로 통제가 쉬워 사업의 효율성에 유익하다.

46 정답 ③

규모의 경제는 생산량이나 판매량의 크기에 따라 나타나는 것이므로 시장세분화와는 관련이 없다. 한정된 시장을 세분화하면 각 세분시장의 수요가 더 작아지므로 오히려 규모의 경제는 이루기 어렵다.

47 정답 ③

마케팅 전략 4P

- **상품** : 시장에 제공되는 제품
- **가격** : 배달, 보존 등에 들어가는 부과금을 포함한 상품의 가격
- **유통** : 상품을 고객에게 전달할 수 있는 유통망
- **촉진** : 상품의 구매장소와 혜택을 구매자들에게 알리고, 설득하고, 상기시키기 위한 광고 · 판매촉진 · 직접우편 · 판매 · 홍보 등의 커뮤니케이션 활동

48 정답 ④

정보관리시스템(MIS)

- 정보교환의 매체를 통하여 운영하부시스템을 상호연결하여 조직의 산출을 최적화한다.
- 의사결정을 내리는 데 필요한 정보를 제공하고 상승작용을 할 수 있는 체계를 조직한다.
- 의사결정의 능률향상에 목적을 둔다.
- 사회복지행정에서 정보관리시스템은 사무자동화, 의사결정지원시스템, 전문가지원시스템 등이 종합적 의미를 가진다.

49 정답 ⑤

사회지표분석(social indicator analysis)은 일정 인구가 생활하는 지역의 지역적, 생태적, 사회적, 경제적 및 인구적 특성(사회지표)에 근거하여 지역사회의 욕구를 추정할 수 있다는 전제하에 사회지표를 분석하는 것을 말한다.

50 정답 ④

사회복지관 시설은 소재지를 관할하는 시장 · 군수 · 구청장에게 시설 설치를 신고하고 시 · 군 · 구에서는 1차적인 감독의 책임을 진다.

51 정답 ④

사회보장법의 분류

- **사회보험법** : 국민연금법, 산업재해보상보험법, 고용보험법, 국민건강보험법, 공무원연금법, 군인연금법, 사립학교교직원연금법, 노인장기요양보호법 등
- **공공부조법** : 국민기초생활보장법, 의료급여법, 긴급복지지원법, 기초연금법 등
- **사회복지서비스법** : 사회복지사업법상의 아동복지법, 노인복지법, 장애인복지법, 한부모가족지원법 등
- **사회복지관련제도** : 주택, 교육 등 사회복지에 관련된 법

52 정답 ⑤

엘리자베스 구빈법은 세계 최초로 빈민자들에 대한 책임을 국가가 국민에게 구빈세를 부과함으로써 구빈비용을 부담했으므로 공적부조의 효시가 되었다.

53 정답 ③

규칙으로 정하여야 하는 사항은 조례가 아니라 규칙으로 정해야 한다.

54 정답 ①

헌법은 자유권에 대한 개별적 법률유보조항으로 국가안전보장, 질서유지, 공공복리를 위하여 법률로 제한할 수 있다고 규정하고 있다.

55 정답 ①

사회권적 기본권의 규범적 구조

구분	내용
실체적 권리	모든 국민에게 인간다운 생활을 유지하도록 보장하기 위한 헌법상 권리를 구체화하는 입법이 제정되었을 때, 국민이 해당 법률에 의해 현실적인 급여를 청구할 수 있는 권리로 복지급여청구권을 말한다. 예 사회보험청구권, 공공부조청구권, 사회복지서비스청구권, 관련복지제도급여청구권
수속적 권리	복지급여를 받기 위해 거쳐야 하는 일련의 수속과정이 본래의 수급권 보장을 위해 적합하게 진행되어야 할 것을 요구하는 권리이다. 예 급여정보권, 상담권, 적법진행보장권
절차적 권리	사회보장수급권의 실체적 권리를 보장하고 실현하기 위해 필요한 의무를 이행하고 강제를 구체적으로 실현하는 절차와 관련된 권리이다. 절차적 권리에는 복지급여쟁송권, 복지급여행정참여권, 복지입법청구권으로 구성된다.

56 정답 ②

사회복지의 주체

- **공적 사회복지주체** : 국가, 지방자치단체, 공공단체 등
- **민간 사회복지주체** : 사회복지법인, 비영리법인 등

57 정답 ①

공공기관의 사회복지사, 즉 사회복지전담공무원은 경력직 공무원으로서 법적 지위를 갖고, 그 자격 · 임용 · 보수 · 연수 및 신분보장에 관하여 지방공무원법의 적용을 받는다.

58 정답 ②

세계인권선언은 유엔에서 제2차 세계대전이 끝난 후에 선언하였다.

59 정답 ②

공공부조 : 국가와 지방자치단체의 책임하에 생활유지능력이 없거나 생활이 어려운 국민의 최저생활을 보장하고 자립을 지원하는 제도를 의미한다.

60 정답 ⑤

사회보장이란 출산, 양육, 실업, 노령, 장애, 질병, 빈곤 및 사망 등의 사회적 위험으로부터 모든 국민을 보호하고 국민 삶의 질을 향상시키는 데 필요한 소득 · 서비스를 보장하는 사회보험, 공공부조, 사회서비스를 말한다.

- **사회보험** : 국민에게 발생하는 사회적 위험을 보험의 방식으로 대처함으로써 국민의 건강과 소득을 보장하는 제도
- **공공부조** : 국가와 지방자치단체의 책임하에 생활유지능력이 없거나 생활이 어려운 국민의 최저생활을 보장하고 자립을 지원하는 제도
- **평생사회안전망** : 생애주기에 걸쳐 보편적으로 충족되어야 하는 기본욕구와 특정한 사회위험에 의하여 발생하는 특수욕구를 동시에 고려하여 소득 · 서비스를 보장하는 맞춤형 사회보장제도

61 정답 ④

시장 · 군수 · 구청장은 읍 · 면 · 동의 사회복지사업을 원활하게 수행하기 위하여 읍 · 면 · 동 단위로 복지위원을 위촉하여야 한다. 복지위원은 명예직으로 하되, 예산의 범위에서 수당을 지급할 수 있다. 임기는 3년으로 해당 지역사회의 실정에 밝고 사회복지증진에 열의가 있는 자, 사회복지에 관한 학식과 경험이 풍부한 자 중에서 읍 · 면 · 동의 장의 추천으로 시장 · 군수 · 구청장이 위촉한다.

62 정답 ④

사회복지공급의 주체자는 대표적으로 개인과 법인이다. 사회복지법인은 민간법인, 영리를 목적으로 하지 않는 비영리법인, 재단법인이자 특수법인이다. 그러나 공법인은 국가나 지방자치단체가 설립하는 법인을 말한다.

63 정답 ⑤

국가는 전담공무원의 보수 등에 드는 비용의 전부 또는 일부를 보조할 수 있다.

64 정답 ④

국가 또는 지방자치단체 이외의 자가 사회복지시설을 설치 · 운영하려는 경우에는 사회복지시설 관련서류를 제출하고 시장 · 군수 · 구청장은 사회복지시설신고증을 교부한다.

65 정답 ⑤

분할연금은 혼인기간(배우자의 가입기간 중의 혼인기간만 해당한다)이 5년 이상인 자가 생존하고 있는 동안의 배우자였던 자의 노령연금을 분할한 일정한 금액의 연금을 받는 것을 말한다. 연금액은 혼인기간에 해당하는 연금액을 균분한 액으로 하되 재혼을 한 경우 그 재혼기간 동안에는 분할연금이 정지된다.

66 정답 ④

장기요양인정의 유효기간이 만료된 후 장기요양급여를 계속하여 받고자 하는 경우에는 공단에 장기요양인정의 갱신을 신청하여야 하며, 이는 유효기간이 만료되기 전 30일까지 완료하여야 한다. 장기요양등급, 장기요양급여의 종류 또는 내용을 변경하여 장기요양급여를 받고자 하는 경우에는 공단에 변경신청을 하여야 한다.

67 정답 ①

산재보험의 보험료율은 법률로 정해져 있지 않다. 우리나라는 업종별 차등요율과 개별 실적요율을 적용하면서 매년 고용노동부장관이 재해의 정도에 따라 수 개의 등급을 발표하도록 되어 있기 때문이다.

68 정답 ④

고용안정사업과 직업능력개발사업은 실업의 예방에 초점을 둠으로써 적극적 노동시장정책의 일환이다.

69 정답 ②

국민건강보험법상의 이의신청 등

- 가입자 및 피부양자의 자격, 보험료 등, 보험급여 및 보험급여비용에 관한 공단의 처분에 이의가 있는 자는 공단에 이의신청을 할 수 있다.
- 요양급여비용 및 요양급여의 적정성 평가 등에 관한 심사평가원의 처분에 이의가 있는 공단, 요양기관 또는 그밖의 자는 심사평가원에 이의신청을 할 수 있다.
- **심판청구** : 이의신청에 대한 결정에 불복하는 자는 건강보험분쟁조정위원회에 심판청구를 할 수 있다.
- **행정소송** : 공단 또는 심사평가원의 처분에 이의가 있는 자와 이의신청 또는 심판청구에 대한 결정에 불복하는 자는 행정소송법에서 정하는 바에 따라 행정소송을 제기할 수 있다.

70 정답 ④

수급대상자를 파악함에 있어서 거주지 이동상황은 대상자의 결정사항과는 관계가 없다.

71 정답 ③

국민기초생활보장법 제4조에 따르면 보장기관은 급여를 개별가구 단위로 실시하되, 특히 필요하다고 인정하는 경우에는 개인 단위로 실시할 수 있다.

72 정답 ⑤

국민기초생활보장제도에서 부양의무자의 범위는 수급권자의 1촌의 직계혈족 및 그 배우자로 규정하고 있다. 다만, 사망한 1촌의 직계혈족의 배우자는 제외한다.

73 정답 ②

②의 장애인의 편의증진에 대한 기준은 장애인 · 노인 · 임산부등의편의증진보장에관한법률에서 규정하고 있다.

74 정답 ⑤

⑤ 국가 또는 지방자치단체는 한부모가족지원시설을 설치할 수 있다. 국가나 지방자치단체 외의 자가 한부모가족지원시설을 설치 · 운영하려면 특별자치시장 · 특별자치도지사 · 시장 · 군수 · 구청장에게 신고하여야 하므로 국가나 지방자치단체 외에 비영리법인이나 개인의 경우도 신고하면 설치할 수 있다.
① 노인에 대한 사회적 관심과 공경의식을 높이기 위하여 매년 10월 2일을 노인의 날로, 매년 10월을 경로의 달로 한다.
② 한부모가족은 모 또는 부가 세대주인 가족이나 세대주가 아니더라도 세대원을 사실상 부양하는 자를 포함한다.
④ 어린이집은 영유아보육법에 의한 것으로, 아동복지법과 관련 없다.

75 정답 ②

노인복지법령상 노인복지시설 중 노인여가복지시설은 노인복지관, 경로당, 노인교실뿐이다.